Übungsbuch Losbildung und Fertigungssteuerung

Frank Herrmann

Übungsbuch Losbildung und Fertigungssteuerung

Aufgaben zur operativen
Produktionsplanung und -steuerung

Springer Gabler

Frank Herrmann
Ostbayerische Technische Hochschule Regensburg
Regensburg, Deutschland

ISBN 978-3-658-21566-8   ISBN 978-3-658-21567-5   (eBook)
https://doi.org/10.1007/978-3-658-21567-5

Die Deutsche Nationalbibliothek verzeichnet diese Publikation in der Deutschen Nationalbibliografie; detaillierte bibliografische Daten sind im Internet über http://dnb.d-nb.de abrufbar.

Springer Gabler
© Springer Fachmedien Wiesbaden GmbH, ein Teil von Springer Nature 2018

Gedruckt auf säurefreiem und chlorfrei gebleichtem Papier

Springer Gabler ist ein Imprint der eingetragenen Gesellschaft Springer Fachmedien Wiesbaden GmbH und ist ein Teil von Springer Nature
Die Anschrift der Gesellschaft ist: Abraham-Lincoln-Str. 46, 65189 Wiesbaden, Germany

Vorwort

Losbildung und Fertigungssteuerung sind zentrale Kernelemente der operativen Produktionsplanung und –steuerung. Sie legen fest, welche Verbrauchsfaktoren („Material": Roh-, Hilfs- und Betriebsstoffe, Zwischenprodukte) bereitzustellen sind und wie schließlich die vorhandenen Ressourcen zur Erzeugung des geplanten Produktionsprogramms einzusetzen sind. Dabei steht die Werkstattfertigung im Vordergrund – bei Fließproduktionssystemen sind in der Regel die Arbeitsinhalte der einzelnen Stationen so aufeinander abgestimmt, dass ein möglichst gleichmäßiger Materialfluss entsteht.

Anhand von Aufgaben bzw. Mini-Fallstudien (als Übungsaufgaben formuliert) werden die Verfahren erläutert, die in kommerziell verfügbaren und in der industriellen Praxis eingesetzten Enterprise-Ressource-Planning-Systemen (ERP-Systeme) oder Produktionsplanungs- und -steuerungssystemen (PPS-Systeme) implementiert sind. Die in entsprechenden Veranstaltungen an Universitäten und Hochschulen, wie Produktion und Logistik sowie Supply Chain Management usw., sowohl in Bachelor- wie auch in Masterstudiengängen gelehrten Verfahren dürften ebenfalls abgedeckt sein. Gerade die Berücksichtigung von knappen Kapazitäten oder die Ursache von schwankenden Durchlaufzeiten dürfte auch für Doktoranden interessant sein. Experten aus der industriellen Praxis möge das Buch dienen, die Verfahren ihrer ERP- bzw. PPS-Systeme besser zu verstehen und besser einzustellen.

Zu Beginn der Lösung einer Fallstudie wird die verwendete Methodik komprimiert und zugleich soweit dargestellt, dass diese mit den in entsprechenden Vorlesungen gelehrten Inhalten ohne weitere Literatur verständlich sein müsste. Auf Literatur mit Vertiefungen wird verwiesen. Die präzise und detaillierte Darstellung möge dazu beitragen, die Verfahren im Detail zu verstehen. In manchen Aufgaben wird die Modellierungssoftware „ILOG" verwendet. Hochschulen können „ILOG" kostenfrei über die „IBM Academic Initiative" beziehen. Ansonsten kann eine kostenfreie Testlizenz über das Internet heruntergeladen werden. Simulationsmodelle werden in der „Tecnomatix Plant Simulation" Software dargestellt. Über das Internet kann eine kostenfreie Testversion heruntergeladen werden. Es sei betont, dass die Lösungen so dargestellt sind, dass diese auch ohne diese Werkzeuge verstanden werden können. Beide Werkzeuge sind etabliert in der industriellen Praxis.

Beim Verlag Springer Gabler bedanke ich mich für die sehr bereitwillige Aufnahme des Buchs und bei Frau Claudia Hasenbalg für die gute Zusammenarbeit. Viele Studierende der OTH Regensburg halfen beim „Durchrechnen" der Aufgaben und dem Erstellen mancher Bilder im Rahmen von Projektarbeiten. Besonders hervorheben ist die Unterstützung durch Frau Marille Müller beim Auffinden von Schreibfehlern. Die Verantwortung für eventuelle Fehler verbleibt bei mir.

Regensburg im März 2018   Frank Herrmann

Inhaltsverzeichnis

1 Ressourcenbelegungsplanung

1.1 Ausgewählte mit polynomialem Aufwand optimal lösbare Probleme

Bei den Verfahren handelt es sich im Wesentlichen um Sortieralgorithmen von Listen. Mit den besten bekannten Sortieralgorithmen lässt sich eine Liste der Länge N mit einem Rechenaufwand nach einem beliebigen Kriterium sortieren, der im Mittel $O(N \cdot log(N))$ beträgt. In [Herr09] ist ausgeführt, dass eine kleine Änderung am Problem, wie das Zulassen von unterschiedlichen Auftragsfreigaben oder die Änderung eines Zielkriteriums, zu einem NP-vollständigen Problem führt.

1.1.1 Minimierung der maximalen Verspätung

Für Fuß-, Basket-, Volley-, Foot-, Base-, und Medizinbälle liegt (jeweils genau) ein Auftrag zum Nähen vor. In diesem Arbeitsschritt werden die ausgestanzten Teile der späteren Bälle zusammengenäht. Jeder Auftrag kann unmittelbar begonnen werden. Die Bearbeitungszeiten und Endtermine der einzelnen Aufträge lauten:

Nr.	Auftrag	Bearbeitungszeit (t_i)	Endtermin (f_i)
1	Fussball	2 Zeiteinheiten	6 Zeiteinheiten
2	Basketball	4 Zeiteinheiten	9 Zeiteinheiten
3	Volleyball	3 Zeiteinheiten	5 Zeiteinheiten
4	Football	6 Zeiteinheiten	11 Zeiteinheiten
5	Baseball	4 Zeiteinheiten	14 Zeiteinheiten
6	Medizinball	1 Zeiteinheiten	7 Zeiteinheiten

Tabelle 1: Daten zum Ressourcenbelegungsplanungsproblem für das Nähen von Bällen.

Aufgabe

Bestimmen Sie eine Reihenfolge der Aufträge, so dass die maximale Verspätung möglichst klein ist.

© Springer Fachmedien Wiesbaden GmbH, ein Teil von Springer Nature 2018
F. Herrmann, *Übungsbuch Losbildung und Fertigungssteuerung*,
https://doi.org/10.1007/978-3-658-21567-5_1

Lösung

Nach der Literatur, z.B. [Herr09], löst eine Sortierung der Aufträge nach nicht fallenden (gewünschten) Endterminen (f_i) dieses Problem optimal; eine solche Sortierung heißt „Earliest Due Date"-Regel (EDD-Regel).

Die folgende Tabelle enthält die Aufträge in der oben genannten Reihenfolge und die Reihenfolge der Aufträge durch die Anwendung der EDD-Regel (Nummer (Position) in optimaler Reihenfolge). Für jeden Auftrag i enthält die Tabelle auch den sich daraus ergebenden Fertigstellungszeitpunkt F_i, die Terminabweichung T_i und die Verspätung V_i; jeweils in Zeiteinheiten (ZE). Diese Auftragsfolge bestimmt ein Gantt-Diagramm, welches in Abbildung 1 aufgezeichnet ist.

Nr.	Auftrag	t_i	f_i	Nummer (Position) in optimaler Reihenfolge	F_i	T_i	V_i
1	Fussball	2 ZE	6 ZE	(3) Volleyball	5 ZE	-1 ZE	0 ZE
2	Basketball	4 ZE	9 ZE	(1) Fussball	10 ZE	1 ZE	1 ZE
3	Volleyball	3 ZE	5 ZE	(6) Medizinball	3 ZE	-2 ZE	0 ZE
4	Football	6 ZE	11 ZE	(2) Basketball	16 ZE	5 ZE	5 ZE
5	Baseball	4 ZE	14 ZE	(4) Football	20 ZE	6 ZE	6 ZE
6	Medizinball	1 ZE	7 ZE	(5) Baseball	6 ZE	-1 ZE	0 ZE

Tabelle 2: Anwendung der EDD-Regel.

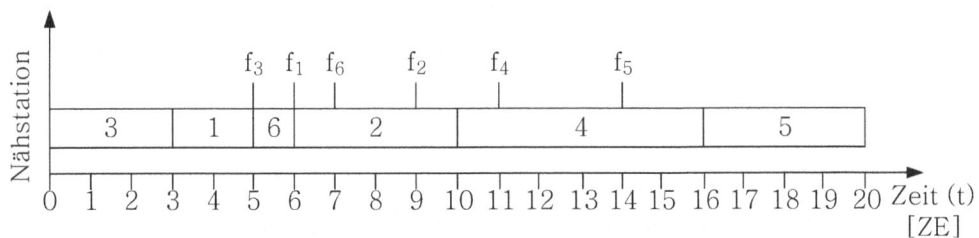

Abbildung 1: Gantt-Diagramm zu einer Lösung über die EDD-Regel.

Drei Aufträge sind verspätet und die maximale Verspätung beträgt 6 Zeiteinheiten.

Es sei angemerkt: Sind alle Aufträge nicht sofort bekannt, bzw. startbereit, so liefert die EDD-Regel nicht immer eine Lösung, bei der die maximale Verspätung minimal ist, s. [Herr09], – es handelt sich um ein NP-vollständiges Problem, s. [Herr09].

1.1.2 Minimierung der mittleren Durchlaufzeit

Für die folgenden Biersorten Helles, Weißbier, Pils, dunkles Bier, Bockbier und alkoholfreies Bier liegt (jeweils genau) ein Abfüllauftrag vor. Jeder Auftrag kann unmittelbar begonnen werden. Die Bearbeitungszeiten und Endtermine der einzelnen Aufträge lauten:

Nr.	Auftrag	Bearbeitungszeit (t_i)	Endtermin (f_i)
1	Helles	4 Zeiteinheiten	8 Zeiteinheiten
2	Weißbier	3 Zeiteinheiten	6 Zeiteinheiten
3	Pils	2 Zeiteinheiten	5 Zeiteinheiten
4	Dunkles	6 Zeiteinheiten	15 Zeiteinheiten
5	Bockbier	4 Zeiteinheiten	10 Zeiteinheiten
6	alkoholfreies Bier	1 Zeiteinheit	2 Zeiteinheiten

Tabelle 3: Daten zum Ressourcenbelegungsplanungsproblem für das Abfüllen von Bier.

Aufgabe

Bestimmen Sie eine Reihenfolge der Aufträge, so dass die mittlere Durchlaufzeit möglichst klein ist.

Lösung

Nach der Literatur, z.B. [Herr09], löst eine Sortierung der Aufträge nach nicht fallenden Bearbeitungszeiten (t_i) dieses Problem optimal; eine solche Sortierung heißt „Kürzeste Operationszeit"-Regel (KOZ-Regel).

Die folgende Tabelle enthält die Aufträge in der oben genannten Reihenfolge und die Reihenfolge der Aufträge durch die Anwendung der KOZ-Regel (Nummer (Position) in optimaler Reihenfolge). Für jeden Auftrag i enthält die Tabelle auch den sich daraus ergebenden Fertigstellungszeitpunkt F_i sowie die Durchlaufzeit D_i, jeweils in Zeiteinheiten (ZE); wegen der Wichtigkeit ist zusätzlich die Verspätung V_i angegeben - die für die Minimierung der mittleren Durchlaufzeit nicht relevant ist. Diese Auftragsfolge bestimmt ein Gantt-Diagramm, welches in Abbildung 2 aufgezeichnet ist.

Nr.	Auftrag	t_i	f_i	Nummer (Position) in optimaler Reihenfolge	F_i	D_i	V_i
1	Helles	4 ZE	8 ZE	(6) alkoholfreies Bier	10 ZE	10 ZE	2 ZE
2	Weißbier	3 ZE	6 ZE	(3) Pils	6 ZE	6 ZE	0 ZE
3	Pils	2 ZE	5 ZE	(2) Weißbier	3 ZE	3 ZE	0 ZE
4	Dunkles	6 ZE	15 ZE	(1) Helles	20 ZE	20 ZE	5 ZE
5	Bockbier	4 ZE	10 ZE	(5) Bockbier	14 ZE	14 ZE	4 ZE
6	alkoholfreies Bier	1 ZE	2 ZE	(4) Dunkles	1 ZE	1 ZE	0 ZE

Tabelle 4: Anwendung der KOZ-Regel.

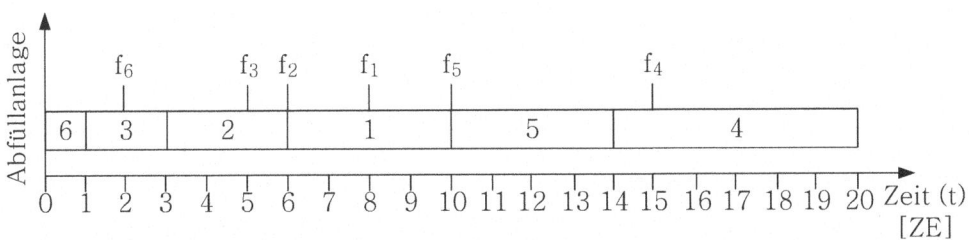

Abbildung 2: Gantt-Diagramm zu einer Lösung über die KOZ-Regel.

Die mittlere Durchlaufzeit beträgt $\frac{54 \text{ Zeiteinheiten}}{6 \text{ Aufträge}} = 9$ Zeiteinheiten. (Da die Fertigstellungszeitpunkte mit den Durchlaufzeiten übereinstimmen, minimiert die KOZ-Regel auch die Summe der Fertigstellungszeitpunkte.) Die Lösung bewirkt drei verspätete Aufträge und eine mittlere Verspätung von $\frac{11 \text{ Zeiteinheiten}}{6 \text{ Aufträge}} = 1.83$ Zeiteinheiten.

4

Es sei angemerkt: Sind alle Aufträge nicht sofort bekannt, bzw. startbereit, so liefert die KOZ-Regel nicht immer eine Lösung, bei der die mittlere Durchlaufzeit minimal ist, s. [Herr09], – es handelt sich um ein NP-vollständiges Problem, s. [Herr09].

1.1.3 Minimierung der gewichteten mittleren Durchlaufzeit

Für die Fertigung eines Mountainbikes, eines Damenrads, eines E-Bikes, eines Sportrads, eines Kinderrads und eines Dreirads liegt jeweils ein Lackierauftrag vor. Jeder Lackierauftrag hat eine Gewichtung, mit der die jeweilige Durchlaufzeit multipliziert wird (für die gewichtete Mittelwertbildung); dadurch ist zwischen den Aufträgen eine relative Priorität gegeben. Diese und die Bearbeitungszeiten sowie Endtermine der einzelnen Aufträge lauten:

Nr.	Auftrag	Bearbeitungszeit (t_i)	Gewichtung (w_i)	Endtermin (f_i)
1	Mountainbike	4 Zeiteinheiten	2	7 Zeiteinheiten
2	Damenrad	3 Zeiteinheiten	1	9 Zeiteinheiten
3	E-Bike	6 Zeiteinheiten	2	8 Zeiteinheiten
4	Sportrad	4 Zeiteinheiten	1	8 Zeiteinheiten
5	Kinderrad	2 Zeiteinheiten	4	7 Zeiteinheiten
6	Dreirad	1 Zeiteinheit	4	5 Zeiteinheiten

Tabelle 5: Daten zum Ressourcenbelegungsplanungsproblem für das Lackieren von Fahrrädern.

Aufgabe

Bestimmen Sie eine Reihenfolge der Aufträge, so dass die mittlere gewichtete Durchlaufzeit möglichst klein ist.

Lösung

Nach der Literatur, z.B. [Smit56] und [Neum90], löst die Quotientenregel dieses Problem optimal. Dabei wird für jeden Auftrag der Quotient aus Bearbeitungszeit und Gewichtung gebildet, i.e. $q_i = \dfrac{t_i}{w_i}$. Dann werden die Aufträge nach nicht fallenden Quotienten sortiert.

Die folgende Tabelle enthält die Aufträge in der oben genannten Reihenfolge und die Reihenfolge der Aufträge durch die Anwendung der Quotientenregel (Nummer (Position) in optimaler Reihenfolge), einschließlich der Gewichtungen und der Quotienten. Für jeden Auftrag i enthält die Tabelle auch den sich daraus ergebenden Fertigstellungszeitpunkt F_i sowie die Durchlaufzeit D_i, jeweils in Zeiteinheiten (ZE); wegen der Wichtigkeit ist zusätzlich die Verspätung V_i angegeben - die für die Minimierung der mittleren gewichteten Durchlaufzeit nicht relevant ist. Diese Auftragsfolge bestimmt ein Gantt-Diagramm, welches in Abbildung 3 aufgezeichnet ist.

Nr.	Auftrag	t_i	f_i	w_i	q_i	Nummer (Position) in optimaler Reihenfolge	F_i	D_i	V_i
1	Mountainbike	4 ZE	7 ZE	2	2	(6) Dreirad	7 ZE	7 ZE	0 ZE
2	Damenrad	3 ZE	9 ZE	1	3	(5) Kinderrad	10 ZE	10 ZE	1 ZE
3	E-Bike	6 ZE	8 ZE	2	3	(1) Mountainbike	16 ZE	16 ZE	8 ZE
4	Sportrad	4 ZE	8 ZE	1	4	(2) Damenrad	20 ZE	20 ZE	12 ZE
5	Kinder	2 ZE	7 ZE	4	$\frac{1}{2}$	(3) E-Bike	3 ZE	3 ZE	0 ZE
6	Dreirad	1 ZE	5 ZE	4	$\frac{1}{4}$	(4) Sportrad	1 ZE	1 ZE	0 ZE

Tabelle 6: Anwendung der Quotientenregel.

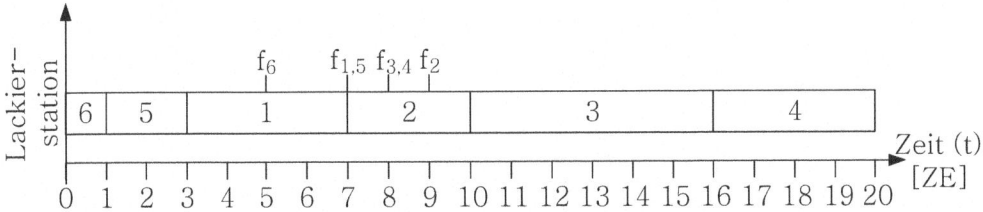

Abbildung 3: Gantt-Diagramm zu einer Lösung über die Quotientenregel.

Die mittlere gewichtete Durchlaufzeit beträgt $\dfrac{92 \text{ Zeiteinheiten}}{6 \text{ Aufträge}} = 15\frac{1}{3}$ Zeiteinheiten. Die Lösung bewirkt drei verspätete Aufträge und eine mittlere Verspätung von

$$\frac{21 \text{ Zeiteinheiten}}{6 \text{ Aufträge}} = 3.5 \text{ Zeiteinheiten.}$$

1.1.4 Minimierung der mittleren Durchlaufzeit bei identischen parallelen Stationen

Für die Fertigung eines Mountainbikes, eines Damenrads, eines E-Bikes, eines Sportrads, eines Kinderrads und eines Dreirads liegt jeweils ein Lackierauftrag vor. Zum Lackieren existieren zwei identische Lackierstationen. Die Bearbeitungszeiten sowie Endtermine der einzelnen Aufträge lauten:

Nr.	Auftrag	Bearbeitungszeit (t_i)	Endtermin (f_i)
1	Mountainbike	5 Zeiteinheiten	6 Zeiteinheiten
2	Damenrad	4 Zeiteinheiten	12 Zeiteinheiten
3	E-Bike	7 Zeiteinheiten	6 Zeiteinheiten
4	Sportrad	5 Zeiteinheiten	6 Zeiteinheiten
5	Kinderrad	2 Zeiteinheiten	5 Zeiteinheiten
6	Dreirad	1 Zeiteinheit	17 Zeiteinheiten

Tabelle 7: Daten zum Ressourcenbelegungsplanungsproblem für das Lackieren von Fahrrädern.

Aufgabe

Bestimmen Sie eine Reihenfolge der Aufträge, so dass die mittlere Durchlaufzeit möglichst klein ist.

Lösung

Eine optimale Lösung liefert das Verfahren von Conway, s. z.B. [CMM67]. Zunächst werden die Aufträge nach nicht fallenden Bearbeitungszeiten (t_i) sortiert (also die Anwendung der KOZ-Regel) mit dem Ergebnis $(A_i)_{i=1}^N$. Nach dieser Reihenfolge $(A_i)_{i=1}^N$ werden die Aufträge nach der folgenden Regel eingeplant. Sind die Aufträge A_1 bis A_j für ein j mit $1 \le j \le N$ eingeplant, so wird der Auftrag A_{j+1} auf der Station eingeplant, die am frühesten verfügbar ist. Gibt es mehrere hiervon, dann wird die mit der kleinsten Nummer ausgewählt. Abbildung 4 skizziert die Vorgehensweise; der Algorithmus hat den gleichen Aufwand wie die kürzeste Operationszeitregel.

Station

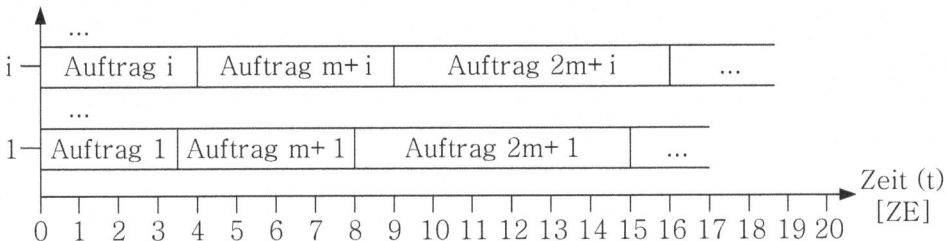

Abbildung 4: Prinzipielle Arbeitsweise des Algorithmus von Conway.

Die folgende Tabelle enthält die Aufträge in der oben genannten Reihenfolge und die Reihenfolge der Aufträge sowie ihre Verteilung auf die Lackierstationen S_1 und S_2 durch Anwendung des Algorithmus von Conway. Für jeden Auftrag i enthält die Tabelle auch den sich daraus ergebenden Fertigstellungszeitpunkt F_i sowie die Durchlaufzeit D_i, jeweils in Zeiteinheiten (ZE); wegen der Wichtigkeit ist zusätzlich die Verspätung V_i angegeben - die für die Minimierung der mittleren Durchlaufzeit nicht relevant ist. Diese Auftragsfolge bestimmt ein Gantt-Diagramm, welches in Abbildung 5 aufgezeichnet ist.

Nr.	Auftrag	t_i	f_i	Nummer (Position) in optimaler Reihenfolge	Station	F_i	D_i	V_i
1	Mountainbike	5 ZE	6 ZE	(6) Dreirad	S_2	7 ZE	7 ZE	1 ZE
2	Damenrad	4 ZE	12 ZE	(5) Kinderrad	S_1	5 ZE	5 ZE	0 ZE
3	E-Bike	7 ZE	6 ZE	(2) Damenrad	S_2	14 ZE	14 ZE	8 ZE
4	Sportrad	5 ZE	6 ZE	(1) Mountainbike	S_1	10 ZE	10 ZE	4 ZE
5	Kinderrad	2 ZE	5 ZE	(4) Sportrad	S_2	2 ZE	2 ZE	0 ZE
6	Dreirad	1 ZE	17 ZE	(3) E-Bike	S_1	1 ZE	1 ZE	0 ZE

Tabelle 8: Anwendung von dem Algorithmus von Conway.

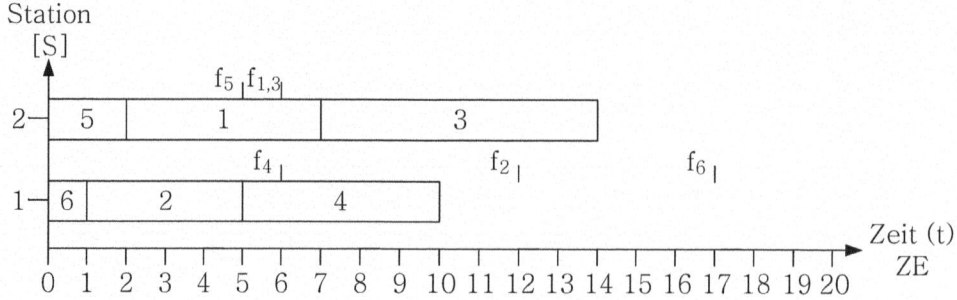

Abbildung 5: Gantt-Diagramm zu einer Lösung nach dem Algorithmus von Conway.

Die mittlere Durchlaufzeit beträgt $\dfrac{39 \text{ Zeiteinheiten}}{6 \text{ Aufträge}} = 6.5$ Zeiteinheiten. Die Lösung bewirkt drei verspätete Aufträge und eine mittlere Verspätung von $\dfrac{13 \text{ Zeiteinheiten}}{6 \text{ Aufträge}}$ $= 2\dfrac{1}{6}$ Zeiteinheiten.

1.1.5 Minimierung der Gesamtbearbeitungszeit einer Linie aus zwei Stationen

Sechs Aufträge müssen nacheinander auf den beiden Stationen M_1 und M_2 bearbeitet werden. Dabei treten die folgenden Bearbeitungszeiten in Stunden (h) auf.

Auftrag	A_1	A_2	A_3	A_4	A_5	A_6
Bearbeitungszeit $(t_{i,1})$ [h]	4	6	3	1	6	2
Bearbeitungszeit $(t_{i,2})$ [h]	5	2	1	7	2	4

Tabelle 9: Bearbeitungszeiten zur Linienfertigung aus zwei Stationen in Stunden.

Aufgabe

Bestimmen Sie die Belegung der Aufträge auf beiden Stationen so, dass die Gesamtbearbeitungszeit möglichst klein ist.

Lösung

Das Verfahren von Johnson, s. [John54] und auch [Herr09], liefert einen optimalen Permutationsplan für das Zwei-Stationen-Linienfertigungsproblem. Seine Arbeitsweise ist:

(1) Unterteilen der Menge an Aufträgen in zwei disjunkte Teilmengen
$N_1 = \left\{ A_i \middle| t_{i,1} \leq t_{i,2} \right\}$ und $N_2 = \left\{ A_i \middle| t_{i,1} > t_{i,2} \right\}$.

(2) (i) Sortieren der Aufträge aus N_1 hinsichtlich der Bearbeitungszeiten auf Station M_1 nach monoton steigenden $t_{i,1}$. Dadurch entsteht eine Auftragsfolge AF_1.

(ii) Sortieren der Aufträge aus N_2 hinsichtlich der Bearbeitungszeiten auf Station M_2 nach monoton fallenden $t_{i,2}$. Daraus entsteht eine Auftragsfolge AF_2.

(3) Verknüpfen der beiden Auftragsfolgen zu $AF = AF_1 \circ AF_2$.

Das Ergebnis ist die Auftragsfolge AF.

Die Anwendung des Johnson-Verfahrens führt zu den folgenden Ergebnissen in den einzelnen Schritten.
Schritt 1: $N_1 = \{1, 4, 6\}$ und $N_2 = \{2, 3, 5\}$.
Schritt 2: Die Sortierung von N_1 ergibt die Auftragsfolge $AF_1 = [4, 6, 1]$ und diejenige von N_2 die Auftragsfolge $AF_2 = [2, 5, 3]$ (und $AF_2 = [5, 2, 3]$).
Schritt 3: Die Verknüpfung liefert: $AF = [4, 6, 1, 2, 5, 3]$ (und $AF = [4, 6, 1, 5, 2, 3]$).

Die Auftragsreihenfolgen $[4, 6, 1, 2, 5, 3]$ und $[4, 6, 1, 5, 2, 3]$ bilden mit einer Gesamtbearbeitungszeit von 23 h einen optimalen Plan. Die beiden optimalen Pläne werden durch das Gantt-Diagramm in Abbildung 6 dargestellt (in zwei Teilen). Die schraffierten Flächen zeigen den Wartezustand der einzelnen Stationen auf.

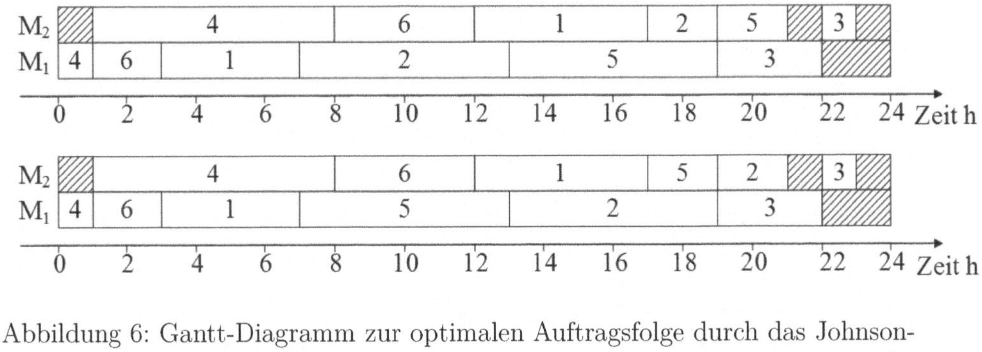

Abbildung 6: Gantt-Diagramm zur optimalen Auftragsfolge durch das Johnson-Verfahren.

1.1.6 Minimierung der Gesamtbearbeitungszeit einer Werkstatt aus zwei Stationen

Zwölf Aufträge müssen auf den beiden Stationen M_1 und M_2 in einer individuellen Reihenfolge bearbeitet werden. Dabei treten die folgenden Bearbeitungszeiten in Stunden (h) auf. Der zuerst auszuführende Arbeitsgang ist jeweils durch einen Stern gekennzeichnet.

Auftrag	A1	A2	A3	A4	A5	A6	A7	A8	A9	A10	A11	A12
$t_{i,1}$ [h]	4*	3	0	1*	6*	4	5*	5	2	1	3*	4
$t_{i,2}$ [h]	3	7*	5	3	2	0	4	5*	4*	0	4	3*

Tabelle 10: Bearbeitungszeiten zur Werkstatt aus zwei Stationen in Stunden.

Aufgabe

Bestimmen Sie die Belegung der Aufträge auf beiden Stationen so, dass die Gesamtbearbeitungszeit möglichst klein ist.

Lösung

Das Verfahren von Jackson, s. [Jack56] und auch [Herr09], liefert einen optimalen Belegungsplan und arbeitet wie folgt.

(1) Bestimmen der folgenden vier Mengen:

- Die Menge N_1 an Aufträgen, die ausschließlich auf der Station M_1 bearbeitet werden müssen.

- Die Menge N_2 an Aufträgen, die ausschließlich auf der Station M_2 bearbeitet werden müssen.

- Die Menge $N_{1,2}$ an Aufträgen, deren Bearbeitung auf Station M_1 beginnt und im Anschluss auf der Station M_2 bearbeitet werden.

- Die Menge $N_{2,1}$ an Aufträgen, deren Bearbeitung auf Station M_2 beginnt und im Anschluss auf der Station M_1 bearbeitet werden.

(2) Berechnen der Auftragsfolge $L_{1,2}$ für $N_{1,2}$ durch die Anwendung des Johnson-Verfahrens auf die Linie aus den Stationen M_1 und M_2.

(3) Berechnen der Auftragsfolge $L_{2,1}$ für $N_{2,1}$ durch die Anwendung des Johnson-Verfahrens auf die Linie aus den Stationen M_2 und M_1.

(4) Bilden einer beliebigen Auftragsreihenfolge A_{N_1} für N_1 und einer beliebigen Auftragsreihenfolge A_{N_2} für N_2.

(5) Bilden der Verknüpfung $L_1 = L_{1,2} \circ A_{N_1} \circ L_{2,1}$.

(6) Bilden der Verknüpfung $L_2 = L_{2,1} \circ A_{N_2} \circ L_{1,2}$.

Das Ergebnis besteht aus der Auftragsfolge L_1 für M_1 und der Auftragsfolge L_2 für M_2.

Die Anwendung des Jackson-Verfahrens führt zu den folgenden Ergebnissen in den einzelnen Schritten.

(1) Die vier Mengen lauten: $N_1 = \{6, 10\}$, $N_2 = \{3\}$, $N_{1,2} = \{1, 4, 5, 7, 11\}$ und $N_{2,1} = \{2, 8, 9, 12\}$.

(2) Das Anwenden des Johnson-Verfahrens auf die Auftragsmenge $N_{1,2} = \{1, 4, 5, 7, 11\}$ und die Linie aus den Stationen M_1 und M_2 ergibt eine Unterteilung der Aufträge in die beiden Teilmengen $\bar{N}_1$ und $\bar{N}_2$ mit $\bar{N}_1 = \left\{A_i \in N_{1,2} \middle| t_{i,1} \leq t_{i,2}\right\}$ und $\bar{N}_2 = \left\{A_i \in N_{1,2} \middle| t_{i,1} > t_{i,2}\right\}$, nämlich: $\bar{N}_1 = \{4, 11\}$ und $\bar{N}_2 = \{1, 5, 7\}$.

Das Sortieren der Teilmenge $\bar{N}_1$ nach monoton steigenden Bearbeitungszeiten auf M_1 führt zu: $\bar{L}_1 = [4, 11]$.

Das Sortieren der Teilmenge $\bar{N}_2$ nach monoton fallenden Bearbeitungszeiten auf M_2 bewirkt: $\bar{L}_2 = [7, 1, 5]$.

Das Verknüpfen dieser beiden Teilmengen zu einer Auftragsfolge führt zu: $L_{1,2} = [4, 11, 7, 1, 5]$.

(3) Das Anwenden des Johnson-Verfahrens auf die Auftragsmenge $N_{2,1} = \{2, 8, 9, 12\}$ und die Linie aus den Stationen M_2 und M_1 ergibt eine Unterteilung der Aufträge in die beiden Teilmengen $\bar{N}_1$ und $\bar{N}_2$ mit $\bar{N}_1 = \left\{A_i \in N_{2,1} \middle| t_{i,2} \leq t_{i,1}\right\}$ und $\bar{N}_2 = \left\{A_i \in N_{2,1} \middle| t_{i,2} > t_{i,1}\right\}$, nämlich: $\bar{N}_1 = \{8, 12\}$ und $\bar{N}_2 = \{2, 9\}$.

Das Sortieren der Teilmenge $\bar{N}_1$ nach monoton steigenden Bearbeitungszeiten auf M_2 bewirkt: $\bar{L}_1 = [12, 8]$.

Das Sortieren der Teilmenge $\bar{N}_2$ nach monoton fallenden Bearbeitungszeiten auf M_1 ergibt: $\bar{L}_2 = [2, 9]$.

Das Verknüpfen dieser beiden Teilmengen zu einer Auftragsfolge führt zu: $L_{2,1} = [12, 8, 2, 9]$.

(4) Das Bilden von beliebigen Auftragsfolgen für N_1 und N_2 bewirkt: $A_{N_1} = [6, 10]$ und $A_{N_2} = [3]$.

(5) Das Bilden der Verknüpfung $L_1 = L_{1,2} \circ A_{N_1} \circ L_{2,1}$ führt zu:
$L_1 = [4, 11, 7, 1, 5, 6, 10, 12, 8, 2, 9]$.

(6) Das Bilden der Verknüpfung $L_2 = L_{2,1} \circ A_{N_2} \circ L_{1,2}$ ergibt:
$L_2 = [12, 8, 2, 9, 3, 4, 11, 7, 1, 5]$.

Die optimale Auftragsreihenfolge für Station M_1 ist $[4, 11, 7, 1, 5, 6, 10, 12, 8, 2, 9]$ und für Station M_2 ist $[12, 8, 2, 9, 3, 4, 11, 7, 1, 5]$ die optimale Auftragsreihenfolge. Der optimale Plan wird durch das Gantt-Diagramm in Abbildung 2 dargestellt (in zwei Teilen). Die Gesamtbearbeitungszeit beträgt 40 h. Die schraffierten Flächen zeigen den Wartezustand der einzelnen Stationen auf.

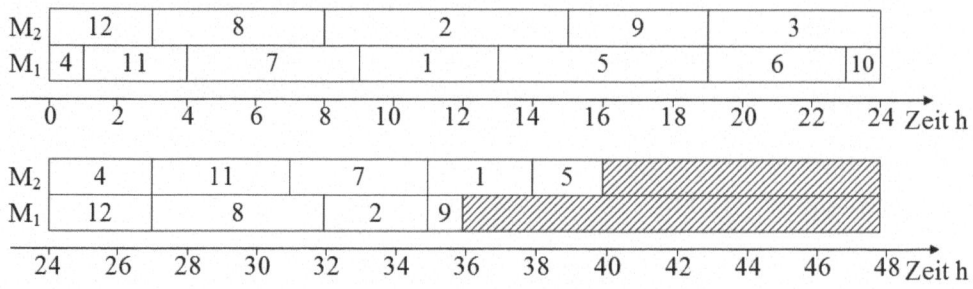

Abbildung 7: Gantt-Diagramm zur optimalen Auftragsfolge vom Jackson-Verfahren.

1.2 Optimierungsmodelle für Permutationspläne

Permutationspläne sind optimal bei Ein-Stationenproblemen und teilweise bei Linienfertigungen. Im Fall von Linienfertigungen ist dies unter [CMM67], [MoRi83] (zur Erweiterung von dem Verfahren von Johnson) und [PSW91] (zum Verlust an erreichbarer Lösungsgüte – bei einer Beschränkung auf Permutationspläne) genauer analysiert worden. Trotzdem werden oftmals Permutations-Linienfertigungen untersucht. Zu diesen beiden Fällen werden in den beiden folgenden Fallstudien Optimierungsmodelle angegeben. Es existieren auch welche für die Werkstattfertigung – diese würden den Rahmen dieses Buches sprengen.

13

1.2.1 Einstationenproblem

Von einem Möbelproduzenten werden vier unterschiedliche Tischtypen an einer Station (M_1) mit unterschiedlichen Bearbeitungszeiten gefertigt und lackiert. Der Arbeitsvorrat mit den erforderlichen Daten und den Bearbeitungszeiten, jeweils in Zeiteinheiten (ZE), ist in der folgenden Tabelle 11 angegeben.

Auftrag (A_i)	Produkttyp	Freigabetermin (a_i)	Bearbeitungszeit (t_i)	Endtermin (f_i)
1	Wohnzimmertisch	1 ZE	4 ZE	5 ZE
2	Esstisch	0 ZE	2 ZE	5 ZE
3	Bürotisch	0 ZE	4 ZE	5 ZE
4	Esstisch	6 ZE	2 ZE	5 ZE
5	Konferenztisch	0 ZE	6 ZE	15 ZE
6	Esstisch	4 ZE	2 ZE	15 ZE

Tabelle 11: Arbeitsvorrat und Bearbeitungszeiten.

Aufgabe

Bestimmen Sie einen Belegungsplan der sechs Aufträge auf der Station M_1 so, dass die mittlere Verspätung möglichst gering ist.

Lösung

Eine Lösung von dem folgenden linearen Optimierungsmodell ist der gewünschte Belegungsplan; die Begriffe und Bezeichnungen sind in [Herr09] im Detail erläutert.

Parameter:

N Anzahl an Aufträgen.

t_i Bearbeitungszeit t von Auftrag $i \; \forall \; 1 \leq i \leq N$.

a_i Auftragsfreigabetermin von Auftrag $i \; \forall \; 1 \leq i \leq N$.

f_i Soll-Fertigstellungstermin von Auftrag $i \; \forall \; 1 \leq i \leq N$.

14

Variablen:

$x_{i,p}$ binäre Variable mit $x_{i,p} = \begin{cases} 1, \text{falls Auftrag } i \text{ als } p\text{-ter Auftrag bearbeitet wird} \\ 0, \text{sonst} \end{cases}$

$\forall\ 1 \le i, p \le N.$

FT_p eine obere Grenze für den realisierten Fertigstellungstermin des Auftrags an p-ter Position $\forall\ 0 \le p \le N$. (Die FT_p werden als Endtermine der jeweiligen Aufträge verwendet. Dann gibt es Fallstudien, bei denen ein früherer Endtermin eines Auftrags die gleiche mittlere Verspätung bewirkt.)
(Eine Initialisierung erfolgt über einen künstlichen Auftrag 0.)

V_p Verspätung des Auftrags an p-ter Position $\forall\ 1 \le p \le N$.

Zielfunktion:

$$Z = \sum_{p=1}^{N} V_p.$$

Restriktionen (mit einer kurzen Kommentierung):

$\sum_{i=1}^{N} x_{i,p} = 1 \ \forall\ 1 \le p \le N.$ Jede Position ist belegt.

$\sum_{p=1}^{N} x_{i,p} = 1 \ \forall\ 1 \le i \le N.$ Jeder Auftrag hat genau eine Position.

$FT_{p-1} + \sum_{i=1}^{N} t_i \cdot x_{i,p} \le FT_p \ \forall\ 1 \le p \le N.$ Kapazitätsrestriktion.

(Dadurch ist der Abstand zwischen zwei aufeinanderfolgenden Aufträgen in der Permutation lang genug.)

$FT_0 = 0.$ Initialisierung: Frühester Beginn eines Auftrags.

(Im Detail: Dadurch endet der Vorgänger vom ersten Auftrag (künstlicher Auftrag 0) in der Permutation zum Zeitpunkt 0.)

$FT_p - \sum_{i=1}^{N} t_i \cdot x_{i,p} \ge \sum_{i=1}^{N} a_i \cdot x_{i,p} \ \forall\ 1 \le p \le N.$ Einhaltung der Freigabetermine.

$V_p \ge FT_p - \sum_{i=1}^{N} f_i \cdot x_{i,1} \ \forall\ 1 \le p \le N.$ Abweichung vom Endtermin.

$V_p \geq 0 \; \forall \; 1 \leq p \leq N.$ Aus Abweichung vom Endtermin wird eine Verspätung. (Negative Verspätungen werden ausgeschlossen.)

Minimierungsproblem:

Minimiere Z.

Das folgende Listing 1 enthält die Umsetzung dieses linearen Optimierungsproblems in ILOG; dabei werden die gleichen Bezeichungen übernommen und die Restriktionen durch ein Stichwort mit denen im formalen Modell in Bezug gesetzt. Zusätzlich wurde die Entscheidungsvariable R eingefügt, die die Lösung als Permutation enthält. Für ein festes p ist $x_{i,p}$ für denjenigen Auftrag i gleich 1, der als p-ter Auftrag bearbeitet wird. Damit ist $\sum_{i=1}^{N}(i \cdot x_{i,p})$ dieser Auftrag i.

```
1   // Auftragsdaten:
2   int N = ...; // Anzahl an Aufträgen.
3   int t [1..N] = ...; // Bearbeitungszeiten.
4   int a [1..N] = ...; // Auftragsfreigabetermine.
5   int f [1..N] = ...; // Soll−Fertigstellungstermine.
6
7   // binärer Wertebereich:
8   range B = 0..1;
9
10  // Entscheidungsvariablen:
11  dvar int x[1..N, 1..N] in B; // Belegung.
12  // Obere Grenze für den realisierten Fertigstellungstermin.
13  dvar int FT[0..N];
14  dvar int V[1..N]; // Verspätung.
15  dvar int R[1..N]; // Permutation.
16
17  // Minimiere Summe der Verspätungen:
18  minimize (sum(p in 1..N) V[p]);
19
20
21  // Restriktionen:
22  subject to{
23
24      forall (p in 1..N) // Jede Position ist belegt.
25          sum(i in 1..N) (x[i][p]) == 1;
26
27      forall (i in 1..N) // Jeder Auftrag hat genau eine Position.
28          sum(p in 1..N) (x[i][p]) == 1;
```

```
29
30      forall (p in 1..N) // Kapazitätsrestriktion.
31        FT[p−1] + sum(i in 1..N) ((t[i]) * x[i][p])  <= FT[p];
32      FT[0] == 0; // Initialisierung.
33
34      forall (p in 1..N) // Einhaltung der Freigabetermine.
35        FT[p] − sum(i in 1..N) ((t[i]) * x[i][p]) >= sum(i in 1..N) (a[i]
             * x[i][p]);
36
37      // Verspätung:
38      forall (p in 1..N)
39        V[p] >= 0;
40      forall (p in 1..N)
41        V[p] >= FT[p] − sum(i in 1..N) (f[i] * x[i][p]);
42
43      // Ermittle Permutation:
44      forall (p in 1..N)
45        R[p] == sum(i in 1..N) (i * x[i][p]);
46    };
```

Listing 1: Implementierung des Optimierungsmodells in ILOG.

Die Parameter für das konkrete Zahlenbeispiel lauten:

```
1  N = 6; // Anzahl an Aufträgen.
2  a = [1,0,0,6,0,4];   // Auftragsfreigabetermine.
3  f = [5,5,5,5,15,15]; // Soll−Fertigstellungstermine.
4  t = [4,2,4,2,6,2];   // Bearbeitungszeiten.
```

Listing 2: Daten zur Fallstudie in ILOG.

Die Permutation $(3, 2, 4, 1, 6, 5)$ liefert eine minimale mittlere Verspätung von $2\frac{2}{3}$ Zeiteinheiten. Im Einzelnen ist der Auftrag 1 um 7 Zeiteinheiten, der Auftrag 2 um 1 Zeiteinheit, der Auftrag 4 um 3 Zeiteinheiten und der Auftrag 5 um 5 Zeiteinheiten verspätet. Die Abarbeitung als Gantt-Diagramm ist in Abbildung 8 dargestellt.

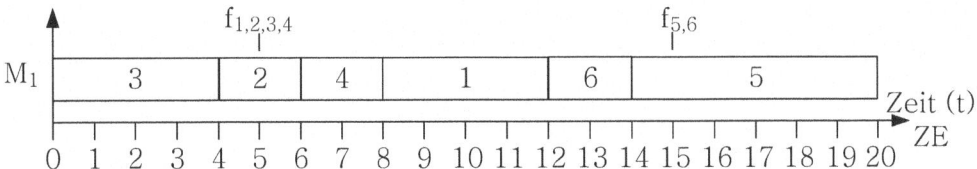

Abbildung 8: Gantt-Diagramm zur optimalen Belegungsplanung des
Möbelproduzenten.

1.2.2 Permutationslinienfertigung

Die Fallstudie zur Minimierung der mittleren Verspätung wird nun erweitert, indem
Fertigen und Lackieren hintereinander auf zwei entsprechenden Stationen zu bearbeiten
sind. Ihre Arbeitspläne sind in Tabelle 9 angegeben. Tabelle 10 enthält den Arbeitsvorrat
mit den erforderlichen Daten in Zeiteinheiten (ZE).

Stationen	Wohnzimmertisch	Esstisch	Bürotisch	Konferenztisch
Fertigen	1 Zeiteinheit	1 Zeiteinheit	2 Zeiteinheiten	2 Zeiteinheiten
Lackieren	3 Zeiteinheiten	1 Zeiteinheit	2 Zeiteinheiten	4 Zeiteinheiten

Tabelle 9: Arbeitspläne.

Auftrag (A_i)	Produkttyp	Freigabetermin (a_i)	Endtermin (f_i)
1	Wohnzimmertisch	1 ZE	5 ZE
2	Esstisch	0 ZE	5 ZE
3	Bürotisch	0 ZE	5 ZE
4	Esstisch	6 ZE	5 ZE
5	Konferenztisch	0 ZE	15 ZE
6	Esstisch	4 ZE	15 ZE

Tabelle 10: Arbeitsvorrat.

Aufgabe

Bestimmen Sie einen Belegungsplan der sechs Aufträge auf der Linie aus Fertigungs-
und Lackierstation so, dass die mittlere Verspätung möglichst gering ist.

Lösung

Zur Lösung wird das lineare Optimierungsmodell aus dem Abschnitt 1.2.1 zum entspre-
chenden Einstationenproblem erweitert, indem die Entscheidungsvariable zur oberen
Grenze für den realisierten Fertigstellungstermin (FT) noch um einen Parameter für die
Station, auf die der einzuplanende Arbeitsgang zu produzieren ist, erweitert wird.

Parameter:

N Anzahl an Aufträgen.

M Anzahl an Stationen.

$t_{i,j}$ Bearbeitungszeit von Auftrag auf Station j $\forall\ 1 \le i \le N$ und $\forall\ 1 \le j \le M$.

a_i Auftragsfreigabetermin von Auftrag $i\ \forall\ 1 \le i \le N$.

f_i Soll-Fertigstellungstermin von Auftrag $i\ \forall\ 1 \le i \le N$.

Variablen:

$x_{i,p}$ binäre Variable mit $x_{i,p} = \begin{cases} 1, \text{falls Auftrag } i \text{ als } p\text{-ter Auftrag bearbeitet wird} \\ 0, \text{sonst} \end{cases}$

        $\forall\ 1 \le i, p \le N$.

$FT_{p,j}$ eine obere Grenze für den realisierten Fertigstellungstermin des Auftrags an
p-ter Position auf der Station j $\forall\ 0 \le p \le N$ und $\forall\ 0 \le j \le M$.

        (Eine Initialisierung erfolgt über einen künstlichen Auftrag 0 und eine künst-
liche Station 0.)

V_p Verspätung des Auftrags an p-ter Position $\forall\ 1 \le p \le N$.

Zielfunktion:

$$Z = \sum_{p=1}^{N} V_p.$$

Restriktionen (mit einer kurzen Kommentierung):

$\sum_{i=1}^{N} x_{i,p} = 1 \ \forall \ 1 \leq p \leq N.$ Jede Position ist belegt.

$\sum_{p=1}^{N} x_{i,p} = 1 \ \forall \ 1 \leq i \leq N.$ Jeder Auftrag hat genau eine Position.

$FT_{p-1,j} + \sum_{i=1}^{N} (t_{i,j} \cdot x_{i,p}) \leq FT_{p,j} \ \forall \ 1 \leq p \leq N$ und $\forall \ 1 \leq j \leq M.$ Kapazitätsrestriktion.

(Dadurch ist der Abstand zwischen zwei aufeinanderfolgenden Aufträgen auf der Station j in der Permutation lang genug.)

$FT_{0,j} = 0 \ \forall \ 1 \leq j \leq M$ Initialisierung: Frühester Beginn eines Auftrags.

(Im Detail: Dadurch endet der Vorgänger vom ersten Auftrag (künstlicher Auftrag 0) in der Permutation zum Zeitpunkt 0.)

$FT_{p,j-1} + \sum_{i=1}^{N} (t_{i,j} \cdot x_{i,p}) \leq FT_{p,j} \ \forall \ 1 \leq p \leq N$ und $\forall \ 1 \leq j \leq M.$ Identische Permutation.

(Dadurch ist der Abstand zwischen zwei aufeinanderfolgenden Operationen eines Auftrags lang genug.)

$FT_{p,0} = 0 \ \forall \ 1 \leq p \leq N$ Initialisierung: Frühester Beginn der ersten Station.

$FT_{p,1} - \sum_{i=1}^{N} (t_{i,1} \cdot x_{i,p}) \geq \sum_{i=1}^{N} a_i \cdot x_{i,p} \ \forall \ 1 \leq p \leq N.$ Einhaltung der Freigabetermine.

$V_p \geq FT_p - \sum_{i=1}^{N} f_i \cdot x_{i,1} \ \forall \ 1 \leq p \leq N.$ Abweichung vom Endtermin.

$V_p \geq 0 \ \forall \ 1 \leq p \leq N.$ Aus Abweichung vom Endtermin wird eine Verspätung.

(Negative Verspätungen werden ausgeschlossen.)

Minimierungsproblem:

Minimiere Z.

Das folgende Listing 3 enthält die Umsetzung dieses linearen Optimierungsproblems in ILOG; dabei werden die gleichen Bezeichungen übernommen und die Restriktionen durch ein Stichwort mit denen im formalen Modell in Bezug gesetzt. Wie beim Einstationenproblem, s. Abschnitt 1.2.1, wurde zusätzlich die Entscheidungsvariable R eingefügt, die die Lösung als Permutation enthält. Für ein festes p ist $x_{i,p}$ für denjenigen Auftrag i gleich 1, der als p-ter Auftrag bearbeitet wird. Damit ist $\sum_{i=1}^{N} (i \cdot x_{i,p})$ dieser Auftrag

i. Um einfacher den Start und das Ende der einzelnen Zuteilungen zu ermitteln, wurde zusätzlich eine Variable ST eingeführt. Für jede Operation ist sie gleich der oberen Grenze von seinem realisierten Fertigstellungstermin minus seiner Bearbeitungszeit.

```
1   // Auftragsdaten:
2   int N = ...;
3   int M = ...;
4   float t [1..N, 1..M] = ...;
5   float a [1..N] = ...;
6   float f [1..N] = ...;
7
8   // binärer Wertebereich:
9   range B = 0..1;
10
11  // Entscheidungsvariablen:
12  dvar int x[1..N][1..N] in B;
13  dvar int FT[0..N][0..M];
14  dvar int ST[0..N][0..M];
15  dvar int R[1..N];
16  dvar int V[1..N];
17
18  // Minimiere Summe der Verspätungen:
19  minimize (sum(p in 1..N) V[p]);
20
21  // Restriktionen:
22  subject to{
23
24      forall (p in 1..N) // Jede Position ist belegt.
25              sum(i in 1..N) (x[i][p]) == 1;
26
27      forall (i in 1..N) // Jeder Auftrag hat genau eine Position.
28              sum(p in 1..N) (x[i][p]) == 1;
29
30      forall (j in 1..M) // Kapazitätsrestriktion.
31          forall (p in 1..N)
32              FT[p-1][j] + sum(i in 1..N) ((t[i][j]) * x[i][p]) <= FT[p
                    ][j];
33      forall (j in 1..M) // Initialisierung.
34          FT[0][j] == 0;
35
36      forall (p in 1..N) // Identische Permutation.
37          forall (j in 1..M)
38              FT[p][j-1] + sum(i in 1..N) ((t[i][j]) * x[i][p]) <= FT[p][
```

21

```
                j ];
39    forall (p in 1..N) // Initialisierung.
40        FT[p][0] == 0;
41
42    forall (p in 1..N) // Einhaltung der Freigabetermine.
43        FT[p,1] - sum(i in 1..N) ((t[i][1]) * x[i][p]) >= sum(i in 1..N)
          (a[i] * x[i][p]);
44
45    forall (j in 1 .. M)   // Obere Grenze vom
46        forall (p in 1..N) // realisierten Fertigstellungstermin.
47            ST[p,j] == FT[p,j] - sum(i in 1..N) ((t[i][j]) * x[i][p]);
48    forall (p in 1..N)
49        ST[p,1] >= sum(i in 1..N) (a[i] * x[i][p]);;
50
51    // Verspätung:
52    forall (p in 1..N)
53        V[p] >= 0;
54    forall (p in 1..N)
55        V[p] >= FT[p][M] - sum(i in 1..N) (f[i] * x[i][p]);
56
57    // Ermittle Permutation:
58    forall (p in 1..N)
59        R[p] == sum(i in 1..N) (i * x[i][p]);
60    };
```

Listing 3: Implementierung des Optimierungsmodells in ILOG.

Die Parameter für das konkrete Zahlenbeispiel lauten:

```
1   N = 6; // Anzahl an Aufträgen.
2   M = 2; // Anzahl an Stationen.
3   a = [1,0,0,6,0,4]; // Auftragsfreigabetermine.
4   f = [5,5,5,5,15,15]; // Soll-Fertigstellungstermine.
5   t = [[1,3],[1,1],[2,2],[1,1],[2,4],[1,1]]; // Bearbeitungszeiten.
```

Listing 4: Daten zur Fallstudie in ILOG.

Die Permutation $(2, 1, 3, 4, 6, 5)$ liefert eine minimale mittlere Verspätung von $\frac{5}{6}$ Zeiteinheiten. Im Einzelnen sind nur die beiden Aufträge 3 und 4 um 2 bzw. 3 Zeiteinheiten verspätet. Die Abarbeitung als Gantt-Diagramm ist in Abbildung 9 dargestellt.

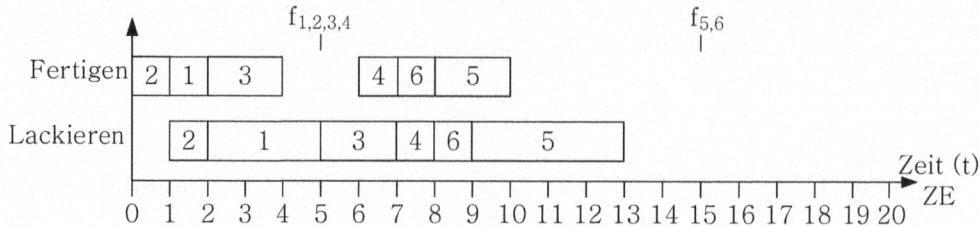

Abbildung 9: Gantt-Diagramm zur optimalen Belegungsplanung des Möbelproduzenten.

1.3 NEH-Heuristik

Ausgangspunkt ist ein Ressourcenbelegungsplanungsproblem für eine Maschine (M1) aus 5 Aufträgen mit den in der folgenden Tabelle angegebenen Bearbeitungszeiten und Endterminen in Zeiteinheiten (ZE).

Auftrag	A	B	C	D	E
Bearbeitungszeit t [ZE]	5	10	10	15	5
Soll-Endtermin f [ZE]	15	10	20	35	40

Tabelle 9: Bearbeitungszeiten und Endtermine.

Aufgabe

Bestimmen Sie einen Belegungsplan mit möglichst kleiner mittlerer Verspätung nach der NEH-Heuristik.

Lösung

Die NEH-Heuristik wurde von Nawaz, Enscore und Ham (in 1983, s. [NEH83]), für die Belegungsplanung einer Linienfertigung mit einem Permutationsplan vorgeschlagen. Von mehreren Forschern, wie z.B. Leisten (in 1990, s. [Leis90]), wird sie als die beste konstruktive Heuristik für die Minimierung der Gesamtbearbeitungszeit angesehen; Abschnitt 1.7 ist eine gewisse Bestätigung dafür, dass dies auch für die Minimierung der mittleren Verspätung gilt.

Die NEH-Heuristik lautet für ein beliebiges Zielkriterium:

23

1. Zunächst erfolgt eine Vorsortierung der Aufträge (z.B. durch eine Prioritätsregel), wodurch eine Priorisierung der Aufträge vorliegt.

2. Auswählen der beiden höchst priorisierten Aufträge und Auswahl der günstigsten Reihenfolge zwischen diesen beiden Aufträgen anhand des Zielkriteriums. Bemerkung: Die dadurch relativ bestimmte Position zwischen diesen beiden Aufträgen wird im Folgenden nicht mehr verändert.

3. Auswählen des Auftrages mit der dritthöchsten Priorität. Erstellen von allen Permutationen, in denen dieser Auftrag an allen möglichen Stellen in die bestehende Permutation (aus dem vorhergehenden Schritt) eingefügt wird. Bestimmen der Permutation mit dem günstigsten Zielkriterium.

4. Anschließend wird Schritt 3 mit einem Auftrag mit der nächsthöheren Priorität (statt dritthöchsten) solange wiederholt, bis alle Aufträge eingeplant wurden.

Für die Aufgabe erfolgt die Vorsortierung nach der „First-In-First-Out"-Regel und ist A, B, C, D und E; dadurch handelt es sich im Prinzip um keine Vorsortierung. Es bestehen nun zwei mögliche partielle Permutationen: (A,B) und (B,A). Ihre Gesamtverspätungen lauten:

- (A,B): Auftrag A hat keine Verspätung und Auftrag B eine von 5 Zeiteinheiten.
- (B,A): Kein Auftrag hat eine Verspätung.

Damit ist (B,A) die günstigste partielle Permutation.

C ist der als nächstes zu betrachtende Auftrag, wodurch folgende partielle Permutationen mit den Gesamtverspätungen entstehen:

- (C,B,A): Auftrag C hat keine Verspätung und die Aufträge B und A haben jeweils eine Verspätung von 10 Zeiteinheiten, so dass eine Gesamtverspätung von 20 Zeiteinheiten vorliegt.
- (B,C,A): Nur Auftrag A hat eine Verspätung von 10 Zeiteinheiten, wodurch eine Gesamtverspätung von 10 Zeiteinheiten vorliegt.
- (B,A,C): Nur Auftrag C hat eine Verspätung von 5 Zeiteinheiten, wodurch eine Gesamtverspätung von 5 Zeiteinheiten vorliegt.

Damit ist (B,A,C) die günstigste partielle Permutation.

Entsprechend erfolgt das Einfügen von Auftrag D:

- (D,B,A,C): Die Gesamtverspätung beträgt 50 Zeiteinheiten.

- (B,D,A,C): Die Gesamtverspätung beträgt 35 Zeiteinheiten.

- (B,A,D,C): Die Gesamtverspätung beträgt 5 Zeiteinheiten.

- (B,A,C,D): Die Gesamtverspätung beträgt 10 Zeiteinheiten.

Damit ist (B,A,C,D) die günstigste partielle Permutation.

Entsprechend erfolgt das Einfügen vom letzten Auftrag E:

- (E,B,A,C,D): Die Gesamtverspätung beträgt 30 Zeiteinheiten.

- (B,E,A,C,D): Die Gesamtverspätung beträgt 25 Zeiteinheiten.

- (B,A,E,C,D): Die Gesamtverspätung beträgt 20 Zeiteinheiten.

- (B,A,C,E,D): Die Gesamtverspätung beträgt 15 Zeiteinheiten.

- (B,A,C,D,E): Die Gesamtverspätung beträgt 15 Zeiteinheiten.

Damit sind (B,A,C,E,D) und (B,A,C,D,E) die günstigste partielle Permutation mit einer mittleren Verspätung von 3 Zeiteinheiten (die Aufträge C, D und E haben eine Verspätung von jeweils 5 Zeiteinheiten).

Die Permutation (B,A,C,D,E) ist in Abbildung 10 als Gantt-Diagramm dargestellt.

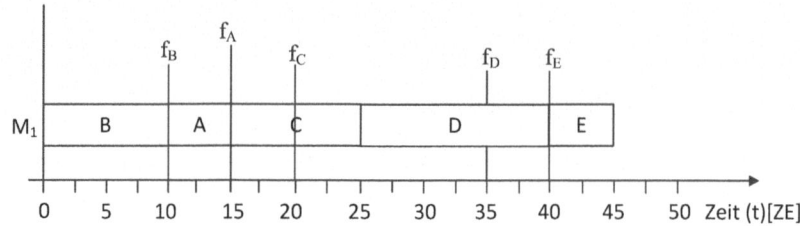

Abbildung 10: Gantt-Diagramm zu einer Lösung über die NEH-Heuristik.

1.4 Lokale Suche

Ausgangspunkt ist ein Ressourcenbelegungsplanungsproblem für eine Maschine (M_1) aus 4 Aufträgen mit den in der folgenden Tabelle angegebenen Bearbeitungszeiten und Endterminen in Zeiteinheiten (ZE).

Auftrag	A	B	C	D
Bearbeitungszeit t [Zeiteinheiten]	13	20	10	5
Soll-Endtermin f [Zeiteinheiten]	16	30	15	9

Tabelle 10: Bearbeitungszeiten und Endtermine.

Aufgabe

Bestimmen Sie durch eine lokale Suche einen Belegungsplan mit möglichst kleiner mittlerer Verspätung. (Im Prinzip: Bei einer lokalen Suche wird unter den direkten Nachbarn einer Lösung – durch eine Vertauschung von zwei Positionen – nach einer besseren Lösung gesucht. Dies wird solange iteriert, bis keine bessere Lösung gefunden wird.)

Lösung

Bei einer lokalen Suche werden ausgehend von einer Lösung, hier einer Permutation (P), alle direkten Nachbarn erzeugt und mit dem Zielkriterium bewertet. Liegt eine bessere Lösung (Permutation P') vor, so wird P durch P' ersetzt. Dies ist dann ein Schritt einer lokalen Suche. Es gibt mehrere Möglichkeiten zu definieren, wann zwei Permutationen (direkt) benachbart sind. Im Folgenden führt eine Vertauschung von zwei Positionen in einer Permutation P zu (jedem) (direkten) Nachbarn von P.

Damit arbeitet ein Schritt einer lokalen Suche zu einer Ausgangspermutation P wie folgt:

1. Erzeuge alle Paare von Positionen (i_1, i_2) in P.

2. Für alle erzeugten Paare (i_1, i_2):

    i. Vertausche Positionen (i_1, i_2) in P und erhalte $P(i_2, i_1)$.

    ii. Bewerte $P(i_2, i_1)$ und erhalte $Z(P(i_2, i_1))$.

3. Wähle ein erzeugtes $P(i_1, i_2)$ mit bestem ermitteltem Zielfunktionswert als neue beste Permutation.

Statt alle (direkten) Nachbarn zu betrachten, kann ein Schritt einer lokalen Suche abgebrochen werden, nachdem eine Verbesserung gefunden wurde. Dies wird als „first fit"-Verfahren bezeichnet und das umfangreiche Vorgehen als „best fit"-Verfahren.

26

Beide Varianten werden im Folgenden iteriert auf das gegebene Ressourcenbelegungs-planungsproblem angewandt.

Bei dem „best fit"-Verfahren werden alle direkten Nachbarn erzeugt und von diesen wird der mit dem besten Zielfunktionswert weiterverfolgt. Diese sind in der folgenden Tabelle angegeben:

Position	1	2	3	4	Gesamtverspätung
Start von der Ausgangspermutation	A	B	C	D	70 Zeiteineineiten
Tausch von Positionen 1 und 2	B	A	C	D	84 Zeiteineineiten
Tausch von Positionen 1 und 3	C	B	A	D	66 Zeiteineineiten
Tausch von Positionen 1 und 4	D	B	C	A	52 Zeiteineineiten
Tausch von Positionen 2 und 3	A	C	B	D	60 Zeiteineineiten
Tausch von Positionen 2 und 4	A	D	C	B	40 Zeiteineineiten
Tausch von Positionen 3 und 4	A	B	D	C	65 Zeiteineineiten

Tabelle 11: Erste Iteration beim „best fit"-Verfahren.

Bei der ersten Iteration hat die Permutation (A,D,C,B) die kleinste Gesamtverspätung von 40 Zeiteinheiten. Somit bildet diese die neue Ausgangspermutation für die zweite Iteration:

Position	1	2	3	4	Gesamtverspätung
Neue Ausgangspermutation	A	D	C	B	40 Zeiteineineiten
Tausch von Positionen 1 und 2	D	A	C	B	33 Zeiteineineiten
Tausch von Positionen 1 und 3	C	D	A	B	36 Zeiteineineiten
Tausch von Positionen 1 und 4	B	D	C	A	68 Zeiteineineiten
Tausch von Positionen 2 und 3	A	C	D	B	45 Zeiteineineiten
Tausch von Positionen 2 und 4	A	B	C	D	70 Zeiteineineiten
Tausch von Positionen 3 und 4	A	D	B	C	50 Zeiteineineiten

Tabelle 12: Zweite Iteration beim „best fit"-Verfahren.

Nach der zweiten Iteration hat die Permutation (D,A,C,B) die kleinste Gesamtverspätung von 33 Zeiteinheiten. Diese ist somit die Basis für die nächste Iteration:

Position	1	2	3	4	Gesamtverspätung
Neue Ausgangspermutation	D	A	C	B	33 Zeiteineineiten
Tausch von Positionen 1 und 2	A	D	C	B	40 Zeiteineineiten
Tausch von Positionen 1 und 3	C	A	D	B	44 Zeiteineineiten
Tausch von Positionen 1 und 4	B	A	C	D	84 Zeiteineineiten
Tausch von Positionen 2 und 3	D	C	A	B	30 Zeiteineineiten
Tausch von Positionen 2 und 4	D	B	C	A	52 Zeiteineineiten
Tausch von Positionen 3 und 4	D	A	B	C	43 Zeiteineineiten

Tabelle 13: Dritte Iteration beim „best fit"-Verfahren.

Mit einer Gesamtverspätung von 30 Zeiteinheiten hat die Permutation (D,C,A,B) die kleinste Gesamtverspätung und mit dieser wird weiter iteriert:

Position	1	2	3	4	Gesamtverspätung
Neue Ausgangspermutation	D	C	A	B	30 Zeiteineineiten
Tausch von Positionen 1 und 2	C	D	A	B	36 Zeiteineineiten
Tausch von Positionen 1 und 3	A	C	D	B	45 Zeiteineineiten
Tausch von Positionen 1 und 4	B	C	A	D	81 Zeiteineineiten
Tausch von Positionen 2 und 3	D	A	C	B	33 Zeiteineineiten
Tausch von Positionen 2 und 4	D	B	A	C	55 Zeiteineineiten
Tausch von Positionen 3 und 4	D	C	B	A	37 Zeiteineineiten

Tabelle 14: Vierte Iteration beim „best fit"-Verfahren.

Nach der vierten Iteration unter Verwendung von dem „best fit"-Verfahren tritt keine weitere Verbesserung auf. Damit ist ein lokales Minimum erreicht. In diesem Fall handelt es sich um ein globales Minimum; dass dies nicht immer so ist, wird im Abschnitt

1.7 gezeigt. Um ein (mögliches) besseres lokales Minimum zu erreichen, wird ein solches zerstört, indem Aufträge von verschiedenen Positionen miteinander vertauscht werden. Ausgehend von dieser zerstörten Lösung wird die (iterative) lokale Suche erneut durchgeführt, wodurch ein weiteres lokales Minimum entsteht, vor allem, wenn die Zerstörung weitreichend genug war; dies kann ein globales Minimum sein.

Somit befindet sich ein globales Minimum bei der Permutation (D,C,A,B) mit einer Gesamtverspätung von 30 Zeiteinheiten. Seine Bearbeitungsfolge wird im nachfolgendem Gantt-Diagramm in Abbildung 11 dargestellt.

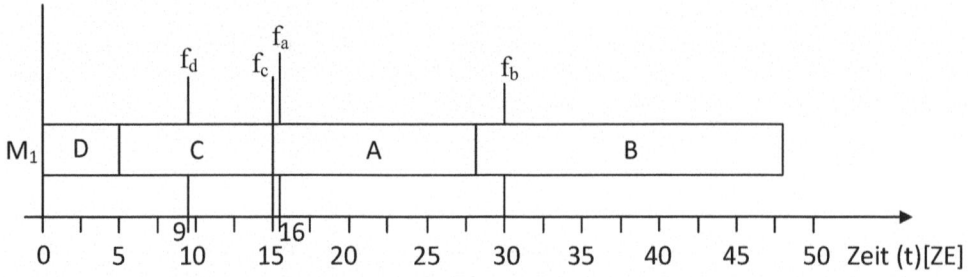

Abbildung 11: Gantt-Diagramm zur Lösung der lokalen Suche nach dem „best fit"-Verfahren.

Beim „first fit"-Verfahren werden schrittweise alle direkten Nachbarn erzeugt. Sobald eine Permutation mit einem besseren Zielfunktionswert als dem der Ausgangspermutation erreicht ist, wird die Erzeugung abgebrochen und mit dieser Permutation neu begonnen.

Es wird mit derselben Permutation wie beim „best fit"-Verfahren gestartet.

Alle direkten Nachbarn unter Verwendung von dem „first fit"-Verfahren mit ihren Verspätungen sind:

Position	1	2	3	4	Gesamtverspätung
Start von der Ausgangspermutation	A	B	C	D	70 Zeiteinheiten
Tausch von Positionen 1 und 2	B	A	C	D	84 Zeiteinheiten
Tausch von Positionen 1 und 3	C	B	A	D	66 Zeiteinheiten

Tabelle 15: Erste Iteration beim „first fit"-Verfahren.

Nachdem die Permutation (C,B,A,D) eine geringere Gesamtverspätung mit 66 Zeiteinheiten gegenüber 70 Zeiteinheiten bei der Ausgangspermutation hat, wird diese als neue Ausgangspermutation für die zweite Iteration verwendet.

Position	1	2	3	4	Gesamtverspätung
Neue Ausgangspermutation	C	B	A	D	66 Zeiteinheiten
Tausch von Positionen 1 und 2	B	C	A	D	81 Zeiteinheiten
Tausch von Positionen 1 und 3	A	B	C	D	70 Zeiteinheiten
Tausch von Positionen 1 und 4	D	B	A	C	55 Zeiteinheiten

Tabelle 16: Zweite Iteration beim „first fit"-Verfahren.

Nach der zweiten Iteration ergibt sich eine Ausgangspermutation mit (D,B,A,C) und einer Gesamtverspätung von 55 Zeiteinheiten für die dritte Iteration.

Position	1	2	3	4	Gesamtverspätung
Neue Ausgangspermutation	D	B	A	C	55 Zeiteinheiten
Tausch von Positionen 1 und 2	B	D	A	C	71 Zeiteinheiten
Tausch von Positionen 1 und 3	A	B	D	C	65 Zeiteinheiten
Tausch von Positionen 1 und 4	C	B	A	D	66 Zeiteinheiten
Tausch von Positionen 2 und 3	D	A	B	C	43 Zeiteinheiten

Tabelle 17: Dritte Iteration beim „first fit"-Verfahren.

Für die vierte Iteration wird die Permutation (D,A,B,C) mit einer Gesamtverspätung von 43 Zeiteinheiten als neue Ausgangspermutation verwendet.

Position	1	2	3	4	Gesamtverspätung
Neue Ausgangspermutation	D	A	B	C	43 Zeiteinheiten
Tausch von Positionen 1 und 2	A	D	B	C	50 Zeiteinheiten
Tausch von Positionen 1 und 3	B	A	D	C	79 Zeiteinheiten
Tausch von Positionen 1 und 4	C	A	B	D	59 Zeiteinheiten
Tausch von Positionen 2 und 3	D	B	A	C	55 Zeiteinheiten
Tausch von Positionen 2 und 4	D	C	B	A	37 Zeiteinheiten

Tabelle 18: Vierte Iteration beim „first fit"-Verfahren.

Damit ist die Permutation (D,C,B,A) mit einer Gesamtverspätung von 37 Zeiteinheiten die nächste Ausgangspermutation.

Position	1	2	3	4	Gesamtverspätung
Neue Ausgangspermutation	D	C	B	A	37 Zeiteinheiten
Tausch von Positionen 1 und 2	C	D	B	A	43 Zeiteinheiten
Tausch von Positionen 1 und 3	B	C	D	A	73 Zeiteinheiten
Tausch von Positionen 1 und 4	A	C	B	D	60 Zeiteinheiten
Tausch von Positionen 2 und 3	D	B	C	A	52 Zeiteinheiten
Tausch von Positionen 2 und 4	D	A	B	C	43 Zeiteinheiten
Tausch von Positionen 3 und 4	A	C	B	D	60 Zeiteinheiten

Tabelle 19: Fünfte Iteration beim „first fit"-Verfahren.

Nach der fünften Iteration wird keine weitere Verbesserung der Gesamtverspätung erzielt. Somit wird ein lokales Minimum mit einer Gesamtverspätung von 37 Zeiteinheiten bei der Permutation (D,C,B,A) erreicht – nach oben handelt es sich nicht um ein globales Minimum. Seine Bearbeitungsfolge ist im nachfolgendem Gantt-Diagramm in Abbildung 12 dargestellt.

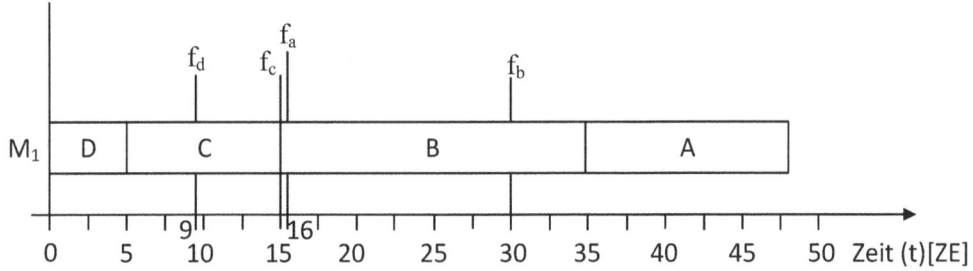

Abbildung 12: Gantt-Diagramm zur Lösung der lokalen Suche nach dem „first fit"-Verfahren.

1.5 Prioritätsregel

Motiviert durch das optimale Lösen von Einstationenproblemen – und auch wegen der Einfachheit des Vorgehens – werden Prioritätsregeln für die Ressourcenbelegungsplanung von Werkstattfertigungen eingesetzt. Die erste Fallstudie enthält viele typische Prioritätsregeln. Die zweite demonstriert den Einfluss von Freigabeterminen auf die Belegungsplanung durch Prioritätsregeln anhand eines Einstationenproblems. Wiederum für ein Einstationenproblem werden anschließend Charakteristika von Prioritätsregeln gezeigt.

1.5.1 Prioritätsregel für die Werkstattfertigung

Das mittelständische Unternehmen Metallbau Regensburg GmbH fertigt individuelle Metallbaulösungen. Aufgrund des großen Angebots an Produkten findet im Unternehmen die Werkstattfertigung Anwendung. Die eingehenden Aufträge im Unternehmen werden an drei Stationen, M_1, M_2 und M_3, gefertigt. Der aktuelle Zeitpunkt wird der Einfachheit halber mit $t = 0$ Zeiteinheiten (ZE) bezeichnet. Es liegen vier Aufträge vor, mit den in Tabelle 20 angegebenen Arbeitsplänen – über die Reihenfolge, in der die drei Stationen durchlaufen werden und den dabei anfallenden Bearbeitungszeiten ($t_{i,k}$ für alle $1 \leq i \leq 4$ und für alle $1 \leq k \leq 3$) – und Sollendterminen (f_i für alle $1 \leq i \leq 4$). Alle Aufträge haben einen Freigabetermin von 0 Zeiteinheiten.

Auftrag A_i		Bearbeitungszeit $t_{i,k}$			f_i	Stationenfolge		
		1	2	3		1	2	3
	1	2 ZE	3 ZE	4 ZE	12 ZE	M_2	M_1	M_3
	2	3 ZE	2 ZE	1 ZE	10 ZE	M_2	M_3	M_1
	3	2 ZE	1 ZE	1 ZE	5 ZE	M_3	M_1	M_2
	4	1 ZE	3 ZE	2 ZE	7 ZE	M_1	M_2	M_3

Tabelle 20: Bearbeitungszeiten, Sollendterminen und Stationenfolgen der vier Aufträge.

Aufgabe

Bestimmen Sie einen Belegungsplan für das Ressourcenbelegungsplanungsproblem mit den Prioritätsregeln: Kürzeste Operationszeit, Kürzeste Pufferzeit, CR+SPT, Modified Operational Due Date, CR, Earliest Due Date, Frühester Endzeitpunkt, Operational Due Date, Pufferzeit pro verbleibende Operationen, Pufferzeit pro verbleibender Bearbeitungszeit, Shortest Processing Time Truncated. Geben Sie jeweils die auftretende Gesamtverspätung an.

Lösung

Die Bearbeitung von Aufträgen in einer Produktion bewirkt, dass Aufträge vor einer Station auf ihre Bearbeitung an dieser Station warten. Einer von diesen wird der entsprechenden Station zugeteilt, sobald diese frei wird – oder, natürlich, sobald zu einem Zeitpunkt ein Auftrag (oder mehrere) an einer leeren Station eintrifft. Zu diesen Entscheidungszeitpunkten wird durch eine Prioritätsregel jedem Auftrag eine Priorität zugeordnet und ein Auftrag mit der höchsten Priorität wird zugeteilt. Die Prioritätsregeln legen eine Zuteilung bei gleicher Priorität implizit dadurch fest, dass eine beliebige Zuteilung möglich ist. Um ein deterministisches Vorgehen zu erreichen, wird dann der Auftrag mit der kleinsten Auftragsnummer bevorzugt.

In diesem Sinne wird im Folgenden die durch eine Prioritätsregel geregelte Produktion simuliert, indem die einzelnen auftretenden Entscheidungssituationen bestimmt werden. Für jede Entscheidungssituation wird für jede Station die Menge der wartenden Aufträge mit ihrer Priorität angegeben; der i-te Auftrag wird durch A_i sowie seine k-te Operation durch $o_{i,k}$ bezeichnet und O_i ist die Anzahl seiner Operationen. Zur besseren Nachvollziehbarkeit werden zusätzlich wesentliche Zwischenergebnisse genannt, auf Entscheidungssituationen mit wartenden, aber nicht startbereiten Operationen wird verzichtet und wartende, aber nicht startbereite Operationen werden in Entscheidungssituationen nicht angegeben. Das Ergebnis (der Produktion) wird durch ein Gantt-Diagramm dargestellt. Die Verspätungen aufgrund der einzelnen Prioritätsregeln erlauben ihren Vergleich.

Wegen der Ähnlichkeit der Prioritätsregeln erfolgt die Angabe aller Entscheidungssituationen nur für einige Regeln, nämlich KOZ, KPZ, CR+SPT und MOD.

Kürzeste-Operationszeit-Regel (KOZ-Regel)

Es wird der Auftrag mit der kürzesten Bearbeitungszeit bevorzugt. Für den i-ten Auftrag (A_i), dessen k-te Operation zu bearbeiten ist, lautet seine Prioritätskennzahl (PKZ_i), für Details sei auf [Herr11] verwiesen:

$$PKZ_i = t_{i,k}.$$

Der Auftrag mit der kleinsten Prioritätskennzahl wird zugeteilt. Damit ergeben sich:

t	Station	Auftrag	$t_{i,k}$	PKZ_i	Zuteilung
0	M_1	A_4 $(o_{4,1})$	1 ZE	1	Ja
	M_2	A_1 $(o_{1,1})$	2 ZE	2	Ja
		A_2 $(o_{2,1})$	3 ZE	3	-
	M_3	A_3 $(o_{3,1})$	2 ZE	2	Ja
2	M_1	A_1 $(o_{1,2})$	3 ZE	3	-
		A_3 $(o_{3,2})$	1 ZE	1	Ja
	M_2	A_2 $(o_{2,1})$	3 ZE	3	Ja
		A_4 $(o_{4,2})$	3 ZE	3	-
	M_3				
3	M_1	A_1 $(o_{1,2})$	3 ZE	3	Ja
	M_2				
	M_3				
5	M_1				
	M_2	A_3 $(o_{3,3})$	1 ZE	1	Ja
		A_4 $(o_{4,2})$	3 ZE	3	-
	M_3	A_2 $(o_{2,2})$	2 ZE	2	Ja
6	M_1				
	M_2	A_4 $(o_{4,2})$	3 ZE	3	Ja
	M_3				
7	M_1	A_2 $(o_{2,3})$	1 ZE	1	Ja
	M_2				
	M_3	A_1 $(o_{1,3})$	4 ZE	4	Ja
11	M_1				
	M_2				
	M_3	A_4 $(o_{4,3})$	2 ZE	2	Ja

Tabelle 21: Entscheidungszeitpunkte (t) mit Warteschlangen nach der KOZ-Regel.

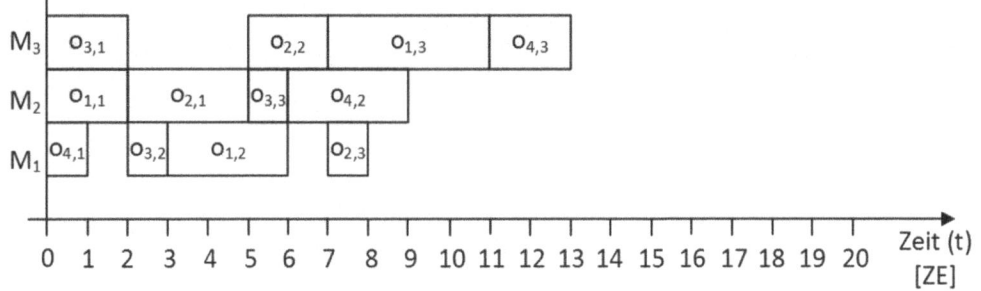

Abbildung 13: Gantt-Diagramm zur Zuteilung nach der KOZ-Regel.

Auftrag A_i	1	2	3	4
Freigabetermin	0 ZE	0 ZE	0 ZE	0 ZE
Ist-Startzeitpunkt	0 ZE	2 ZE	0 ZE	0 ZE
Soll-Endtermin f_i	12 ZE	10 ZE	5 ZE	7 ZE
Ist-Endtermin F_i	11 ZE	8 ZE	6 ZE	13 ZE
Verspätung V_i	0 ZE	0 ZE	1 ZE	6 ZE
Summe der Verspätungen		7 ZE		

Tabelle 22: Verspätungen aufgrund der KOZ-Regel.

Kürzeste-Pufferzeit-Regel (KPZ-Regel)

Ein Auftrag ist umso kritischer, je kleiner sein Puffer zur Einhaltung seines Sollend-termins ist. Dieser Puffer, s.[Herr11], ist bestimmt durch die Differenz zwischen seiner noch zur Verfügung stehenden Zeit und der Nettobearbeitungszeit für seine noch zu bearbeitenden Operationen.

Für den i-ten Auftrag (A_i), dessen k-te Operation zu bearbeiten ist, wird seine Prio-ritätskennzahl (PKZ_i) zum Zeitpunkt t wie folgt berechnet:
Mit

- Restzeit $RZ_i = f_i - t$.
- Restbearbeitungszeit $RBZ_{i,k} = \sum\limits_{p=k}^{O_i} t_{i,p}$.

ist

$$PKZ_i = RZ_i - RBZ_{i,k}.$$

Der Auftrag mit der kleinsten Prioritätskennzahl wird zugeteilt. Damit ergeben sich:

t	Station	Auftrag	$RBZ_{i,k}$	RZ_i	PZ_i	PKZ_i	Zuteilung
0	M_1	A_4 $(o_{4,1})$	6 ZE	(7 - 0) ZE	1 (7 - 6) ZE	1	Ja
	M_2	A_1 $(o_{1,1})$	9 ZE	(12 - 0) ZE	3 (12 - 9) ZE	3	Ja
		A_2 $(o_{2,1})$	6 ZE	(10 - 0) ZE	4 (10 - 6) ZE	4	-
	M_3	A_3 $(o_{3,1})$	4 ZE	(5 - 0) ZE	1 (5 - 4) ZE	1	Ja
2	M_1	A_1 $(o_{1,2})$	7 ZE	(12 - 2) ZE	3 (10 - 7) ZE	3	-
		A_3 $(o_{3,2})$	2 ZE	(5 - 2) ZE	1 (3 - 2) ZE	1	Ja
	M_2	A_2 $(o_{2,1})$	6 ZE	(10 - 2) ZE	2 (8 - 6) ZE	2	-
		A_4 $(o_{4,2})$	5 ZE	(7 - 2) ZE	0 (5 - 5) ZE	0	Ja
	M_3						
3	M_1	A_1 $(o_{1,2})$	7 ZE	(12 - 3) ZE	2 (9 - 7) ZE	2	Ja
	M_2						
	M_3						
5	M_1						
	M_2	A_2 $(o_{2,1})$	6 ZE	(10 - 5) ZE	-1 (5 - 6) ZE	-1	Ja
		A_3 $(o_{3,3})$	1 ZE	(5 - 5) ZE	-1 (0 - 1) ZE	-1	-
	M_3	A_4 $(o_{4,3})$	2 ZE	(7 - 5) ZE	0 (2 - 2) ZE	0	Ja
7	M_1						
	M_2						
	M_3	A_1 $(o_{1,3})$	4	(12 - 7) ZE	1 (5 - 4) ZE	1	Ja
8	M_1						
	M_2	A_3 $(o_{3,3})$	1 ZE	(5 - 8) ZE	-4 (-3 - 1) ZE	-4	Ja
	M_3						
11	M_1						
	M_2						
	M_3	A_2 $(o_{2,2})$	3 ZE	(10 - 11) ZE	-4 (-1 - 3) ZE	-4	Ja
13	M_1	A_2 $(o_{2,3})$	1 ZE	(10 - 13) ZE	-4 (-3 - 1) ZE	-4	Ja
	M_2						
	M_3						

Tabelle 23: Entscheidungszeitpunkte (t) mit Warteschlangen nach der KPZ-Regel.

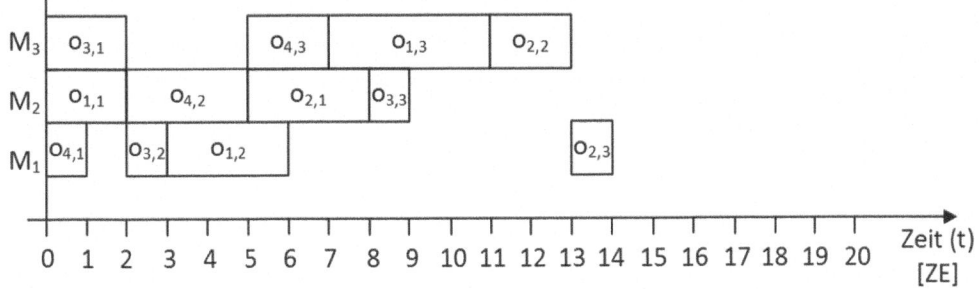

Abbildung 14: Gantt-Diagramm zur Zuteilung nach der KPZ-Regel.

Auftrag A_i	1	2	3	4
Freigabetermin	0 ZE	0 ZE	0 ZE	0 ZE
Ist-Startzeitpunkt	0	5	0	0
Soll-Endtermin f_i	12 ZE	10 ZE	5 ZE	7 ZE
Ist-Endtermin F_i	11 ZE	14 ZE	9 ZE	7 ZE
Verspätung V_i	0 ZE	4 ZE	4 ZE	0 ZE
Summe der Verspätungen	8 ZE			

Tabelle 24: Verspätungen aufgrund der KPZ-Regel.

CR+SPT-Regel

Die Priorität eines Auftrags bei echt positivem Puffer ist bestimmt durch das Verhältnis aus der Restzeit und der Restbearbeitungszeit. Ist eine Verspätung bereits unvermeidlich, so wird nach der kürzesten Operationszeit-Regel entschieden. Zusätzlich werden sicher verspätete Aufträge bevorzugt, für Details sei auf [Herr11] verwiesen.

Für den i-ten Auftrag (A_i), dessen k-te Operation zu bearbeiten ist, wird seine Prioritätskennzahl (PKZ_i) zum Zeitpunkt t wie folgt berechnet:
Mit

- Restzeit $RZ_i = f_i - t$,
- Restbearbeitungszeit $RBZ_{i,k} = \sum_{p=k}^{O_i} t_{i,p}$ und
- Pufferzeit $PZ_i = RZ_i - RBZ_{i,k}$

38

ist

$$PKZ_i = \begin{cases} \frac{RZ_i}{RBZ_{i,k}}, & PZ_i > 0 \\ t_{i,k}, & PZ_i \leq 0. \end{cases}$$

Der Quotient $\frac{RZ_i}{RBZ_{i,k}}$ wird als critical ratio (CR) bezeichnet und SPT ist die englische Bezeichnung für kürzeste Operationszeit. Wegen der Bevorzugung sicher verspäteter Aufträge wird in jeder Entscheidungssituation ein sicher verspäteter Auftrag zugeteilt. Dazu werden nur Aufträge A_i mit $PZ_i \leq 0$ berücksichtigt, sofern mindestens ein solcher existiert.

Der Auftrag mit der kleinsten Prioritätskennzahl wird zugeteilt. Damit ergeben sich:

t	Station	Auftrag	$t_{i,k}$	RZ_i	$RBZ_{i,k}$	PZ_i	CR+SPT (gerundet)	Zuteilung
0	M_1	A_4 ($o_{4,1}$)	1 ZE	7 ZE	6 ZE	1 (7-6) ZE	1.2 (CR)	Ja
	M_2	A_1 ($o_{1,1}$)	2 ZE	12 ZE	9 ZE	3 (12-9) ZE	1.3 (CR)	Ja
		A_2 ($o_{2,1}$)	3 ZE	10 ZE	6 ZE	4 (10-6) ZE	1.7 (CR)	-
	M_3	A_3 ($o_{3,1}$)	2 ZE	5 ZE	4 ZE	1 (5-4) ZE	1.2 (CR)	Ja
2	M_1	A_1 ($o_{1,2}$)	3 ZE	10 ZE	7 ZE	3 (10-7) ZE	1.4 (CR)	Ja
		A_3 ($o_{3,2}$)	1 ZE	3 ZE	2 ZE	1 (3-2) ZE	1.5 (CR)	-
	M_2	A_2 ($o_{2,1}$)	3 ZE	8 ZE	6 ZE	2 (8-6) ZE	1.3 (CR)	-
		A_4 ($o_{4,2}$)	3 ZE	5 ZE	5 ZE	0 (5-5) ZE	3 (KOZ)	Ja
	M_3							
5	M_1	A_3 ($o_{3,2}$)	1 ZE	0 ZE	2 ZE	-2 (0-2) ZE	1 (KOZ)	Ja
	M_2	A_2 ($o_{2,1}$)	3 ZE	5 ZE	6 ZE	-1 (5-6) ZE	3 (KOZ)	Ja
	M_3	A_1 ($o_{1,3}$)	4 ZE	7 ZE	4 ZE	3 (7-4) ZE	1.8 (CR)	-
		A_4 ($o_{4,3}$)	2 ZE	2 ZE	2 ZE	0 (2-2) ZE	2 (KOZ)	Ja
7	M_1							
	M_2							
	M_3	A_1 ($o_{1,3}$)	4 ZE	5 ZE	4 ZE	1 (5-4) ZE	1.2 (CR)	Ja
8	M_1							
	M_2	A_3 ($o_{3,3}$)	1 ZE	-3 ZE	1 ZE	-4 (-3-1) ZE	1 (KOZ)	Ja
	M_3							
11	M_1							
	M_2							
	M_3	A_2 ($o_{2,2}$)	2 ZE	-1 ZE	3 ZE	-4 (-1-3) ZE	2 (KOZ)	Ja
13	M_1	A_2 ($o_{2,3}$)	1 ZE	-3 ZE	1 ZE	-4 (-3-1) ZE	1 (KOZ)	Ja
	M_2							
	M_2							

Tabelle 25: Entscheidungszeitpunkte (t) mit Warteschlangen nach der CR+SPT-Regel.

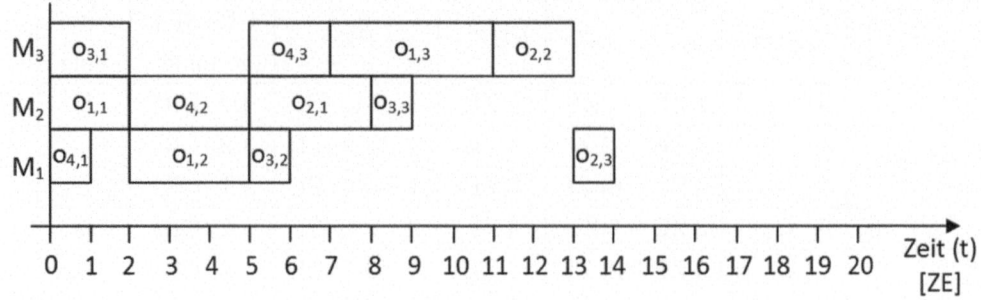

Abbildung 15: Gantt-Diagramm zur Zuteilung nach der CR+SPT-Regel.

Auftrag A_i	1	2	3	4
Freigabetermin	0 ZE	0 ZE	0 ZE	0 ZE
Ist-Startzeitpunkt	0 ZE	5 ZE	0 ZE	0 ZE
Soll-Endtermin f_i	12 ZE	10 ZE	5 ZE	7 ZE
Ist-Endtermin F_i	11 ZE	14 ZE	9 ZE	7 ZE
Verspätung V_i	0 ZE	4 ZE	4 ZE	0 ZE
Summe der Verspätungen	8 ZE			

Tabelle 26: Verspätungen aufgrund der CR+SPT-Regel.

Modified-Operational-Due-Date-Regel (MOD-Regel)

Detailliert ist diese Regel in [Herr11] beschrieben - hier ist eine, zu der Problemstellung passende verkürzte Variante angegeben. Die grundlegende Idee besteht darin, den Puffer für einen Auftrag gleichmäßig auf die einzelnen Operationen zu verteilen, wodurch jede Operation einen Eckendtermin erhält. Dies erfolgt durch den Flußfaktor

$$FF_i = \frac{f_i - 0}{\sum\limits_{k=1}^{O_i} t_{i,k}}.$$

Die Multiplikation von FF_i mit der Bearbeitungszeit der ersten Operation von A_i – und addiert auf den Freigabetermin (von 0) – ergibt den (Operations-)Eckendtermin der ersten Operation. Indem schrittweise diese Multiplikation für die nächsten Operationen in der Reihenfolge ihrer Abarbeitung durchgeführt werden und jeweils der letzte berechnete Eckendtermin dazu addiert werden, ergeben sich die (Operations-)Eckendtermine von allen Operationen.

In der dynamischen Variante, die hier verfolgt wird, werden die einzelnen Operationseckendtermine gleichmäßig bezogen auf die mittlere Operationszeit der noch zu bearbeitenden Operationen eines Auftrags im zeitlichen Intervall zwischen Auftragsverfügbarkeit und Soll-Endtermin des Auftrags verteilt. Für einen Auftrag A_i ist die Auftragsverfügbarkeit (AV_i) der Fertigstellungszeitpunkt der zuletzt bearbeiteten Operation von A_i. Wurde noch keine Operation von A_i bearbeitet, so ist sie identisch mit dem frühesten Starttermin des Auftrags A_i. Damit ergibt sich ein dynamischer Flussfaktor für Auftrag A_i, dessen k-te Operation startbereit ist, von

$$FF_i^d = \frac{f_i - AV_i}{\sum\limits_{p=k}^{O_i} t_{i,p}}$$

und sein Operationseckendtermin lautet

$$TEck_{i,k} = AV_i + max\{t_{i,k}, t_{i,k} \cdot FF_i^d\}.$$

Unberücksichtigt ist die Belegung der Stationen bei der Auftragsverfügbarkeit. Um dies bei dem gerade eingeführten Mindestabstand zu berücksichtigen, wird der früheste Fertigstellungszeitpunkt einer startbereiten Operation $o_{i,k}$, $FEZ_{i,k}$, errechnet und die Prioritätskennzahl ist dann das Maximum aus diesem Wert und dem Eckendtermin. Zur Berechnung von $FEZ_{i,k}$ sei j die Station zur Bearbeitung von $o_{i,k}$ und Station j habe die Verfügbarkeit von MV_j. Dann ist:
$FEZ_{i,k} = max\{AV_i, MV_j\} + t_{i,k}$ und damit $PKZ_i = max\{FEZ_{i,k}, TEck_{i,k}\}$ die Prioritätskennzahl.
Der Auftrag mit der kleinsten Prioritätskennzahl wird zugeteilt. Damit ergeben sich:

t	Station	Auftrag	$t_{i,k}$	FF_i^d	$TEck_{i,k}$	$FEZ_{i,k}$	PKZ_i	Zuteilung
0	M_1	A_4 ($o_{4,1}$)	1	7/6	7/6	1	7/6	Ja
	M_2	A_1 ($o_{1,1}$)	2	4/3	8/3	2	8/3	Ja
	M_2	A_2 ($o_{2,1}$)	3	5/3	5	3	5	-
	M_3	A_3 ($o_{3,1}$)	2	5/4	5/2	2	5/2	Ja
2	M_1	A_1 ($o_{1,2}$)	3	10/7	44/7	5	44/7	-
	M_1	A_3 ($o_{3,2}$)	1	3/2	7/2	3	7/2	Ja
	M_2	A_2 ($o_{2,1}$)	3	5/3	5	5	5	Ja
	M_2	A_4 ($o_{4,2}$)	3	6/5	23/5	5	5	-
	M_3							
3	M_1	A_1 ($o_{1,2}$)	3	10/7	44/7	6	44/7	Ja
	M_2							
	M_3							
5	M_1							
	M_2	A_3 ($o_{3,3}$)	1	2	5	6	6	Ja
	M_2	A_4 ($o_{4,2}$)	3	6/5	23/5	8	8	-
	M_3	A_2 ($o_{2,2}$)	2	5/3	25/3	7	25/3	Ja
6	M_1							
	M_2	A_4 ($o_{4,2}$)	3	6/5	23/5	9	9	-Ja
	M_3							
7	M_1	A_2 ($o_{2,3}$)	1	3	10	8	10	Ja
	M_2							
	M_3	A_1 ($o_{1,3}$)	4	3/2	12	11	12	Ja
11	M_1							
	M_2							
	M_3	A_4 ($o_{4,3}$)	2	-1	11	13	13	Ja

Tabelle 27: Entscheidungszeitpunkte (t) mit Warteschlangen nach der MOD-Regel.

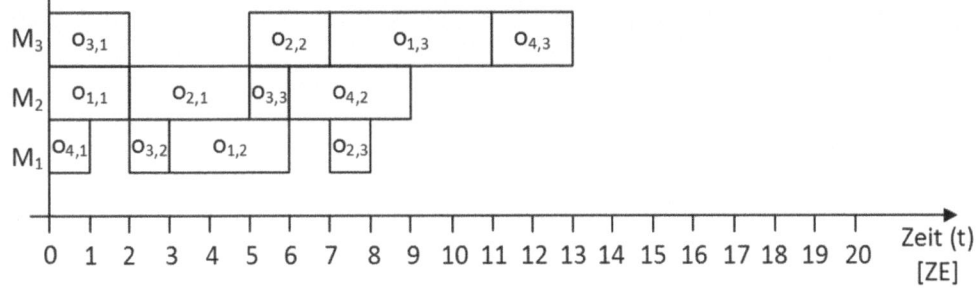

Abbildung 16: Gantt-Diagramm zur Zuteilung nach der MOD-Regel.

Auftrag A_i	1	2	3	4
Freigabetermin	0 ZE	0 ZE	0 ZE	0 ZE
Ist-Startzeitpunkt	0 ZE	3 ZE	0 ZE	0 ZE
Soll-Endtermin f_i	12 ZE	10 ZE	5 ZE	7 ZE
Ist-Endtermin F_i	11 ZE	8 ZE	6 ZE	13 ZE
Verspätung V_i	0 ZE	0 ZE	1 ZE	6 ZE
Summe der Verspätungen	7 ZE			

Tabelle 28: Verspätungen aufgrund der MOD-Regel.

CR-Regel

Die Priorität eines Auftrags ist das Verhältnis seiner Restzeit zu seiner Restbearbeitungszeit – i.e. critical ratio –; s. auch die CR+SPT-Regel, in der diese Regel vorkommt, sowie s. [Herr11].

Für den i-ten Auftrag (A_i), dessen k-te Operation zu bearbeiten ist, wird seine Prioritätskennzahl (PKZ_i) zum Zeitpunkt t wie folgt berechnet:
Mit

- Restzeit $RZ_i = f_i - t$ und
- Restbearbeitungszeit $RBZ_{i,k} = \sum\limits_{p=k}^{O_i} t_{i,p}$

ist

$$PKZ_i = \frac{RZ_i}{RBZ_{i,k}}.$$

44

Der Auftrag mit der kleinsten Prioritätskennzahl wird zugeteilt. Das Ergebnis ist durch das folgende Gantt-Diagramm angegeben.

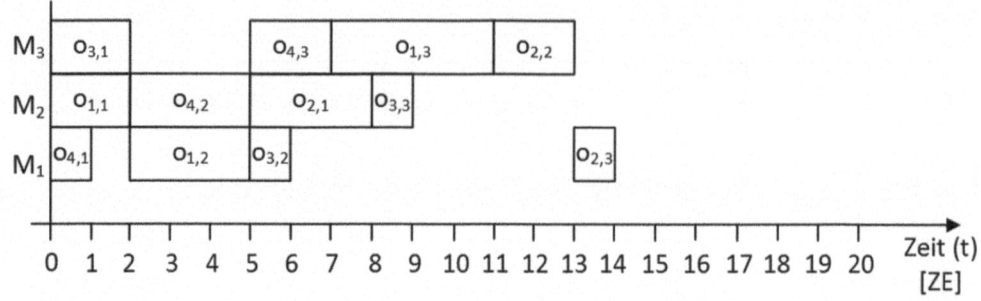

Abbildung 17: Gantt-Diagramm zur Zuteilung nach der CR-Regel.

Auftrag A_i	1	2	3	4
Freigabetermin	0 ZE	0 ZE	0 ZE	0 ZE
Ist-Startzeitpunkt	0 ZE	5 ZE	0 ZE	0 ZE
Soll-Endtermin f_i	12 ZE	10 ZE	5 ZE	7 ZE
Ist-Endtermin F_i	11 ZE	14 ZE	9 ZE	7 ZE
Verspätung V_i	0 ZE	4 ZE	4 ZE	0 ZE
Summe der Verspätungen	8 ZE			

Tabelle 29: Verspätungen aufgrund der CR-Regel.

Earliest-Due-Date-Regel (EDD-Regel)

Ein Auftrag mit dem frühesten Fertigstellungstermin erhält die höchste Priorität; s. [Herr11]. Für den i-ten Auftrag lautet seine Prioritätskennzahl (PKZ_i):

$PKZ_i = f_i$.

Der Auftrag mit der kleinsten Prioritätskennzahl wird zugeteilt. Das Ergebnis ist durch das folgende Gantt-Diagramm angegeben.

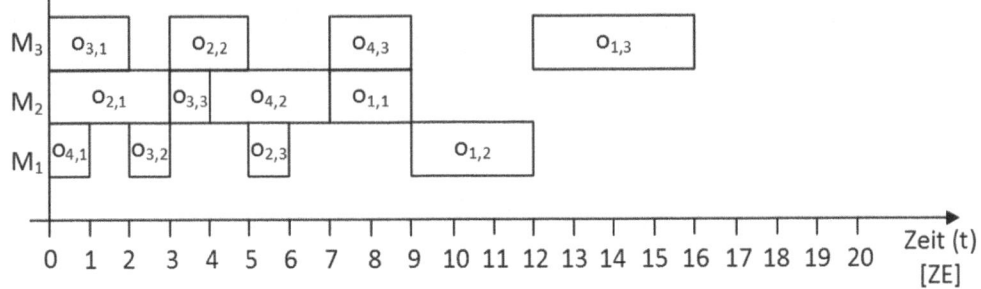

Abbildung 18: Gantt-Diagramm zur Zuteilung nach der EDD-Regel.

Auftrag A_i	1	2	3	4
Freigabetermin	0 ZE	0 ZE	0 ZE	0 ZE
Ist-Startzeitpunkt	7 ZE	0 ZE	0 ZE	0 ZE
Soll-Endtermin f_i	12 ZE	10 ZE	5 ZE	7 ZE
Ist-Endtermin F_i	16 ZE	6 ZE	4 ZE	9 ZE
Verspätung V_i	4 ZE	0 ZE	0 ZE	2 ZE
Summe der Verspätungen	6 ZE			

Tabelle 30: Verspätungen aufgrund der EDD-Regel.

Frühester Endzeitpunkt (FEZ-Regel)

Ein Auftrag mit dem frühesten Endzeitpunkt erhält die höchste Priorität; s. [Herr11].
Für den i-ten Auftrag, dessen k-te Operation auf der Station j startbereit ist, berechnet sich seine Prioritätskennzahl (PKZ_i), bei seiner Auftragsverfügbarkeit von AV_i und der Maschinenverfügbarkeit der j-ten Station von MV_j, durch:

$PKZ_i = max\{AV_i, MV_j\} + t_{i,k}.$

Der Auftrag mit der kleinsten Prioritätskennzahl wird zugeteilt. Das Ergebnis ist durch das folgende Gantt-Diagramm angegeben.

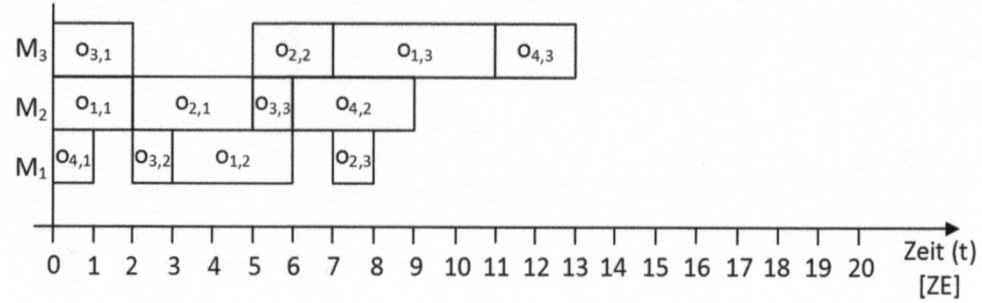

Abbildung 19: Gantt-Diagramm zur Zuteilung nach der FEZ-Regel.

Auftrag A_i	1	2	3	4
Freigabetermin	0 ZE	0 ZE	0 ZE	0 ZE
Ist-Startzeitpunkt	0 ZE	2 ZE	0 ZE	0 ZE
Soll-Endtermin f_i	12 ZE	10 ZE	5 ZE	7 ZE
Ist-Endtermin F_i	11 ZE	8 ZE	6 ZE	13 ZE
Verspätung V_i	0 ZE	0 ZE	1 ZE	6 ZE
Summe der Verspätungen	7 ZE			

Tabelle 31: Verspätungen aufgrund der FEZ-Regel.

Operational-Due-Date-Regel (ODD-Regel)

Gegenüber der MOD-Regel wird hier auf die Berücksichtigung des frühesten Endzeitpunkts verzichtet, s. [Herr11]. Alle anderen Formeln sind wie bei der MOD-Regel. Nach der Erläuterung von der MOD-Regel berechnet sich mit $FF_i^d = \frac{f_i - AV_i}{\sum\limits_{p=k}^{O_i} t_{i,p}}$ *und*

$TEck_{i,k} = AV_i + max\{t_{i,k}, t_{i,k} \cdot FF_i^d\}$

die Prioritätskennzahl durch

$PKZ_i = TEck_{i,k}.$

Der Auftrag mit der kleinsten Prioritätskennzahl wird zugeteilt. Das Ergebnis ist durch das folgende Gantt-Diagramm angegeben.

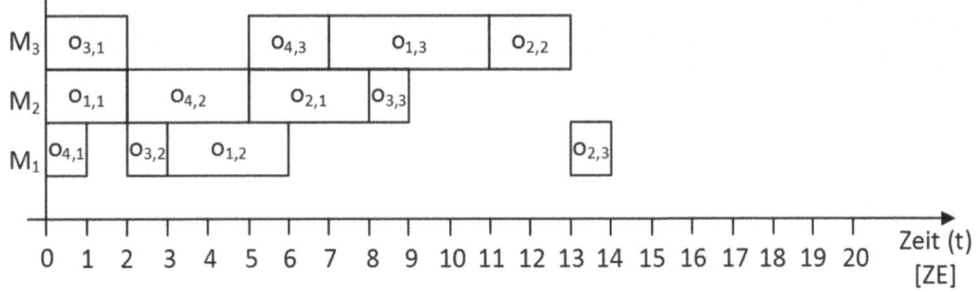

Abbildung 20: Gantt-Diagramm zur Zuteilung nach der ODD-Regel.

Auftrag A_i	1	2	3	4
Freigabetermin	0 ZE	0 ZE	0 ZE	0 ZE
Ist-Startzeitpunkt	0 ZE	3 ZE	0 ZE	0 ZE
Soll-Endtermin f_i	12 ZE	10 ZE	5 ZE	7 ZE
Ist-Endtermin F_i	11 ZE	14 ZE	9 ZE	7 ZE
Verspätung V_i	0 ZE	4 ZE	4 ZE	0 ZE
Summe der Verspätungen	8 ZE			

Tabelle 32: Verspätungen aufgrund der ODD-Regel.

Pufferzeit pro verbleibende Operationen (S/OPN-Regel)

Die Prioritätskennzahl von dem i-ten Auftrag (A_i), dessen k-te Operation auf der Station j startbereit ist, ist seine Pufferzeit geteilt durch die Anzahl seiner noch zu bearbeitenden Operationen, also $O_i - k + 1$.

Mit dem aktuellem Zeitpunkt t,

- der Restzeit $RZ_i = f_i - t$,
- der Restbearbeitungszeit $RBZ_{i,k} = \sum_{p=k}^{O_i} t_{i,p}$ und
- der Pufferzeit $PZ_i = RZ_i - RBZ_{i,k}$

berechnet sich seine Prioritätskennzahl durch

$PKZ_i = \frac{PZ_i}{O_i - k + 1}$.

Der Auftrag mit der kleinsten Prioritätskennzahl wird zugeteilt. Das Ergebnis ist durch das folgende Gantt-Diagramm angegeben.

48

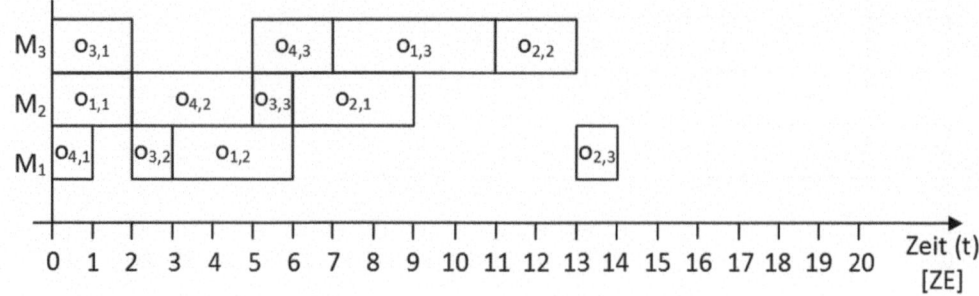

Abbildung 21: Gantt-Diagramm zur Zuteilung nach der S/OPN-Regel.

Auftrag A_i	1	2	3	4
Freigabetermin	0 ZE	0 ZE	0 ZE	0 ZE
Ist-Startzeitpunkt	0 ZE	6 ZE	0 ZE	0 ZE
Soll-Endtermin f_i	12 ZE	10 ZE	5 ZE	7 ZE
Ist-Endtermin F_i	11 ZE	14 ZE	6 ZE	7 ZE
Verspätung V_i	0 ZE	4 ZE	1 ZE	0 ZE
Summe der Verspätungen	5 ZE			

Tabelle 33: Verspätungen aufgrund der S/OPN-Regel.

Pufferzeit pro verbleibender Bearbeitungszeit (S/OPT-Regel)

Die Prioritätskennzahl von dem i-ten Auftrag (A_i), dessen k-te Operation auf der Station j startbereit ist, ist seine Pufferzeit geteilt durch seine Restbearbeitungszeit. Mit dem aktuellem Zeitpunkt t,

- der Restzeit $RZ_i = f_i - t$,
- der Restbearbeitungszeit $RBZ_{i,k} = \sum_{p=k}^{O_i} t_{i,p}$ und
- der Pufferzeit $PZ_i = RZ_i - RBZ_{i,k}$

berechnet sich seine Prioritätskennzahl durch

$PKZ_i = \frac{PZ_i}{RBZ_{i,k}}$.

Der Auftrag mit der kleinsten Prioritätskennzahl wird zugeteilt. Das Ergebnis ist durch das folgende Gantt-Diagramm angegeben.

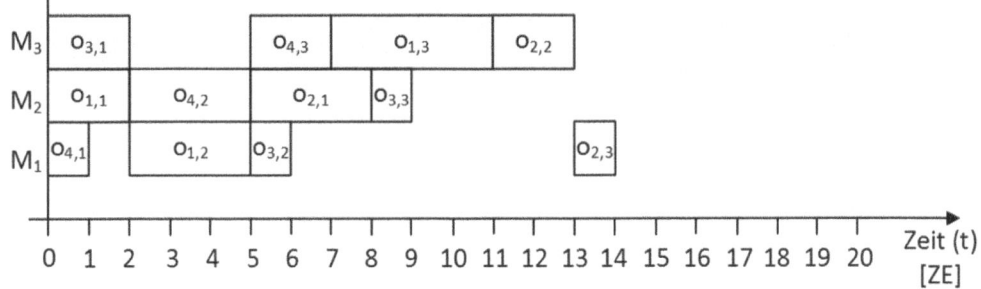

Abbildung 22: Gantt-Diagramm zur Zuteilung nach der S/OPT-Regel.

Auftrag A_i	1	2	3	4
Freigabetermin	0 ZE	0 ZE	0 ZE	0 ZE
Ist-Startzeitpunkt	0 ZE	5 ZE	0 ZE	0 ZE
Soll-Endtermin f_i	12 ZE	10 ZE	5 ZE	7 ZE
Ist-Endtermin F_i	11 ZE	14 ZE	9 ZE	7 ZE
Verspätung V_i	0 ZE	4 ZE	4 ZE	0 ZE
Summe der Verspätungen	8 ZE			

Tabelle 34: Verspätungen aufgrund der S/OPT-Regel.

Shortest Processing Time Truncated (SPT-T-Regel)

Negative Eigenschaften der kürzesten Operationszeitregel (KOZ bzw. SPT) wird entgegengewirkt, indem zum einen die Bearbeitungszeit durch einen positiven Gewichtungsparameter (r) additiv gewichtet wird und zum anderen die Pufferzeit durch die Anzahl seiner noch zu bearbeitenden Operationen, also $O_i - k + 1$, sofern die k-te Operation startbereit ist, gewichtet wird. Mit

- Restzeit $RZ_i = f_i - t$,
- Restbearbeitungszeit $RBZ_{i,k} = \sum_{p=k}^{O_i} t_{i,p}$ und
- Pufferzeit $PZ_i = RZ_i - RBZ_{i,k}$

berechnet sich die Prioritätskennzahl durch

$PKZ_i = min\{t_i + r, \frac{PZ_i}{O_i - k + 1}\}$.

Der Auftrag mit der kleinsten Prioritätskennzahl wird zugeteilt. Für jeden Gewichtungsparameter r wird das gleiche Ergebnis erzielt, welches durch das folgende Gantt-Diagramm angegeben ist.

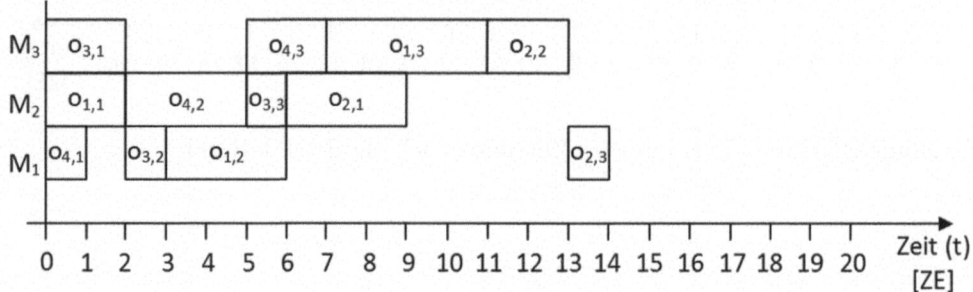

Abbildung 23: Gantt-Diagramm zur Zuteilung nach der SPT-T-Regel.

Auftrag A_i	1	2	3	4
Freigabetermin	0 ZE	0 ZE	0 ZE	0 ZE
Ist-Startzeitpunkt	0 ZE	6 ZE	0 ZE	0 ZE
Soll-Endtermin f_i	12 ZE	10 ZE	5 ZE	7 ZE
Ist-Endtermin F_i	11 ZE	14 ZE	6 ZE	7 ZE
Verspätung V_i	0 ZE	4 ZE	1 ZE	0 ZE
Summe der Verspätungen	5 ZE			

Tabelle 35: Verspätungen aufgrund der SPT-T-Regel.

Optimale Lösung zur Minimierung der Gesamtverspätung

Eine optimale Lösung mit einer minimalen Gesamtverspätung wird durch die Regeln MOD, ODD, S/OPN und SPT-T erreicht. Sie ist durch das folgende Gantt-Diagramm angegeben.

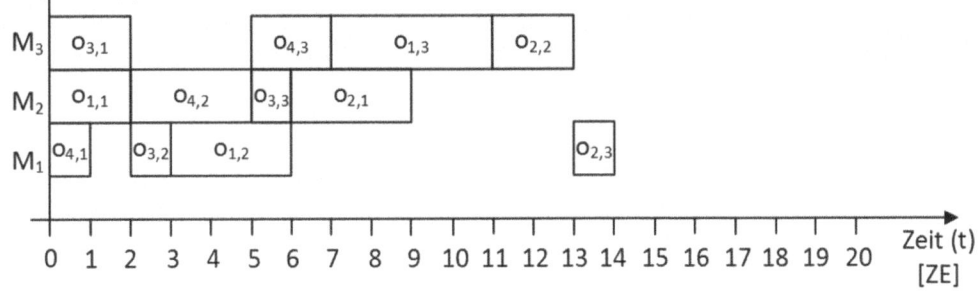

Abbildung 24: Gantt-Diagramm bei einer minimalen Gesamtverspätung.

Auftrag A_i	1	2	3	4
Freigabetermin	0 ZE	0 ZE	0 ZE	0 ZE
Ist-Startzeitpunkt	0 ZE	6 ZE	0 ZE	0 ZE
Soll-Endtermin f_i	12 ZE	10 ZE	5 ZE	7 ZE
Ist-Endtermin F_i	11 ZE	14 ZE	6 ZE	7 ZE
Verspätung V_i	0 ZE	4 ZE	1 ZE	0 ZE
Summe der Verspätungen	5 ZE			

Tabelle 36: Minimale Gesamtverspätung.

1.5.2 Freigabetermine bei Prioritätsregeln

Auf einer Maschine (M) sind 5 Produkte zu bearbeiten. Für jedes (Produkt) gibt es einen Auftrag. Die Daten sind in der folgenden Tabelle angegebenen.

Auftrag (A_i)	Soll-Endtermin (f_i)	Bearbeitungszeit (t_i)	Freigabetermin (a_i)
A	15 ZE	8 ZE	0 ZE
B	7 ZE	5 ZE	1 ZE
C	10 ZE	1 ZE	2 ZE
D	15 ZE	3 ZE	7 ZE
E	5 ZE	2 ZE	9 ZE

Tabelle 37: Bearbeitungszeiten, Soll-Endtermine und Freigabetermine in Zeiteinheiten (ZE) zum Ressourcenbelegungsplanungsproblem.

Aufgabe

Lösen Sie das Ressourcenbelegungsplanungsproblem mit und ohne Freigabeterminen durch die Prioritätsregeln „First-Come-First-Served", kürzeste Operationszeit, kürzeste Pufferzeit und „Earliest Due Date". Bestimmen Sie das Ergebnis bei 5 zufälligen Lösungen, und lösen Sie das Ressourcenbelegungsplanungsproblem für die Minimierung der Summe an Verspätungen optimal. Bestimmen Sie jeweils die Kennzahlen Summe an Fertigstellungszeiten, Verspätungen und Durchlaufzeiten und berechnen Sie die mittlere Anzahl an vor der Maschine wartenden Aufträge - solange noch nicht alle Aufträge bearbeitet sind.

Lösung

Die angesprochenen Kennzahlen werden wie folgt berechnet: Summe an Fertigstellungszeiten durch $\sum_{i=1}^{N} F_i$, Summe an Durchlaufzeiten durch $\sum_{i=1}^{N} (F_i - a_i)$ und Summe an Verspätungen durch $\sum_{i=1}^{N} V_i$, mit $V_i = max\{V_i, 0\}$.

Die Berechnung der mittleren Anzahl an vor der Maschine wartenden Aufträge erfolgt für einen Belegungsplan. Zur Erläuterung sei das in Abbildung 25 angegebene Gantt-Diagramm betrachtet (es ist die Lösung des Ressourcenbelegungsplanungsproblem ohne Freigabetermine durch die kürzeste Operationszeit). Zu jeder Zeiteinheit ist die Anzahl an wartenden Aufträge angegeben.

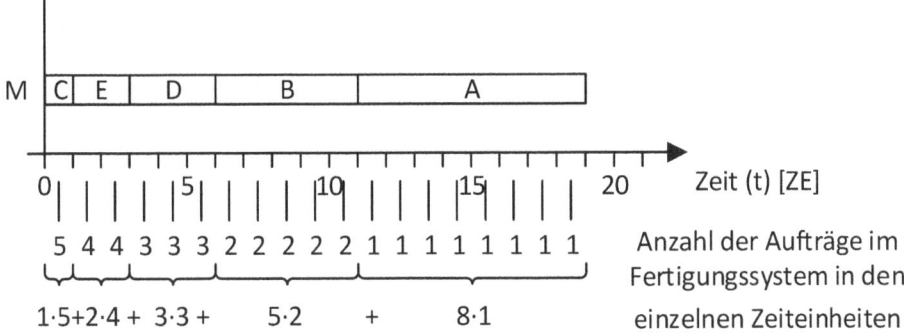

Abbildung 25: Auftragsbestände zu einem Gantt-Diagramm ohne Freigabetermine.

Aufgrund des Kommutativgesetzes (in der Mathematik) ist diese Summe gleich der Summe der Fertigstellungszeiten, also: $F_C + F_E + F_D + F_B + F_A$. (Jede Fertigstellungszeit zählt quasi jede Periode bis zum Ende der Fertigstellungszeit einmal. Damit zählt die Summe die erste Periode fünfmal. Da $F_C = 1$ ist, zählt die Summe die zweite Periode viermal. Dies iterativ fortgesetzt, begründet die Richtigkeit der Aussage.) Damit berechnet sich die mittlere Anzahl an vor der Maschine wartenden Aufträge durch $\frac{1}{Z} \cdot \sum_{i=1}^{N} F_i$; Z ist der Gesamtfertigstellungstermin, also $Z = \max_{1 \leqslant i \leqslant N}\{F_i\}$. Für den Fall mit Freigabeterminen warten Aufträge erst ab ihrem Freigabetermin, weswegen der Freigabetermin von dem Fertigstellungstermin abzuziehen ist. Dadurch ändert sich die Formel zu:

$$\frac{1}{Z} \cdot \sum_{i=1}^{N}(F_i - a_i).$$

In diesem Fall ergibt sich $\frac{40}{19}$ Aufträge pro Zeiteinheit $= 2.11$ Aufträge pro Zeiteinheit.

Für die einzelnen Verfahren sind stets die berechnete Reihenfolge einschließlich der Kennzahlen je Auftrag, das dazugehörende Gantt-Diagramm und die einzelnen Kennzahlen angegeben. Zu den einzelnen Verfahren wird der Einfluss von Freigabeterminen dargestellt.

First-Come-First-Served-Regel (FIFO-Regel)
Ohne Freigabetermine ergibt sich die folgende Lösung.

Die Reihenfolge einschließlich der Kennzahlen je Auftrag lautet:

Ermittelte Reihenfolge	t_i	f_i	a_i	F_i	D_i	V_i
A	8 ZE	15 ZE	0 ZE	8 ZE	8 ZE	0 ZE
B	5 ZE	7 ZE	0 ZE	13 ZE	13 ZE	6 ZE
C	1 ZE	10 ZE	0 ZE	14 ZE	14 ZE	4 ZE
D	3 ZE	15 ZE	0 ZE	17 ZE	17 ZE	2 ZE
E	2 ZE	5 ZE	0 ZE	19 ZE	19 ZE	14 ZE

Tabelle 38: Reihenfolge und Einzelkennzahlen bei der Anwendung der FIFO-Regel.

Dazu gehört das folgende Gantt-Diagramm:

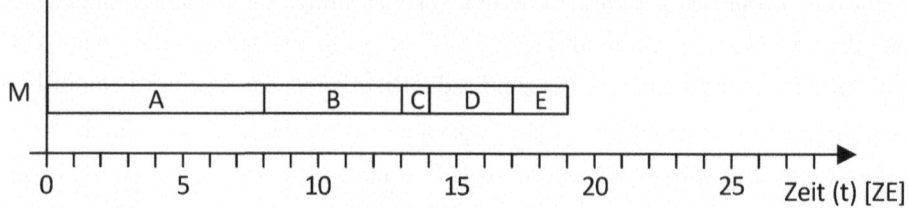

Abbildung 26: Gantt-Diagramm zur Zuteilung nach der FIFO-Regel.

Dies führt zu den Kennzahlen: Die Summe der Fertigstellungszeiten sind 71 Zeiteinheiten, die Summe an Durchlaufzeiten sind ebenfalls 71 Zeiteinheiten und die Summe an Verspätungen sind 26 Zeiteinheiten. Die mittlere Anzahl an vor der Maschine wartenden Aufträge ist $\frac{71}{19}$ Aufträge pro Zeiteinheit = 3.74 Aufträge pro Zeiteinheit.

Wird diese Permutation auf das Vorliegen von Freigabeterminen angewandt, so entstehen im allgemeinen Leerzeiten. In diesem Fall jedoch nicht.

Die Reihenfolge einschließlich der Kennzahlen je Auftrag lautet:

Ermittelte Reihenfolge	t_i	f_i	a_i	F_i	D_i	V_i
A	8 ZE	15 ZE	0 ZE	8 ZE	8 ZE	0 ZE
B	5 ZE	7 ZE	1 ZE	13 ZE	12 ZE	6 ZE
C	1 ZE	10 ZE	2 ZE	14 ZE	12 ZE	4 ZE
D	3 ZE	15 ZE	7 ZE	17 ZE	10 ZE	2 ZE
E	2 ZE	5 ZE	9 ZE	19 ZE	10 ZE	14 ZE

Tabelle 39: Reihenfolge und Einzelkennzahlen bei der Anwendung der FIFO-Regel.

Dazu gehört das folgende Gantt-Diagramm:

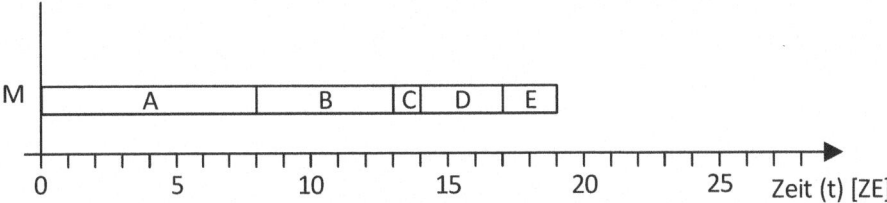

Abbildung 27: Gantt-Diagramm zur Zuteilung nach der FIFO-Regel.

Dies führt zu den Kennzahlen: Die Summe der Fertigstellungszeiten sind 71 Zeiteinheiten, die Summe an Durchlaufzeiten sind 52 Zeiteinheiten und die Summe an Verspätungen sind 26 Zeiteinheiten. Die mittlere Anzahl an vor der Maschine wartenden Aufträge ist 2.74 Aufträge pro Zeiteinheit.

Eine korrekte Berücksichtigung der Freigabetermine erfolgt dadurch, dass zu jeder Beendigung eines Auftrags auf der Maschine M die Prioritätsregel auf die dann startbereiten Aufträge angewandt wird. Ist kein Auftrag startbereit, so wird dieses Vorgehen zum nächsten Freigabezeitpunkt angewandt.

Die Reihenfolge einschließlich der Kennzahlen je Auftrag lautet:

Ermittelte Reihenfolge	t_i	f_i	a_i	F_i	D_i	V_i
A	8 ZE	15 ZE	0 ZE	8 ZE	8 ZE	0 ZE
B	5 ZE	7 ZE	1 ZE	13 ZE	12 ZE	6 ZE
C	1 ZE	10 ZE	2 ZE	14 ZE	12 ZE	4 ZE
D	3 ZE	15 ZE	7 ZE	17 ZE	10 ZE	2 ZE
E	2 ZE	5 ZE	9 ZE	19 ZE	10 ZE	14 ZE

Tabelle 40: Reihenfolge und Einzelkennzahlen bei der Anwendung der FIFO-Regel.

Da im vorhergehenden Fall keine Leerzeiten auftreten, liefert diese das gleiche Ergebnis wie die vorgestellte korrekte Berücksichtigung der Freigabetermine. Dazu gehört das folgende Gantt-Diagramm:

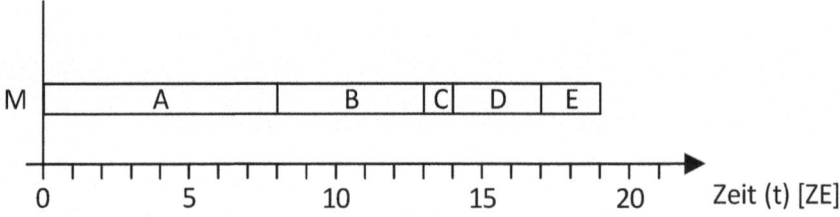

Abbildung 28: Gantt-Diagramm zur Zuteilung nach der FIFO-Regel.

Dies führt zu den Kennzahlen: Die Summe der Fertigstellungszeiten sind 71 Zeiteinheiten, die Summe an Durchlaufzeiten sind 52 Zeiteinheiten und die Summe an Verspätungen sind 26 Zeiteinheiten. Die mittlere Anzahl an vor der Maschine wartenden Aufträge ist 2.74 Aufträge pro Zeiteinheit.

Kürzeste-Operationszeit-Regel (KOZ-Regel)
Ohne Freigabetermine ergibt sich die folgende Lösung.

Die Reihenfolge einschließlich der Kennzahlen je Auftrag lautet:

Ermittelte Reihenfolge	t_i	f_i	a_i	F_i	D_i	V_i
C	1 ZE	10 ZE	0 ZE	1 ZE	1 ZE	0 ZE
E	2 ZE	5 ZE	0 ZE	3 ZE	3 ZE	0 ZE
D	3 ZE	15 ZE	0 ZE	6 ZE	6 ZE	0 ZE
B	5 ZE	7 ZE	0 ZE	11 ZE	11 ZE	4 ZE
A	8 ZE	15 ZE	0 ZE	19 ZE	19 ZE	4 ZE

Tabelle 41: Reihenfolge und Einzelkennzahlen bei der Anwendung der KOZ-Regel.

Dazu gehört das folgende Gantt-Diagramm:

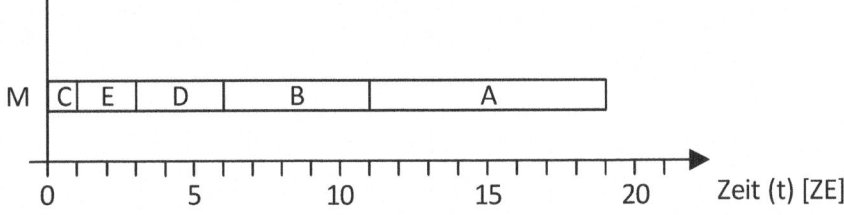

Abbildung 29: Gantt-Diagramm zur Zuteilung nach der KOZ-Regel.

Dies führt zu den Kennzahlen: Die Summe der Fertigstellungszeiten sind 40 Zeiteinheiten, die Summe an Durchlaufzeiten sind ebenfalls 40 Zeiteinheiten und die Summe an Verspätungen sind 8 Zeiteinheiten. Die mittlere Anzahl an vor der Maschine wartenden Aufträge ist $\frac{40}{19}$ Aufträge pro Zeiteinheit = 2.11 Aufträge pro Zeiteinheit.

Wird diese Permutation auf das Vorliegen von Freigabeterminen angewandt, so entstehen Leerzeiten und es ergibt sich die folgende Situation.

Die Reihenfolge einschließlich der Kennzahlen je Auftrag lautet:

Ermittelte Reihenfolge	t_i	f_i	a_i	F_i	D_i	V_i
C	1 ZE	10 ZE	2 ZE	3 ZE	1 ZE	0 ZE
E	2 ZE	5 ZE	9 ZE	11 ZE	2 ZE	6 ZE
D	3 ZE	15 ZE	7 ZE	14 ZE	7 ZE	0 ZE
B	5 ZE	7 ZE	1 ZE	19 ZE	18 ZE	12 ZE
A	8 ZE	15 ZE	0 ZE	27 ZE	27 ZE	12 ZE

Tabelle 42: Reihenfolge und Einzelkennzahlen bei der Anwendung der KOZ-Regel.

Dazu gehört das folgende Gantt-Diagramm:

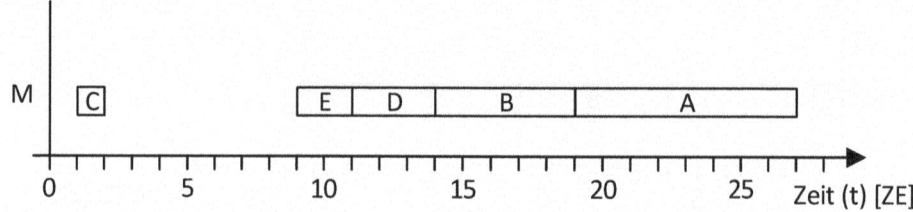

Abbildung 30: Gantt-Diagramm zur Zuteilung nach der KOZ-Regel.

Dies führt zu den Kennzahlen: Die Summe der Fertigstellungszeiten sind 74 Zeiteinheiten, die Summe an Durchlaufzeiten sind 55 Zeiteinheiten und die Summe an Verspätungen sind 30 Zeiteinheiten. Die mittlere Anzahl an vor der Maschine wartenden Aufträge ist 2.04 Aufträge pro Zeiteinheit.

Eine korrekte Berücksichtigung der Freigabetermine erfolgt dadurch, dass zu jeder Beendigung eines Auftrags auf der Maschine M die Prioritätsregel auf die dann startbereiten Aufträge angewandt wird. Ist kein Auftrag startbereit, so wird dieses Vorgehen zum nächsten Freigabezeitpunkt angewandt.

Die Reihenfolge einschließlich der Kennzahlen je Auftrag lautet:

Ermittelte Reihenfolge	t_i	f_i	a_i	F_i	D_i	V_i
A	8 ZE	15 ZE	0 ZE	8 ZE	8 ZE	0 ZE
C	1 ZE	10 ZE	2 ZE	9 ZE	7 ZE	0 ZE
E	2 ZE	5 ZE	9 ZE	11 ZE	2 ZE	6 ZE
D	3 ZE	15 ZE	7 ZE	14 ZE	7 ZE	0 ZE
B	5 ZE	7 ZE	1 ZE	19 ZE	18 ZE	12 ZE

Tabelle 43: Reihenfolge und Einzelkennzahlen bei der Anwendung der KOZ-Regel.

Dazu gehört das folgende Gantt-Diagramm:

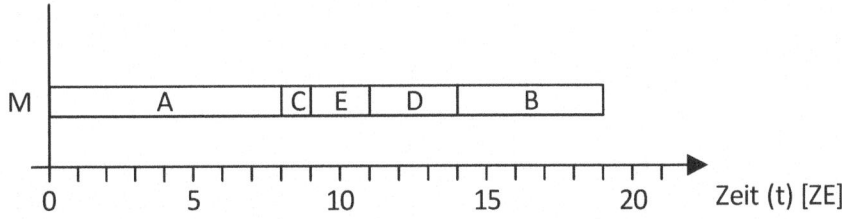

Abbildung 31: Gantt-Diagramm zur Zuteilung nach der KOZ-Regel.

Die vorgestellte korrekte Berücksichtigung der Freigabetermine vermeidet im Allgemeinen Leerzeiten, soweit dies möglich ist. Dies führt zu den Kennzahlen: Die Summe der Fertigstellungszeiten sind 61 Zeiteinheiten, die Summe an Durchlaufzeiten sind 42 Zeiteinheiten und die Summe an Verspätungen sind 18 Zeiteinheiten. Die mittlere Anzahl an vor der Maschine wartenden Aufträge ist 2.21 Aufträge pro Zeiteinheit.

Kürzeste-Pufferzeit-Regel (KPZ-Regel)
Ohne Freigabetermine ergibt sich die folgende Lösung.

Die Reihenfolge einschließlich der Kennzahlen je Auftrag lautet:

Ermittelte Reihenfolge	t_i	f_i	a_i	F_i	D_i	V_i
B	5 ZE	7 ZE	0 ZE	5 ZE	5 ZE	0 ZE
E	2 ZE	5 ZE	0 ZE	7 ZE	7 ZE	2 ZE
A	8 ZE	15 ZE	0 ZE	15 ZE	15 ZE	0 ZE
C	1 ZE	10 ZE	0 ZE	16 ZE	16 ZE	6 ZE
D	3 ZE	15 ZE	0 ZE	19 ZE	19 ZE	4 ZE

Tabelle 44: Reihenfolge und Einzelkennzahlen bei der Anwendung der KPZ-Regel.

Dazu gehört das folgende Gantt-Diagramm:

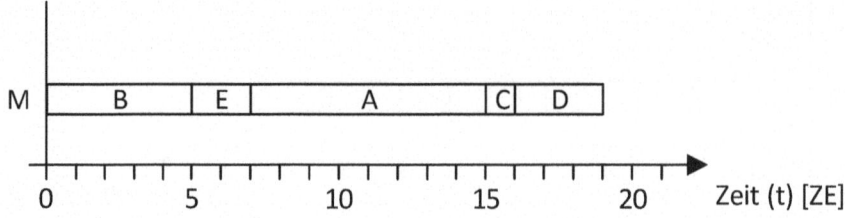

Abbildung 32: Gantt-Diagramm zur Zuteilung nach der KPZ-Regel.

Dies führt zu den Kennzahlen: Die Summe der Fertigstellungszeiten sind 62 Zeiteinheiten, die Summe an Durchlaufzeiten sind ebenfalls 62 Zeiteinheiten und die Summe an Verspätungen sind 12 Zeiteinheiten. Die mittlere Anzahl an vor der Maschine wartenden Aufträge ist $\frac{62}{19}$ Aufträge pro Zeiteinheit = 3.26 Aufträge pro Zeiteinheit.

Wird diese Permutation auf das Vorliegen von Freigabeterminen angewandt, so entstehen Leerzeiten und es ergibt sich die folgende Situation.

Die Reihenfolge einschließlich der Kennzahlen je Auftrag lautet:

Ermittelte Reihenfolge	t_i	f_i	a_i	F_i	D_i	V_i
B	5 ZE	7 ZE	1 ZE	6 ZE	5 ZE	0 ZE
E	2 ZE	5 ZE	9 ZE	11 ZE	2 ZE	6 ZE
A	8 ZE	15 ZE	0 ZE	19 ZE	19 ZE	4 ZE
C	1 ZE	10 ZE	2 ZE	20 ZE	18 ZE	10 ZE
D	3 ZE	15 ZE	7 ZE	23 ZE	16 ZE	8 ZE

Tabelle 45: Reihenfolge und Einzelkennzahlen bei der Anwendung der KPZ-Regel.

Dazu gehört das folgende Gantt-Diagramm:

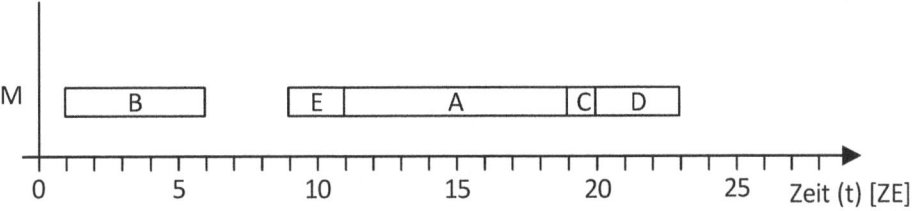

Abbildung 33: Gantt-Diagramm zur Zuteilung nach der KPZ-Regel.

Dies führt zu den Kennzahlen: Die Summe der Fertigstellungszeiten sind 79 Zeiteinheiten, die Summe an Durchlaufzeiten sind 60 Zeiteinheiten und die Summe an Verspätungen sind 28 Zeiteinheiten. Die mittlere Anzahl an vor der Maschine wartenden Aufträge ist 2.61 Aufträge pro Zeiteinheit.

Eine korrekte Berücksichtigung der Freigabetermine erfolgt dadurch, dass zu jeder Beendigung eines Auftrags auf der Maschine M die Prioritätsregel auf die dann startbereiten Aufträge angewandt wird. Ist kein Auftrag startbereit, so wird dieses Vorgehen zum nächsten Freigabezeitpunkt angewandt.

Die Reihenfolge einschließlich der Kennzahlen je Auftrag lautet:

Ermittelte Reihenfolge	t_i	f_i	a_i	F_i	D_i	V_i
A	8 ZE	15 ZE	0 ZE	8 ZE	8 ZE	0 ZE
B	5 ZE	7 ZE	1 ZE	13 ZE	12 ZE	6 ZE
E	2 ZE	5 ZE	9 ZE	15 ZE	6 ZE	10 ZE
C	1 ZE	10 ZE	2 ZE	16 ZE	14 ZE	6 ZE
D	3 ZE	15 ZE	7 ZE	19 ZE	12 ZE	4 ZE

Tabelle 46: Reihenfolge und Einzelkennzahlen bei der Anwendung der KPZ-Regel.

Dazu gehört das folgende Gantt-Diagramm:

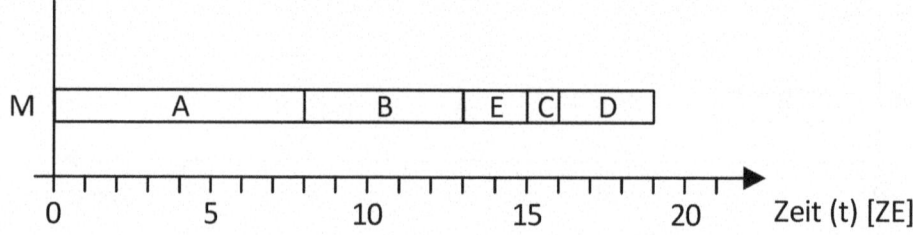

Abbildung 34: Gantt-Diagramm zur Zuteilung nach der KPZ-Regel.

Dies führt zu den Kennzahlen: Die Summe der Fertigstellungszeiten sind 71 Zeiteinheiten, die Summe an Durchlaufzeiten sind 52 Zeiteinheiten und die Summe an Verspätungen sind 26 Zeiteinheiten. Die mittlere Anzahl an vor der Maschine wartenden Aufträge ist 2.74 Aufträge pro Zeiteinheit.

Earliest-Due-Date-Regel (EDD-Regel)
Ohne Freigabetermine ergibt sich die folgende Lösung.

Die Reihenfolge einschließlich der Kennzahlen je Auftrag lautet:

Ermittelte Reihenfolge	t_i	f_i	a_i	F_i	D_i	V_i
E	2 ZE	5 ZE	0 ZE	2 ZE	2 ZE	0 ZE
B	5 ZE	7 ZE	0 ZE	7 ZE	7 ZE	0 ZE
C	1 ZE	10 ZE	0 ZE	8 ZE	8 ZE	0 ZE
A	8 ZE	15 ZE	0 ZE	16 ZE	16 ZE	1 ZE
D	3 ZE	15 ZE	0 ZE	19 ZE	19 ZE	4 ZE

Tabelle 47: Reihenfolge und Einzelkennzahlen bei der Anwendung der EDD-Regel.

Dazu gehört das folgende Gantt-Diagramm:

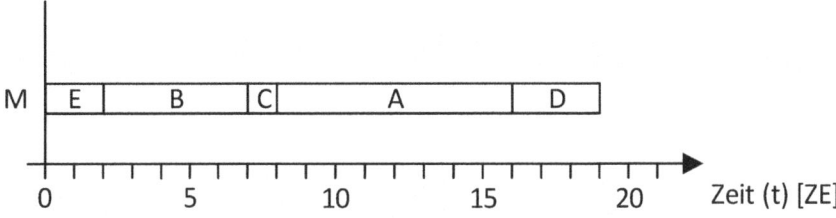

Abbildung 35: Gantt-Diagramm zur Zuteilung nach der EDD-Regel.

Dies führt zu den Kennzahlen: Die Summe der Fertigstellungszeiten sind 52 Zeiteinheiten, die Summe an Durchlaufzeiten sind ebenfalls 52 Zeiteinheiten und die Summe an Verspätungen sind 5 Zeiteinheiten. Die mittlere Anzahl an vor der Maschine wartenden Aufträge ist $\frac{52}{19}$ Aufträge pro Zeiteinheit = 2.74 Aufträge pro Zeiteinheit.

Wird diese Permutation auf das Vorliegen von Freigabeterminen angewandt, so entstehen Leerzeiten und es ergibt sich die folgende Situation.

Die Reihenfolge einschließlich der Kennzahlen je Auftrag lautet:

Ermittelte Reihenfolge	t_i	f_i	a_i	F_i	D_i	V_i
E	2 ZE	5 ZE	9 ZE	11 ZE	2 ZE	6 ZE
B	5 ZE	7 ZE	1 ZE	16 ZE	15 ZE	9 ZE
C	1 ZE	10 ZE	2 ZE	17 ZE	15 ZE	7 ZE
A	8 ZE	15 ZE	0 ZE	25 ZE	25 ZE	10 ZE
D	3 ZE	15 ZE	7 ZE	28 ZE	21 ZE	13 ZE

Tabelle 48: Reihenfolge und Einzelkennzahlen bei der Anwendung der EDD-Regel.

Dazu gehört das folgende Gantt-Diagramm:

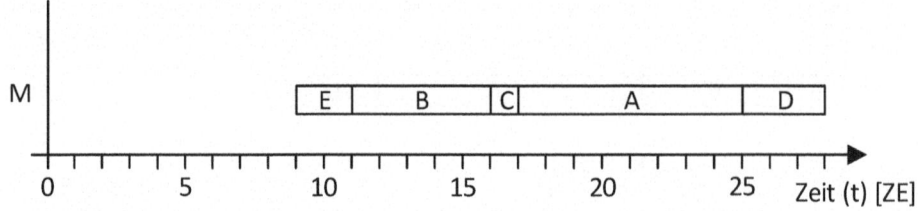

Abbildung 36: Gantt-Diagramm zur Zuteilung nach der EDD-Regel.

Dies führt zu den Kennzahlen: Die Summe der Fertigstellungszeiten sind 97 Zeiteinheiten, die Summe an Durchlaufzeiten sind 78 Zeiteinheiten und die Summe an Verspätungen sind 45 Zeiteinheiten. Die mittlere Anzahl an vor der Maschine wartenden Aufträge ist 2.79 Aufträge pro Zeiteinheit.

Eine korrekte Berücksichtigung der Freigabetermine erfolgt dadurch, dass zu jeder Beendigung eines Auftrags auf der Maschine M die Prioritätsregel auf die dann startbereiten Aufträge angewandt wird. Ist kein Auftrag startbereit, so wird dieses Vorgehen zum nächsten Freigabezeitpunkt angewandt.

Die Reihenfolge einschließlich der Kennzahlen je Auftrag lautet:

Ermittelte Reihenfolge	t_i	f_i	a_i	F_i	D_i	V_i
A	8 ZE	15 ZE	0 ZE	8 ZE	8 ZE	0 ZE
B	5 ZE	7 ZE	1 ZE	13 ZE	12 ZE	6 ZE
E	2 ZE	5 ZE	9 ZE	15 ZE	6 ZE	10 ZE
C	1 ZE	10 ZE	2 ZE	16 ZE	14 ZE	6 ZE
D	3 ZE	15 ZE	7 ZE	19 ZE	12 ZE	4 ZE

Tabelle 49: Reihenfolge und Einzelkennzahlen bei der Anwendung der EDD-Regel.

Dazu gehört das folgende Gantt-Diagramm:

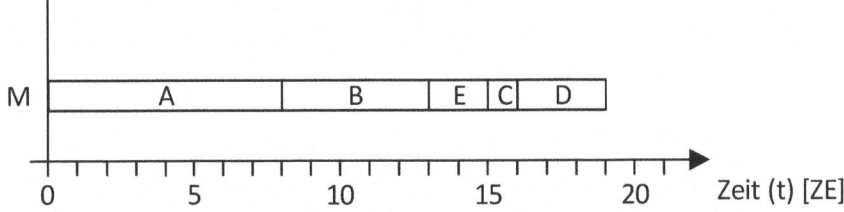

Abbildung 37: Gantt-Diagramm zur Zuteilung nach der EDD-Regel.

Dies führt zu den Kennzahlen: Die Summe der Fertigstellungszeiten sind 71 Zeiteinheiten, die Summe an Durchlaufzeiten sind 52 Zeiteinheiten und die Summe an Verspätungen sind 26 Zeiteinheiten. Die mittlere Anzahl an vor der Maschine wartenden Aufträge ist 2.74 Aufträge pro Zeiteinheit.

Lösung mit minimaler mittlerer Verspätung
Ohne Freigabetermine ergibt sich die folgende Lösung.

Die Reihenfolge einschließlich der Kennzahlen je Auftrag lautet:

Ermittelte Reihenfolge	t_i	f_i	a_i	F_i	D_i	V_i
E	2 ZE	5 ZE	0 ZE	2 ZE	2 ZE	0 ZE
B	5 ZE	7 ZE	0 ZE	7 ZE	7 ZE	0 ZE
C	1 ZE	10 ZE	0 ZE	8 ZE	8 ZE	0 ZE
D	3 ZE	15 ZE	0 ZE	11 ZE	11 ZE	0 ZE
A	8 ZE	15 ZE	0 ZE	19 ZE	19 ZE	4 ZE

Tabelle 50: Reihenfolge und Einzelkennzahlen bei einer Lösung mit minimaler mittlerer Verspätung.

Dazu gehört das folgende Gantt-Diagramm:

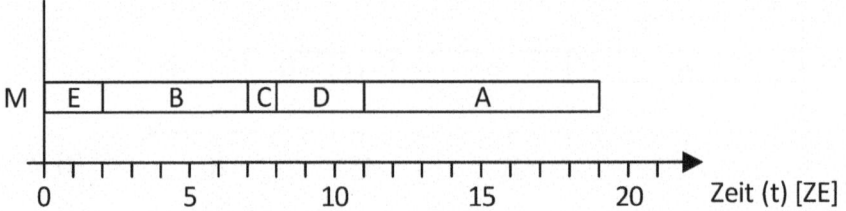

Abbildung 38: Gantt-Diagramm zur Zuteilung bei einer Lösung mit minimaler mittlerer Verspätung.

Dies führt zu den Kennzahlen: Die Summe der Fertigstellungszeiten sind 47 Zeiteinheiten, die Summe an Durchlaufzeiten sind ebenfalls 47 Zeiteinheiten und die Summe an Verspätungen sind 4 Zeiteinheiten. Die mittlere Anzahl an vor der Maschine wartenden Aufträge ist $\frac{47}{19}$ Aufträge pro Zeiteinheit = 2.47 Aufträge pro Zeiteinheit.

Eine optimale Berücksichtigung der Freigabetermine führt zu dem folgenden Ergebnis.

Die Reihenfolge einschließlich der Kennzahlen je Auftrag lautet:

Ermittelte Reihenfolge	t_i	f_i	a_i	F_i	D_i	V_i
B	5 ZE	7 ZE	1 ZE	6 ZE	5 ZE	0 ZE
C	1 ZE	10 ZE	2 ZE	7 ZE	5 ZE	0 ZE
D	3 ZE	15 ZE	7 ZE	10 ZE	3 ZE	0 ZE
E	2 ZE	5 ZE	9 ZE	12 ZE	3 ZE	7 ZE
A	8 ZE	15 ZE	0 ZE	20 ZE	20 ZE	5 ZE

Tabelle 51: Reihenfolge und Einzelkennzahlen bei einer Lösung mit minimaler mittlerer Verspätung.

Dazu gehört das folgende Gantt-Diagramm:

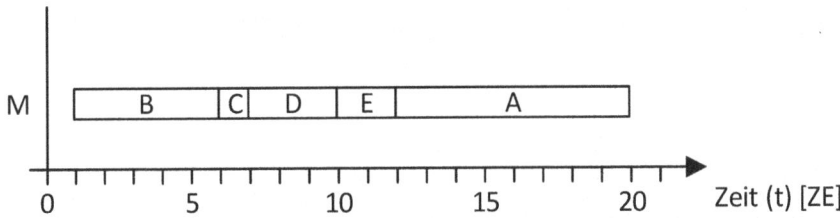

Abbildung 39: Gantt-Diagramm zur Zuteilung bei einer Lösung mit minimaler mittlerer Verspätung.

Dies führt zu den Kennzahlen: Die Summe der Fertigstellungszeiten sind 55 Zeiteinheiten, die Summe an Durchlaufzeiten sind 36 Zeiteinheiten und die Summe an Verspätungen sind 12 Zeiteinheiten. Die mittlere Anzahl an vor der Maschine wartenden Aufträge ist 1.80 Aufträge pro Zeiteinheit.

Lösung durch zufällige Permutationen

Fünf zufällige Permutationen wurden erzeugt. Die Ergebnisse sind wie zuvor angegeben.

Zunächst wird die erste zufällige Permutation betrachtet, die in der folgenden Tabelle 52 angegeben ist. Ohne Freigabetermine bewirkt diese zufällige Permutation die in der Tabelle 52 angegebenen Kennzahlen je Auftrag.

Ermittelte Reihenfolge	t_i	f_i	a_i	F_i	D_i	V_i
E	2 ZE	5 ZE	0 ZE	2 ZE	2 ZE	0 ZE
D	3 ZE	15 ZE	0 ZE	5 ZE	5 ZE	0 ZE
C	1 ZE	10 ZE	0 ZE	6 ZE	6 ZE	0 ZE
B	5 ZE	7 ZE	0 ZE	11 ZE	11 ZE	4 ZE
A	8 ZE	15 ZE	0 ZE	19 ZE	19 ZE	4 ZE

Tabelle 52: Reihenfolge und Einzelkennzahlen bei der ersten zufälligen Permutation.

Dazu gehört das folgende Gantt-Diagramm:

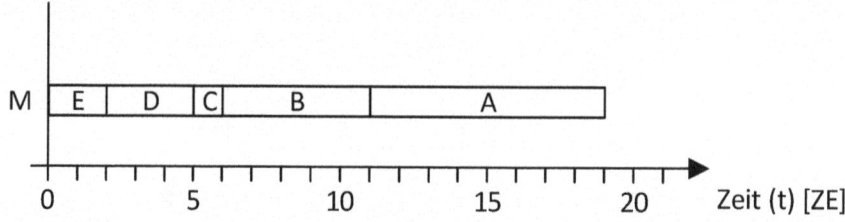

Abbildung 40: Gantt-Diagramm zur Zuteilung bei der ersten zufälligen Permutation.

Dies führt zu den Kennzahlen: Die Summe der Fertigstellungszeiten sind 43 Zeiteinheiten, die Summe an Durchlaufzeiten sind ebenfalls 43 Zeiteinheiten und die Summe an Verspätungen sind 8 Zeiteinheiten. Die mittlere Anzahl an vor der Maschine wartenden Aufträge ist $\frac{43}{19}$ Aufträge pro Zeiteinheit = 2.26 Aufträge pro Zeiteinheit.

Wird diese Permutation auf das Vorliegen von Freigabeterminen angewandt, so entstehen Leerzeiten und es ergeben sich die in der folgenden Tabelle 53 angegebenen Kennzahlen je Auftrag.

Ermittelte Reihenfolge	t_i	f_i	a_i	F_i	D_i	V_i
E	2 ZE	5 ZE	9 ZE	11 ZE	2 ZE	6 ZE
D	3 ZE	15 ZE	7 ZE	14 ZE	7 ZE	0 ZE
C	1 ZE	10 ZE	2 ZE	15 ZE	13 ZE	5 ZE
B	5 ZE	7 ZE	1 ZE	20 ZE	19 ZE	13 ZE
A	8 ZE	15 ZE	0 ZE	28 ZE	28 ZE	13 ZE

Tabelle 53: Reihenfolge und Einzelkennzahlen bei der ersten zufälligen Permutation.

Dazu gehört das folgende Gantt-Diagramm:

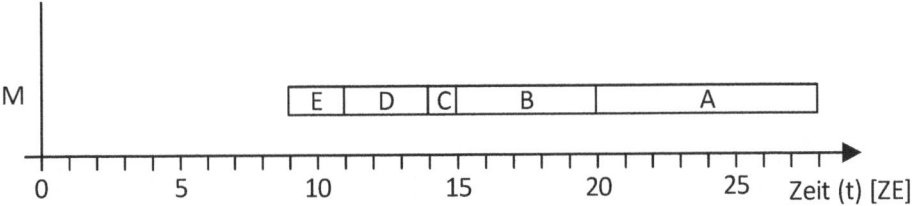

Abbildung 41: Gantt-Diagramm zur Zuteilung bei der ersten zufälligen Permutation.

Dies führt zu den Kennzahlen: Die Summe der Fertigstellungszeiten sind 88 Zeiteinheiten, die Summe an Durchlaufzeiten sind 69 Zeiteinheiten und die Summe an Verspätungen sind 37 Zeiteinheiten. Die mittlere Anzahl an vor der Maschine wartenden Aufträge ist 2.46 Aufträge pro Zeiteinheit.

Nun wird die zweite zufällige Permutation betrachtet, die in der folgenden Tabelle 54 angegeben ist. Ohne Freigabetermine bewirkt diese zufällige Permutation die in der Tabelle 54 angegebenen Kennzahlen je Auftrag.

Ermittelte Reihenfolge	t_i	f_i	a_i	F_i	D_i	V_i
B	5 ZE	7 ZE	0 ZE	5 ZE	5 ZE	0 ZE
C	1 ZE	10 ZE	0 ZE	6 ZE	6 ZE	0 ZE
D	3 ZE	15 ZE	0 ZE	9 ZE	9 ZE	0 ZE
E	2 ZE	5 ZE	0 ZE	11 ZE	11 ZE	6 ZE
A	8 ZE	15 ZE	0 ZE	19 ZE	19 ZE	4 ZE

Tabelle 54: Reihenfolge und Einzelkennzahlen bei der zweiten zufälligen Permutation.

Dazu gehört das folgende Gantt-Diagramm:

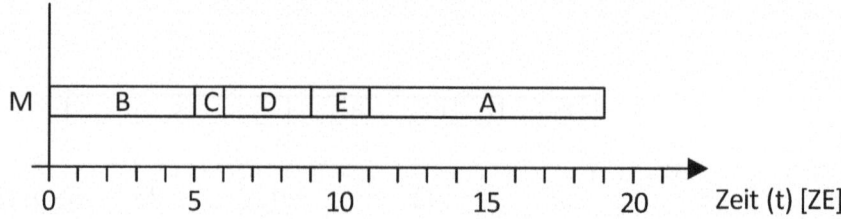

Abbildung 42: Gantt-Diagramm zur Zuteilung bei der zweiten zufälligen Permutation.

Dies führt zu den Kennzahlen: Die Summe der Fertigstellungszeiten sind 50 Zeiteinheiten, die Summe an Durchlaufzeiten sind ebenfalls 50 Zeiteinheiten und die Summe an Verspätungen sind 10 Zeiteinheiten. Die mittlere Anzahl an vor der Maschine wartenden Aufträge ist $\frac{50}{19}$ Aufträge pro Zeiteinheit = 2.63 Aufträge pro Zeiteinheit.

Wird diese Permutation auf das Vorliegen von Freigabeterminen angewandt, so entstehen Leerzeiten und es ergeben sich die in der folgenden Tabelle 55 angegebenen Kennzahlen je Auftrag.

Ermittelte Reihenfolge	t_i	f_i	a_i	F_i	D_i	V_i
B	5 ZE	7 ZE	1 ZE	6 ZE	5 ZE	0 ZE
C	1 ZE	10 ZE	2 ZE	7 ZE	5 ZE	0 ZE
D	3 ZE	15 ZE	7 ZE	10 ZE	3 ZE	0 ZE
E	2 ZE	5 ZE	9 ZE	12 ZE	3 ZE	7 ZE
A	8 ZE	15 ZE	0 ZE	20 ZE	20 ZE	5 ZE

Tabelle 55: Reihenfolge und Einzelkennzahlen bei der zweiten zufälligen Permutation.

Dazu gehört das folgende Gantt-Diagramm:

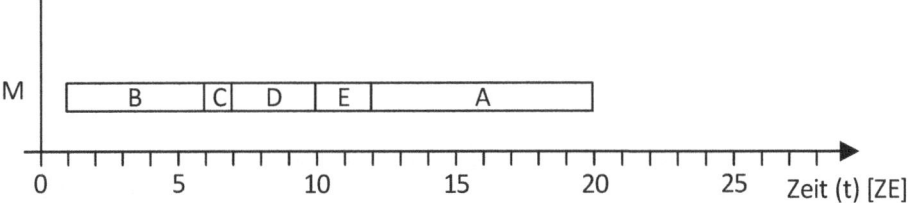

Abbildung 43: Gantt-Diagramm zur Zuteilung bei der zweiten zufälligen Permutation.

Dies führt zu den Kennzahlen: Die Summe der Fertigstellungszeiten sind 55 Zeiteinheiten, die Summe an Durchlaufzeiten sind 36 Zeiteinheiten und die Summe an Verspätungen sind 12 Zeiteinheiten. Die mittlere Anzahl an vor der Maschine wartenden Aufträge ist 1.80 Aufträge pro Zeiteinheit. Es sei angemerkt, dass es sich dabei um eine Permutation mit minimaler mittlerer Verspätung handelt.

Nun wird die dritte zufällige Permutation betrachtet, die in der folgenden Tabelle 56 angegeben ist. Ohne Freigabetermine bewirkt diese zufällige Permutation die in der Tabelle 56 angegebenen Kennzahlen je Auftrag.

Ermittelte Reihenfolge	t_i	f_i	a_i	F_i	D_i	V_i
C	1 ZE	10 ZE	0 ZE	1 ZE	1 ZE	0 ZE
D	3 ZE	15 ZE	0 ZE	4 ZE	4 ZE	0 ZE
E	2 ZE	5 ZE	0 ZE	6 ZE	6 ZE	1 ZE
A	8 ZE	15 ZE	0 ZE	14 ZE	14 ZE	0 ZE
B	5 ZE	7 ZE	0 ZE	19 ZE	19 ZE	12 ZE

Tabelle 56: Reihenfolge und Einzelkennzahlen bei der dritten zufälligen Permutation.

Dazu gehört das folgende Gantt-Diagramm:

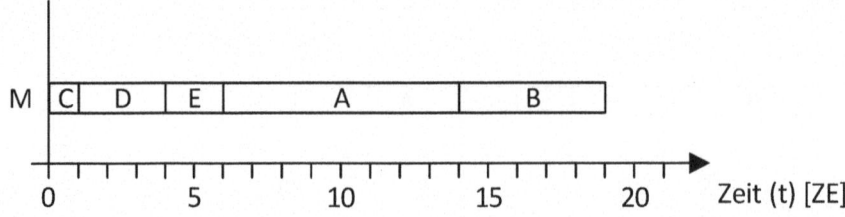

Abbildung 44: Gantt-Diagramm zur Zuteilung bei der dritten zufälligen Permutation.

Dies führt zu den Kennzahlen: Die Summe der Fertigstellungszeiten sind 44 Zeiteinheiten, die Summe an Durchlaufzeiten sind ebenfalls 44 Zeiteinheiten und die Summe an Verspätungen sind 13 Zeiteinheiten. Die mittlere Anzahl an vor der Maschine wartenden Aufträge ist $\frac{44}{19}$ Aufträge pro Zeiteinheit = 2.32 Aufträge pro Zeiteinheit.

Wird diese Permutation auf das Vorliegen von Freigabeterminen angewandt, so entstehen Leerzeiten und es ergeben sich die in der folgenden Tabelle 57 angegebenen Kennzahlen je Auftrag.

Ermittelte Reihenfolge	t_i	f_i	a_i	F_i	D_i	V_i
C	1 ZE	10 ZE	2 ZE	3 ZE	1 ZE	0 ZE
D	3 ZE	15 ZE	7 ZE	10 ZE	3 ZE	0 ZE
E	2 ZE	5 ZE	9 ZE	12 ZE	3 ZE	7 ZE
A	8 ZE	15 ZE	0 ZE	20 ZE	20 ZE	5 ZE
B	5 ZE	7 ZE	1 ZE	25 ZE	24 ZE	18 ZE

Tabelle 57: Reihenfolge und Einzelkennzahlen bei der dritten zufälligen Permutation.

Dazu gehört das folgende Gantt-Diagramm:

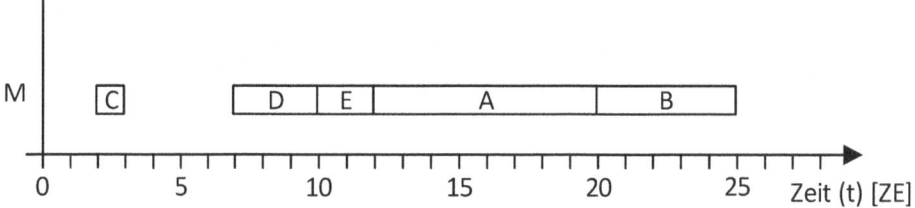

Abbildung 45: Gantt-Diagramm zur Zuteilung bei der dritten zufälligen Permutation.

Dies führt zu den Kennzahlen: Die Summe der Fertigstellungszeiten sind 70 Zeiteinheiten, die Summe an Durchlaufzeiten sind 51 Zeiteinheiten und die Summe an Verspätungen sind 30 Zeiteinheiten. Die mittlere Anzahl an vor der Maschine wartenden Aufträge ist 2.04 Aufträge pro Zeiteinheit.

Nun wird die vierte zufällige Permutation betrachtet, die in der folgenden Tabelle 58 angegeben ist. Ohne Freigabetermine bewirkt diese zufällige Permutation die in der Tabelle 58 angegebenen Kennzahlen je Auftrag.

Ermittelte Reihenfolge	t_i	f_i	a_i	F_i	D_i	V_i
D	3 ZE	15 ZE	0 ZE	3 ZE	3 ZE	0 ZE
E	2 ZE	5 ZE	0 ZE	5 ZE	5 ZE	0 ZE
A	8 ZE	15 ZE	0 ZE	13 ZE	13 ZE	0 ZE
B	5 ZE	7 ZE	0 ZE	18 ZE	18 ZE	11 ZE
C	1 ZE	10 ZE	0 ZE	19 ZE	19 ZE	9 ZE

Tabelle 58: Reihenfolge und Einzelkennzahlen bei der vierten zufälligen Permutation.

Dazu gehört das folgende Gantt-Diagramm:

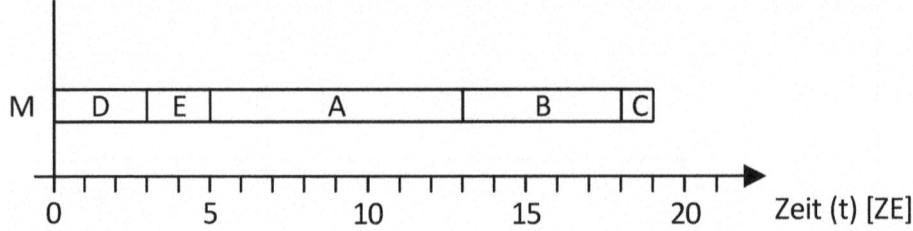

Abbildung 46: Gantt-Diagramm zur Zuteilung bei der vierten zufälligen Permutation.

Dies führt zu den Kennzahlen: Die Summe der Fertigstellungszeiten sind 58 Zeiteinheiten, die Summe an Durchlaufzeiten sind ebenfalls 58 Zeiteinheiten und die Summe an Verspätungen sind 20 Zeiteinheiten. Die mittlere Anzahl an vor der Maschine wartenden Aufträge ist $\frac{58}{19}$ Aufträge pro Zeiteinheit = 3.05 Aufträge pro Zeiteinheit.

Wird diese Permutation auf das Vorliegen von Freigabeterminen angewandt, so entstehen Leerzeiten und es ergeben sich die in der folgenden Tabelle 59 angegebenen Kennzahlen je Auftrag.

Ermittelte Reihenfolge	t_i	f_i	a_i	F_i	D_i	V_i
D	3 ZE	15 ZE	7 ZE	10 ZE	3 ZE	0 ZE
E	2 ZE	5 ZE	9 ZE	12 ZE	3 ZE	7 ZE
A	8 ZE	15 ZE	0 ZE	20 ZE	20 ZE	5 ZE
B	5 ZE	7 ZE	1 ZE	25 ZE	24 ZE	18 ZE
C	1 ZE	10 ZE	2 ZE	26 ZE	24 ZE	16 ZE

Tabelle 59: Reihenfolge und Einzelkennzahlen bei der vierten zufälligen Permutation.

Dazu gehört das folgende Gantt-Diagramm:

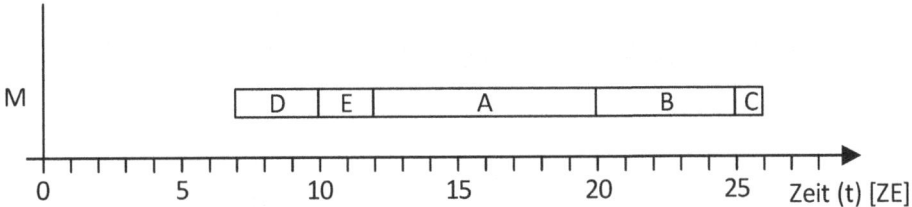

Abbildung 47: Gantt-Diagramm zur Zuteilung bei der vierten zufälligen Permutation.

Dies führt zu den Kennzahlen: Die Summe der Fertigstellungszeiten sind 93 Zeiteinheiten, die Summe an Durchlaufzeiten sind 74 Zeiteinheiten und die Summe an Verspätungen sind 46 Zeiteinheiten. Die mittlere Anzahl an vor der Maschine wartenden Aufträge ist 2.85 Aufträge pro Zeiteinheit.

Nun wird die fünfte zufällige Permutation betrachtet, die in der folgenden Tabelle 60 angegeben ist. Ohne Freigabetermine bewirkt diese zufällige Permutation die in der Tabelle 60 angegebenen Kennzahlen je Auftrag.

Ermittelte Reihenfolge	t_i	f_i	a_i	F_i	D_i	V_i
E	2 ZE	5 ZE	0 ZE	2 ZE	2 ZE	0 ZE
A	8 ZE	15 ZE	0 ZE	10 ZE	10 ZE	0 ZE
B	5 ZE	7 ZE	0 ZE	15 ZE	15 ZE	8 ZE
C	1 ZE	10 ZE	0 ZE	16 ZE	16 ZE	6 ZE
D	3 ZE	15 ZE	0 ZE	19 ZE	19 ZE	4 ZE

Tabelle 60: Reihenfolge und Einzelkennzahlen bei der fünften zufälligen Permutation.

Dazu gehört das folgende Gantt-Diagramm:

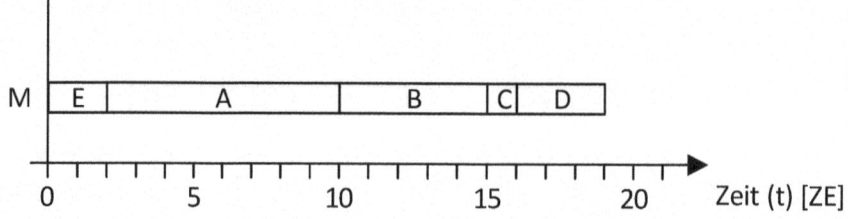

Abbildung 48: Gantt-Diagramm zur Zuteilung bei der fünften zufälligen Permutation.

Dies führt zu den Kennzahlen: Die Summe der Fertigstellungszeiten sind 62 Zeiteinheiten, die Summe an Durchlaufzeiten sind ebenfalls 62 Zeiteinheiten und die Summe an Verspätungen sind 18 Zeiteinheiten. Die mittlere Anzahl an vor der Maschine wartenden Aufträge ist $\frac{62}{19}$ Aufträge pro Zeiteinheit = 3.26 Aufträge pro Zeiteinheit.

Wird diese Permutation auf das Vorliegen von Freigabeterminen angewandt, so entstehen Leerzeiten und es ergeben sich die in der folgenden Tabelle 61 angegebenen Kennzahlen je Auftrag.

Ermittelte Reihenfolge	t_i	f_i	a_i	F_i	D_i	V_i
E	2 ZE	5 ZE	9 ZE	11 ZE	2 ZE	6 ZE
A	8 ZE	15 ZE	0 ZE	19 ZE	19 ZE	4 ZE
B	5 ZE	7 ZE	1 ZE	24 ZE	23 ZE	17 ZE
C	1 ZE	10 ZE	2 ZE	25 ZE	23 ZE	15 ZE
D	3 ZE	15 ZE	7 ZE	28 ZE	21 ZE	13 ZE

Tabelle 61: Reihenfolge und Einzelkennzahlen bei der fünften zufälligen Permutation.

Dazu gehört das folgende Gantt-Diagramm:

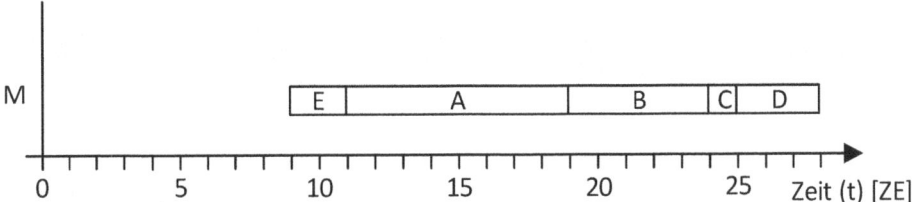

Abbildung 49: Gantt-Diagramm zur Zuteilung bei der fünften zufälligen Permutation.

Dies führt zu den Kennzahlen: Die Summe der Fertigstellungszeiten sind 107 Zeiteinheiten, die Summe an Durchlaufzeiten sind 88 Zeiteinheiten und die Summe an Verspätungen sind 55 Zeiteinheiten. Die mittlere Anzahl an vor der Maschine wartenden Aufträge ist 3.14 Aufträge pro Zeiteinheit.

Bei Freigabeterminen: Zulassen von Leerzeit
Wird eine Leerzeit von zwei Zeiteinheiten zu Beginn des Planungszeitraums vorgenommen, also mit Auftrag C gestartet und dann nach der KOZ-Regel geplant, so ergibt sich das folgende Ergebnis.

Ermittelte Reihenfolge	t_i	f_i	a_i	F_i	D_i	V_i
C	1 ZE	10 ZE	2 ZE	3 ZE	1 ZE	0 ZE
B	5 ZE	7 ZE	1 ZE	8 ZE	7 ZE	1 ZE
D	3 ZE	15 ZE	7 ZE	11 ZE	4 ZE	0 ZE
E	2 ZE	5 ZE	9 ZE	13 ZE	4 ZE	8 ZE
A	8 ZE	15 ZE	0 ZE	21 ZE	21 ZE	6 ZE

Tabelle 62: Reihenfolge und Einzelkennzahlen bei dem zusätzlichen Beispiel.

Dazu gehört das folgende Gantt-Diagramm:

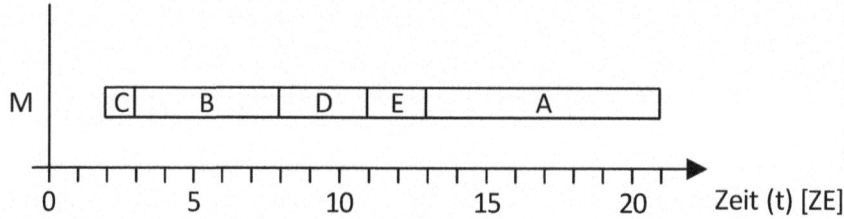

Abbildung 50: Gantt-Diagramm zur Zuteilung bei dem zusätzlichen Beispiel.

Dies führt zu den Kennzahlen: Die Summe der Fertigstellungszeiten sind 56 Zeiteinheiten, die Summe an Durchlaufzeiten sind 37 Zeiteinheiten und die Summe an Verspätungen sind 15 Zeiteinheiten. Die mittlere Anzahl an vor der Maschine wartenden Aufträge ist 1.76 Aufträge pro Zeiteinheit.

Obwohl zu Beginn des Planungszeitraums eine größere Leerzeit als bei der oben genannten Lösung mit minimaler mittlerer Verspätung zugelassen wird, ist dieses Ergebnis deutlich besser als dasjenige, welches durch die KOZ-Regel (in der rollenden Planung) erzielt wird. Dies nicht erkennen zu können ist eine strukturelle Schwäche von Prioritätsregeln und ist eine wesentliche Ursache dafür, dass Prioritätsregeln oftmals deutlich schlechtere Ergebnisse als Metaheuristiken, wie eine lokale Suche, liefern.

Zusammenfassung der Ergebnisse

Die folgenden drei Tabellen enthalten für die drei betrachteten Fälle, nämlich ohne Freigabetermine, anwenden dieser Permutation beim Vorliegen von Freigabeterminen und einer korrekten Berücksichtigung der Freigabetermine, die Ergebnisse zu den einzelnen Regeln in Form von der jeweiligen bestimmten Permutation mit seinen Gesamt-verspätungen, -durchlaufzeiten und -verspätungen sowie mit seiner mittlerer Anzahl an vor der Maschine wartenden Aufträge.

Verfahren	Permutation	$\sum F_i$	$\sum D_i$	$\sum V_i$	Mittlerer Bestand
FIFO-Regel	(A,B,C,D,E)	71 ZE	71 ZE	26 ZE	3.74 Aufträge je ZE
KOZ-Regel	(C,E,D,B,A)	40 ZE	40 ZE	8 ZE	2.11 Aufträge je ZE
KPZ-Regel	(B,E,A,C,D)	62 ZE	62 ZE	12 ZE	3.26 Aufträge je ZE
EDD-Regel	(E,B,C,A,D)	52 ZE	52 ZE	5 ZE	2.74 Aufträge je ZE
Optimale Lösung	(E,B,C,D,A)	47 ZE	47 ZE	4 ZE	2.47 Aufträge je ZE
1. Permutation	(E,D,C,B,A)	43 ZE	43 ZE	8 ZE	2.26 Aufträge je ZE
2. Permutation	(B,C,D,E,A)	50 ZE	50 ZE	10 ZE	2.63 Aufträge je ZE
3. Permutation	(C,D,E,A,B)	44 ZE	44 ZE	13 ZE	2.32 Aufträge je ZE
4. Permutation	(D,E,A,B,C)	58 ZE	58 ZE	20 ZE	3.05 Aufträge je ZE
5. Permutation	(E,A,B,C,D)	62 ZE	62 ZE	18 ZE	3.26 Aufträge je ZE

Tabelle 63: Ohne Berücksichtigung von Freigabeterminen.

Verfahren	Permutation	$\sum F_i$	$\sum D_i$	$\sum V_i$	Mittlerer Bestand
FIFO-Regel	(A,B,C,D,E)	71 ZE	52 ZE	26 ZE	2.74 Aufträge je ZE
KOZ-Regel	(C,E,D,B,A)	74 ZE	55 ZE	30 ZE	2.04 Aufträge je ZE
KPZ-Regel	(B,E,A,C,D)	79 ZE	60 ZE	28 ZE	2.61 Aufträge je ZE
EDD-Regel	(E,B,C,A,D)	97 ZE	78 ZE	45 ZE	2.79 Aufträge je ZE
1. Permutation	(E,D,C,B,A)	88 ZE	69 ZE	37 ZE	2.46 Aufträge je ZE
2. Permutation	(B,C,D,E,A)	55 ZE	36 ZE	12 ZE	1.80 Aufträge je ZE
3. Permutation	(C,D,E,A,B)	70 ZE	51 ZE	30 ZE	2.04 Aufträge je ZE
4. Permutation	(D,E,A,B,C)	93 ZE	74 ZE	46 ZE	2.85 Aufträge je ZE
5. Permutation	(E,A,B,C,D)	107 ZE	88 ZE	55 ZE	3.14 Aufträge je ZE

Tabelle 64: Lösung ohne Berücksichtigung der Freigabetermine wird so verschoben, dass die Freigabetermine eingehalten werden.

Verfahren	Permutation	$\sum F_i$	$\sum D_i$	$\sum V_i$	Mittlerer Bestand
FIFO-Regel	(A,B,C,D,E)	71 ZE	52 ZE	26 ZE	2.74 Aufträge je ZE
KOZ-Regel	(A,C,E,D,B)	61 ZE	42 ZE	18 ZE	2.21 Aufträge je ZE
KPZ-Regel	(A,B,E,C,D)	71 ZE	52 ZE	26 ZE	2.74 Aufträge je ZE
EDD-Regel	(A,B,E,C,D)	71 ZE	52 ZE	26 ZE	2.74 Aufträge je ZE
Optimale Lösung	(B,C,D,E,A)	55 ZE	36 ZE	12 ZE	1.80 Aufträge je ZE
Zusätzl. Bsp.	(C,B,D,E,A)	56 ZE	37 ZE	15 ZE	1.76 Aufträge je ZE

Tabelle 65: Eine korrekte Berücksichtigung der Freigabetermine durch eine rollende Planung.

1.5.3 Charakteristika von Prioritätsregeln

Auf einer Maschine (M_1) werden zwei unterschiedliche Produkte (P_1 und P_2) gefertigt. Der Arbeitsvorrat besteht aus fünf Aufträgen (A_i, $1 \leq i \leq 5$) und ist mit den erforderlichen Daten, jeweils in Zeiteinheiten (ZE), in der folgenden Tabelle 66 angegeben.

Auftrag (A_i)	Produkt	Freigabetermin (a_i)	Bearbeitungszeit (t_i)	Endtermin (f_i)
A_1	P_2	0 ZE	110 ZE	60 ZE
A_2	P_1	0 ZE	30 ZE	130 ZE
A_3	P_1	30 ZE	30 ZE	70 ZE
A_4	P_2	145 ZE	110 ZE	200 ZE
A_5	P_1	150 ZE	30 ZE	200 ZE

Tabelle 66: Freigabetermine, Bearbeitungszeiten und Sollendterminen der fünf Aufträge in Zeiteinheiten.

Aufgabe

(a) Unterstellen Sie zunächst, dass keine Freigabetermine vorliegen, also $a_i = 0 \,\forall\, 1 \leq i \leq 5$ ist. Lösen Sie das resultierende Problem mit den Prioritätsregeln KOZ, KPZ, EDD sowie MOD. Ermitteln Sie zusätzlich eine optimale Lösung für die Minimierung der mittleren Verspätung.

(b) Lösen Sie das (Ausgangs-)Problem mit den Prioritätsregeln KOZ, KPZ, EDD sowie MOD und ermitteln Sie zusätzlich eine optimale Lösung für die Minimierung der mittleren Verspätung.

(c) Analysieren Sie die Unterschiede der einzelnen Verfahren zur mittleren Verspätung und Standardabweichung der Verspätung.

Lösung

Für die Definition (Arbeitsweise) der Prioritätsregeln sei auf den Abschnitt 1.5.1 verwiesen. Eine optimale Lösung ist mit dem Modell aus dem Abschnitt 1.2 bestimmbar.

(a) Für die KOZ-Regel ist die schrittweise Festlegung des Belegungsplans in der folgenden Tabelle 67 angegeben. Sie ist gegenüber dem im Abschnitt 1.5.1 angegebenen Vorgehen stark verkürzt. Zu den einzelnen Entscheidungspunkten ist mit X markiert, welche Operation (repräsentiert durch die Bearbeitungszeit) schon zugeteilt ist und mit grau unterlegt, welche zu diesem Entscheidungszeitpunkt als nächstes zugeteilt wird. Als Gantt-Diagramm ist die Lösung in Abbildung 51 veranschaulicht.

Entscheidungspunkt [ZE]	t_1 [ZE]	t_2 [ZE]	t_3 [ZE]	t_4 [ZE]	t_5 [ZE]
0	110	30	30	110	30
30	110	X	30	110	30
60	110	X	X	110	30
90	110	X	X	110	X
200	X	X	X	110	X

Tabelle 67: Entscheidungen durch die KOZ-Regel.

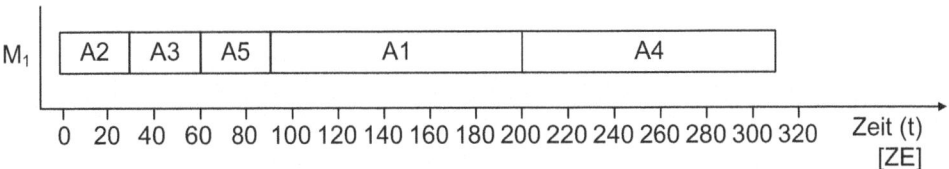

Abbildung 51: Gantt-Diagramm zur Zuteilung nach der KOZ-Regel.

Es weisen lediglich A_1 und A_4 eine Verspätung von 140 Zeiteinheiten (ZE) bzw. 110 ZE auf. Zusammenfassend enthält die folgende Tabelle 68 den Belegungsplan als Permutation sowie die Kennzahlen Gesamtbearbeitungszeit (Z), Gesamtverspätungszeit (V), Anzahl der verspäteten Aufträge (n), Mittelwert (μ (V)) und Standardabweichung der Verspätung (σ(V)).

Permutation	Z	V	n	$\mu(V)$	$\sigma(V)$
$(2, 3, 5, 1, 4)$	310 ZE	250 ZE	2 ZE	50 ZE	69.28 ZE

Tabelle 68: Kennzahlen zur Zuteilung nach der KOZ-Regel.

Für die KPZ-Regel enthalten die Tabelle 69 die Entscheidungen nach dem Vorgehen wie bei der KOZ-Regel (wobei als wesentliche Größe die vorhandene Pufferzeit angegeben ist), die Abbildung 52 das Gantt-Diagramm und die Tabelle 70 die Kennzahlen.

Entschei-dungspunkt	Puffer-zeit (A_1)	Puffer-zeit (A_2)	Puffer-zeit (A_3)	Puffer-zeit (A_4)	Puffer-zeit (A_5)
0 ZE	-50 ZE	100 ZE	40 ZE	90 ZE	170 ZE
110 ZE	X	-10 ZE	-70 ZE	-20 ZE	60 ZE
140 ZE	X	-40 ZE	X	-50 ZE	30 ZE
250 ZE	X	-150 ZE	X	X	-80 ZE
280 ZE	X	X	X	X	-110 ZE

Tabelle 69: Entscheidungen durch die KPZ-Regel.

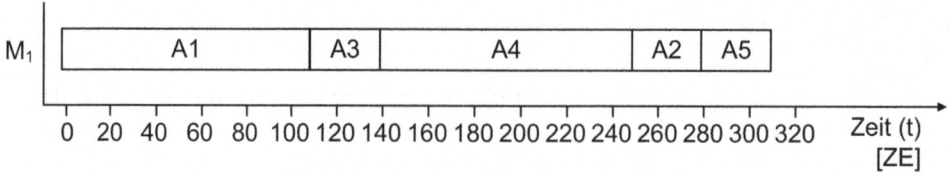

Abbildung 52: Gantt-Diagramm zur Zuteilung nach der KPZ-Regel.

Durch Anwendung der KPZ-Regel werden alle fünf Aufträge verspätet fertiggestellt. Die Verspätungen betragen für A_1 50 ZE, für A_2 150 ZE, für A_3 70 ZE, für A_4 50 ZE und für A_5 110 ZE. Zusammenfassend enthält die folgende Tabelle 70 den Belegungsplan als Permutation sowie die Kennzahlen Gesamtbearbeitungszeit (Z), Gesamtverspätungszeit (V), Anzahl der verspäteten Aufträge (n), Mittelwert (μ (V)) und Standardabweichung der Verspätung (σ(V)).

Permutation	Z	V	n	$\mu(V)$	$\sigma(V)$
$(1, 3, 4, 2, 5)$	310 ZE	430 ZE	5 ZE	86 ZE	43.36 ZE

Tabelle 70: Kennzahlen zur Zuteilung nach der KPZ-Regel.

Für die EDD-Regel enthalten die Tabelle 71 die Entscheidungen nach dem bisherigen Vorgehen (wobei als wesentliche Größe der Soll-Endtermin angegeben ist), die Abbildung 53 das Gantt-Diagramm und die Tabelle 72 die Kennzahlen.

Entscheidungspunkt [ZE]	f_1 [ZE]	f_2 [ZE]	f_3 [ZE]	f_4 [ZE]	f_5 [ZE]
0	60	130	70	200	200
110	X	130	70	200	200
140	X	130	X	200	200
170	X	X	X	200	200
280	X	X	X	X	200

Tabelle 71: Entscheidungen durch die EDD-Regel.

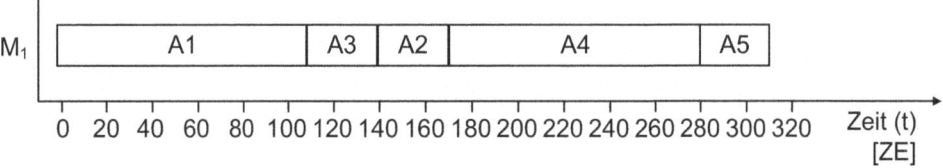

Abbildung 53: Gantt-Diagramm zur Zuteilung nach der EDD-Regel.

Durch Anwendung der EDD-Regel werden alle fünf Aufträge verspätet fertiggestellt. Die Verspätungen betragen für A_1 50 ZE, für A_2 40 ZE, für A_3 70 ZE, für A_4 80 ZE und für A_5 110 ZE. Zusammenfassend enthält die folgende Tabelle 72 den Belegungsplan als Permutation sowie die Kennzahlen Gesamtbearbeitungszeit (Z), Gesamtverspätungszeit (V), Anzahl der verspäteten Aufträge (n), Mittelwert (μ (V)) und Standardabweichung der Verspätung (σ(V)).

Permutation	Z	V	n	$\mu(V)$	$\sigma(V)$
$(1, 3, 2, 4, 5)$	310 ZE	350 ZE	5 ZE	70 ZE	27.39 ZE

Tabelle 72: Kennzahlen zur Zuteilung nach der EDD-Regel.

Für die MOD-Regel enthalten die Tabelle 73 die Entscheidungen nach dem bisherigen Vorgehen (wobei als wesentliche Größe die Prioritätskennzahl angegeben ist), die Abbildung 54 das Gantt-Diagramm und die Tabelle 74 die Kennzahlen.

Beispielhaft werden im Folgenden die Eckendtermine für A_1 berechnet; s. die entsprechende Beschreibung im Abschnitt 1.5.1:

Der erste Entscheidungszeitpunkt ist (t =) 0 ZE.
$AV_1 = a_1 = 0$ ZE.
$MV_1 = 0$ ZE.
$FF_1^d = \frac{f_1 - AV_1}{t_1} = \frac{60-0}{110}$ ZE $= 0.\overline{54}$ ZE.
$TEck_1 = AV_1 + max\{t_1, t_1 \cdot FF_1^d\} = 0$ ZE $+ max\{110$ ZE, 60 ZE$\} = 110$ ZE.
$FEZ_1 = max\{AV_1, MV_1\} + t_1 = max\{0$ ZE, 0 ZE$\} + 110$ ZE $= 110$ ZE.
$PKZ_1 = max\{TEck_1, FEZ_1\} = max\{110$ ZE, 110 ZE$\} = 110$ ZE.

Da zum Zeitpunkt 0 ZE A_3 mit 70 ZE den frühesten Eckendtermin und zugleich Prioritätskennzahl aufweist, wird A_3 zugeteilt und zum Zeitpunkt 30 fertiggestellt; was die Maschinenverfügbarkeit MV_1 ist.

Für diesen Zeitpunkt t = 30 ZE berechnet sich der Eckendtermine für A_1 wie folgt; wegen der dynamischen Variante der MOD-Regel ist der Flussfaktor neu zu berechnen:

AV_1 ist unverändert 0 ZE.$MV_1 = 30$ ZE.
$FF_1^d = \frac{f_1 - AV_1}{t_1} = \frac{60-0}{110}$ ZE $= 0.\overline{54}$ ZE.

$TEck_1 = AV_1 + max\{t_1, t_1 \cdot FF_1^d\} = 0$ ZE $+ max\{110$ ZE$, 30$ ZE$\} = 110$ ZE.

$FEZ_1 = max\{AV_1, MV_1\} + t_1 = max\{0$ ZE$, 30$ ZE$\} + 110$ ZE $= 140$ ZE.

$PKZ_1 = max\{TEck_1, FEZ_1\} = max\{140$ ZE$, 140$ ZE$\} = 140$ ZE.

Da zum Zeitpunkt 30 ZE A_2 mit 130 ZE den frühesten Eckendtermin und zugleich Prioritätskennzahl aufweist, wird A_2 zugeteilt und zum Zeitpunkt 60 ZE fertiggestellt.

Für diesen Zeitpunkt t = 60 ZE berechnet sich der Eckendtermine für A_1 wie folgt:

AV_1 ist unverändert 0 ZE.$MV_1 = 60$ ZE.

$FF_1^d = \frac{f_1 - AV_1}{t_1} = \frac{60-0}{110}$ ZE $= 0.\overline{54}$ ZE.

$TEck_1 = AV_1 + max\{t_1, t_1 \cdot FF_1^d\} = 0$ ZE $+ max\{110$ ZE$, 0$ ZE$\} = 110$ ZE.

$FEZ_1 = max\{AV_1, MV_1\} + t_1 = max\{0$ ZE$, 60$ ZE$\} + 110$ ZE $= 170$ ZE.

$PKZ_1 = max\{TEck_1, FEZ_1\} = max\{170$ ZE$, 170$ ZE$\} = 170$ ZE.

Da zum Zeitpunkt 60 ZE A_1 mit 170 ZE den frühesten Eckendtermin aufweist, wird A_1 zugeteilt und zum Zeitpunkt 170 ZE fertiggestellt.

Die Berechnung aller anderen Ecktermine erfolgt analog.

Entscheidungspunkt	PKZ_1	PKZ_2	PKZ_3	PKZ_4	PKZ_5
0 ZE	110 ZE	130 ZE	70 ZE	200 ZE	200 ZE
30 ZE	140 ZE	130 ZE	X	200 ZE	200 ZE
60 ZE	170 ZE	X	X	200 ZE	200 ZE
170 ZE	X	X	X	280 ZE	200 ZE
200 ZE	X	X	X	310 ZE	X ZE

Tabelle 73: Entscheidungen durch die MOD-Regel.

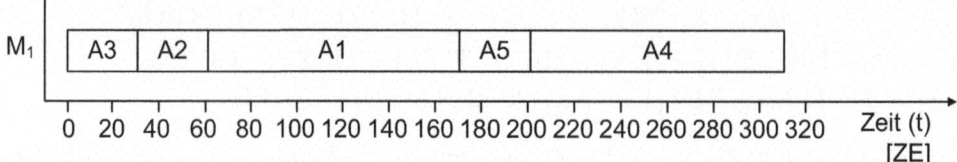

Abbildung 54: Gantt-Diagramm zur Zuteilung nach der MOD-Regel.

Durch Anwendung der MOD-Regel weisen lediglich die Aufträge A_1 und A_4 eine Verspätung von jeweils 110 ZE auf. Zusammenfassend enthält die folgende Tabelle 74 den Belegungsplan als Permutation sowie die Kennzahlen Gesamtbearbeitungszeit (Z), Gesamtverspätungszeit (V), Anzahl der verspäteten Aufträge (n), Mittelwert (μ (V)) und Standardabweichung der Verspätung (σ(V)).

Permutation	Z	V	n	$\mu(V)$	$\sigma(V)$
$(3, 1, 2, 4, 5)$	310 ZE	220 ZE	2 ZE	44 ZE	60.25 ZE

Tabelle 74: Kennzahlen zur Zuteilung nach der MOD-Regel.

Eine optimale Lösung für die Minimierung der mittleren Verspätung ist die Permutation $(2, 3, 1, 5, 4)$ und Abbildung 55 enthält das dazugehörende Gantt-Diagramm. Dadurch sind zwei Aufträge verspätet, nämlich A_1 mit 110 Zeiteinheiten (ZE) und A_4 mit ebenfalls 110 ZE. Zusammenfassend enthält Tabelle 75 den Belegungsplan als Permutation sowie die Kennzahlen Gesamtbearbeitungszeit (Z), Gesamtverspätungszeit (V), Anzahl der verspäteten Aufträge (n), Mittelwert (μ (V)) und Standardabweichung der Verspätung (σ(V)).

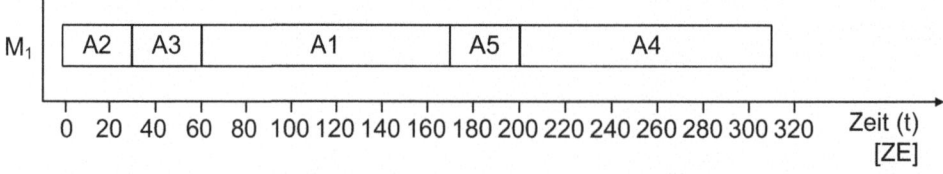

Abbildung 55: Gantt-Diagramm zur Zuteilung nach einem Plan mit minimaler mittlerer Verspätung.

Permutation	Z	V	n	$\mu(V)$	$\sigma(V)$
$(2, 3, 1, 5, 4)$	310 ZE	220 ZE	2 ZE	44 ZE	60.25 ZE

Tabelle 75: Kennzahlen zu einem Plan mit minimaler mittlerer Verspätung.

Die zweite optimale Lösung für die Minimierung der mittleren Verspätung ist die Permutation $(3, 2, 1, 5, 4)$, die durch die MOD-Regel ermittelt wird; es sei angemerkt, dass die MOD-Regel selten eine optimale Lösung liefert.

(b) Die Lösungen werden wie im vorhergehenden Aufgabenteil vorgestellt. In einer Entscheidungstabelle ist mit „-" gekennzeichnet, dass eine Operation noch nicht startbereit ist.

Für die KOZ-Regel enthalten die Tabelle 76 die Entscheidung (wobei als wesentliche Größe die Bearbeitungszeit angegeben ist), die Abbildung 56 das Gantt-Diagramm und die Tabelle 77 die Kennzahlen.

Entscheidungspunkt [ZE]	t_1 [ZE]	t_2 [ZE]	t_3 [ZE]	t_4 [ZE]	t_5 [ZE]
0	110	30	-	-	-
30	110	X	30	-	-
60	110	X	X	-	-
200	X	X	X	110	30
280	X	X	X	110	X

Tabelle 76: Entscheidungen durch die KOZ-Regel.

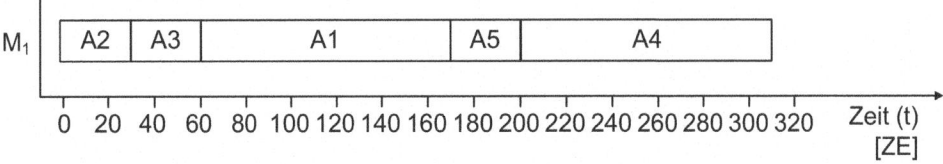

Abbildung 56: Gantt-Diagramm zur Zuteilung nach der KOZ-Regel.

Es weisen lediglich A_1 und A_4 eine Verspätung von jeweils 110 Zeiteinheiten auf. Zusammenfassend enthält die folgende Tabelle 77 den Belegungsplan als Permutation sowie die Kennzahlen Gesamtbearbeitungszeit (Z), Gesamtverspätungszeit (V), Anzahl der verspäteten Aufträge (n), Mittelwert (μ (V)) und Standardabweichung der Verspätung (σ(V)).

Permutation	Z	V	n	$\mu(V)$	$\sigma(V)$
$(2,3,1,5,4)$	310 ZE	220 ZE	2 ZE	44 ZE	60.25 ZE

Tabelle 77: Kennzahlen zur Zuteilung nach der KOZ-Regel.

Für die KPZ-Regel enthalten die Tabelle 78 die Entscheidungen (wobei als wesentliche Größe die vorhandene Pufferzeit angegeben ist), die Abbildung 57 das Gantt-Diagramm und die Tabelle 79 die Kennzahlen.

Entscheidungspunkt	Puffer-zeit (A_1)	Puffer-zeit (A_2)	Puffer-zeit (A_3)	Puffer-zeit (A_4)	Puffer-zeit (A_5)
0 ZE	-50 ZE	100 ZE	-	-	-
110 ZE	X	-10	-70 ZE	-	-
140 ZE	X	-40 ZE	X	-	-
170 ZE	X	X	X	-80 ZE	0 ZE
280 ZE	X	X	X	X	-110 ZE

Tabelle 78: Entscheidungen durch die KPZ-Regel.

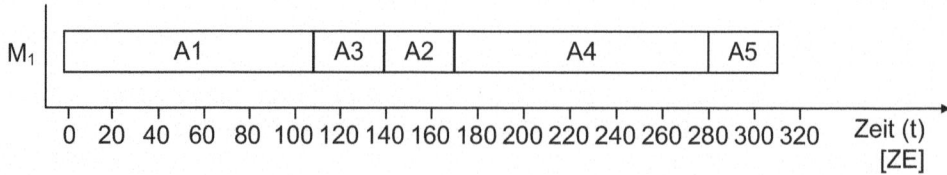

Abbildung 57: Gantt-Diagramm zur Zuteilung nach der KPZ-Regel.

Die Anwendung der KPZ-Regel führt zu einer hohen Anzahl an Verspätungen mit vergleichsweise geringen Werten. Durch die Verspätung der Aufträge A_1 um 50 ZE, A_2 um 40 ZE, A_3 um 70 ZE, A_4 um 80 ZE und A_5 um 110 ergibt sich eine Gesamtverspätung von 350 ZE. Zusammenfassend enthält die folgende Tabelle 79 den Belegungsplan als Permutation sowie die Kennzahlen Gesamtbearbeitungszeit (Z), Gesamtverspätungszeit (V), Anzahl der verspäteten Aufträge (n), Mittelwert (μ (V)) und Standardabweichung der Verspätung (σ(V)).

Permutation	Z	V	n	$\mu(V)$	$\sigma(V)$
$(1, 3, 2, 4, 5)$	310 ZE	350 ZE	5 ZE	70 ZE	27.39 ZE

Tabelle 79: Kennzahlen zur Zuteilung nach der KPZ-Regel.

Für die EDD-Regel enthalten die Tabelle 80 die Entscheidungen (wobei als wesentliche Größe der Soll-Endtermin angegeben ist), die Abbildung 58 das Gantt-Diagramm und die Tabelle 81 die Kennzahlen.

Entscheidungspunkt [ZE]	f_1 [ZE]	f_2 [ZE]	f_3 [ZE]	f_4 [ZE]	f_5 [ZE]
0	60	130	-	-	-
110	X	130	70	-	-
140	X	130	X	-	-
170	X	X	X	200	200
280	X	X	X	X	200

Tabelle 80: Entscheidungen durch die EDD-Regel.

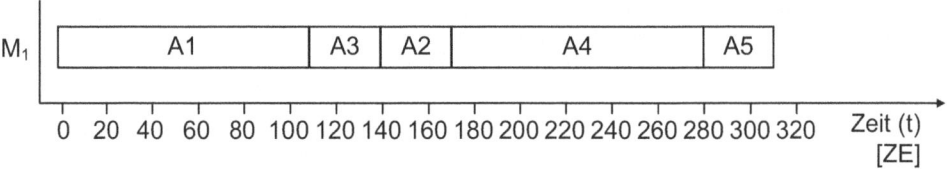

Abbildung 58: Gantt-Diagramm zur Zuteilung nach der EDD-Regel.

Durch Anwendung der EDD-Regel werden alle fünf Aufträge verspätet fertiggestellt. Die Verspätungen betragen für A_1 50 ZE, für A_2 40 ZE, für A_3 70 ZE, für A_4 80 ZE und für A_5 110 ZE. Zusammenfassend enthält die folgende Tabelle 81 den Belegungsplan als Permutation sowie die Kennzahlen Gesamtbearbeitungszeit (Z), Gesamtverspätungszeit (V), Anzahl der verspäteten Aufträge (n), Mittelwert (μ (V)) und Standardabweichung der Verspätung (σ(V)).

Permutation	Z	V	n	$\mu(V)$	$\sigma(V)$
$(1, 3, 2, 4, 5)$	310 ZE	350 ZE	5 ZE	70 ZE	27.39 ZE

Tabelle 81: Kennzahlen zur Zuteilung nach der EDD-Regel.

Für die MOD-Regel enthalten die Tabelle 82 die Entscheidung (wobei als wesentliche Größe die Prioritätskennzahl angegeben ist), die Abbildung 59 das Gantt-Diagramm und die Tabelle 83 die Kennzahlen.

Entscheidungspunkt	PKZ_1	PKZ_2	PKZ_3	PKZ_4	PKZ_5
0 ZE	110 ZE	130 ZE	-	-	-
110 ZE	X	140 ZE	140 ZE	-	-
140 ZE	X	X	170 ZE	-	-
170 ZE	X	X	X	280 ZE	200 ZE
200 ZE	X	X	X	310 ZE	X

Tabelle 82: Entscheidungen durch die MOD-Regel.

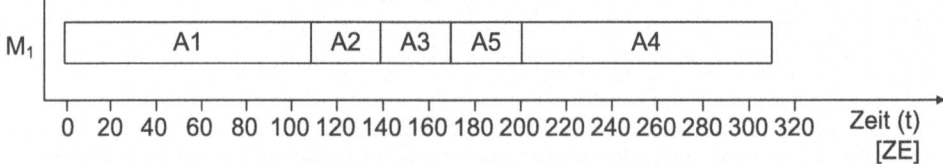

Abbildung 59: Gantt-Diagramm zur Zuteilung nach der MOD-Regel.

Durch Anwendung der MOD-Regel werden vier Aufträge verspätet fertiggestellt. Die Verspätungen betragen für A_1 50 ZE, für A_2 10 ZE, für A_3 100 ZE, für A_4 110 ZE und für A_5 keine Verspätung. Zusammenfassend enthält die folgende Tabelle 83 den Belegungsplan als Permutation sowie die Kennzahlen Gesamtbearbeitungszeit (Z), Gesamtverspätungszeit (V), Anzahl der verspäteten Aufträge (n), Mittelwert (μ (V)) und Standardabweichung der Verspätung (σ(V)).

Permutation	Z	V	n	μ(V)	σ(V)
$(1,3,2,5,4)$	310 ZE	270 ZE	4 ZE	54 ZE	40.37 ZE

Tabelle 83: Kennzahlen zur Zuteilung nach der MOD-Regel.

Eine optimale Lösung für die Minimierung der mittleren Verspätung ist (wieder) die Permutation $(2,3,1,5,4)$ – wiederum ist eine zweite die Permutation $(2,3,1,5,4)$ – und Abbildung 60 enthält das dazugehörende Gantt-Diagramm. Dadurch sind zwei Aufträge verspätet, nämlich A_1 mit 110 Zeiteinheiten (ZE) und A_4 mit ebenfalls 110 ZE. Zusammenfassend enthält Tabelle 84 den Belegungsplan als Permutation sowie die Kennzahlen Gesamtbearbeitungszeit (Z), Gesamtverspätungszeit (V), Anzahl der verspäteten Aufträge (n), Mittelwert (μ (V)) und Standardabweichung der Verspätung (σ(V)).

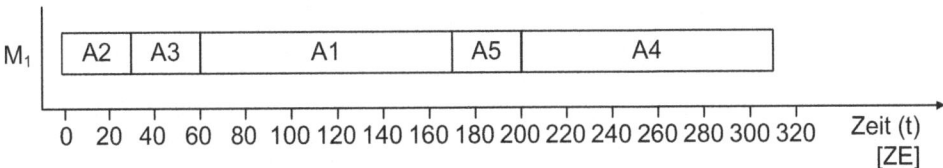

Abbildung 60: Gantt-Diagramm zur Zuteilung nach einem Plan mit minimaler mittlerer Verspätung.

Permutation	Z	V	n	μ(V)	σ(V)
$(2,3,1,5,4)$	310 ZE	220 ZE	2 ZE	44 ZE	60.25 ZE

Tabelle 84: Kennzahlen zu einem Plan mit minimaler mittlerer Verspätung.

Hier liefert die KOZ-Regel auch eine optimale Lösung für die Minimierung der mittleren Verspätung. Dies ist im Allgemeinen immer dann der Fall, wenn alle Aufträge bereits verspätet sind.

(c) In der folgenden Tabelle 85 sind die auftretenden Verspätungen (für die 5 Aufträge und deren Summe) der einzelnen Verfahren aufgelistet.

	mit Freigab-terminen	V_1	V_2	V_3	V_4	V_5	V
KOZ	nein	140 ZE	0 ZE	0 ZE	110 ZE	0 ZE	250 ZE
	ja	110 ZE	0 ZE	0 ZE	110 ZE	0 ZE	220 ZE
KPZ	nein	50 ZE	150 ZE	70 ZE	50 ZE	110 ZE	430 ZE
	ja	50 ZE	40 ZE	70 ZE	80 ZE	110 ZE	350 ZE
EDD	nein	50 ZE	40 ZE	70 ZE	80 ZE	110 ZE	350 ZE
	ja	50 ZE	40 ZE	70 ZE	80 ZE	110 ZE	350 ZE
MOD	nein	110 ZE	0 ZE	0 ZE	110 ZE	0 ZE	220 ZE
	ja	50 ZE	10 ZE	100 ZE	110 ZE	0 ZE	270 ZE
Minimales V	nein	110 ZE	0 ZE	0 ZE	110 ZE	0 ZE	220 ZE
	ja	110 ZE	0 ZE	0 ZE	110 ZE	0 ZE	220 ZE

Tabelle 85: Verspätungen der Aufträge.

Die nächste Tabelle 86 enthält die einzelnen Kennzahlen, die zu den einzelnen Lösungen der beiden Teilaufgaben angegeben sind. Zugleich enthält sie Kennzahlen für zufällig erzeugte Permutationen und zwar 15 mit und 15 ohne Freigabeterminen. Die einzelnen Permutationen mit ihren Kennzahlen sind am Ende dieses Abschnitts angegeben.

	mit Freiga-beterminen	Permutation	Z [ZE]	V [ZE]	n	$\mu(V)$ [ZE]	$\sigma(V)$ [ZE]
KOZ	nein	$(2,3,5,1,4)$	310	250	2	50	69.28
	ja	$(2,3,1,5,4)$	310	220	2	44	60.25
KPZ	nein	$(1,3,4,2,5)$	310	430	5	86	43.36
	ja	$(1,3,2,4,5)$	310	350	5	70	27.39
EDD	nein	$(1,3,2,4,5)$	310	350	5	70	27.39
	ja	$(1,3,2,4,5)$	310	350	5	70	27.39
MOD	nein	$(3,2,1,5,4)$	310	220	2	44	60.25
	ja	$(1,2,3,5,4)$	310	270	4	54	40.37
Zufall	nein	Mittelwert	310	360	3.06	72	80.41
	ja	Mittelwert	337	775.67	4.2	155.13	116.74
Minima-les V	nein	$(2,3,1,5,4)$	310	220	2	44	60.25
	ja	$(2,3,1,5,4)$	310	220	2	44	60.25

Tabelle 86: Gegenüberstellung der Ergebniswerte.

Die Ergebnisse zeigen, dass die KOZ-Regel die mittlere Verspätung zu Lasten der Standardabweichung der Verspätung verringert, während, quasi umgekehrt, die KPZ-Regel die Standardabweichung der Verspätung zu Lasten der mittleren Verspätung verringert. Durch umfangreiche Simulationsuntersuchungen in der Literatur, beispielsweise in [EHM94], wird dieses Verhalten der beiden Regeln als ihre generelle Eigenschaft bestätigt. Alle anderen bekannten Prioritätsregeln haben mittlere Verspätungen und Standardabweichung der Verspätungen, die zwischen diesen beiden extremen Positionen liegen. Im Prinzip überstreichen die Prioritätsregeln ein Gebiet, an dessen Rändern die beiden Extreme „Zuteilung nach kürzester Operationszeit"(KOZ-Regel) und „Zuteilung nach geringstem Zeitpuffer"(KPZ-Regel) stehen. Erstere Regel führt zu einer relativ kleinen mittleren Verspätung bei sehr großen Verspätungen für einen kleinen Teil der Aufträge. Die zweite Regel vermeidet sehr große Verspätungen zu Lasten einer merklich höheren mittleren Verspätung. Insgesamt zerfallen die Regeln in zwei Klassen. Die erste enthält alle Regeln, die das KOZ-Prinzip für kritische Aufträge anwenden, und die zweite diejenigen, die die kritischen Aufträge nach einem Pufferzeitkriterium oder einem ähnlichem Kriterium zuteilen. Für ein in [EHM94] untersuchtes (semideterministisches) Fertigungssystem erwies sich in der ersten Klasse die CR+SPT-Regel am erfolgreichsten, während in der zweiten die Regeln S/OPN und ODD die besten Resultate erzielten. Diese drei Regeln lieferten pareto-optimale Ergebnisse für die drei Kriterien mittlere Verspätung, quadratischer Mittelwert von der Verspätung und maximale Verspätung. Im Ein-Stationenfall lauten die pareto-optimalen Regeln EDD und MOD, s. [MoEn92]; da bei der statischen Variante der ODD-Regel diese identisch mit der EDD-Regel ist sowie die MOD- und die CR+SPT-Regel ähnlich sind, existiert ein gewisser Zusammenhang zu dem Ergebnis für das in [EHM94] untersuchte Produktionssystem. Es sei betont, dass diese Ergebnisse durch neuere Untersuchungen bestätigt werden; exemplarisch sei dazu auf die Analyse in [FFS09] verwiesen. Diese Arbeiten legen nahe, dass die relative Güte der einzelnen Prioritätsregeln von der speziellen Struktur des Produktionssystems abhängt. Auch bezogen auf die beiden angesprochenen Klassen kann keine stets beste Prioritätsregel angegeben werden. Es bietet sich somit an, für ein konkretes Fertigungssystem im Rahmen einer umfangreichen Simulationsuntersuchung eine günstige Prioritätsregel zu identifizieren.

Abschließend sind die hier verwendeten Ergebnisse zu zufälligen Permutationen genannt. Für den Fall ohne Freigabetermine lauten diese:

Permutation	Z [ZE]	V [ZE]	n	$\mu(V)$ [ZE]	$\sigma(V)$ [ZE]
$(3, 5, 1, 2, 4)$	310	290	3	58	55.41
$(3, 5, 4, 2, 1)$	310	320	2	64	108.31
$(3, 4, 5, 1, 2)$	310	400	2	80	110.45
$(3, 2, 1, 5, 4)$	310	220	2	44	60.25
$(1, 3, 2, 5, 4)$	310	270	4	54	40.37
$(2, 3, 4, 1, 5)$	310	330	2	66	98.39
$(5, 3, 4, 1, 2)$	310	400	2	80	110.45
$(3, 5, 2, 1, 4)$	310	250	2	50	69.28
$(5, 1, 4, 3, 2)$	310	520	4	104	88.49
$(1, 2, 3, 4, 5)$	310	350	5	70	40.62
$(4, 5, 2, 1, 3)$	310	500	3	100	120
$(1, 4, 3, 5, 2)$	310	510	5	102	74.3
$(5, 1, 2, 4, 3)$	310	440	4	88	91.21
$(1, 3, 2, 5, 4)$	310	270	4	54	40.37
$(3, 2, 4, 1, 5)$	310	330	2	66	98.39
Mittelwert	310	360	3.06	72	80.41

Für den Fall mit Freigabeterminen sind es:

Permutation	Z [ZE]	V [ZE]	n	$\mu(V)$ [ZE]	$\sigma(V)$ [ZE]
$(1, 5, 3, 2, 4)$	350	490	4	98	59.75
$(4, 2, 3, 1, 5)$	310	1075	5	215	116.4
$(4, 2, 3, 1, 5)$	310	1075	5	215	116.4
$(3, 2, 4, 1, 5)$	365	570	4	114	131.64
$(3, 1, 5, 2, 4)$	310	350	3	70	65.67
$(5, 3, 4, 1, 2)$	310	960	4	192	154.5
$(2, 3, 5, 1, 4)$	400	510	3	102	131.64
$(2, 1, 4, 5, 3)$	315	470	4	94	91.27
$(3, 5, 1, 4, 2)$	400	810	4	162	120.5
$(4, 2, 1, 5, 3)$	310	1155	5	231	133.53
$(2, 4, 5, 3, 1)$	425	765	5	153	147.21
$(5, 2, 1, 3, 4)$	310	880	4	176	127.59
$(1, 3, 5, 4, 2)$	320	410	4	82	69.79
$(5, 3, 4, 2, 1)$	310	880	4	176	174.92
$(4, 1, 3, 2, 5)$	310	1235	5	247	110.32
Mittelwert	337	775.67	4.2	155.13	116.74

1.6 NEH-Heuristik mit verschiedenen Vorsortierungen

Auf einer Maschine (M_1) werden fünf unterschiedliche Produkte (P_1 bis P_5) gefertigt. Der Arbeitsvorrat besteht aus fünf Aufträgen (A_i, $1 \leq i \leq 5$) und ist mit den erforderlichen Daten in der folgenden Tabelle angegeben.

Auftrag	Produkt	Freigabetermin	Bearbeitungszeit	Endtermin
A_1	P_1	0 Zeiteinheiten	1100 Zeiteinheiten	2500 Zeiteinheiten
A_2	P_2	0 Zeiteinheiten	890 Zeiteinheiten	2500 Zeiteinheiten
A_3	P_3	0 Zeiteinheiten	1450 Zeiteinheiten	2500 Zeiteinheiten
A_4	P_4	0 Zeiteinheiten	1010 Zeiteinheiten	2500 Zeiteinheiten
A_5	P_5	0 Zeiteinheiten	1360 Zeiteinheiten	2500 Zeiteinheiten

Tabelle 87: Arbeitsvorrat über 5 Aufträge.

Aufgabe

(a) Lösen Sie das Problem mit den Prioritätsregeln KOZ, KPZ, EDD, der NEH-Heuristik mit dem Zielkriterium der Minimierung der mittleren Verspätung und den Vorsortierungen durch die Prioritätsregeln FIFO (was gleichbedeutend mit keiner Vorsortierung ist), KOZ, KPZ und EDD. Bestimmen Sie alle optimalen Lösungen für die Minimierung der mittleren Verspätung.

(b) Der Arbeitsvorrat wird um 5 weitere Aufträge erweitert und hat die folgende Gestalt.

Auftrag	Produkt	Freigabetermin	Bearbeitungszeit	Endtermin
A_1	P_1	0 Zeiteinheiten	1100 Zeiteinheiten	2500 Zeiteinheiten
A_2	P_2	0 Zeiteinheiten	890 Zeiteinheiten	2500 Zeiteinheiten
A_3	P_3	0 Zeiteinheiten	1450 Zeiteinheiten	2500 Zeiteinheiten
A_4	P_4	0 Zeiteinheiten	1010 Zeiteinheiten	2500 Zeiteinheiten
A_5	P_5	0 Zeiteinheiten	1360 Zeiteinheiten	2500 Zeiteinheiten
A_6	P_1	0 Zeiteinheiten	1100 Zeiteinheiten	7500 Zeiteinheiten
A_7	P_2	0 Zeiteinheiten	890 Zeiteinheiten	7500 Zeiteinheiten
A_8	P_3	0 Zeiteinheiten	1450 Zeiteinheiten	7500 Zeiteinheiten
A_9	P_4	0 Zeiteinheiten	1010 Zeiteinheiten	7500 Zeiteinheiten
A_{10}	P_5	0 Zeiteinheiten	1360 Zeiteinheiten	7500 Zeiteinheiten

Tabelle 88: Arbeitsvorrat über 10 Aufträge.

Lösen Sie das Problem mit den Prioritätsregeln KOZ, KPZ, EDD, der NEH-Heuristik mit dem Zielkriterium der Minimierung der mittleren Verspätung und den Vorsortierungen durch die Prioritätsregeln FIFO, KOZ, KPZ und EDD. Bestimmen Sie alle optimalen Lösungen für die Minimierung der mittleren Verspätung.

(c) Der Arbeitsvorrat wird weiter um 5 weitere Aufträge erweitert und hat die folgende Gestalt.

Auftrag	Produkt	Freigabetermin	Bearbeitungszeit	Endtermin
A_1	P_1	0 Zeiteinheiten	1100 Zeiteinheiten	2500 Zeiteinheiten
A_2	P_2	0 Zeiteinheiten	890 Zeiteinheiten	2500 Zeiteinheiten
A_3	P_3	0 Zeiteinheiten	1450 Zeiteinheiten	2500 Zeiteinheiten
A_4	P_4	0 Zeiteinheiten	1010 Zeiteinheiten	2500 Zeiteinheiten
A_5	P_5	0 Zeiteinheiten	1360 Zeiteinheiten	2500 Zeiteinheiten
A_6	P_1	0 Zeiteinheiten	1100 Zeiteinheiten	7500 Zeiteinheiten
A_7	P_2	0 Zeiteinheiten	890 Zeiteinheiten	7500 Zeiteinheiten
A_8	P_3	0 Zeiteinheiten	1450 Zeiteinheiten	7500 Zeiteinheiten
A_9	P_4	0 Zeiteinheiten	1010 Zeiteinheiten	7500 Zeiteinheiten
A_{10}	P_5	0 Zeiteinheiten	1360 Zeiteinheiten	7500 Zeiteinheiten
A_{11}	P_1	0 Zeiteinheiten	1100 Zeiteinheiten	18500 Zeiteinheiten
A_{12}	P_2	0 Zeiteinheiten	890 Zeiteinheiten	18500 Zeiteinheiten
A_{13}	P_3	0 Zeiteinheiten	1450 Zeiteinheiten	18500 Zeiteinheiten
A_{14}	P_4	0 Zeiteinheiten	1010 Zeiteinheiten	18500 Zeiteinheiten
A_{15}	P_5	0 Zeiteinheiten	1360 Zeiteinheiten	18500 Zeiteinheiten

Tabelle 89: Arbeitsvorrat über 15 Aufträge.

Lösen Sie das Problem mit den Prioritätsregeln KOZ, KPZ, EDD, der NEH-Heuristik mit dem Zielkriterium der Minimierung der mittleren Verspätung und den Vorsortierungen durch die Prioritätsregeln FIFO, KOZ, KPZ und EDD. Bestimmen Sie eine optimale Lösung für die Minimierung der mittleren Verspätung.

Lösung

Für die Arbeitsweise der Prioritätsregeln sei auf die Abschnitte 1.5.1 und 1.5.3 verwiesen.

(a) Die durch die einzelnen Verfahren bestimmten Permutationen sind in der folgenden Tabelle 90 angegeben. Sie enthält die Anzahl an verspäteten Aufträgen (n) und die

Gesamtverspätung (V).

Verfahren	Permutation	n	V
KOZ	$(2,4,1,5,3)$	3	5670 Zeiteinheiten
KPZ	$(3,5,1,4,2)$	4	7450 Zeiteinheiten
EDD	$(1,2,3,4,5)$	3	6200 Zeiteinheiten
NEH (FIFO)	$(4,3,2,1,5)$	3	6110 Zeiteinheiten
NEH (KOZ)	$(1,4,2,5,3)$	3	5670 Zeiteinheiten
NEH (KPZ)	$(2,4,1,5,3)$	3	5670 Zeiteinheiten
NEH (EDD)	$(4,3,2,1,5)$	3	6110 Zeiteinheiten
Optimale Lösungen	$(1,2,4,5,3)$	3	5670 Zeiteinheiten
	$(1,4,2,5,3)$		
	$(2,1,4,5,3)$		
	$(2,4,1,5,3)$		
	$(4,2,1,5,3)$		
	$(4,1,2,5,3)$		

Tabelle 90: Ergebnisse bei einem Arbeitsvorrat von 5 Aufträgen.

Die NEH-Heuristik liefert mit allen Vorsortierungen bessere Resultate als die Prioritäts-regeln. Mit den Vorsortierungen nach der KOZ- und der KPZ-Regel erreicht sie auch ein globales Minimum.

(b) Die durch die einzelnen Verfahren bestimmten Permutationen sind in der folgenden Tabelle 91 angegeben. Sie enthält die Anzahl an verspäteten Aufträgen (n) und die Gesamtverspätung (V).

Verfahren	Permutation	n	V
KOZ	$(2, 7, 4, 9, 1, 6, 5, 10, 3, 8)$	6	20560 Zeiteinheiten
KPZ	$(3, 5, 1, 4, 2, 8, 10, 6, 9, 7)$	8	18140 Zeiteinheiten
EDD	$(1, 2, 3, 4, 5, 6, 7, 8, 9, 10)$	7	15130 Zeiteinheiten
NEH (FIFO)	$(4, 3, 2, 1, 5, 9, 7, 6, 10, 8)$	7	14420 Zeiteinheiten
NEH (KOZ)	$(5, 1, 4, 3, 7, 2, 6, 9, 10, 8)$	7	15990 Zeiteinheiten
NEH (KPZ)	$(2, 4, 1, 5, 3, 7, 9, 6, 10, 8)$	7	13980 Zeiteinheiten
NEH (EDD)	$(4, 3, 2, 1, 5, 9, 7, 6, 10, 8)$	7	14420 Zeiteinheiten
Optimale Lösungen	$(1, 2, 4, 5, 3, 7, 9, 6, 10, 8)$	7	13980 Zeiteinheiten
	$(1, 2, 4, 5, 3, 9, 7, 6, 10, 8)$		
	$(1, 4, 2, 5, 3, 7, 9, 6, 10, 8)$		
	$(1, 4, 2, 5, 3, 9, 7, 6, 10, 8)$		
	$(2, 1, 4, 5, 3, 7, 9, 6, 10, 8)$		
	$(2, 1, 4, 5, 3, 9, 7, 6, 10, 8)$		
	$(2, 4, 1, 5, 3, 7, 9, 6, 10, 8)$		
	$(2, 4, 1, 5, 3, 9, 7, 6, 10, 8)$		
	$(4, 1, 2, 5, 3, 7, 9, 6, 10, 8)$		
	$(4, 1, 2, 5, 3, 9, 7, 6, 10, 8)$		
	$(4, 2, 1, 5, 3, 7, 9, 6, 10, 8)$		
	$(4, 2, 1, 5, 3, 9, 7, 6, 10, 8)$		

Tabelle 91: Ergebnisse bei einem Arbeitsvorrat von 10 Aufträgen.

Die NEH-Heuristik erreicht mit einer Vorsortierung nach der KPZ-Regel ein globales Minimum.

(c) Die durch die einzelnen Verfahren bestimmten Permutationen sind in der folgenden Tabelle 92 angegeben. Sie enthält die Anzahl an verspäteten Aufträgen (n) und die Gesamtverspätung (V).

Verfahren	Permutation	n	V
KOZ	$(2, 7, 12, 4, 9, 14, 1, 6, 11, 5, 10, 15, 3, 8, 13)$	7	38470 Zeiteinheiten
KPZ	$(3, 5, 1, 4, 2, 8, 10, 6, 9, 7, 13, 15, 11, 14, 12)$	8	18140 Zeiteinheiten
EDD	$(1, 2, 3, 4, 5, 6, 7, 8, 9, 10, 11, 12, 13, 14, 15)$	7	15130 Zeiteinheiten
NEH (FIFO)	$(4, 3, 2, 1, 5, 9, 7, 6, 10, 8, 15, 14, 13, 12, 11)$	7	14420 Zeiteinheiten
NEH (KOZ)	$(5, 1, 4, 3, 7, 2, 10, 6, 8, 14, 9, 13, 15, 11, 12)$	7	18050 Zeiteinheiten
NEH (KPZ)	$(2, 4, 1, 5, 3, 7, 9, 6, 10, 8, 12, 14, 11, 15, 13)$	7	13980 Zeiteinheiten
NEH (EDD)	$(4, 3, 2, 1, 5, 9, 7, 6, 10, 8, 15, 14, 13, 12, 11)$	7	14420 Zeiteinheiten
Optimale Lösungen	$(2, 4, 1, 5, 3, 7, 9, 6, 10, 8, 13, 14, 11, 12, 15)$	7	13980 Zeiteinheiten
(Auszug)	$(2, 4, 1, 5, 3, 7, 9, 6, 10, 8, 12, 14, 11, 15, 13)$		

Tabelle 92: Ergebnisse bei einem Arbeitsvorrat von 15 Aufträgen.

Die Güte der NEH-Heuristik hängt stark von der Vorsortierung ab. Es ist sogar möglich, dass eine Prioritätsregel ein besseres Ergebnis liefert. Bei eher einfach strukturierten Problemen liefert sie mit einer sehr günstigen Vorsortierung auch ein globales Minimum. Das dies nicht immer so sein muss, zeigt die nächste Fallstudie.

1.7 NEH-Heuristik, lokale Suche und optimale Lösung

Auf einer Maschine (M_1) werden 20 unterschiedliche Produkte (P_1 bis P_{20}) gefertigt. Der Arbeitsvorrat besteht aus 20 Aufträgen (A_i, $1 \leq i \leq 20$) und ist mit den erforderlichen Daten in der folgenden Tabelle angegeben.

Auftrag	Produkt	Freigabetermin	Bearbeitungszeit	Endtermin
A_1	P_1	0 Zeiteinheiten	801 Zeiteinheiten	1438 Zeiteinheiten
A_2	P_2	0 Zeiteinheiten	934 Zeiteinheiten	9202 Zeiteinheiten
A_3	P_3	0 Zeiteinheiten	843 Zeiteinheiten	9842 Zeiteinheiten
A_4	P_4	0 Zeiteinheiten	872 Zeiteinheiten	9521 Zeiteinheiten
A_5	P_5	0 Zeiteinheiten	1270 Zeiteinheiten	956 Zeiteinheiten
A_6	P_6	0 Zeiteinheiten	805 Zeiteinheiten	1930 Zeiteinheiten
A_7	P_7	0 Zeiteinheiten	890 Zeiteinheiten	9680 Zeiteinheiten
A_8	P_8	0 Zeiteinheiten	1450 Zeiteinheiten	2178 Zeiteinheiten
A_9	P_9	0 Zeiteinheiten	1010 Zeiteinheiten	9334 Zeiteinheiten
A_{10}	P_{10}	0 Zeiteinheiten	1360 Zeiteinheiten	140 Zeiteinheiten
A_{11}	P_{11}	0 Zeiteinheiten	809 Zeiteinheiten	9355 Zeiteinheiten
A_{12}	P_{12}	0 Zeiteinheiten	256 Zeiteinheiten	9600 Zeiteinheiten
A_{13}	P_{13}	0 Zeiteinheiten	746 Zeiteinheiten	6241 Zeiteinheiten
A_{14}	P_{14}	0 Zeiteinheiten	3972 Zeiteinheiten	651 Zeiteinheiten
A_{15}	P_{15}	0 Zeiteinheiten	2270 Zeiteinheiten	9796 Zeiteinheiten
A_{16}	P_{16}	0 Zeiteinheiten	953 Zeiteinheiten	294 Zeiteinheiten
A_{17}	P_{17}	0 Zeiteinheiten	972 Zeiteinheiten	2722 Zeiteinheiten
A_{18}	P_{18}	0 Zeiteinheiten	614 Zeiteinheiten	1242 Zeiteinheiten
A_{19}	P_{19}	0 Zeiteinheiten	895 Zeiteinheiten	723 Zeiteinheiten
A_{20}	P_{20}	0 Zeiteinheiten	799 Zeiteinheiten	154 Zeiteinheiten

Tabelle 93: Arbeitsvorrat über 20 Aufträge.

Aufgabe

Lösen Sie das Problem mit Hilfe der NEH-Heuristik mit dem Zielkriterium der Minimierung der mittleren Verspätung und den Vorsortierungen durch die Prioritätsregeln FIFO, KOZ, KPZ und EDD sowie der lokalen Suche ebenfalls mit dem Zielkriterium der Minimierung der mittleren Verspätung, wobei das „best fit"-Verfahren angewandt wird und jeweils mit einer initialen Permutation gestartet wird, die die Prioritätsregeln FIFO, KOZ, KPZ und EDD liefern. Führen Sie bei den Ergebnissen durch die lokale Suche eine Zerstörung durch, indem aus der Lösung die Aufträge an 10 zufällig ausgewählten Positionen entfernt werden und diese wieder an 10 zufällig ausgewählten Positionen eingefügt werden. Bestimmen Sie schließlich eine optimale Lösung für die Minimierung der mittleren Verspätung.

Lösung

Für die Arbeitsweise der Prioritätsregeln sei auf die Abschnitte 1.5.1 und 1.5.3 verwiesen. Im Abschnitt 1.4 ist die Arbeitsweise der lokalen Suche beschrieben. Die durch die einzelnen Verfahren bestimmten Permutationen sind in der folgenden Tabelle angegeben. Sie enthält die Anzahl an verspäteten Aufträgen (n) und die Gesamtverspätung (V).

Verfahren	Permutation	n	V
KOZ-Regel	$(12, 18, 13, 20, 1, 6, 11, 3, 4, 7,$ $19, 2, 16, 17, 9, 5, 10, 8, 15, 14)$	13	106980 Zeiteinheiten
KPZ-Regel	$(14, 10, 16, 20, 5, 19, 18, 1, 8, 6,$ $17, 13, 15, 2, 9, 11, 4, 7, 3, 12)$	20	179364 Zeiteinheiten
EDD-Regel	$(10, 20, 16, 14, 19, 5, 18, 1, 6, 8,$ $17, 13, 2, 9, 11, 4, 12, 7, 15, 3)$	20	159316 Zeiteinheiten
NEH (FIFO)	$(16, 18, 20, 19, 5, 1, 6, 17, 10, 8,$ $13, 11, 9, 7, 4, 12, 3, 2, 15, 14)$	20	104084 Zeiteinheiten
NEH (KOZ)	$(20, 18, 1, 6, 19, 16, 17, 3, 11, 13,$ $2, 7, 4, 12, 9, 5, 10, 8, 15, 14)$	17	93731 Zeiteinheiten
NEH (KPZ)	$(20, 18, 1, 6, 19, 16, 17, 13, 5, 2,$ $11, 12, 3, 4, 7, 9, 10, 8, 15, 14)$	19	90532 Zeiteinheiten
NEH (EDD)	$(20, 18, 1, 6, 19, 16, 17, 13, 5, 2,$ $11, 12, 3, 4, 7, 9, 10, 8, 15, 14)$	19	90532 Zeiteinheiten
Lokale Suche (FIFO)	$(20, 18, 1, 6, 19, 16, 17, 13, 5, 2,$ $11, 12, 3, 4, 7, 9, 10, 8, 15, 14)$	19	90532 Zeiteinheiten
Lokale Suche (KOZ)	$(20, 18, 1, 6, 19, 16, 17, 13, 5, 11,$ $4, 12, 3, 7, 2, 9, 10, 8, 15, 14)$	19	90455 Zeiteinheiten
Lokale Suche (KPZ)	$(20, 18, 1, 6, 19, 16, 17, 13, 5, 12,$ $2, 11, 3, 4, 7, 9, 10, 8, 15, 14)$	18	90534 Zeiteinheiten
Lokale Suche (EDD)	$(20, 18, 1, 6, 19, 16, 17, 13, 5, 12,$ $11, 4, 3, 7, 2, 9, 10, 8, 15, 14)$	18	90519 Zeiteinheiten
Lokale Suche (FIFO) mit Zerstörung	$(20, 18, 1, 6, 19, 16, 17, 13, 5, 2,$ $11, 12, 3, 4, 7, 9, 10, 8, 15, 14)$	19	90532 Zeiteinheiten
Lokale Suche (KOZ) mit Zerstörung	$(20, 18, 1, 6, 19, 16, 17, 13, 5, 11,$ $4, 12, 3, 7, 2, 9, 10, 8, 15, 14)$	19	90455 Zeiteinheiten
Lokale Suche (KPZ) mit Zerstörung	$(20, 18, 1, 6, 19, 16, 17, 13, 5, 2,$ $11, 12, 3, 4, 7, 9, 10, 8, 15, 14)$	19	90532 Zeiteinheiten
Lokale Suche (EDD) mit Zerstörung	$(20, 18, 1, 6, 19, 16, 17, 13, 5, 12,$ $11, 4, 3, 7, 2, 9, 10, 8, 15, 14)$	18	90519 Zeiteinheiten
Optimum	$(20, 18, 1, 6, 19, 16, 17, 13, 5, 11,$ $4, 12, 3, 7, 2, 9, 10, 8, 15, 14)$	19	90455 Zeiteinheiten

Tabelle 94: Ergebnisse über 20 Aufträge.

Eine wiederholte Anwendung dieser Zerstörung bei der lokalen Suche mit der durch die KPZ-Regel bestimmten Ausgangspermutation führte manchmal zu einer Verbesserung, wobei das in Tabelle 94 angegebene Optimum auch auftrat. In den meisten Fällen zeigte sich jedoch das Ergebnis, welches bereits durch die lokale Suche mit der durch die KPZ-Regel bestimmten Ausgangspermutation ohne Zerstörung gefunden wurde. Bei der durch die EDD-Regel bestimmten Ausgangspermutation trat bei einer wiederholte Anwendung dieser Zerstörung als einzige Verbesserung das hier angegebene Optimum auf.

2 Einstufige Losplanung mit konstantem Bedarfsverlauf

2.1 Das klassische Losgrößenmodell

Ein Fahrradhersteller benötigt für die Produktion Beleuchtungen für 10000 Fahrräder pro Jahr. Bezogen werden diese von einem Lieferanten und zwar pro Fahrrad ein Vorderlicht und ein Rücklicht. Die Lagerhaltungskosten pro Vorderlicht betragen 10 Euro pro Jahr. Die Rücklichter verursachen 2 Euro Lagerhaltungskosten pro Leuchte und Jahr. Bei den Vorderlichtern fallen bestellfixe Kosten in Höhe von 80 Euro, bei den Rücklichtern in Höhe von 25 Euro an.

Aufgabe

(a) Wie groß ist die optimale Losgröße für die Vorderlichter und die Rücklichter? Wie viele Bestellungen müssen pro Jahr aufgegeben werden?

(b) Stellen Sie die optimale Losgröße für die Vorderlichter graphisch dar und zeichnen Sie die Gesamtkosten in der Graphik ein. Berechnen Sie die Gesamtkosten für die optimale Losgröße.

(c) Um wie viel Euro und Prozent würden die gesamten Bestell- und Lagerhaltungskosten steigen, wenn gleichzeitig mit der Bestellung für Vorderlichter auch die entsprechende Anzahl an Rücklichtern bestellt wird und umgekehrt?

(d) Berechnen Sie die optimale Zyklusdauer für die Vorder- und Rücklichter, d.h. das Zeitintervall zwischen zwei Bestellungen. Stellen Sie die optimale Zyklusdauer für die Vorder- und Rücklichter graphisch dar.

(e) Um wie viel Prozent vergrößert bzw. verringert sich die optimale Losgröße, wenn sich der durchschnittliche Bedarf um den Faktor 1.21 bzw. 0.81 ändert? Geben Sie eine Formel für den allgemeinen Fall an.

(f) Um wie viel Prozent müssten die Rüstkosten erhöht bzw. verringert werden, damit eine Halbierung der optimalen Losgröße erzielt wird? Geben Sie eine Formel für den allgemeinen Fall an.

(g) Wie verändert sich die optimale Losgröße für die Vorderlichter, wenn der Lagerkostensatz marginal steigt? Geben Sie konkrete Werte an, indem Sie den Lagerkostensatz fünfmal schrittweise um 0.1 Euro ansteigen lassen. Wie verändert sich die optimale Losgröße für die Vorderlichter, wenn der Rüstkostensatz marginal steigt?

© Springer Fachmedien Wiesbaden GmbH, ein Teil von Springer Nature 2018
F. Herrmann, *Übungsbuch Losbildung und Fertigungssteuerung*,
https://doi.org/10.1007/978-3-658-21567-5_2

Geben Sie konkrete Werte an, indem Sie den Rüstkostensatz fünfmal schrittweise um 1 Euro ansteigen lassen. Analysieren Sie dieses Ergebnis.

(h) Nehmen Sie an, die verwendete Losgröße der Rücklichter weicht um 25% von der optimalen Losgröße nach oben und unten ab. Um welchen prozentualen Faktor ändern sich die Gesamtkosten jeweils?

Lösung

Für die Lösung werden folgende Formeln benötigt; für Details s. [Herr09]. In diesen ist d die Bedarfsrate, K der Rüstkostensatz, h der Lagerkostensatz und q die Losgröße.

- Optimale Losgröße: $q_{opt} = \sqrt{\dfrac{2 \cdot K \cdot d}{h}}$ und optimale Zyklusdauer: $\tau_{opt} = \dfrac{q_{opt}}{d}$.

- Gesamtkosten pro ZE: $C(q) = \dfrac{K \cdot d}{q} + \dfrac{h \cdot q}{2}$ (Rüst- und Lagerkosten).

(a) Die optimale Losgröße für die Vorderlichter beträgt:

$$q_{opt} = \sqrt{\frac{2 \cdot K \cdot d}{h}} = \sqrt{\frac{2 \cdot 80 \cdot 10000}{10}} \text{ VorderlichterE} = 400 \text{ Vorderlichter.}$$

Die Anzahl der Bestellungen pro Jahr beträgt:

$$\frac{d}{q_{opt}} = \frac{10000}{400} \text{ Bestellungen} = 25 \text{ Bestellungen.}$$

Es werden pro Jahr 25 Bestellungen mit je 400 Vorderlichtern aufgegeben.

Die optimale Losgröße für die Rücklichter beträgt:

$$q_{opt} = \sqrt{\frac{2 \cdot K \cdot d}{h}} = \sqrt{\frac{2 \cdot 25 \cdot 10000}{2}} \text{ Rücklichter} = 500 \text{ Rücklichter.}$$

Die Anzahl der Bestellungen pro Jahr beträgt:

$$\frac{d}{q_{opt}} = \frac{10000}{500} \text{ Bestellungen} = 20 \text{ Bestellungen.}$$

Es werden pro Jahr 20 Bestellungen mit je 500 Rücklichtern aufgegeben.

(b) Die Gesamtkosten pro Jahr für ein Los für Vorderlichter ergibt sich aus der Summe der bestellfixen Kosten (Rüstkosten) pro Jahr und Lagerkosten pro Jahr. Im

Folgenden ist ihre tabellarische und graphische Darstellung im Intervall [100, 1000] angegeben.

Los [Vorderlichter]	Gesamtkosten	Rüstkosten	Lagerkosten
100	8500.00	8000.00	500.00
200	5000.00	4000.00	1000.00
300	4166.67	2666.67	1500.00
400	4000.00	2000.00	2000.00
500	4100.00	1600.00	2500.00
600	4333.33	1333.33	3000.00
700	4642.86	1142.86	3500.00
800	5000.00	1000.00	4000.00
900	5388.89	888.89	4500.00
1000	5800.00	800.00	5000.00

Tabelle 95: Kosten in € pro Jahr von Losen beim klassischen Losgrößenmodell.

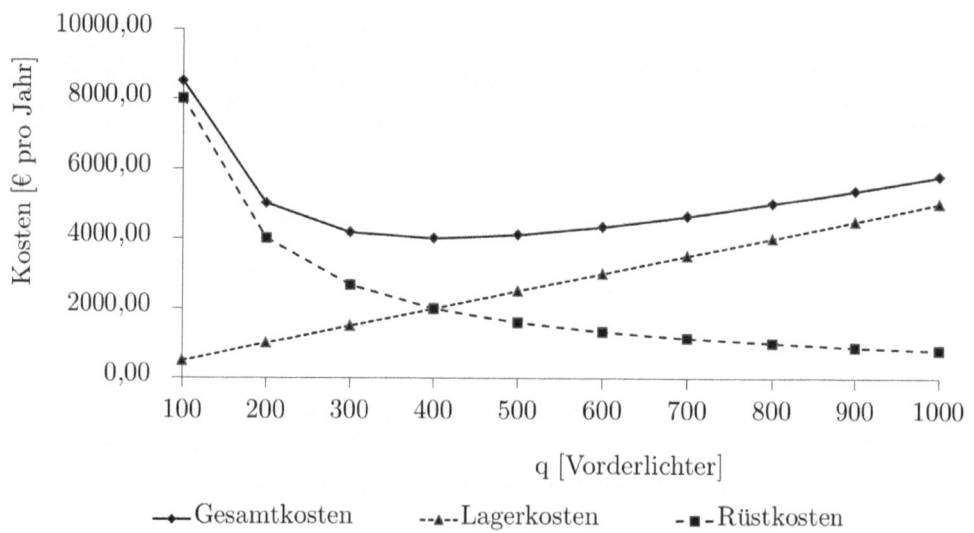

Abbildung 61: Graphische Bestimmung der optimalen Losgröße.

Die Gesamtkosten für die optimale Losgröße der Vorderlichter liegen im Minimum der Gesamtkostenfunktion. Es ist der Schnittpunkt der Rüstkostenfunktion mit der Lagerhaltungskostenfunktion. Die Gesamtkosten für die optimale Losgröße betragen:

$$C(q_{opt}) = \frac{K \cdot d}{q_{opt}} + \frac{h \cdot q_{opt}}{2} = \frac{80 \cdot 10000}{400} \frac{\text{\euro}}{\text{Jahr}} + \frac{10 \cdot 400}{2} \frac{\text{\euro}}{\text{Jahr}} = 4000 \frac{\text{\euro}}{\text{Jahr}}.$$

(c) Zunächst wird der Fall betrachtet, bei dem Rücklichter gemeinsam mit den Vorderlichtern bestellt werden. Dazu sind statt 20 Bestellungen für Rücklichter eben 25 zu bestellen.

Bei 20 Bestellungen entstehen für die Rücklichter jährliche Gesamtkosten in Höhe von:

$$C(500 \text{ Rücklichter}) = \frac{25 \cdot 10000}{500} \frac{\text{\euro}}{\text{Jahr}} + \frac{2 \cdot 500}{2} \frac{\text{\euro}}{\text{Jahr}} = 1000 \frac{\text{\euro}}{\text{Jahr}}.$$

Bei 25 Bestellungen entstehen für die Rücklichter jährlich Gesamtkosten in Höhe von:

$$C(400 \text{ Rücklichter}) = \frac{25 \cdot 10000}{400} \frac{\text{\euro}}{\text{Jahr}} + \frac{2 \cdot 400}{2} \frac{\text{\euro}}{\text{Jahr}} = 1025 \frac{\text{\euro}}{\text{Jahr}}.$$

Der jährliche Kostenanstieg bei gemeinsamer Bestellung beträgt:

$$C(400 \text{ Rücklichter}) - C(500 \text{ Rücklichter}) = 25 \text{ \euro pro Jahr}.$$

Der jährliche prozentuale Kostenanstieg beträgt:

$$\frac{C(400 \text{ Rücklichter}) - C(500 \text{ Rücklichter})}{C(500 \text{ Rücklichter})} \cdot 100\,\% = \frac{1025 - 1000}{1000} \cdot 100\,\%$$

$$= 2.5\%.$$

Nun sollen Vorderlichter gemeinsam mit den Rücklichtern bestellt werden.

Bei 25 Bestellungen entstehen für die Vorderlichter jährliche Gesamtkosten in Höhe von:

$$C(400 \text{ Vorderlichter}) = \frac{80 \cdot 10000}{400} \; \frac{\text{€}}{\text{Jahr}} + \frac{10 \cdot 400}{2} \; \frac{\text{€}}{\text{Jahr}} = 4000 \; \frac{\text{€}}{\text{Jahr}} \; .$$

Bei 20 Bestellungen entstehen für die Vorderlichter jährliche Gesamtkosten in Höhe von:

$$C(500 \text{ Vorderlichter}) = \frac{80 \cdot 10000}{500} \; \frac{\text{€}}{\text{Jahr}} + \frac{10 \cdot 500}{2} \; \frac{\text{€}}{\text{Jahr}} = 4100 \; \frac{\text{€}}{\text{Jahr}} \; .$$

Der jährliche Kostenanstieg bei gemeinsamer Bestellung beträgt:

$$C(500 \text{ Vorderlichter}) - C(400 \text{ Vorderlichter}) = 100 \text{ € pro Jahr.}$$

Der jährliche prozentuale Kostenanstieg beträgt:

$$\frac{C(500 \text{ Vorderlichter}) - C(400 \text{ Vorderlichter})}{C(400 \text{ Vorderlichter})} \cdot 100 \text{ \%} = \frac{4100 - 4000}{4000} \cdot 100 \text{ \%}$$

$$= \; 2.5\%.$$

(d) Die optimale Zyklusdauer für die Vorderlichter beträgt:

$$\tau_{opt} = \frac{q_{opt}}{d} = \frac{\sqrt{\frac{2 \cdot K \cdot d}{h}}}{d} = \sqrt{\frac{2 \cdot K}{h \cdot d}} = \sqrt{\frac{2 \cdot 80}{10 \cdot 10000}} \; Jahre \; = \; \frac{1}{25} \; Jahre.$$

Dies führt zu dem folgenden Verlauf der Bestandsentwicklung.

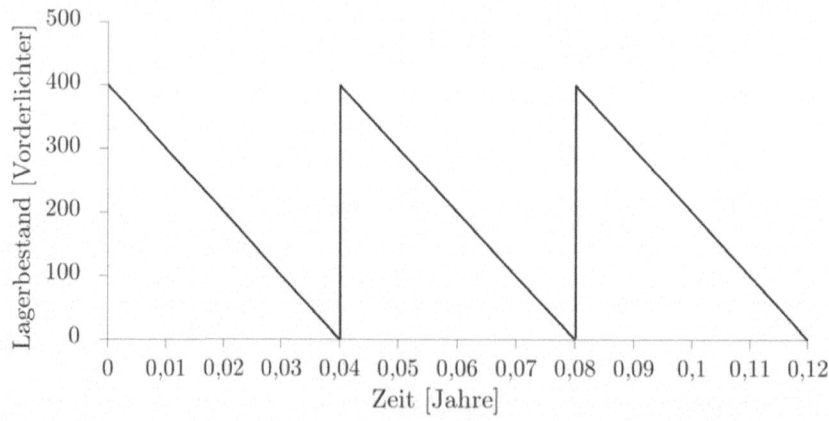

Abbildung 62: Lagerbestandsentwicklung unendliche Produktion Vorderlichter.

Die optimale Zyklusdauer für die Rücklichter beträgt:

$$\tau_{opt} = \frac{q_{opt}}{d} = \frac{\sqrt{\frac{2 \cdot K \cdot d}{h}}}{d} = \sqrt{\frac{2 \cdot K}{h \cdot d}} = \sqrt{\frac{2 \cdot 25}{2 \cdot 10000}} \; Jahre \; = \; \frac{1}{20} \; Jahre.$$

Dies führt zu dem folgenden Verlauf der Bestandsentwicklung.

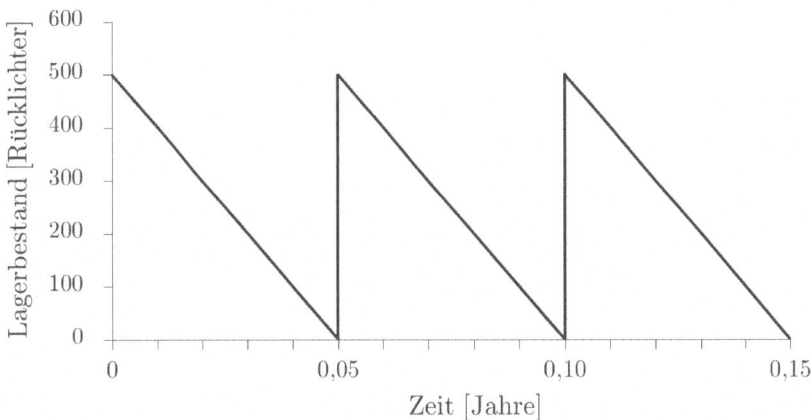

Abbildung 63: Lagerbestandsentwicklung unendliche Produktion Rücklichter.

(e) Eine Bedarfsveränderung um den Faktor f, also $d_{neu} = f \cdot d$, bewirkt das optimale Los

$$q_{opt}^{neu} = \sqrt{\frac{2 \cdot K \cdot d_{neu}}{h}} = \sqrt{\frac{2 \cdot K \cdot f \cdot d}{h}} = \sqrt{f} \cdot q_{opt}.$$

Eine Erhöhung des Bedarfs um 10% bedeutet eine Bedarfsänderung um den Faktor 1.21. Das optimale Los lautet:

$$q_{opt}^{neu} = \sqrt{\frac{2 \cdot K \cdot d_{neu}}{h}} = \sqrt{\frac{2 \cdot K \cdot 1.21 \cdot d}{h}} = \sqrt{1,21} \cdot q_{opt} = 1.1 \cdot q_{opt}.$$

Im Fall einer Reduktion des Bedarfs um 10% liegt eine Bedarfsänderung um den Faktor 0.81 vor. Das optimale Los lautet dann:

$$q_{opt}^{neu} = \sqrt{\frac{2 \cdot K \cdot d_{neu}}{h}} = \sqrt{\frac{2 \cdot K \cdot 0.81 \cdot d}{h}} = \sqrt{0.81} \cdot q_{opt} = 0.9 \cdot q_{opt}.$$

Sowohl eine Bedarfserhöhung als auch eine -reduktion führt zu einer Erhöhung bzw. Reduktion der optimalen Losgröße um 10%.

(f) Eine Halbierung der optimalen Losgröße bewirkt:

$$q = 0.5 \cdot q_{opt} = 0.5 \cdot \sqrt{\frac{2 \cdot K \cdot d}{h}} = \sqrt{0.25 \cdot \frac{2 \cdot K \cdot d}{h}}$$

Dies wird dadurch erreicht, indem die Rüstkosten um 75% sinken.

(g) Für die Analyse des Einflusses einer marginalen Erhöhung des Lagerkostensatzes auf die optimale Losgröße ist die 1. Ableitung der optimalen Losgröße nach dem Lagerkostensatz h zu analysieren.

$$\frac{\partial\, q_{opt}}{\partial\, h} = -\sqrt{\frac{K \cdot d}{2 \cdot h^3}} \; ; \text{ der Wert ist also stets negativ.}$$

Da die geometrische Entsprechung einer Ableitung die Tangentensteigung ist und damit die Richtung der Änderung der optimalen Losgröße – als Proportionalitätsfaktor – angibt, wird im Folgenden auf Einheiten verzichtet. Das Einsetzen der Lagerhaltungskostensätze von 10.01, 10.02, 10.03, 10.04 und 10.05 ergeben:

- $\dfrac{\partial\, q_{opt}}{\partial\, h} = -\sqrt{\dfrac{K \cdot 10000}{2 \cdot 10.01^3}} = -19.97.$

- $\dfrac{\partial\, q_{opt}}{\partial\, h} = -\sqrt{\dfrac{K \cdot 10000}{2 \cdot 10.02^3}} = -19.94.$

- $\dfrac{\partial\, q_{opt}}{\partial\, h} = -\sqrt{\dfrac{K \cdot 10000}{2 \cdot 10.03^3}} = -19.91.$

- $\dfrac{\partial\, q_{opt}}{\partial\, h} = -\sqrt{\dfrac{K \cdot 10000}{2 \cdot 10.04^3}} = -19.88.$

- $\dfrac{\partial\, q_{opt}}{\partial\, h} = -\sqrt{\dfrac{K \cdot 10000}{2 \cdot 10.05^3}} = -19.85.$

Mit zunehmendem Lagerkostensatz verringert sich die optimale Losgröße degressiv. Dies führt zu kleineren Losen – im Extremfall ist das „just in time"-Prinzip am vorteilhaftesten.

Entsprechend ist für die Analyse von dem Einfluss einer marginalen Erhöhung von dem Rüstkostensatz auf die optimale Losgröße die 1. Ableitung der optimalen Losgröße nach dem Rüstkostensatz K zu analysieren.

$$\frac{\partial\, q_{opt}}{\partial\, K} = \sqrt{\frac{d}{2 \cdot h \cdot K}} \; ; \text{ der Wert ist also stets positiv.}$$

Wie zuvor, da die Ableitung die Richtung der Änderung der optimalen Losgröße angibt, wird auf Einheiten verzichtet. Das Einsetzen der Rüstkostensätze von 81, 82, 83, 84 und 85 ergeben:

- $\dfrac{\partial\, q_{opt}}{\partial\, K} = \sqrt{\dfrac{10000}{2 \cdot 10 \cdot 81}} = 2.48.$

- $\dfrac{\partial\, q_{opt}}{\partial\, K} = \sqrt{\dfrac{10000}{2 \cdot 10 \cdot 82}} = 2.47.$

- $\dfrac{\partial\, q_{opt}}{\partial\, K} = \sqrt{\dfrac{10000}{2 \cdot 10 \cdot 83}} = 2.45.$

- $\dfrac{\partial\, q_{opt}}{\partial\, K} = \sqrt{\dfrac{10000}{2 \cdot 10 \cdot 84}} = 2.44.$

- $\dfrac{\partial\, q_{opt}}{\partial\, K} = \sqrt{\dfrac{10000}{2 \cdot 10 \cdot 85}} = 2.43.$

Mit zunehmendem Rüstkostensatz steigt die optimale Losgröße degressiv an.

Die Zunahme der optimalen Losgröße bei steigendem Rüstkostensatz belegt die Vorteilhaftigkeit kleinerer Lose bei abnehmenden Beschaffungskosten – also sind häufigere „produktionssynchrone" Beschaffungsvorgänge am kostengünstigsten. Im Extremfall ist das „just in time"-Prinzip am vorteilhaftesten.

(h) Der gesuchte prozentuale Faktor $\dfrac{C(q)}{C(q_{opt})}$ heißt Kostenveränderungsgrad κ. Es lässt sich zeigen, s. [Herr09]:

$$2 \cdot \kappa = \frac{q_{opt}}{q} + \frac{q}{q_{opt}}.$$

Der Kostenveränderungsgrad bei einer Abweichung des optimalen Loses um 25% nach oben beträgt mit $q = 1.25 \cdot q_{opt}$:

$$\kappa = \frac{1}{2} \cdot \left[\frac{q_{opt}}{q} + \frac{q}{q_{opt}} \right] = \frac{1}{2} \cdot \left[\frac{q_{opt}}{1.25 \cdot q_{opt}} + \frac{1.25 \cdot q_{opt}}{q_{opt}} \right] = \frac{1 + 1.25 \cdot 1.25}{2 \cdot 1.25} = 1.025.$$

Damit nehmen die tatsächlichen Kosten gegenüber den minimalen Kosten um den Faktor 2.5% zu.

Der Kostenveränderungsgrad bei einer Abweichung des optimalen Loses um 25%

nach unten beträgt mit $q = 0.75 \cdot q_{opt}$:

$$\kappa = \frac{1}{2} \cdot \left[\frac{q_{opt}}{q} + \frac{q}{q_{opt}} \right] = \frac{1}{2} \cdot \left[\frac{q_{opt}}{0.75 \cdot q_{opt}} + \frac{0.75 \cdot q_{opt}}{q_{opt}} \right] = \frac{1 + 0.75 \cdot 0.75}{2 \cdot 0.75} = 1.042.$$

Damit nehmen die tatsächlichen Kosten gegenüber den minimalen Kosten um den Faktor 4.2% zu.

Bei einer Erhöhung des optimalen Loses um 20% ist $\kappa = 1.7\%$ und bei einer Verringerung um 20% ist $\kappa = 2.5\%$. Eine sehr signifikante Veränderung des optimalen Loses bewirkt somit nur einen marginalen Anstieg der Gesamtkosten.

2.2 Erweiterung des klassischen Losgrößenmodells um endliche Produktionsgeschwindigkeit mit Einlagerung

Bei einem Fahrradhersteller werden an einer Produktionsanlage Lose von 500 Fahrradrahmen gefertigt, aber noch nicht lackiert. Die schon bearbeiteten Fahrradrahmen eines Loses werden an der Produktionsanlage bis zur Einlagerung des kompletten Loses gelagert. Es werden jährlich 5000 Rahmen benötigt. Die Produktionsgeschwindigkeit der Produktionsanlage beträgt 10000 Stück pro Jahr. Die Einlagerungszeit beträgt 9 Tage (1 Jahr = 360 Tage).

Aufgabe

Stellen Sie die Entwicklung des physischen Lagerbestands im Zeitablauf bei geschlossener Produktion graphisch dar.

Lösung

Die Lösung folgt dem in [Herr09] beschriebenen Vorgehen. In diesem ist d die Bedarfsrate, q die Losgröße, p die Produktionsgeschwindigkeit, t der Bestellzeitpunkt und EZ die Einlagerungszeit – nach der die produzierte Menge im Lager, für die weitere Produktion, verfügbar ist.

Die Lösung ist in Abbildung 64 graphisch dargestellt. Die einzelnen Punkte ergeben sich wie folgt.

Gegenüber dem klassischen Losgrößenmodell ist so zu bestellen, dass die Produktionszeit und Einlagerungszeit gerade beendet ist, wenn das Lager leer ist. Bei einem Anfangslagerbestand von 500 Fahrradrahmen trifft dies, ausgehend vom Nullpunkt, nach

$$\frac{q}{d} = \frac{500}{5000} \cdot 360 \text{ Tagen} = 36 \text{ Tagen}$$

zu. Dabei handelt es sich um die Zyklusdauer, nach der jeweils wieder zu bestellen ist.

Es ist zu bestellen, solange der Bestand für die Produktion und die Einlagerung ausreicht. Bei einem Anfangslagerbestand von 500 Fahrradrahmen beträgt diese Dauer:

$$\frac{q}{p} + EZ = \frac{500}{10000} \cdot 360 \text{ Tage} + 9 \text{ Tage} = 27 \text{ Tage}.$$

Damit ist nach 36 Tagen minus 27 Tagen zu bestellen, also am 9 Tag.

Diese Bestellzeitpunkte (also 9 Tage plus einem Vielfachen der Zyklusdauer) liegen immer genau dann vor, wenn ein bestimmter Bestand erreicht wird. Dieser Bestand wird als Bestellpunkt bezeichnet und löst eine Bestellung aus – dies ist die im Bestandsmanagement realisierte Bestellregel. Er ist der Bestand, der in der Zeit für die Produktion und die Einlagerung verbraucht wird. Also:

$$\left(\frac{q}{p} + EZ\right) \cdot d = \left(\frac{500}{10000} + \frac{9}{360}\right) \cdot 5000 \text{ Fahrradrahmen} = 375 \text{ Fahrradrahmen}.$$

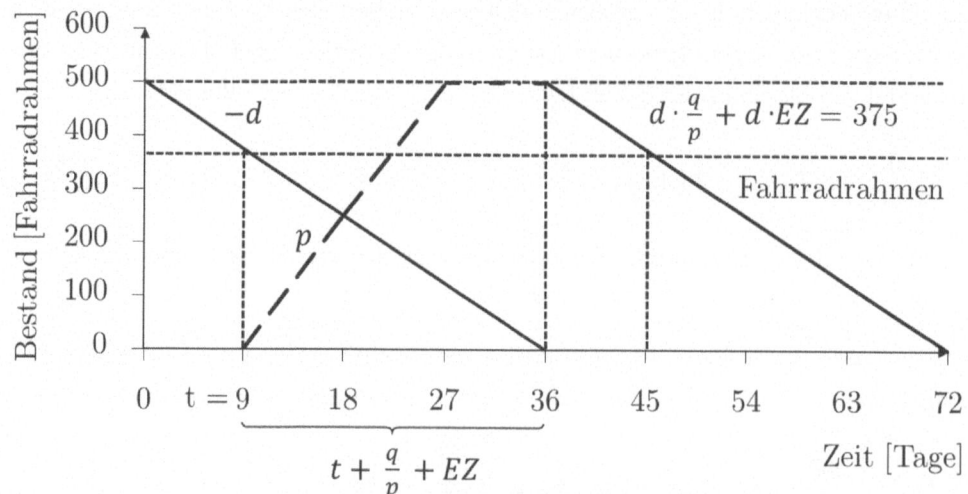

Abbildung 64: Physischer Lagerbestand im Zeitverlauf mit Einlagerung.

2.3 Erweiterung des klassischen Losgrößenmodells um endliche Produktionsgeschwindigkeit bei geschlossener Produktion

Bei einem Fahrradhersteller werden jährlich 10800 Fahrradrahmen montiert, die in der Vorfertigung an einer Produktionsanlage bearbeitet werden. Die Produktionsgeschwindigkeit der Produktionsanlage beträgt 16200 Fahrradrahmen pro Jahr. Der Rüstkostensatz an der Produktionsanlage beträgt 45 Euro. Der Lagerkostensatz beläuft sich auf 2 Euro pro Stück und Jahr (mit 360 Tagen).

Aufgabe

(a) Bestimmen Sie die optimale Losgröße und den optimalen Produktionszyklus.

(b) Gehen Sie von einem optimalen Produktionszyklus aus. Bestimmen Sie dafür die Produktionsdauer, den Bestellbestand und den maximalen Lagerbestand. Stellen Sie die Lagerbestandsentwicklung graphisch dar.

(c) Welche Kosten entstehen bei Verwendung der optimalen Losgröße?

(d) Nehmen Sie an, die verwendete Losgröße weicht um 10% von der optimalen Lösung nach oben und unten ab. Um welchen prozentualen Faktor ändern sich die Gesamtkosten jeweils?

Lösung

Für die Lösung werden folgende Formeln benötigt; für Details s. [Herr09]. In diesen ist d die Bedarfsrate, K der Rüstkostensatz, h der Lagerkostensatz, q die Losgröße und p die Produktionsgeschwindigkeit.

- Optimale Losgröße: $q_{opt} = \sqrt{\dfrac{2 \cdot K \cdot d \cdot p}{h \cdot (d + p)}}$ und optimale Zyklusdauer: $\tau_{opt} = \dfrac{q_{opt}}{d}$.

- Optimale Gesamtkosten: $C(q_{opt}) = \sqrt{\dfrac{2 \cdot K \cdot d \cdot h \cdot (d + p)}{p}}$.

(a) Die optimale Losgröße beträgt:

$$q_{opt} = \sqrt{\frac{2 \cdot K \cdot d \cdot p}{h \cdot (d + p)}}$$
$$= \sqrt{\frac{2 \cdot 45 \cdot 10800 \cdot 16200}{2 \cdot (10800 + 16200)}} \text{ Fahrradrahmen} = 540 \text{ Fahrradrahmen.}$$

Der optimale Produktionszyklus beträgt: $\tau_{opt} = \dfrac{q_{opt}}{d} = \dfrac{540}{\frac{10800}{360}}$ Tage $= 18$ Tage.

(b) Ausgangspunkt ist ein optimaler Produktionszyklus.

Die Produktionsdauer beträgt (wird wie die Zyklusdauer berechnet):

$$\frac{q_{opt}}{p} = \frac{540}{\frac{16200}{360}} \text{ Tage} = 12 \text{ Tage.}$$

Der Bestellbestand – der Bestand, der in der Zeit für die Produktion verbraucht wird – beträgt:

$$\frac{q_{opt}}{p} \cdot d = \frac{540}{16200} \cdot 10800 \text{ Fahrradrahmen} = 360 \text{ Fahrradrahmen.}$$

Der maximale Lagerbestand, für Details s. [Herr09], beträgt:

$$(p - d) \cdot \frac{q_{opt}}{p} + \frac{d \cdot q_{opt}}{p} = (16200 - 10800) \cdot \frac{540}{16200} \text{ Fahrradrahmen}$$

$$+ \frac{10800 \cdot 540}{16200} \text{ Fahrradrahmen} = 540 \text{ Fahrradrahmen.}$$

Mit diesen Daten kann der graphische Verlauf erstellt werden. Er ist in der folgenden Abbildung 65 angegeben.

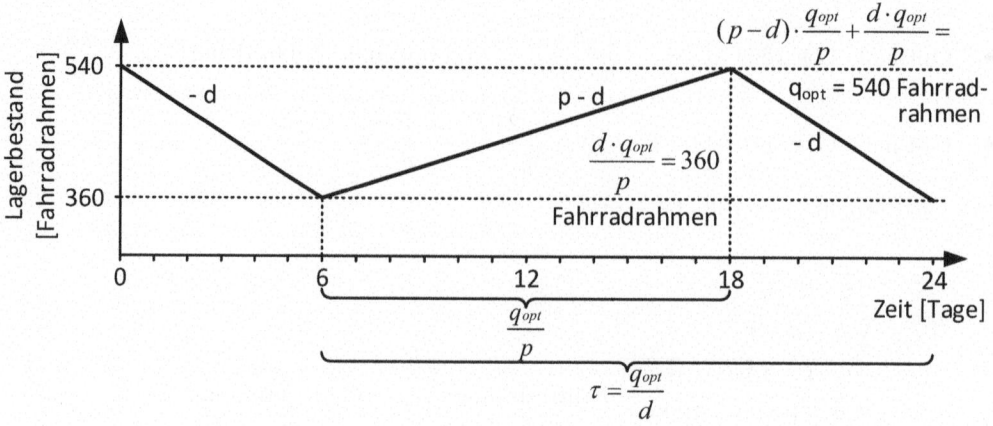

Abbildung 65: Physischer Lagerbestand im Zeitablauf bei geschlossener Produktion.

(c) Bei Verwendung der optimalen Losgröße entstehen im Jahr Kosten in Höhe von:

$$C(q_{opt}) = \sqrt{\frac{2 \cdot K \cdot d \cdot h \cdot (d + p)}{p}} = \sqrt{\frac{2 \cdot 45 \cdot 10800 \cdot 2 \cdot (10800 + 16200)}{16200}} \ \frac{€}{\text{Jahr}}$$

$$= 1800 \ € \text{ pro Jahr.}$$

(d) Der gesuchte prozentuale Faktor $\dfrac{C(q)}{C(q_{opt})}$ heißt Kostenveränderungsgrad κ. Es lässt sich zeigen, s. [Herr09]:

$$2 \cdot \kappa = \frac{q_{opt}}{q} + \frac{q}{q_{opt}}$$

Der Kostenveränderungsgrad bei einer Abweichung des optimalen Loses um 10% nach oben beträgt mit $q = 1.1 \cdot q_{opt}$:

$$\kappa = \frac{1}{2} \cdot \left[\frac{q_{opt}}{q} + \frac{q}{q_{opt}}\right] = \frac{1}{2} \cdot \left[\frac{q_{opt}}{1.1 \cdot q_{opt}} + \frac{1.1 \cdot q_{opt}}{q_{opt}}\right] = 1.004.$$

Damit nehmen die tatsächlichen Kosten gegenüber den minimalen Kosten um den Faktor 0.4% zu.

Der Kostenveränderungsgrad bei einer Abweichung des optimalen Loses um 10% nach unten beträgt mit $q = 0.9 \cdot q_{opt}$:

$$k = \frac{1}{2} \cdot \left[\frac{q_{opt}}{q} + \frac{q}{q_{opt}} \right] = \frac{1}{2} \cdot \left[\frac{q_{opt}}{0.9 \cdot q_{opt}} + \frac{0.9 \cdot q_{opt}}{q_{opt}} \right] = 1.005.$$

Damit nehmen die tatsächlichen Kosten gegenüber den minimalen Kosten um den Faktor 0.5% zu.

2.4 Erweiterung der Einprodukt-Losgrößenplanung bei endlicher Produktionsgeschwindigkeit und geschlossener Produktion um Rüstzeit

Die Fallstudie zur Erweiterung des klassischen Losgrößenmodells um endliche Produktionsgeschwindigkeit bei geschlossener Produktion, s. Abschnitt 2.3 wird um eine Rüstzeit erweitert. Damit lauten die Daten im Detail: Bei einem Fahrradhersteller werden jährlich 10800 Fahrradrahmen montiert, die in der Vorfertigung an einer Produktionsanlage bearbeitet werden. Die Produktionsgeschwindigkeit der Produktionsanlage beträgt 16200 Fahrradrahmen pro Jahr. Der Rüstkostensatz an der Produktionsanlage beträgt 45 Euro. Der Lagerkostensatz beläuft sich auf 2 Euro pro Stück und Jahr (mit 360 Tagen). Das Rüsten der Produktionsanlage dauert 2 Tage.

Aufgabe

Prüfen Sie, ob die optimale Zyklusdauer die benötigte Rüst- und Fertigungszeit erlaubt. Stellen Sie den physischen Lagerbestand im Zeitablauf unter Berücksichtigung der Rüstzeit graphisch dar.

Lösung

Das Rüsten der Maschine benötigt ebenfalls Zeit. Diese Rüstzeit r ist spezifisch für das zu produzierende Produkt und ansonsten deterministisch. Während der Rüstzeit ist ein Bedarf von $r \cdot d$ zu decken, der zum Bestellzeitpunkt noch zusätzlich im Lager vorhanden sein muss.

Der Bestellbestand beträgt, mit

$$d \cdot \frac{q_{opt}}{p} + r \cdot d$$

(nach Abschnitt 2.3 ist 540 Fahrradrahmen die optimale Bestellmenge)

$$10800 \cdot \frac{540}{16200} \text{ Fahrradrahmen} + \frac{2}{360} \cdot 10800 \text{ Fahrradrahmen} = 420 \text{ Fahrradrahmen}.$$

Der Bestellbestand darf den maximalen Lagerbestand (540 Fahrradrahmen) nicht überschreiten. Ansonsten steht nicht genügend Zeit für das Rüsten zur Verfügung. Das heißt, die Summe aus Rüst- und Fertigungszeit darf die Zyklusdauer nicht überschreiten. Daraus wird eine Rüstbedingung abgeleitet:

$$\frac{d \cdot q_{opt}}{p} + r \cdot d <= q_{opt}.$$

Durch Umformung ergibt sich die Rüstrestriktion:

$$\frac{r \cdot d}{1 - \frac{d}{p}} <= q_{opt}.$$

Wegen

$$\frac{r \cdot d}{1 - \frac{d}{p}} = \frac{2 \cdot 10800}{1 - \frac{10800}{16200}} \text{ Fahrradrahmen} = \frac{64800}{360}$$

$$= 180 \text{ Fahrradrahmen} <= 540 \text{ Fahrradrahmen}.$$

ist diese Rüstrestriktion für die Fallstudie erfüllt. Die optimale Zyklusdauer von 18 Tagen (s. die Fallstudie im Abschnitt 2.3) erlaubt die benötigte Rüst- und Fertigungszeit.

Die weiteren Daten für den graphischen Verlauf werden wie folgt berechnet.

Der maximale Lagerbestand beträgt:

$$(p - d) \cdot \frac{q_{opt}}{p} + \frac{d \cdot q_{opt}}{p} = (16200 - 10800) \cdot \frac{540}{16200} + \frac{10800 \cdot 540}{16200} \text{ Fahrradrahmen}$$

$$= 540 \text{ Fahrradrahmen}.$$

Es ist zu bestellen, solange der Bestand für die Produktion und Rüstzeit ausreicht. Diese Zeit beträgt:

$$\frac{q_{opt}}{p} + r = \frac{540}{16200} \cdot 360 \text{ Tage} + 2 \text{ Tage} = 14 \text{ Tage.}$$

14 Tage, bevor das Lager leer ist, wird bestellt. Wegen der Rüstzeit von 2 Tagen wird 12 Tage vorher (bevor das Lager leer ist) mit der eigentlichen Produktion begonnen.

Der Lagerbestand zum Beginn der Produktion beträgt:

$$d \cdot \frac{q_{opt}}{p} = 10800 \cdot \frac{540}{16200} \text{ Fahrradrahmen} = 360 \text{ Fahrradrahmen.}$$

Die optimale Zyklusdauer beträgt:

$$\tau_{opt} = \frac{q_{opt}}{d} = \sqrt{\frac{2 \cdot K \cdot p}{h \cdot d \cdot (d+p)}} = \sqrt{\frac{2 \cdot 45 \cdot 16200}{2 \cdot 10800 \cdot (10800 + 16200)}} \text{ Tage} = 18 \text{ Tage.}$$

Mit diesen Daten kann der graphische Verlauf erstellt werden. Er ist in der folgenden Abbildung 66 angegeben.

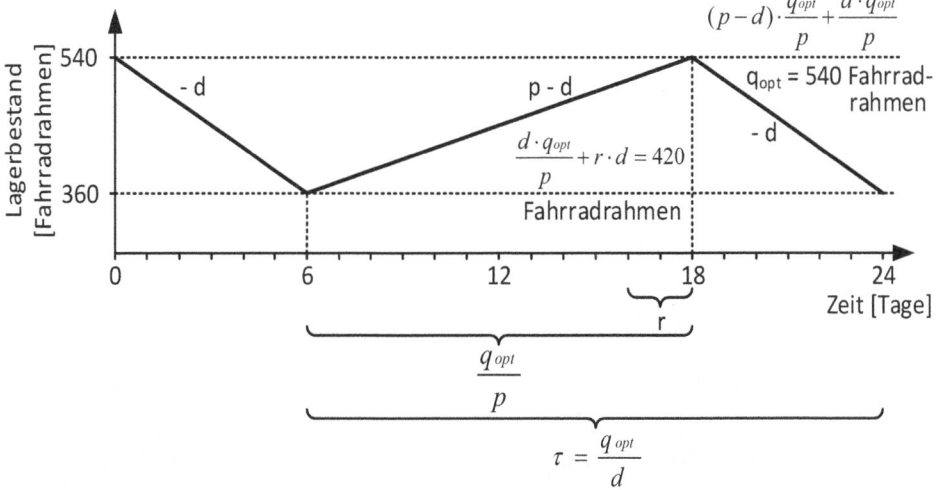

Abbildung 66: Physischer Lagerbestand im Zeitablauf bei geschlossener Produktion mit Rüstzeit.

2.5 Erweiterung des klassischen Losgrößenmodells um endliche Produktionsgeschwindigkeit bei offener Produktion

Bei einem Fahrradhersteller werden jährlich 10800 Fahrradrahmen montiert, die in der Vorfertigung an einer Produktionsanlage bearbeitet werden. Die Produktionsgeschwindigkeit der Produktionsanlage beträgt 16200 Stück pro Jahr. Der Rüstkostensatz an der Produktionsanlage beträgt 45 Euro. Der Lagerkostensatz beläuft sich auf 2 Euro pro Stück und Jahr (mit 360 Tagen).

Aufgabe

(a) Bestimmen Sie die optimale Losgröße und den optimalen Produktionszyklus.

(b) Gehen Sie von einem optimalen Produktionszyklus aus. Bestimmen Sie dafür die Produktionsdauer, den Bestellbestand und den maximalen Lagerbestand. Stellen Sie die Lagerbestandsentwicklung graphisch dar.

(c) Welche Kosten entstehen bei Verwendung der optimalen Losgröße?

(d) Nehmen Sie an, die verwendete Losgröße weicht um 10% von der optimalen Lösung nach oben und unten ab. Um welchen prozentualen Faktor ändern sich die Gesamtkosten jeweils?

Lösung

Für die Lösung werden folgende Formeln benötigt; für Details s. [Herr09]. In diesen ist d die Bedarfsrate, K der Rüstkostensatz, h der Lagerkostensatz, q die Losgröße und p die Produktionsgeschwindigkeit.

- Optimale Losgröße: $q_{opt} = \sqrt{\dfrac{2 \cdot K \cdot d \cdot p}{h \cdot (p - d)}}$ und optimale Zyklusdauer: $\tau_{opt} = \dfrac{q_{opt}}{d}$.

- Optimale Gesamtkosten: $C(q_{opt}) = \sqrt{\dfrac{2 \cdot K \cdot d \cdot h \cdot (p - d)}{p}}$.

(a) Die optimale Losgröße beträgt:

$$q_{opt} = \sqrt{\frac{2 \cdot K \cdot d \cdot p}{h \cdot (p - d)}} = \sqrt{\frac{2 \cdot 45 \cdot 10800 \cdot 16200}{2 \cdot (16200 - 10800)}} \text{ Fahrradrahmen}$$

$$= 1207\tfrac{12}{25} \text{ Fahrradrahmen.}$$

Der optimale Produktionszyklus beträgt: $\tau_{opt} = \dfrac{q_{opt}}{d} = \dfrac{1207}{\frac{10800}{360}}$ Tage $= 40\frac{1}{4}$ Tage.

Im Gegensatz zur geschlossenen Produktion mit 540 Fahrradrahmen führte die offene Produktion zu einer höheren optimalen Losgröße von $1207\frac{12}{25}$ Fahrradrahmen. Der optimale Produktionszyklus erhöht sich dadurch um über 22 Tage.

(b) Ausgangspunkt ist ein optimaler Produktionszyklus.

Die Produktionsdauer beträgt (wird wie die Zyklusdauer berechnet):

$$\frac{q_{opt}}{p} = \frac{1207.48}{\frac{16200}{360}} \text{ Tage} = 26\frac{37}{45} \text{ Tage.}$$

Im Vergleich zur geschlossenen Produktion erhöht sich die Produktionsdauer von 12 Tage auf $26\frac{37}{45}$ Tage.

Im Gegensatz zur geschlossenen Produktion ist bei einer offenen Produktion eine Bestellung zu dem Zeitpunkt ausreichend, an dem das Lager gerade leer geworden ist – da ein Teil der Produktion unmittelbar verwandt werden kann.

Der maximale Lagerbestand, für Details s. [Herr09], beträgt:

$$\frac{q_{opt} \cdot (p-d)}{p} = \frac{1207\frac{12}{25} \cdot (16200 - 10800)}{16200} \text{ Fahrradrahmen} = 402\frac{148}{300} \text{ Fahrradrahmen.}$$

Im Vergleich zur geschlossenen Produktion verringert sich der maximale Lagerbestand von 540 Fahrradrahmen auf $402\frac{148}{300}$ Fahrradrahmen.

Mit diesen Daten kann der graphische Verlauf erstellt werden. Er ist in der folgenden Abbildung 67 angegeben.

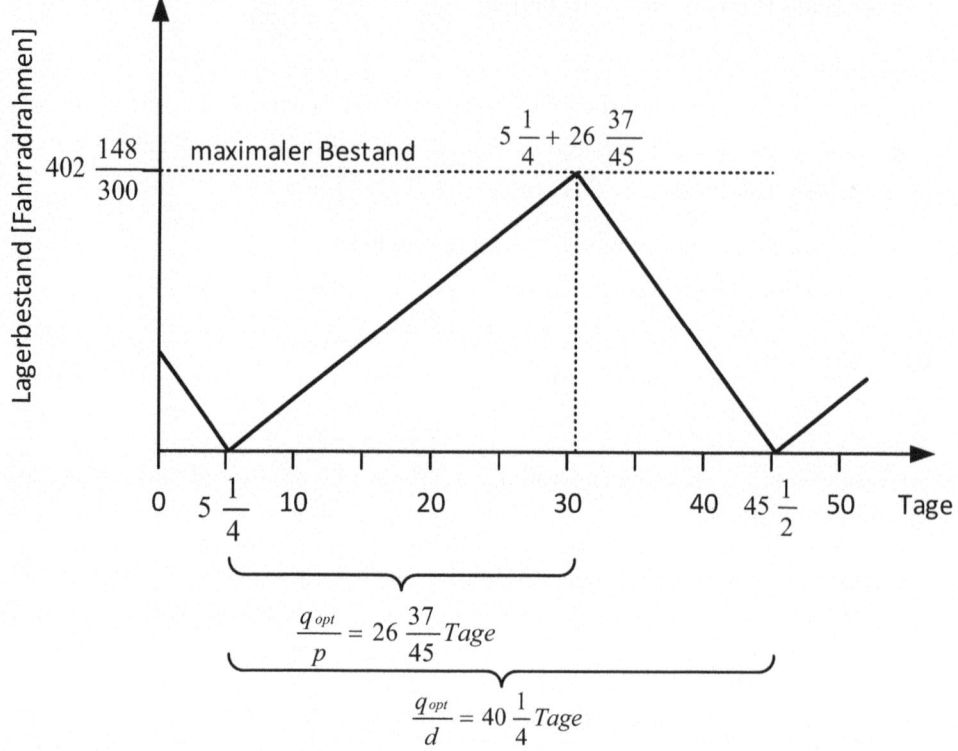

Abbildung 67: Physischer Lagerbestand im Zeitablauf bei offener Produktion.

(c) Bei Verwendung der optimalen Losgröße entstehen im Jahr Kosten in Höhe von:

$$C(q_{opt}) = \sqrt{\frac{2 \cdot K \cdot d \cdot h \cdot (p - d)}{p}} = \sqrt{\frac{2 \cdot 45 \cdot 10800 \cdot 2 \cdot (16200 - 10800)}{16200}} \frac{\text{€}}{\text{Jahr}}$$

$$= 804\frac{148}{300} \text{ € pro Jahr.}$$

Im Gegensatz zur geschlossenen Produktion mit jährlichen Kosten von 1800 €, benötigt die offene Produktion jährliche Kosten in Höhe von nur noch $804\frac{148}{300}$ €.

(d) Der gesuchte prozentuale Faktor $\dfrac{C(q)}{C(q_{opt})}$ heißt Kostenveränderungsgrad κ. Es lässt sich zeigen, s. [Herr09]:

$$2 \cdot \kappa = \frac{q_{opt}}{q} + \frac{q}{q_{opt}}$$

Der Kostenveränderungsgrad bei einer Abweichung des optimalen Loses um 10% nach oben beträgt mit $q = 1.1 \cdot q_{opt}$:

$$\kappa = \frac{1}{2} \cdot \left[\left[\frac{q_{opt}}{q} + \frac{q}{q_{opt}} \right] \right] = \frac{1}{2} \cdot \left[\frac{q_{opt}}{1.1 \cdot q_{opt}} + \frac{1.1 \cdot q_{opt}}{q_{opt}} \right] = 1.004.$$

Damit nehmen die tatsächlichen Kosten gegenüber den minimalen Kosten um den Faktor 0.4% zu.

Der Kostenveränderungsgrad bei einer Abweichung des optimalen Loses um 10% nach unten beträgt mit $q = 0.9 \cdot q_{opt}$:

$$k = \frac{1}{2} \cdot \left[\frac{q_{opt}}{q} + \frac{q}{q_{opt}} \right] = \frac{1}{2} \cdot \left[\frac{q_{opt}}{0.9 \cdot q_{opt}} + \frac{0.9 \cdot q_{opt}}{q_{opt}} \right] = 1.005.$$

Damit nehmen die tatsächlichen Kosten gegenüber den minimalen Kosten um den Faktor 0.5% zu.

Der Kostenveränderungsgrad ändert sich bei der offenen Produktion im Vergleich zur geschlossenen Produktion nicht.

3 Einstufige Losplanung mit deterministisch-dynamischem Bedarfsverlauf

3.1 Optimierungsmodell mit Lösungsverfahren

Ein Unternehmen produziert besondere Kaffeefilter. Die Bedarfe für die nächsten Perioden sind 25, 15, 30 und 45 Filter. Zum Rüsten des Produktionssystems fallen Rüstkosten in Höhe von 180 Geldeinheiten (GE) an, und der Lagerkostensatz beträgt 4 Geldeinheiten pro Kaffeefilter und Periode.

Aufgabe

Bestimmen Sie eine optimale Lösung.

Lösung

Ein lineares Optimierungsmodell zu dieser Problemklasse ist in der Literatur unter der Bezeichnung **S**ingle-Level **U**ncapacitated **L**ot **S**izing **P**roblem (SLULSP) angegeben. Kurz wird es im Folgenden komprimiert dargestellt; um die üblichen Bezeichnungen zu verwenden, werden die Rüstkosten mit s bezeichnet – für Details sei auf [Herr09] verwiesen. Es besteht aus:

- den Parametern:

  T   Länge des Planungszeitraums.

  d_t Nettobedarfsmenge in Periode t $\forall \ 1 \leq t \leq T$.

  h   Lagerkostensatz.

  s   Rüstkostensatz.

  M   große Zahl (M muss größer als maximale mögliche Losgröße sein).

- den Variablen:

  q_t Losgröße in Periode t $\forall \ 1 \leq t \leq T$.

  y_t Lagerbestand am Ende der Periode t $\forall \ 0 \leq t \leq T$.

  γ_t binäre Rüstungsvariablen mit $\gamma_t = \begin{cases} 1, & \text{falls } q_t > 0 \\ 0, & \text{falls } q_t = 0 \end{cases} \forall \ 1 \leq t \leq T$.

© Springer Fachmedien Wiesbaden GmbH, ein Teil von Springer Nature 2018
F. Herrmann, *Übungsbuch Losbildung und Fertigungssteuerung*,
https://doi.org/10.1007/978-3-658-21567-5_3

- der Zielfunktion:

$$Z = \sum_{t=1}^{T} (s \cdot \gamma_t + h \cdot y_t)$$

- den Restriktionen:

$y_{t-1} + q_t - d_t = y_t \; \forall \; 1 \leq t \leq T$ Lagerbilanzgleichung.

$q_t - M \cdot \gamma_t \leq 0 \; \forall \; 1 \leq t \leq T$ Rüstbedingung.

$y_0 = 0$ und $y_T = 0$ Lageranfangs- und endbestand.

$q_t \geq 0$ und $y_t \geq 0 \; \forall \; 1 \leq t \leq T$ Nichtnegativität.

$\gamma_t \in 0,1 \; \forall \; 1 \leq t \leq T$ binäre Rüstungsvariable.

- und dem Minimierungsproblem:
  Minimiere Z.

Die Umsetzung dieses linearen Optimierungsproblems in ILOG lautet – als „mod"-Datei:

```
1  // Problemdimensionen:
2  int T = ...; // Länge des Planungszeitraums.
3  int M = ...; // Große Zahl.
4
5  range Planungszeitraum = 1..T;
6  range PlanungszeitraumNull = 0..T;
7
8  // Variablen:
9  dvar int+ q[Planungszeitraum];      // Losgröße in Periode t.
10 dvar int+ y[PlanungszeitraumNull]; // Lagerbestand in Periode t.
11 dvar boolean r[Planungszeitraum];  // binäre Rüstvariable in Periode t.
12
13 // Daten:
14 float d[Planungszeitraum] = ...; // Primärbedarf in Periode t.
15 float h = ...; // voller Lagerkostensatz.
16 float s = ...; // Rüstkostensatz.
17
18 // Modell:
19 minimize
20    // Kosten
21    sum(t in Planungszeitraum)
22      (s*r[t]) + sum(t in PlanungszeitraumNull)(h*y[t]);
23
24 subject to{
25    // Lagerbilanzgleichungen:
26    forall(t in 1..T){
```

```
27        y[t−1] + q[t] − d[t] == y[t];
28    }
29    // Rüstbedingungen:
30    forall(t in Planungszeitraum){
31      q[t] − M*r[t] <= 0;
32    }
33    y[0] == 0; // Lageranfangsbestand
34    y[T] == 0; // Lagerendbestand
35  }
```

Listing 5: Implementierung ILOG SLULSP.

Die Parameter für das konkrete Zahlenbeispiel lauten – als „dat"-Datei:

```
1  T = 4;
2  M = 100000;
3  d = [25, 15, 30, 45];
4  h = 4;
5  s = 180;
```

Listing 6: Implementierung ILOG Parameter SLULSP.

Ein SLULSP (S) lässt sich auf ein kürzestes Wegeproblem zurückführen. Hierzu wird es als ein gerichteter und bewerteter Graph G = (V,E,M) dargestellt. Dies ist sehr komprimiert im Folgenden angegeben; für Details sei auf [Herr09] verwiesen.

- Knoten t repräsentiert den Bedarf d_t in der Periode t und Knoten (T+1) ist der Endknoten; diese Knoten bilden die Knotenmenge V.

- Pfeilmenge $E = \{(\tau, t) \mid 1 \leq \tau \leq T \wedge (\tau + 1) \leq t \leq (T + 1)\}$. Pfeil (τ, t) ist ein Los, welches zu Beginn von Periode τ aufgesetzt wird und die Bedarfe der Perioden τ bis $(t - 1)$ deckt.

- Die Bewertung (M) bewertet jeden Pfeil (τ, t), $\forall\, 1 \leq \tau \leq T \wedge \forall\, (\tau + 1) \leq t \leq (T + 1)$ durch: $m_{\tau,t} = K + h \cdot \sum_{j=\tau+1}^{t-1} (j - \tau) \cdot d_j$.

- Ein Weg w $= (j_0 = 1, j_1 ..., j_{k-1}, j_k = (T+1))$ in G bestimmt die Lospolitik $(q_1, ..., q_T)$ durch: $\forall\, 0 \leq t \leq (k - 1)$ setze $q_{j_t} = \sum_{i=j_t}^{j_{t+1}-1} d_i$ und $\forall\, t \notin \{j_0, ..., j_{k-1}\}$ setze $q_t = 0$.

Für das konkrete Zahlenbeispiel führt dies zu dem folgenden Graphen:

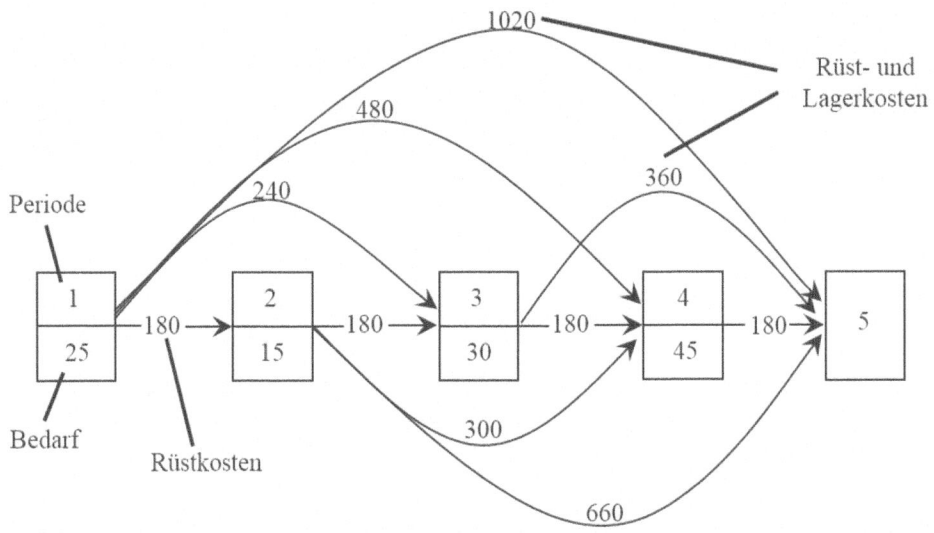

Abbildung 68: Graph zum SLULSP für das Zahlenbeispiel - Bedarfe sind in Anzahl an Filtern und die Kosten sind in GE angegeben.

Einen kürzesten Weg (und damit eine optimale Losgrößenpolitik) wird durch den folgenden Algorithmus ermittelt:

Schritt 1:	Start mit Knoten $\tau = 1$.
Schritt 2:	$\forall\, t \in V$ mit $1 < t$ setzen von $C(t) = m_{1,t}$ und setzen von $j(t) = 1$.
Schritt 3:	$\tau = \tau + 1$.
Schritt 4:	$\forall\, t \in V$ mit $\tau < t$. Ist $(C(\tau) + m_{\tau,t}) < C(t)$,
	dann: setzen von $C(t) = C(\tau) + m_{\tau,t}$ und $j(t) = \tau$.
Schritt 5:	Fortfahren (des Verfahrens) mit Schritt 3, solange $\tau < T$ ist.
Schritt 6:	Mit $j_k = (T+1)$, $j_{k-1} = j(T+1)$, ..., $j_0 = j(...(j(T+1))) = 1$ ist
	$w = (j_0, ..., j_k)$ ein optimaler Weg vom Knoten 1 zum Knoten $(T+1)$ mit Kosten $C(T+1)$ und bestimmen aus w die optimale Losgrößenpolitik; s. o..

Die Anwendung von diesem optimalen Lösungsverfahren lässt sich durch eine Tabelle veranschaulichen, die der Struktur der Iterationen entspricht, was anhand des konkreten Zahlenbeispiel nun verdeutlicht wird und in Tabelle 96 dargestellt ist. Unter Weg wird stets ein kürzester Weg (w) vom Knoten 1 bis zum Knoten τ verstanden und durch 1 $\rightarrow \tau$ bezeichnet. Zu einem vollständigen Weg (vom Knoten 1 bis zum Knoten t) kommt es, indem w um den Pfeil (τ, t) verlängert wird; dies ist durch $1 \rightarrow \tau \rightarrow$ t angegeben. Die Kosten ergeben sich als Kosten von w plus den Kosten des Pfeils (τ, t). Die Tabelle wird spaltenweise erstellt und innerhalb einer Spalte zeilenweise. Für einen beliebigen Knoten t' gibt die Zeile zu t= t' die Kosten der Wege vom Knoten 1 zum Knoten t' mit allen möglichen Knoten als vorletzten Knoten an; der Weg bis zum vorletzten Knoten ist kostenminimal. Sein Minimum ist in Tabelle 96 unterstrichen; für Details sei auf [Herr09] verwiesen.

Folgeknoten		$\tau = 1$	$\tau = 2$	$\tau = 3$	$\tau = 4$
t=2	Weg	1→2			
	Kosten [GE]	180			
	Summe	180 GE			
t=3	Weg	1→3	1→2→3		
	Kosten [GE]	240	180 + 180		
	Summe	240 GE	= 360 GE		
t=4	Weg	1→4	1→2→4	1→3→4	
	Kosten [GE]	480	180 + 300	240 + 180	
	Summe	480 GE	= 480 GE	= 420 GE	
t=5	Weg	1→5	1→2→5	1→3→5	1→4→5
	Kosten [GE]	1020	180 + 660	240 + 360	420 + 180
	Summe	1020 GE	= 840 GE	= 600 GE	= 600 GE

Tabelle 96: Anwendung des Lösungsverfahrens zum SLULSP auf das Zahlenbeispiel.

Es gibt zwei kürzeste Wege, nämlich 1→3→5 und 1→3→4→5, die jeweils Gesamtkosten von 600 GE haben. Dies führt im ersten Fall zu den optimalen Losen von $q_1 = 40$ Filter mit einer Reichweite von 2 (also $q_2 = 0$ Filter) und Kosten von 240 GE und von $q_3 = 75$ Filter ebenfalls mit einer Reichweite von 2 (also $q_4 = 0$ Filter) und Kosten von 360 GE; also Gesamtkosten von 600 GE. Im zweiten Fall führt der kürzeste Weg zu den optimalen Losen von $q_1 = 40$ Filter mit einer Reichweite von 2 (also $q_2 = 0$ Filter) und Kosten von 240 GE, von $q_3 = 30$ Filter mit einer Reichweite von 1 und Kosten von 180 GE und von $q_4 = 45$ Filter mit einer Reichweite von 1 und Kosten von 180 GE; also Gesamtkosten von 600 GE.

3.2 Heuristische Verfahren und Optimum

3.2.1 Fallstudien - Daten und Aufgabenstellung

Ein Unternehmen produziert Kaffeefilter. Dabei liegen die in der folgenden Tabelle angegebenen täglichen Bedarfe vor. Zum Rüsten des Produktionssystems fallen 400 Geldeinheiten (GE) an, und für die Lagerung sind 0.2 GE pro Kaffeefilter und Tag zu bezahlen.

Tage	1	2	3	4	5	6	7	8	9	10
Bedarfe [Filter]	360	310	280	270	210	180	170	160	210	230

Tabelle 97: Bedarfsfolge für Kaffeefilter in Mengeneinheiten (ME).

Aufgabe

Bestimmen Sie Lose mit Hilfe der exakten Losgröße („just in time"-Verfahren), der gleitenden wirtschaftlichen Losgröße (Stückkostenverfahren), dem Stückperiodenausgleichsverfahren, dem Verfahren von Groff, der dynamischen Planungsrechnung und dem Verfahren von Silver und Meal. Bestimmen Sie ferner eine optimale Lösung. Stellen Sie schließlich die Kosten der einzelnen Verfahren gegenüber.

3.2.2 Grundlegendes Vorgehen eines heuristischen Verfahrens

Die einzelnen Verfahren sind im Detail in [Herr09] beschrieben. Sie verwenden die folgenden Parameter:

K   Rüstkostensatz – im Beispiel 400 GE.

n   Anzahl Perioden – im Beispiel 10 Filter.

h   Lagerkostensatz in GE pro Stück und Periode – im Beispiel 0.2 GE pro Filter und Tag.

d_t Bedarf in Periode t – im Beispiel s. Tabelle 97.

q_t Losgröße der jeweiligen Periode.

Mit Ausnahme der exakten Losgröße und einem optimalen Verfahren haben die Verfahren die folgende Grundstruktur:

Schritt 1:   Setzen von $\tau = 1$ und $t = \tau + 1$.

Schritt 2:   Berechnen von einem Kostenkriterium C_t und von einer Vergleichsgröße V_t.

Schritt 3:   Bilden von einen Vergleich zwischen C_t und V_t mit dem Ergebnis b.

Schritt 4:   Ist b erfüllt und $t < T$, dann: setzen von $t = t + 1$ und fortfahren (des Verfahrens) mit Schritt 2.

Schritt 5:   Ist b nicht erfüllt, dann: bilden von dem Los $q_\tau = \sum_{i=\tau}^{t-1} d_i$ (für die Periode τ),

setzen von $\tau = t$ sowie $t = \tau + 1$

und gehen zu Schritt 2, falls $t \leq T$ ist, sonst setzen von $q_T = d_T$.

Ist b erfüllt und $t = T$, dann: bilden von dem Los $q_\tau = \sum_{i=\tau}^{T} d_i$ (für die Periode τ).

3.2.3 Exakte Losgröße

Bei der exakten Losgröße wird laut [Herr11] in jeder Periode der notwendige Bedarf produziert, weswegen dies Verfahren auch als „just in time"-Verfahren bezeichnet wird. Daraus ergeben sich Gesamtkosten von $400 \cdot 10$ GE $= 4000$ GE.

3.2.4 Gleitende wirtschaftliche Losgröße (Stückkostenverfahren)

Das Verfahren der gleitenden wirtschaftlichen Losgröße, oder, wie es auch genannt wird,

das Stückkostenverfahren, hat das Kostenkriterium $C_t = C_{\tau,t}^{St\ddot{u}ck} = \dfrac{K + h \cdot \sum\limits_{j=\tau+1}^{t} (j-\tau) \cdot d_j}{\sum\limits_{j=\tau}^{t} d_j}$ und

das Vergleichskriterium $V_t = C_{\tau,t-1}^{St\ddot{u}ck}$, s. [Herr11]. Damit ergibt die Anwendung des obigen Verfahrens:

τ	t	C_t [GE]	V_t [GE]	Bedarf d_t in Periode τ produzieren?
1	1	$\frac{400+0.2\cdot0\cdot360}{360} = 1.111$	/	/
1	2	$\frac{400+0.2\cdot1\cdot310}{360+310} = 0.689$	1.111	Ja, da $0.689 < 1.111$ ist
1	3	$\frac{400+0.2\cdot1\cdot310+0.2\cdot2\cdot280}{360+310+280} = 0.604$	0.689	Ja, da $0.604 \leq 0.689$ ist
1	4	$\frac{400+0.2\cdot1\cdot310+0.2\cdot2\cdot280+0.2\cdot3\cdot270}{360+310+280+270}$ $= 0.6032$	0.604	Ja, da $0.6032 \leq 0.604$ ist
1	5	$\frac{400+0.2\cdot1\cdot310+0.2\cdot2\cdot280+0.2\cdot3\cdot270}{360+310+280+270}$ $= 0.740$	0.6032	Nein, da $0.740 > 0.6032$ ist.

Los q_1 = 360 Filter + 310 Filter + 280 Filter + 270 Filter = 1220 Filter mit Rüstkosten von 400 GE und Lagerkosten von $0.2 \cdot 1 \cdot 310$ GE + $0.2 \cdot 2 \cdot 280$ GE + $0.2 \cdot 3 \cdot 270$ GE = 336 GE ergeben sich Kosten von 736 GE.

τ	t	C_t [GE]	V_t [GE]	Bedarf d_t in Periode τ produzieren?
5	5	$\frac{400+0.2\cdot1\cdot180}{210+180} = 1.1179$	/	/
5	6	$\frac{400+0.2\cdot1\cdot180+0.2\cdot2\cdot170}{210+180+170} = 0.9003$	1.1179	Ja, da $0.9003 \leq 1.1179$ ist.
5	7	$\frac{400+0.2\cdot1\cdot180+0.2\cdot2\cdot170+0.2\cdot3\cdot160}{210+180+170+160}$ $= 0.8333$	0.9003	Ja, da $0.8333 \leq 0.9003$ ist.
5	8	$\frac{400+0.2\cdot1\cdot180+0.2\cdot2\cdot170}{210+180+170+160+210} +$ $\frac{0.2\cdot3\cdot160+0.2\cdot4\cdot210}{210+180+170+160+210} = 0.825$	0.8333	Ja, da $0.8258 \leq 0.8333$ ist.
5	9	$\frac{400+0.2\cdot1\cdot180+0.2\cdot2\cdot170+0.2\cdot3\cdot160}{210+180+170+160+210+230} +$ $\frac{0.2\cdot4\cdot210+0.2\cdot5\cdot230}{210+180+170+160+210+230} = 0.8603$	0.8258	Nein, da $0.8258 \leq 0.8603$ ist

Los q_5 = 210 Filter + 180 Filter + 170 Filter + 160 Filter + 210 Filter = 930 Filter mit Rüstkosten von 400 GE und Lagerkosten von $0.2 \cdot 1 \cdot 180$ GE + $0.2 \cdot 2 \cdot 170$ GE + $0.2 \cdot 3 \cdot 160$ GE + $0.2 \cdot 4 \cdot 210$ GE = 368 GE ergeben sich Kosten von 768 GE.

Los q_9 = 230 Filter mit Rüstkosten von 400 GE.

Tabelle 98: Lösung durch die gleitende wirtschaftliche Losgröße.

Die Gesamtkosten lauten 736 GE + 768 GE + 400 GE = 1904 GE Geldeinheiten.

3.2.5 Stückperiodenausgleichsverfahren

Das Stückperiodenausgleichsverfahren hat das Kostenkriterium $C_t = \sum\limits_{j=\tau+1}^{t} (j - \tau) \cdot d_j$ und das Vergleichskriterium $V_t = \frac{K}{h}$, s. [Herr11]. Damit ergibt die Anwendung des obigen Verfahrens:

τ	t	C_t [ME]	V_t [ME]	Bedarf d_t in Periode τ produzieren?
1	1	$0 \cdot 360 = 0$	2000	Ja, da $0 \leq 2000$ und $1 < 10$ ist.
1	2	$1 \cdot 310 = 310$	2000	Ja, da $310 \leq 2000$ und $2 < 10$ ist.
1	3	$1 \cdot 310 + 2 \cdot 280 = 870$	2000	Ja, da $870 \leq 2000$ und $3 < 10$ ist
1	4	$1 \cdot 310 + 2 \cdot 280 + 3 \cdot 270 = 1680$	2000	Ja, da $1680 \leq 2000$ und $4 < 10$ ist
1	5	$1 \cdot 310 + 2 \cdot 280 + 3 \cdot 270 + 4 \cdot 210 = 2520$	2000	Nein, da $2520 > 2000$ ist.

Los $q_1 = 360$ Filter $+ 310$ Filter $+ 280$ Filter $+ 270$ Filter $= 1220$ Filter mit Rüstkosten von 400 GE und Lagerkosten von $0.2 \cdot 1 \cdot 310$ GE $+ 0.2 \cdot 2 \cdot 280$ GE $+ 0.2 \cdot 3 \cdot 270$ GE $= 336$ GE ergeben sich Kosten von 736 GE.

τ	t	C_t [ME]	V_t [ME]	Bedarf d_t in Periode τ produzieren?
5	5	$0 \cdot 210 = 0$	2000	Ja, da $0 \leq 2000$ und $5 < 10$ ist
5	6	$1 \cdot 180 = 180$	2000	Ja, da $180 \leq 2000$ und $6 < 10$ ist
5	7	$1 \cdot 180 + 2 \cdot 170 = 520$	2000	Ja, da $520 \leq 2000$ und $7 < 10$ ist
5	8	$1 \cdot 180 + 2 \cdot 170 + 3 \cdot 160 = 1000$	2000	Ja, da $1000 \leq 2000$ und $8 < 10$ ist
5	9	$1 \cdot 180 + 2 \cdot 170 + 3 \cdot 160 + 4 \cdot 210 = 1840$	2000	Ja, da $1840 \leq 2000$ und $9 < 10$ ist
5	10	$1 \cdot 180 + 2 \cdot 170 + 3 \cdot 160 + 4 \cdot 210 + 5 \cdot 230 = 2990$	2000	Nein, da $2990 > 2000$ ist, und letzte Periode

Los $q_5 = 210$ Filter $+ 180$ Filter $+ 170$ Filter $+ 160$ Filter $+ 210$ Filter $= 930$ Filter mit Rüstkosten von 400 GE und Lagerkosten von $0.2 \cdot 1 \cdot 180$ GE $+ 0.2 \cdot 2 \cdot 170$ GE $+ 0.2 \cdot 3 \cdot 160$ GE $+ 0.2 \cdot 4 \cdot 210$ GE $= 368$ GE ergeben sich Kosten von 768 GE.

Los $q_{10} = 230$ Filter mit Rüstkosten von 400 GE.

Tabelle 99: Lösung durch das Stückperiodenausgleichsverfahren.

Die Gesamtkosten lauten 736 GE $+$ 768 GE $+$ 400 GE $=$ 1904 Geldeinheiten.

3.2.6 Verfahren von Groff

Das Verfahren von Groff hat das Kostenkriterium $C_t = d_t \cdot j \cdot (j+1)$ und das Vergleichskriterium $V_t = 2 \cdot \frac{K}{h}$, s. [Herr11]. Damit ergibt die Anwendung des obigen Verfahrens; das Nennen der Einheit von V_t ist eher verwirrend, weswegen darauf verzichtet wird:

τ	t	j	C_t [ME]	V_t [ME]	Bedarf d_t in Periode τ produzieren?
1	1	0	$360 \cdot 0 \cdot 1 = 0$	4000	Ja, da $0 \leq 4000$
1	2	1	$310 \cdot 1 \cdot 2 = 620$	4000	Ja, da $620 \leq 4000$
1	3	2	$280 \cdot 2 \cdot 3 = 1680$	4000	Ja, da $1680 \leq 4000$
1	4	3	$270 \cdot 3 \cdot 4 = 3240$	4000	Ja, da $3240 \leq 4000$
1	5	4	$210 \cdot 4 \cdot 5 = 4200$	4000	Nein, da $4200 > 4000$
Los $q_1 = 360$ Filter$+310$ Filter$+280$ Filter$+270$ Filter $= 1220$ Filter mit Rüstkosten von 400 GE und Lagerkosten von $0.2 \cdot 1 \cdot 310$ GE$+0.2 \cdot 2 \cdot 280$ GE$+0.2 \cdot 3 \cdot 270$ GE $=$ 336 GE ergeben sich Kosten von 736 GE.					
5	5	0	$180 \cdot 0 \cdot 1 = 0$	4000	Ja, da $0 \leq 4000$
5	6	1	$180 \cdot 1 \cdot 2 = 360$	4000	Ja, da $360 \leq 4000$
5	7	2	$170 \cdot 2 \cdot 3 = 1020$	4000	Ja, da $1020 \leq 4000$
5	8	3	$160 \cdot 3 \cdot 4 = 1920$	4000	Ja, da $1920 \leq 4000$
5	9	4	$210 \cdot 4 \cdot 5 = 4200$	4000	Nein, da $4200 > 4000$
Los $q_5 = 210$ Filter$+180$ Filter$+170$ Filter$+160$ Filter $= 720$ Filter mit Rüstkosten von 400 GE und Lagerkosten von $0.2 \cdot 1 \cdot 180$ GE$+0.2 \cdot 2 \cdot 170$ GE$+0.2 \cdot 3 \cdot 160$ GE $=$ 200 GE ergeben sich Kosten von 600 GE.					
9	10	1	$230 \cdot 1 \cdot 2 = 460$	4000	ja, da $460 \leq 4000$, aber hinfällig
Los $q_9 = 230$ Filter $+ 210$ Filter $= 440$ Filter mit Rüstkosten von 400 GE und Lagerkosten von $0.2 \cdot 1 \cdot 230$ GE $= 46$ GE ergeben sich Kosten von 446 GE.					

Tabelle 100: Lösung durch das Verfahren von Groff.

Die Gesamtkosten lauten 736 GE + 600 GE + 446 GE = 1782 Geldeinheiten.

3.2.7 Verfahren der dynamischen Planungsrechnung

Das Verfahren der dynamischen Planungsrechnung hat das Kostenkriterium $C_t = d_t \cdot j \cdot h$ und das Vergleichskriterium $V_t = K$, s. [Herr11]. Damit ergibt die Anwendung des obigen Verfahrens:

τ	t	j	C_t [GE]	V_t [GE]	Bedarf d_t in Periode τ produzieren?
1	1	0	$360 \cdot 0 \cdot 0.2 = 0$	400	Ja, da $0 \leq 400$
1	2	1	$310 \cdot 1 \cdot 0.2 = 62$	400	Ja, da $62 \leq 4000$
1	3	2	$280 \cdot 2 \cdot 0.2 = 112$	400	Ja, da $112 \leq 4000$
1	4	3	$270 \cdot 3 \cdot 0.2 = 162$	400	Ja, da $162 \leq 4000$
1	5	4	$210 \cdot 4 \cdot 0.2 = 168$	400	Ja, da $162 \leq 4000$
1	6	5	$180 \cdot 5 \cdot 0.2 = 180$	400	Ja, da $162 \leq 4000$
1	7	6	$170 \cdot 6 \cdot 0.2 = 204$	400	Ja, da $162 \leq 4000$
1	8	7	$160 \cdot 7 \cdot 0.2 = 224$	400	Ja, da $162 \leq 4000$
1	9	8	$210 \cdot 8 \cdot 0.2 = 336$	400	Ja, da $162 \leq 4000$
1	10	9	$230 \cdot 9 \cdot 0.2 = 414$	400	Nein, da $414 > 400$
Los $q_1 = 360$ Filter $+ 310$ Filter $+ 280$ Filter $+ 270$ Filter $+ 210$ Filter $+ 180$ Filter $+ 170$ Filter $+ 160$ Filter $+ 210$ Filter $= 2150$ Filter mit Rüstkosten von 400 GE und Lagerkosten von $0.2 \cdot 1 \cdot 310$ GE $+ 0.2 \cdot 2 \cdot 280$ GE $+ 0.2 \cdot 3 \cdot 270$ GE $+ 0.2 \cdot 4 \cdot 210$ GE $+ 0.2 \cdot 5 \cdot 180$ GE $+ 0.2 \cdot 6 \cdot 170$ GE $+ 0.2 \cdot 7 \cdot 160$ GE $+ 0.2 \cdot 8 \cdot 210$ GE $= 1448$ GE ergeben sich Kosten von 1848 GE.					
10	10	0	$230 \cdot 0 \cdot 0.2 = 0$	400	Ja, da $0 \leq 400$ ist, und letzte Periode
Los $q_{10} = 230$ Filter mit Rüstkosten von 400 GE.					

Tabelle 101: Lösung durch die dynamische Planungsrechnung.

Die Gesamtkosten lauten 1848 GE $+ 400$ GE $= 2248$ Geldeinheiten.

3.2.8 Verfahren von Silver und Meal

Das Verfahren von Silver und Meal hat das Kostenkriterium $C_t = C_{\tau,t}^{\mathrm{Per}} = \dfrac{K + h \cdot \sum\limits_{j=\tau+1}^{t} (j-\tau) \cdot d_j}{t-\tau+1}$ und das Vergleichskriterium $V_t = C_{\tau,t-1}^{\mathrm{Per}}$, s. [Herr11]. Damit ergibt die Anwendung des obigen Verfahrens:

τ	t	C_t [GE]	V_t [GE]	Bedarf d_t in Periode τ produzieren?
1	1	$\frac{400}{1} = 400$	/	/
1	2	$\frac{400+0.2\cdot1\cdot310}{2} = 231$	400	Ja, da $231 \leq 400$ ist
1	3	$\frac{400+0.2\cdot1\cdot310+0.2\cdot2\cdot280}{3} = 191.33$	231	Ja, da $191.33 \leq 231$ ist
1	4	$\frac{400+0.2\cdot1\cdot310+0.2\cdot2\cdot280+0.2\cdot3\cdot270}{4} =$ 184	191.33	Ja, da $184 \leq 191.33$ ist.
1	5	$\frac{400+0.2\cdot1\cdot310+0.2\cdot2\cdot280}{5} +$ $\frac{0.2\cdot3\cdot270+0.2\cdot4\cdot210}{5} = 180.8$	184	Ja, da $180.8 \leq 184$ ist.
1	6	$\frac{400+0.2\cdot1\cdot310+0.2\cdot2\cdot280}{6} +$ $\frac{0.2\cdot3\cdot270+0.2\cdot4\cdot210+0.2\cdot5\cdot180}{6} = 180.66$	180.8	Ja, da $180.66 \leq 180.8$ ist.
1	7	$\frac{400+0.2\cdot1\cdot310+0.2\cdot2\cdot280+0.2\cdot3\cdot270}{7} +$ $\frac{0.2\cdot4\cdot210+0.2\cdot5\cdot180+0.2\cdot6\cdot170}{7} = 184$	180.66	Nein, da $184 > 180.66$ ist.

Los $q_1 = 360$ Filter $+ 310$ Filter $+ 280$ Filter $+ 270$ Filter $+ 210$ Filter $+ 180$ Filter $= 1610$ Filter mit Rüstkosten von 400 GE und Lagerkosten von $0.2 \cdot 1 \cdot 310$ GE $+ 0.2 \cdot 2 \cdot 280$ GE $+ 0.2 \cdot 3 \cdot 270$ GE $+ 0.2 \cdot 4 \cdot 210$ GE $+ 0.2 \cdot 5 \cdot 180$ GE $= 684$ GE ergeben sich Kosten von 1084 GE.

τ	t	C_t [GE]	V_t [GE]	Bedarf d_t in Periode τ produzieren?
7	7	$\frac{400}{1} = 400$	/	/
7	8	$\frac{400+0.2\cdot1\cdot160}{2} = 216$	400	Ja, da $216 \leq 400$ ist.
7	9	$\frac{400+0.2\cdot1\cdot160+0.2\cdot2\cdot210}{3} = 172$	216	Ja, da $172 \leq 216$ ist.
7	10	$\frac{400+0.2\cdot1\cdot160+0.2\cdot2\cdot210+0.2\cdot3\cdot230}{4} =$ 163.5	100	Nein, da $163.5 > 100$ ist, und letzte Periode

Los $q_7 = 170$ Filter $+ 160$ Filter $+ 210$ Filter $+ 230$ Filter $= 770$ Filter mit Rüstkosten von 400 GE und Lagerkosten von $0.2 \cdot 1 \cdot 160$ GE $+ 0.2 \cdot 2 \cdot 210$ GE $+ 0.2 \cdot 3 \cdot 230$ GE $= 254$ GE ergeben sich Kosten von 654 GE.

Tabelle 102: Lösung durch das Verfahren von Silver und Meal.

Die Gesamtkosten lauten 1084 GE + 654 GE = 1738 Geldeinheiten.

3.2.9 Optimale Lösung

Der optimale Lösungsalgorithmus aus Abschnitt 3.1 löst ein kürzestes Wegproblem zu einem SLULSP als gerichteter und bewerteter Graph, s. ebenfalls Abschnitt 3.1. Wegen der hohen Anzahl an Pfeilen wird auf die Darstellung eines solchen Graphen für dieses Losgrößenproblem verzichtet. Stattdessen enthält die folgende Tabelle die einzelnen Pfeile, mit denen die Abarbeitung des Algorithmus nachvollzogen werden kann. Die erste Spalte enthält die Startknoten und die erste Zeile die Endknoten. Zu einer Kombination aus Start- und Endknoten sind die Kosten des zugehörigen Pfeils angegeben. (Z.B. vom Knoten 7 zum Knoten 9: Das Feld im Schnittpunkt von der Zeile mit 7 in der ersten Spalte und der Spalte mit 9 in der ersten Zeile hat den Wert 432 Geldeinheiten. Dabei handelt es sich um die Kosten für das Los aus den Bedarfen in den Perioden 7 und 8. Folglich ist der Bedarf von Periode 8 eine Periode lang zu lagern, mit Lagerkosten von 32 Geldeinheiten. Mit 400 Geldeinheiten für das Rüsten ergeben sich die genannten 432 Geldeinheiten.)

Die darauffolgenden Tabellen enthalten die Anwendung des optimalen Lösungsalgorithmus aus Abschnitt 3.1.

von\bis	2	3	4	5	6	7	8	9	10	11
1	400	462	574	736	904	1084	1288	1512	1848	2262
2	-	400	456	564	690	834	1004	1196	1490	1858
3	-	-	400	454	538	646	782	942	1194	1516
4	-	-	-	400	442	514	616	744	954	1230
5	-	-	-	-	400	436	504	600	768	998
6	-	-	-	-	-	400	434	498	624	808
7	-	-	-	-	-	-	400	432	516	654
8	-	-	-	-	-	-	-	400	442	534
9	-	-	-	-	-	-	-	-	400	446
10	-	-	-	-	-	-	-	-	-	400

Tabelle 103: Pfeile mit ihren Kosten in Geldeinheiten zur graphischen Darstellung des Losgrößenproblems.

Folgeknoten		$\tau = 1$	$\tau = 2$	$\tau = 3$	$\tau = 4$	$\tau = 5$
t=2	Weg	1→2				
	Kosten	400				
	Summe	<u>400</u>				
t=3	Weg	1→3	1→2→3			
	Kosten	462	400 + 400			
	Summe	<u>462</u>	800			
t=4	Weg	1→4	1→2→4	1→3→4		
	Kosten	574	400 + 456	400 + 462		
	Summe	<u>574</u>	856	862		
t=5	Weg	1→5	1→2→5	1→3→5	1→4→5	
	Kosten	736	400 + 564	462 + 454	574 + 400	
	Summe	<u>736</u>	964	916	974	
t=6	Weg	1→6	1→2→6	1→3→6	1→4→6	1→5→6
	Kosten	904	400 + 690	462 + 538	574 + 442	736 + 400
	Summe	<u>904</u>	1090	1000	1016	1136
t=7	Weg	1→7	1→2→7	1→3→7	1→4→7	1→5→7
	Kosten	1084	400 + 834	462 + 646	574 + 514	736 + 436
	Summe	<u>1084</u>	1234	1108	1088	1172

Tabelle 104: Optimales Lösungsverfahren Teil 1.

Folgeknoten		$\tau = 1$	$\tau = 2$	$\tau = 3$	$\tau = 4$	$\tau = 5$
t=8	Weg	1→8	1→2→8	1→3→8	1→4→8	1→5→8
	Kosten	1288	400+1004	462 + 782	574 + 616	736 + 504
	Summe	1288	1404	1244	<u>1190</u>	1240
t=9	Weg	1→9	1→2→9	1→3→9	1→4→9	1→5→9
	Kosten	1512	400+1196	462 + 942	574 + 744	736 + 600
	Summe	1512	1596	1404	<u>1318</u>	1336
t=10	Weg	1→10	1→2→10	1→3→10	1→4→10	1→5→10
	Kosten	1848	400+1490	462+1194	574 + 954	736 + 768
	Summe	1848	1890	1656	1528	<u>1504</u>
t=11	Weg	1→11	1→2→11	1→3→11	1→4→11	1→5→11
	Kosten	2262	400+1858	462+1516	574+1230	736 + 998
	Summe	2262	2258	1978	1804	1734

Tabelle 105: Optimales Lösungsverfahren Teil 2.

Folgeknoten		$\tau = 6$	$\tau = 7$	$\tau = 8$	$\tau = 9$	$\tau = 10$
t=7	Weg	1→6→7				
	Kosten	904 + 400				
	Summe	1304				
t=8	Weg	1→6→8	1→7→8			
	Kosten	904 + 434	1084+400			
	Summe	1338	1484			
t=9	Weg	1→6→9	1→7→9	1→4		
	Kosten	904 + 498	1084+432	→8→9		
	Summe	1402	1516	1190+400		
				1590		
t=10	Weg	1→6→10	1→7→10	1→8→10	1→9→10	
	Kosten	904 + 624	1084+516	1190+442	1318+400	
	Summe	1528	1600	1632	1718	
t=11	Weg	1→6→11	1→7→11	1→8→11	1→9→11	1→10→11
	Kosten	904 + 808	1084+654	1190+534	1318+446	1504+400
	Summe	<u>1712</u>	1738	1724	1764	1904

Tabelle 106: Optimales Lösungsverfahren Teil 3.

Der optimale Pfad ist damit 1→6→11, aus den zwei Pfeilen und zwar vom Knoten 1 zum Knoten 6 und vom Knoten 6 zum Knoten 11, mit der Bewertung von 1712 Geldeinheiten. Dies bedeutet zwei Lose. Eines, q_1, von 1430 Filter und einer Reichweite von 5 Perioden, also aus den Bedarfen in den Perioden von 1 bis 5, und ein zweites, q_6, von 950 Filter und einer Reichweite von ebenfalls 5 Perioden, also aus den Bedarfen in den Perioden von 6 bis 10. Das erste Los verursacht Lagerkosten von 504 Geldeinheiten und Rüstkosten von 400 Geldeinheiten. Das zweite Los verursacht Lagerkosten von 408 Geldeinheiten und Rüstkosten von ebenfalls 400 Geldeinheiten. Dies erklärt die Gesamtkosten von 1712 Geldeinheiten.

3.2.10 Vergleich der Lösungen

Die in diesem Abschnitt angewendeten sieben Verfahren liefern folgende Gesamtkosten, geordnet nach ihren Kosten: Exakte Losgröße mit Gesamtkosten von 4000 Geldeinheiten, Verfahren der dynamischen Planungsrechnung mit Gesamtkosten von 2248 Geldeinheiten, gleitende wirtschaftliche Losgröße (Stückkostenverfahren) mit Gesamtkosten von 1904 Geldeinheiten, Stückperiodenausgleichsverfahren mit Gesamtkosten von 1904 Geldeinheiten, Verfahren von Groff mit Gesamtkosten von 1782 Geldeinheiten, Verfahren von Silver und Meal mit Gesamtkosten von 1732 Geldeinheiten und dem optimalen Verfahren mit Gesamtkosten von 1712 Geldeinheiten.

Diese Reihenfolge der Losgrößenheuristiken ist nicht repräsentativ. So lassen sich für jede Losgrößenheuristik Beispiele bilden, bei denen diese Losgrößenheuristik geringere Gesamtkosten als jede andere Losgrößenheuristik verursacht. Wemmerlöv zeigte (1981 in [Wemm81] und [Wemm82]), dass die Gesamtkosten beim Anwenden des Silver-Meal- und des Groff-Verfahrens im Mittel nur um etwa 1% über den durch ein optimales Verfahren verursachten Gesamtkosten liegen, und dass die in der Praxis favorisierten Verfahren der gleitenden wirtschaftlichen Losgröße und das Stückperiodenausgleichsverfahren erheblich schlechtere Lösungen ergeben; diese Zusammenfassung ist auch in [Temp03] angegeben und in [Knol85] wurden ähnliche Ergebnisse publiziert. In diesem Zusammenhang ist die in [Bake89] nachgewiesene Aussage interessant, nach der das Groff-Verfahren mit dem Silver-Meal-Verfahren übereinstimmt, sofern die Grenzlagerkosten pro Periode exakt sind.

3.3 Feste Reichweite aus klassischem Losgrößenverfahren

Ein Unternehmen produziert hochwertige Kaffeefilter. Die Bedarfe für die nächsten Perioden sind 350, 550, 300, 250 und 200 Filter. Zum Rüsten des Produktionssystems fallen Rüstkosten K in Höhe von 800 Geldeinheiten (GE) an, und der Lagerkostensatz beträgt 1 Geldeinheit pro Kaffeefilter und Periode.

Aufgabe

Lösen Sie das Problem mit dem klassischen Losgrößenverfahren. Welche grundsätzliche Schwierigkeit tritt auf? Ziehen Sie eine mehrfache Bestellung und eine feste Reichweite in Erwägung.

Lösung

Zur Anwendung des klassischen Losgrößenverfahrens wird eine konstante Bedarfsrate benötigt. Für diese bietet sich der mittlere Bedarf an.

$$d_{mittel} = \frac{1}{n} \sum_{i=1}^{n} d_i = \frac{350 + 550 + 300 + 250 + 200}{5} \text{ Filter} = 330 \text{ Filter.}$$

Die Berechnung der Losgröße mit Hilfe der klassischen Losgrößenformel führt zu

$$q_{opt} = \sqrt{\frac{2 \cdot K \cdot d}{h}} = \sqrt{\frac{2 \cdot 800 \cdot 330}{1}} \text{ Filter} = 726.64 \text{ Filter.}$$

Da der Bedarf zwar deterministisch ist, aber dynamisch schwankt, ist in der Regel innerhalb einer Periode wieder zu bestellen. Dieses Vorgehen führt zu den Bestellungen: zu Beginn von Periode 1 (Bestand von 726.64 Filter − 350 Filter = 376.64 Filter am Ende von Periode 1), innerhalb von Periode 2 und innerhalb von Periode 5 (ziemlich am Anfang). Am Ende von Periode 5 liegt ein Bestand von 529.92 Filtern vor. Es liesen sich die Gesamtkosten im Sinne des klassischen Losgrößenmodells, s. den entsprechenden Abschnitt 2.1, berechnen. Dies erfolgt nicht, da dieses Vorgehen demjenigen beim deterministisch-dynamischem Bedarfsverlauf widerspricht: nämlich der Bestellung zu Periodenbeginn und nicht zu quasi einem beliebigen Zeitpunkt innerhalb einer Periode. Es kann dadurch vermieden werden, indem zu Beginn einer Periode so viele Bestellungen aufgesetzt werden, dass der Bedarf in jedem Fall gedeckt wird, s. [Herr11]. Dies führt zur folgenden Lagerbestandsentwicklung:

- In Periode 1 lautet dann das Los $q_1 = 726.64$ Filter, da 350 Filter $\leq 1 \cdot 726.64$ Filter ist, mit Rüstkosten von 800 GE und Lagerkosten von 376.64 GE aufgrund dem

Restbestand von 726.64 Filter − 350 Filter = 376.64 Filter am Periodenende; also Gesamtkosten von 1176.64 GE.

- Wegen des Bedarfs von 550 Filter in Periode 2 und einem Restbestand von 376.64 Filtern am Periodenanfang (von Periode 2) beträgt der Nettobedarf 550 Filter − 376.64 Filter = 173.36 Filter, der mit einem Los über 726.64 Filter gedeckt wird. Wegen des Restbestands von 376.64 Filter + 726.64 Filter − 550 Filter = 553.28 Filter am Periodenende (von Periode 2), betragen die Lagerkosten 553.28 GE; mit den Rüstkosten von 800 GE ergeben sich Gesamtkosten von 1353.28 GE.

- Der Bedarf von 300 Filtern in Periode 3 wird durch den Restbestand von 553.28 Filtern gedeckt. Dadurch fallen in dieser Periode keine Rüstkosten, sondern nur Lagerkosten von 253.28 GE aufgrund dem Restbestand von 553.28 Filter − 300 Filter = 253.28 Filter am Periodenende an.

- Der Bedarf von 250 Filtern in Periode 4 wird durch den Restbestand von 253.28 Filtern gedeckt. Dadurch fallen in dieser Periode keine Rüstkosten, sondern nur Lagerkosten von 3.28 GE aufgrund dem Restbestand von 253.28 Filter − 250 Filter = 3.28 Filter am Periodenende an.

- Wegen des Bedarfs von 200 Filtern und einem Restbestand von 3.28 Filtern beträgt der Nettobedarf 200 Filter − 3.28 Filter = 196.72 Filter, der mit einem Los über 726.64 Filter gedeckt wird. Wegen des Restbestands von 3.28 Filter + 726.64 Filter − 200 Filter = 529.92 Filter am Periodenende, betragen die Lagerkosten 529.92 GE; mit den Rüstkosten von 800 GE ergeben sich die Gesamtkosten 1329.92 GE.

Daraus ergeben sich insgesamt Gesamtkosten von (1176.64 GE + 1353.28 GE + 253.28 GE + 3.28 GE + 1329.92 GE =) 4116.40 GE.

Das Verfahren mit einer festen Reichweite von n bildet ein Los aus den Bedarfen der nächsten n Perioden. Einen Anhaltspunkt für eine konkrete feste Reichweite ist die Reichweite aufgrund des klassischen Losgrößenverfahrens, die durch seine Zyklusdauer τ bestimmt ist. In diesem Fall eben

$$\tau = \frac{q_{opt}}{d_{Mittel}} \text{ Perioden} = \frac{726.64}{330} = 2.2 \text{ Perioden}.$$

Wegen der Ganzzahligkeit einer festen Reichweite wird auf 2 abgerundet. Damit ergeben sich die folgenden Lose:

- $q_1 = 900$ Filter (zur Deckung der Bedarfe in den Perioden 1 und 2) mit Rüstkosten von 800 GE und Lagerkosten von 550 GE (für die Lagerung von dem Bedarf in

Periode 2 in Periode 1),

- $q_3 = 550$ Filter mit Rüstkosten von 800 GE und Lagerkosten von 250 GE und
- $q_5 = 200$ Filter mit Rüstkosten von 800 GE.

Die Gesamtkosten betragen nun 3200 GE, was eine Verbesserung gegenüber dem vorhergehenden Vorgehen darstellt.

Für die anderen Reichweiten ergeben sich folgende Lose.

- Die feste Reichweite $\tau = 1$, also die bedarfssynchrone Produktion, führt zu den Losen:
  - $q_1 = 350$ Filter mit Rüstkosten von 800 GE,
  - $q_2 = 550$ Filter mit Rüstkosten von 800 GE,
  - $q_3 = 300$ Filter mit Rüstkosten von 800 GE,
  - $q_4 = 250$ Filter mit Rüstkosten von 800 GE und
  - $q_5 = 200$ Filter mit Rüstkosten von 800 GE.

  Die Gesamtkosten betragen 4000 GE.
- Die feste Reichweite $\tau = 3$ führt zu den Losen:
  - $q_1 = 1200$ Filter mit Rüstkosten von 800 GE und Lagerkosten von 1150 GE und
  - $q_4 = 450$ Filter mit Rüstkosten von 800 GE und Lagerkosten von 200 GE.

  Die Gesamtkosten betragen 2950 GE.
- Die feste Reichweite $\tau = 4$ führt zu den Losen:
  - $q_1 = 1450$ Filter mit Rüstkosten von 800 GE und Lagerkosten von 1900 GE und
  - $q_5 = 200$ Filter mit Rüstkosten von 800 GE.

  Die Gesamtkosten betragen 3500 GE.
- Die feste Reichweite $\tau = 5$ führt zu den Losen:
  - $q_1 = 1650$ Filter mit Rüstkosten von 800 GE und Lagerkosten von 2700 GE.

  Die Gesamtkosten betragen 3500 GE.

In diesem Fall wäre ein Aufrunden der Zyklusdauer auf 3 Perioden für das Verfahren mit einer festen Reichweite besser gewesen.

Die optimale Lösung (vom dem dazugehörenden SLUSLP) liefert das Los $q_1 = 900$ Filter mit einer Reichweite von 2 Perioden und Kosten von 1350 GE (Rüstkosten von 800 GE sowie Lagerkosten von 550 GE) sowie das Los $q_3 = 750$ Filter mit einer Reichweite von 3 Perioden und Kosten von 2000 GE (Rüstkosten von 800 GE sowie Lagerkosten von

1200 GE). Die Gesamtkosten betragen 2800 GE. Es sei angemerkt, dass das Verfahren mit einer festen Reichweite oftmals kostengünstige Lose liefert, aber in der Regel keine optimale Losbildung.

3.4 Rollende Planung versus kompletter Planungshorizont

Ein Unternehmen produziert spezielle Kaffeefilter. Die Bedarfe für die nächsten Perioden sind 80, 130 und 105 Filter. Zum Rüsten des Produktionssystems fallen Rüstkosten in Höhe von 150 Geldeinheiten (GE) an, und der Lagerkostensatz beträgt 1 Geldeinheit pro Kaffeefilter und Periode.

Aufgabe

(a) Wie lautet die optimale Lösung?

(b) Zu Beginn der zweiten Periode wird ein Bedarf von 70 Filtern für die vierte Periode bekannt. Wie entwickelt sich dann die optimale Lösung?

(c) Wie lautet die optimale Lösung, sofern zu Beginn bereits alle vier Bedarfe bekannt sind?

(d) Interpretieren Sie das Ergebnis.

(e) Führen Sie diese Untersuchung mit dem Verfahren von Groff sowie dem Verfahren von Silver und Meal durch. Interpretieren Sie das Ergebnis.

Lösung

(a) Die optimale Lösung von dem zugehörigen SLULSP hat die beiden Lose: $q_1 = 80$ Filter – für die Periode 1 – und $q_2 = 235$ Filter – für die Perioden 2 und 3 – mit Gesamtkosten von 150 GE + 150 GE + 105 GE = 405 GE.

(b) Die optimale Lösung von dem zugehörigen SLULSP, für die Bedarfe in den Perioden 2 bis 4, hat die beiden Lose: $q_2 = 130$ Filter – für die Periode 2 – und $q_3 = 175$ Filter – für die Perioden 3 und 4 – mit Kosten von 150 GE + 150 GE + 70 GE = 370 GE. Für alle vier Perioden betragen die Gesamtkosten 150 GE + 150 GE + 150 GE + 70 GE = 520 GE.

(c) Die optimale Lösung über alle vier Perioden hat die beiden Lose: $q_1 = 210$ Filter – für die Perioden 1 und 2 – und $q_3 = 175$ Filter – für die Perioden 3 und 4 – mit

Gesamtkosten von 150 GE + 150 GE + 130 GE + 70 GE = 500 GE.

(d) In dieser rollenden Planung liefert das optimale Verfahren nicht die optimale Lösung beim Vorliegen von vollständigen Informationen, d.h. beim Anwenden von dem optimalen Verfahren auf den kompletten Planungshorizont. Diese Beobachtung ist typisch für die optimale Anwendung von einem optimalen Verfahren in einer rollenden Planung – nicht nur bei der Losgrößenplanung.

(e) Sowohl das Verfahren von Groff als auch das von Silver und Meal bestimmen in der Konstellation nach Teil (a) ein Los über 210 Filter; i.e. $q_1 = 210$ Filter. Dadurch sind die ersten beiden Perioden abgedeckt, weswegen zu Beginn von Periode 3 ein neues Los aufgesetzt wird. Beide Verfahren bestimmen ein Los über 185 Filter; i.e. $q_3 = 175$ Filter. Damit bestimmen beide Verfahren eine optimale Lösung. In einer rollenden Planung kann also eine Heuristik bessere Ergebnisse als ein optimales Verfahren bestimmen. Fallstudie 3.5 vertieft dies und demonstriert, wann ein optimales Verfahren stets eine optimale Lösung in einer rollenden Planungsumgebung bestimmt.

3.5 Entscheidungshorizont beim SLULSP

Ein Unternehmen produziert teure Füllfederhalter. Die tatsächlichen Bedarfe für die nächsten Perioden sind in der nachfolgenden Tabelle 107 angegeben. Zum Rüsten des Produktionssystems fallen Rüstkosten in Höhe von 60 Geldeinheiten (GE) an, und der Lagerkostensatz beträgt 2 Geldeinheiten pro Füllfederhalter und Periode. Der gesamte Planungszeitraum wird rollend geplant (s. auch Fallstudie 3.4) und die Bedarfe sind stets nur über einen Planungshorizont von 3 Monaten bekannt.

Monat	1	2	3	4	5	6	7	8	9
Bedarf [Füllfederhalter]	13	9	8	5	7	12	8	10	9

Tabelle 107: Periodenbedarfe für teure Füllfederhalter.

Aufgabe

(a) Führen Sie die rollende Planung durch, indem Sie jeweils das entsprechende SLULSP lösen oder das Verfahren von Wagner-Whitin anwenden.

(b) Statt einer optimalen Lösung verwenden Sie nun das Verfahren von Silver und Meal.

(c) Gehen Sie davon aus, dass der Bedarf über den gesamten Planungszeitraum von 9 Perioden bekannt ist und ermitteln Sie die optimale Losgröße.

(d) Wenden Sie das Verfahren von Silver und Meal bei Vorliegen des Bedarfs über den gesamten Planungszeitraum von 9 Perioden an.

(e) Vergleichen Sie die Gesamtkosten für die Lose aus den Teilaufgaben (a) bis (d). Interpretieren Sie das Ergebnis.

(f) Bestimmen Sie einen minimalen Planungshorizont, bei dem die optimale Lösung in der rollenden Planung auch optimal bei einer Planung über den gesamten Planungszeitraum (also bei vollständiger Information) ist.

Lösung

Bei der rollenden Planung (s. auch Fallstudie 3.4) sind die Bedarfe nicht über den gesamten Planungszeitraum, sondern stets nur über einen Planungshorizont von 3 Perioden bekannt. Von den berechneten Losen (maximal 3 und minimal 1) wird nur das Los für die jeweils erste Periode umgesetzt. Nach seiner Reichweite beginnt eine neue Losbildung und die Periodenbedarfe werden soweit bekannt gegeben, dass die Periodenbedarfe für die nächsten drei Perioden bekannt sind – sofern noch drei Periodenbedarfe existieren.

(a) Für die ersten 3 Perioden bestimmt die optimale Lösung das Los von $q_1 = 30$ Füllfederhaltern für die erste Periode mit einer Reichweite von 3 Perioden und Kosten von $K_1 = 60 \text{ GE} + 34 \text{ GE} + 16 \text{ GE} = 110 \text{ GE}$.

Für die nächsten 3 Perioden bestimmt die optimale Lösung das Los von $q_4 = 24$ Füllfederhaltern ebenfalls mit einer Reichweite von 3 Perioden und den Kosten von $K_4 = 60 \text{ GE} + 38 \text{ GE} + 24 \text{ GE} = 122 \text{ GE}$.

In der letzten Iteration bestimmt die optimale Lösung für die Perioden 7 bis 9 das Los von $q_7 = 27$ Füllfederhaltern wiederum mit einer Reichweite von 3 Perioden und den Kosten von $K_7 = 60 \text{ GE} + 38 \text{ GE} + 18 \text{ GE} = 116 \text{ GE}$.

Damit sind $K_1 + K_4 + K_7 = 110 \text{ GE} + 122 \text{ GE} + 116 \text{ GE} = 348 \text{ GE}$ die Gesamtkosten.

(b) Das Verfahren von Silver und Meal bestimmt das Los von $q_1 = 30$ Füllfederhaltern für die erste Periode mit einer Reichweite von 3 Perioden und Kosten von $K_1 = 60 \text{ GE} + 34 \text{ GE} + 16 \text{ GE} = 110 \text{ GE}$.

Für die nächsten 3 Perioden bestimmt das Verfahren von Silver und Meal das Los von $q_4 = 12$ Füllfederhaltern nun mit einer Reichweite von 2 Perioden und den Kosten von $K_4 = 60$ GE $+ 14$ GE $= 74$ GE sowie das Los von $q_6 = 12$ Füllfederhaltern. In der nächsten Iteration werden die Perioden 6 bis 8 betrachtet und das Verfahren von Silver und Meal bestimmt das Los von $q_6 = 20$ Füllfederhaltern wiederum mit einer Reichweite von 2 Perioden und Kosten von $K_6 = 60$ GE $+ 16$ GE $= 76$ GE; sowie das Los von $q_8 = 10$ Füllfederhaltern.

In der letzten Iteration werden die Perioden 8 und 9 betrachtet und das Verfahren von Silver und Meal fasst diese beiden Periodenbedarfe zu einem Los von $q_8 = 19$ Füllfederhaltern zusammen. Seine Gesamtkosten betragen $K_8 = 60$ GE $+ 18$ GE $= 78$ GE.

Damit sind die Gesamtkosten: $K_1 + K_4 + K_6 + K_8 = 110$ GE $+ 74$ GE $+ 76$ GE $+ 78$ GE $= 338$ GE.

(c) Die optimale Lösung bestimmt für alle 9 Perioden die Lose von

- $q_1 = 22$ Füllfederhaltern mit einer Reichweite von 2 Perioden und Kosten von $K_1 = 60$ GE $+ 18$ GE $= 78$ GE,

- $q_3 = 20$ Füllfederhaltern mit einer Reichweite von 3 Perioden und Kosten von $K_3 = 60$ GE $+ 24$ GE $+ 14$ GE $= 98$ GE,

- $q_6 = 20$ Füllfederhaltern mit einer Reichweite von 2 Perioden und Kosten von $K_6 = 60$ GE $+ 16$ GE $= 76$ GE und

- $q_8 = 19$ Füllfederhaltern mit einer Reichweite von 2 Perioden und Kosten von $K_8 = 60$ GE $+ 18$ GE $= 78$ GE.

Damit sind $K_1 + K_3 + K_6 + K_8 = 78$ GE $+ 98$ GE $+ 76$ GE $+ 78$ GE $= 330$ GE die Gesamtkosten.

(d) Die Anwendung des Verfahrens von Silver und Meal auf alle 9 Perioden bestimmt die Lose von

- $q_1 = 35$ Füllfederhaltern mit einer Reichweite von 4 Perioden und Kosten von $K_1 = 60$ GE $+ 44$ GE $+ 26$ GE $+ 10$ GE $= 140$ GE,

- $q_5 = 27$ Füllfederhaltern mit einer Reichweite von 3 Perioden und Kosten von $K_5 = 60$ GE $+ 40$ GE $+ 16$ GE $= 116$ GE und

- $q_8 = 19$ Füllfederhaltern mit einer Reichweite von 2 Perioden und Kosten von $K_8 = 60$ GE $+ 18$ GE $= 78$ GE.

Damit sind die Gesamtkosten: $K_1 + K_5 + K_8 = 140$ GE $+ 116$ GE $+ 78$ GE $= 334$ GE.

(e) Die Kosten der Verfahren lauten zusammengefasst:

Optimale Lösung, rollierend	348 GE.
Verfahren von Silver und Meal, rollierend	338 GE.
Verfahren von Silver und Meal, kompletter Horizont	334 GE.
Optimale Lösung, kompletter Horizont	330 GE.

Die unvollständige Information in der rollenden Planung bewirkt Fehlentscheidungen gegenüber dem Vorliegen von vollständiger Information sowohl bei einer optimalen Lösung als auch beim Verfahren von Silver und Meal. Dadurch ist in einer rollenden Planung ein optimales Verfahren einer Heuristik nicht immer überlegen.

(f) Beträgt der Planungshorizont in der rollenden Planungsumgebung mindestens 5 Perioden, so liefert eine optimale Losbildung zugleich das Gesamtoptimum – das in Teil (c) angegeben ist. Da nach Teil (d) die Reichweite der Lose durch das Verfahren von Silver und Meal kleiner als 5 ist, wird die Lösung (in Teil (d)) durch diese rollende Planung von dem Verfahren von Silver und Meal geliefert; insbesondere liefert in dieser rollenden Planung das Verfahren von Silver und Meal kein Optimum.

Jedes SLULSP hat einen Planungshorizont T, bei dem eine optimale Losbildung in einer rollenden Planungsumgebung über wenigstens T Perioden zugleich auch das Gesamtoptimum liefert. Dieses Resultat ist in der Literatur unter der Bezeichnung Entscheidungshorizont-Theorem oder Wagner-Whitin-Planungshorizont-Theorem bekannt. In [Herr09] ist es auch erklärt und dort ist die von Stadler in [Stad00] vorgeschlagene Modifikation skizziert, mit der die optimale Losbildung stets besser als eine (bekannte) Heuristik ist.

4 Einstufige Losplanung mit deterministisch-dynamischem Bedarfsverlauf und beschränkter Kapazität

4.1 Lagerkapazität

Es wird das Unternehmen zur Produktion von besonderen Kaffeefilter in Fallstudie 3.1 betrachtet. Nun ist zusätzlich das Lager durch 74 Kaffeefilter beschränkt. Die anderen Daten bleiben unverändert und lauten: Die Bedarfe für die nächsten Perioden sind 25, 15, 30 und 45 Filter. Zum Rüsten des Produktionssystems fallen Rüstkosten in Höhe von 180 Geldeinheiten (GE) an, und der Lagerkostensatz beträgt 1 Geldeinheit pro Kaffeefilter und Periode.

Aufgabe
Bestimmen Sie eine optimale Lösung.

Lösung
Die Beschränkung des Lagers bedeutet, dass der Lagerbestand am Periodenende durch 74 Kaffeefilter beschränkt ist. Im Optimierungsmodell lässt sich dies durch eine Lagerkapazitätsbedingung abbilden. Mit einer Lagerkapazität von C^I, für den allgemeinen Fall, lautet diese mit dem Lagerbestand am Ende von Perioden t, y_t, und Planungshorizont T – s. Abschnitt 3.1:

$$y_t \leq C^I \ \forall \ 0 \leq t \leq T \qquad \text{Lagerkapazitätsbedingung.}$$

Dieses Modell wird in der Literatur als **I**nventory **C**apacitated **S**ingle-Level **L**ot **S**izing **P**roblem (ICSLLSP) bezeichnet; für Details sei auf [Herr09] verwiesen – insbesondere die Äquivalenz zur Produktionskapazitätsbedingung und Gesetzmäßigkeiten zum ICSLLSP.

Die Model-Beschreibung in ILOG zum SLULSP ist, mit $C = C^I$, um die Restriktion
  forall(t in 1..T){ $y[t] \leq C$;}
zu erweitern.

Für das Zahlenbeispiel ist im Datenfile in ILOG, an einer beliebigen Stelle
  C = 74
einzutragen.

© Springer Fachmedien Wiesbaden GmbH, ein Teil von Springer Nature 2018
F. Herrmann, *Übungsbuch Losbildung und Fertigungssteuerung*,
https://doi.org/10.1007/978-3-658-21567-5_4

Die Lagerkapazitätsbeschränkung bedeutet, dass Kanten im Graph zum SLULSP nicht erlaubt sind. Diese können im Graph zum ICSLLSP durch ∞ bewertet werden; also stets dann, wenn mehr als 74 Filter zu lagern sind, dann, wenn die Losgröße in einer Periode t minus dem Periodenbedarf von t größer als 74 Filter ist. Damit ergibt sich der Graph:

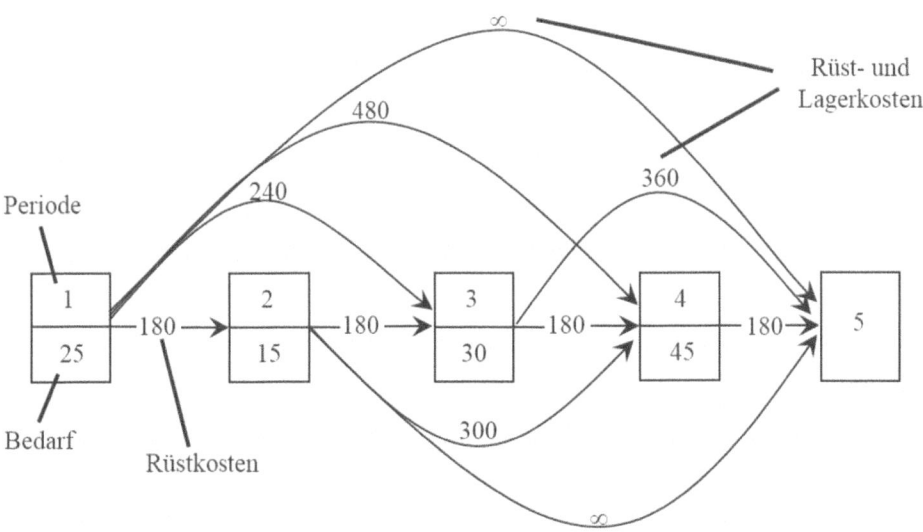

Abbildung 69: Graph zu diesem ICSLLSP - Bedarfe sind in Anzahl an Filtern und die Kosten sind in GE angegeben.

Das Lösungsverfahren zum SLULSP bleibt anwendbar, s. [Herr09], und führt zur folgenden Tabelle (wie im Abschnitt 3.1 beschrieben).

Folgeknoten		$\tau = 1$	$\tau = 2$	$\tau = 3$	$\tau = 4$
t=2	Weg	1→2			
	Kosten [GE]	180			
	Summe	<u>180</u> GE			
t=3	Weg	1→3	1→2→3		
	Kosten [GE]	240	180 + 180		
	Summe	<u>240</u> GE	= 360 GE		
t=4	Weg	1→4	1→2→4	1→3→4	
	Kosten [GE]	480	180 + 300	240 + 180	
	Summe	480 GE	= 480 GE	= <u>420</u> GE	
t=5	Weg	1→5	1→2→5	1→3→5	1→4→5
	Kosten [GE]	∞	∞	240 + 360	420 + 180
	Summe	∞	∞	= <u>600</u> GE	= <u>600</u> GE

Tabelle 108: Anwendung des Lösungsverfahrens zum ICSLLSP auf das Zahlenbeispiel.

Die Beschränkung des Lagers hat keine Auswirkung auf die optimale Lösung, da wieder die gleichen beiden kürzesten Wege, nämlich 1→3→5 und 1→3→4→5, die jeweils Gesamtkosten von 600 GE haben, vorliegen; für Details s. die Fallstudie 3.1.

4.2 Produktionskapazität

Ein Unternehmen produziert hochwertige Kaffeefilter auf einem speziellen Produktionssegment. Die Bedarfe für die nächsten Tage lauten 132, 84, 66 und 138 Filter. Die Rüstkosten betragen 200 Geldeinheiten und die Lagerkosten 1 Geldeinheit je Filter und Tag. Die Bearbeitungszeit pro Filter beträgt 10 Minuten und die Kapazität des Produktionssegments beträgt 23 Stunden (1 Stunde für Wartung).

Aufgabe

Lösen Sie das dazugehörende SLULSP und analysieren Sie die Lösung im Hinblick auf die Kapazität des Produktionssegments. Bestimmen Sie eine Lösung.

Lösung

Die optimale Lösung von dem dazugehörenden SLULSP hat die Lose von $q_1 = 282$ Filter und $q_3 = 138$ Filter; ein Lösungsalgorithmus und eine Lösung mit Hilfe von ILOG ist im Abschnitt 3.1 beschrieben.

Die Kapazität des Produktionssegments von 23 Stunden bedeutet eine maximale Produktionsmenge von 138 Filtern pro Tag. Damit kann das erste Los nicht in der ersten Periode beendet werden. Tatsächlich ist es nach 47 Stunden (h) beendet. Die Abarbeitung mit geringster Verspätung der Bedarfe ist in der Abbildung 70 angegeben. Statt am Ende von Periode 1 kann erst in Periode 3 der Bedarf von Periode 1 gedeckt werden. Es liegt also eine Verspätung von 24 h vor – dies ist in Abbildung 70 als „Lieferzusage vom Vertrieb" visualisiert. Auch der Bedarf von Periode 2 wird verspätet ausgeliefert. Nun beträgt die Verspätung 1 h. Die beiden Bedarfe von den Perioden 3 und 4 werden termingerecht ausgeliefert. Ist die Produktion erst einzulagern und ist dies erst am Periodenende sicher abgeschlossen, so erhöhen sich die Verspätungen um jeweils 23 h auf 2 Perioden bzw. 1 Periode.

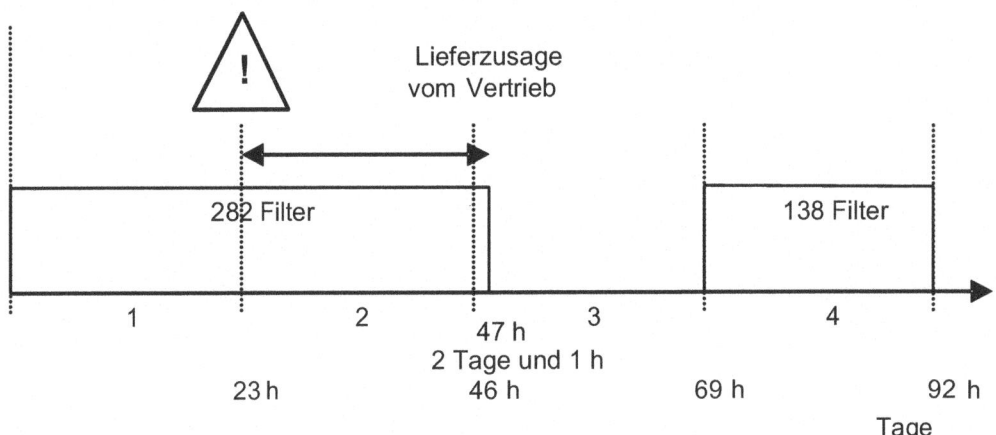

Abbildung 70: Planungsbedingte Terminabweichungen.

Eine bedarfssynchrone Produktion führt zu Losen von $q_1 = 132$ Filter, von $q_2 = 84$ Filter, von $q_3 = 66$ Filter und von $q_4 = 138$ Filter. Alle Lose können innerhalb einer Periode beendet werden, so dass der jeweilige Bedarf am Periodenende gedeckt werden kann. Damit existiert eine Lösung ohne Verspätung.

Ein lineares Optimierungsmodell zu dieser Problemklasse ist in der Literatur unter der Bezeichnung **P**roduction **C**apacitated **S**ingle-Level **L**ot **S**izing **P**roblem (PCSLLSP) angegeben. Es handelt sich um folgende Erweiterungen von dem im Abschnitt 3.1 angegebenen SLUSLP; für Details sei auf [Herr09] verwiesen. Das eine Produkt wird auf einem

Produktionssegment produziert. Zusätzlich – zum SLUSLP – hat es die Parameter:

b Kapazität von dem Produktionssegment in jeder Periode und

tb Bearbeitungszeit für eine Einheit des Produkts auf dem Produktionssegment.

und die Restriktion

$$q_t \cdot tb \leq b \ \forall \ 1 \leq t \leq T \qquad\qquad \text{Produktionskapazitätsbedingung.}$$

Die Modell-Beschreibung in ILOG zum SLULSP ist zu erweitern, um

- die Daten
  float b = ...;   // Verfügbare Kapazität des Produktionssegments.
  float tb = ...;   // Stückbearbeitungszeit des Produkts.
  und

- die Produktionskapazitätsrestriktion
  forall (t in 1..T)
  tb*q[t] <= b;

Für das Zahlenbeispiel ist im Datenfile in ILOG, an einer beliebigen Stelle
  b = 1380;
einzutragen.

Die optimale Lösung ist die bedarfssynchrone Produktion.

In [Herr09] ist das PCSLLSP genauer untersucht worden. So wird darauf eingegangen, dass die Lose einer optimalen Lösung keine feste Reichweite haben müssen, dass das Problem NP-vollständig ist und dass das Entscheidungshorizonttheorem nur in einer schwachen Form gilt. Das PCSLLSP ist ein Spezialfall des kapazitierten Mehrprodukt-losgrößenmodells, welches als Capacitated Lot Sizing Problem (CLSP) bezeichnet wird; für Details sei auf [Herr09] verwiesen. Im Abschnitt „CLSP und Reihenfolgeplanung", also Abschnitt 7.1, befindet sich eine Fallstudie zum CLSP.

5 Mehrstufige Losplanung

5.1 Darstellung des Erzeugniszusammenhangs

Zur Herstellung von einer Einheit des Endproduktes 1 werden zwei Einheiten von den Vorprodukten von 2 und 3 sowie 5 Einheiten von dem Vorprodukt 4 und ein Vorprodukt 5 benötigt. Für das Vorprodukt 2 wird 3-mal das Bauteil 6 verwendet. Das Bauteil 6 besteht aus zwei Einheiten von dem Rohmaterial 8. In das Vorprodukt 3 fließen ein Bauteil 6 und 2 Einheiten von dem Bauteil 7 ein. Das Bauteil 7 besteht aus 2 Einheiten von dem Rohmaterial 9. Das Vorprodukt 4 besteht aus einem Bauteil 6. Für das Vorprodukt 5 wird ein Rohmaterial 9 gebraucht.

Das Endprodukt 11 hat folgenden Aufbau: Es wird ein Vorprodukt 2 sowie 3 Einheiten des Vorproduktes 3 und ein Vorprodukt 4 benötigt.

Aufgabe

(a) Zeichnen Sie für beide Endprodukte die vollständigen Erzeugnisstrukturen (geordnet nach Fertigungsstufen).

(b) Erstellen Sie einen Teileverwendungsnachweis, aus dem hervorgeht, in welchen übergeordneten Produkten ein bestimmtes Produkt eingeht.

(c) Ermitteln Sie für die beschriebenen Erzeugnisstrukturen alle zweistufigen Teilstrukturen und stellen Sie diese graphisch dar.

(d) Geben Sie für beide Endprodukte die Mengenübersichtsstücklisten an.

(e) Stellen Sie die Materialverflechtung als Gozintographen dar.

Lösung

(a) Die vollständigen Erzeugnisstrukturen nach Fertigungsstufen geordnet, werden durch einen Erzeugnisbaum angegeben. Ein solcher Erzeugnisbaum zeigt, welche Mengen von den untergeordneten Teilen in eine Mengeneinheit des jeweiligen direkt übergeordneten Teiles eingehen. Für die beiden Endprodukte sind die jeweiligen Erzeugnisbäume nachfolgend angegeben.

© Springer Fachmedien Wiesbaden GmbH, ein Teil von Springer Nature 2018
F. Herrmann, *Übungsbuch Losbildung und Fertigungssteuerung*,
https://doi.org/10.1007/978-3-658-21567-5_5

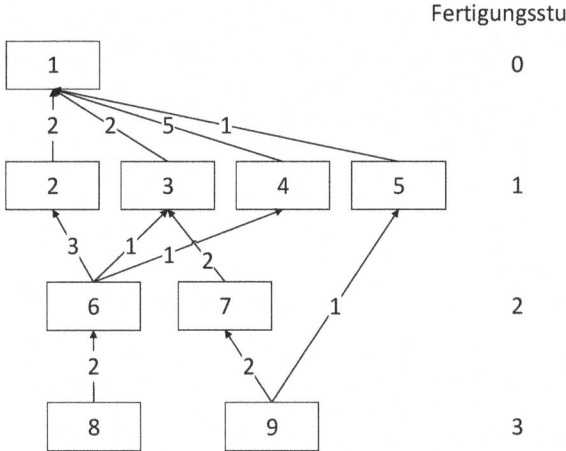

Abbildung 71: Erzeugnisbaum geordnet nach Fertigungsstufen für Endprodukt 1.

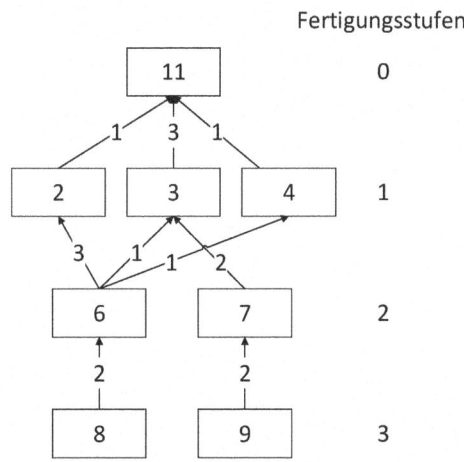

Abbildung 72: Erzeugnisbaum geordnet nach Fertigungsstufen für Endprodukt 11.

(b) Ein Teileverwendungsnachweis gibt Auskunft darüber, in welchen Baugruppen und Endprodukten ein Produkt wie oft vorkommt. Es lautet für die Produkte:

Produkt	wird verwendet in	Anzahl
1	-	-
2	1	2
2	11	1
3	1	2
3	11	3
4	1	5
4	11	1
5	1	1
6	2	3
6	3	1
6	4	1
7	3	2
8	6	2
9	5	1
9	7	2
11	-	-

Tabelle 109: Teileverwendungsnachweis.

(c) Alle zweistufigen Erzeugnisstrukturen sind:

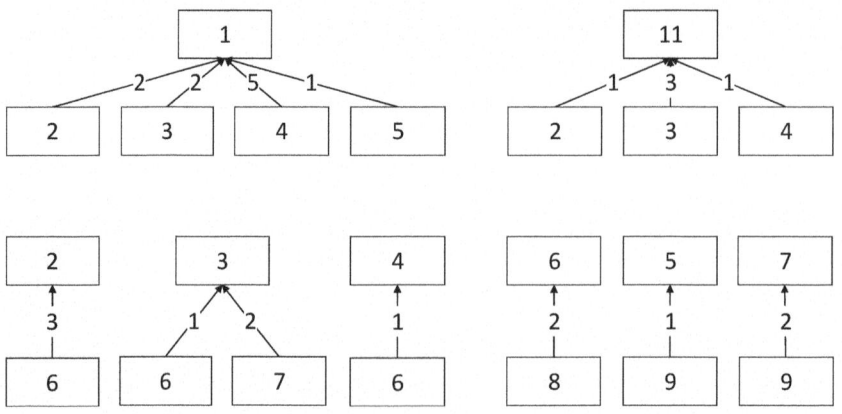

Abbildung 73: Zweistufige Teilestrukturen.

Ihre tabellarische Darstellung heißt Baukastenstückliste.

(d) Eine Mengenübersichtsstückliste gibt Auskunft darüber, wie oft die jeweiligen Vorprodukte in den Endprodukten vorhanden sind. Für den Einkauf gibt es an, wie viele Einzelteile zu beschaffen sind.

Für Endprodukt 1 lautet diese:

Vorprodukt	Menge
2	2
3	2
4	5
5	1
6	$2 \cdot 3 + 1 \cdot 2 + 2 \cdot 5 = 18$
7	$2 \cdot 2 = 4$
8	$2 \cdot (\text{Eingehen von 6 in 1}) = 36$
9	$1 \cdot (\text{Eingehen von 5 in 1}) \text{ und } 2 \cdot (\text{Eingehen von 7 in 1})$ $= 1 + 2 \cdot 4 = 9$

Tabelle 110: Mengenübersichtsstückliste für Endprodukt 1.

Für Endprodukt 11 lautet diese:

Vorprodukt	Menge
2	1
3	3
4	1
6	$2 \cdot 3 + 1 \cdot 2 + 2 \cdot 5 = 18$
7	$2 \cdot 2 = 4$
8	$2 \cdot (\text{Eingehen von 6 in 1}) = 36$
9	$1 \cdot (\text{Eingehen von 5 in 1}) \text{ und } 2 \cdot (\text{Eingehen von 7 in 1})$ $= 1 + 2 \cdot 4 = 8$

Tabelle 111: Mengenübersichtsstückliste für Endprodukt 11.

(e) Ein Gozintograph zeigt in einem Graphen, aus welchen Teilen sich ein oder mehrere Produkte zusammensetzen. Er lautet:

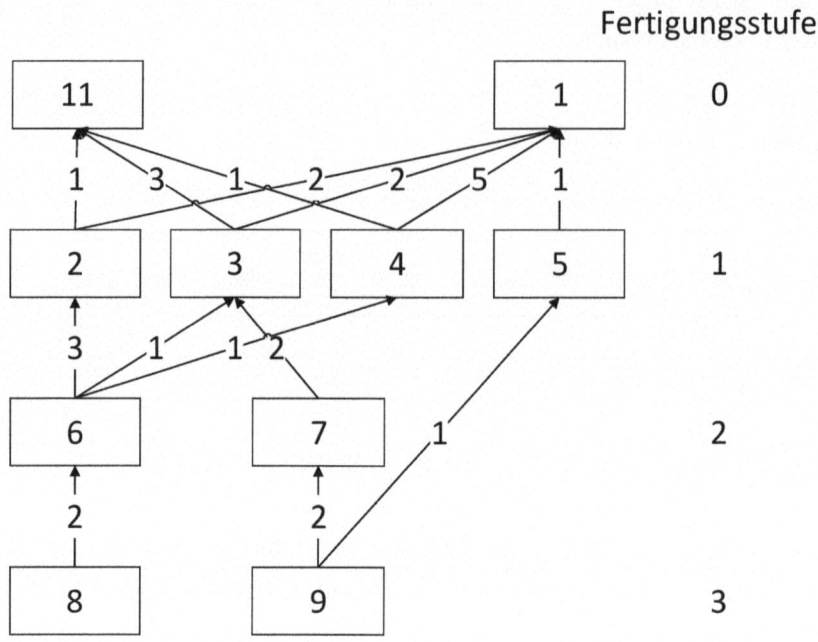

Abbildung 74: Gozintograph.

5.2 Nettobedarfsrechnung

In den folgenden Fallstudien werden die folgenden Parameter und Formeln verwendet; für Details sei auf [Herr09] verwiesen. Sie gelten für den gesamten Abschnitt 5 zur mehrstufigen Losplanung.

Parameter:

k, t	Perioden.
$a_{i,j}$	für die Herstellung von einer Mengeneinheit von Produkt j werden $a_{i,j}$ Mengeneinheiten von Produkt i benötigt; dies heißt Direktbedarfskoeffizient zwischen Produkt i und j.
$Physisch_{k,t}$	physischer Lagerbestand für Produkt k in Periode t.
$Sicher_{k,t}$	Sicherheitsbestand für Produkt k in Periode t.

$Vormerk_{k,t}$ — Vormerkungen bzw. Reservierungen für Produkt k in Periode t.

$Bestell_{k,t}$ — eintreffende Bestellungen für Produkt k in Periode t.

LA_k — Anfangslagerbestand für Produkt k.

$LZ_{k,t}$ — Lagerzugang für Produkt k in Periode t.

$Dispon_{k,t}$ — disponibler Bestand für Produkt k in Periode t.

$Netto_{k,t}$ — Nettobedarf für Produkt k in Periode t.

$Brutto_{k,t}$ — Bruttobedarf für Produkt k in Periode t.

$\mathcal{N}_k$ — Indexmenge der Nachfolger des Produkts k.

$y_{k,t}$ — Sekundärbedarf für Produkt k in Periode t.

$d_{k,t}$ — Primärbedarf für Produkt k in Periode t.

$PB_{k,t}$ — prognostizierter Bedarf für Produkt k in Periode t.

$ZB_{k,t}$ — zusätzlicher Bedarf für Produkt k in Periode t.

Formeln:

Die folgenden Formeln gelten für alle (vorliegenden) k und t.

- Berechnung des Sekundärbedarfes:

$$y_{k,t} = \sum_{j \in \mathcal{N}_k} a_{k,j} \cdot Netto_{j,t}.$$

- Berechnung des physischen Bestandes:
$Physisch_{k,t}$

$$= \begin{cases} \max\{Dispon_{k,t-1} - Brutto_{k,t-1}; 0\} + Sicher_{k,t-1} + Vormerk_{k,t-1}, & t > 0 \\ LA_k, & t = 0. \end{cases}$$

mit $Sicher_{k,0} = 0$ und $Vormerk_{k,0} = 0$.

(Einschub: Damit wird erreicht, dass der Sicherheitsbestand in der ersten Periode t
= 1 bereits im Lagerbestand enthalten ist; das Gleiche gilt für die Vormerkungen.)

- Berechnung des disponiblen Bestandes:
$Dispon_{k,t}$

$$= \begin{cases} Physisch_{k,t} + LZ_{k,t} - Sicher_{k,t} - Vormerk_{k,t} + Bestell_{k,t}, & t > 0 \\ Physisch_{k,0}, & t = 0. \end{cases}$$

- Berechnung des Nettobedarfes:

$$Netto_{k,t} = \max\{Brutto_{k,t} - Dispon_{k,t}; 0\}.$$

- Erweiterte Bruttobedarfsberechnung:

$$Brutto_{k,t} = d_{k,t} + y_{k,t} + PB_{k,t} + ZB_{k,t} \text{ mit } y_{k,t} = \sum_{j \in \mathcal{N}_k} a_{k,j} \cdot Netto_{j,t}.$$

In den nächsten Abschnitten gilt die folgende Konvention: statt 0 Mengeneinheiten wird oftmals „-" geschrieben.

5.2.1 Nettobedarfsrechnung bei einer zweistufigen Produktion

Das Endprodukt 1 setzt sich aus vier Einheiten des Vorproduktes 3 und drei Einheiten des Vorproduktes 4 zusammen. Das Endprodukt 2 besteht aus zwei Einheiten des Vorproduktes 4.

Aufgabe

(a) Stellen Sie die gesamte Materialverflechtung durch einen Gozintographen dar.

(b) Gehen Sie von den folgenden Primärbedarfen in Mengeneinheiten (ME) aus.

Produkt	1	2	3	4
Primärbedarf	80 ME	60 ME	-	-

Tabelle 112: Primärbedarfsmengen für die Produkte 1 - 4.

Ferner hat Produkt 4 einen Anfangslagerbestand von 30 Mengeneinheiten (ME) und sein Sicherheitsbestand beträgt 15 ME.

Bestimmen Sie die Nettobedarfe.

Lösung

(a) Der folgende Gozintograph stellt die gesamte Materialverflechtung dar.

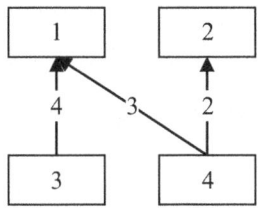

Abbildung 75: Gozintograph.

Damit lauten die Direktbedarfskoeffizienten: $a_{3,1} = 4, a_{4,1} = 3,$ und $a_{4,2} = 2.$

(b) Das Vorgehen wird zunächst exemplarisch primär für die beiden Produkte 1 und 4 erläutert – teilweise ist auch mehr angegeben worden. Das Gesamtergebnis ist in Tabelle 113 angegeben.

Diese Berechnungen erfolgen, wie dies nach der Definition der einzelnen Größen zu erwarten ist, ohne die weiter oben angegebenen Formeln präzise anzuwenden (im Kern die Formeln ohne den Parameter t); dies erfolgt in dem Abschnitt 5.2.2.

Durch den vorgegebenen Anfangslagerbestand und Sicherheitsbestand sind $Physisch_1 = 0$ ME, $Physisch_2 = 0$ ME, $Physisch_3 = 0$ ME und $Physisch_4 = 30$ ME sowie $Sicher_1 = 0$ ME, $Sicher_2 = 0$ ME, $Sicher_3 = 0$ ME und $Sicher_4 = 15$ ME.

Der disponible Bestand ergibt sich, indem vom physischen Bestand der Sicherheitsbestand subtrahiert wird – hier und im Folgenden sind neben den Zahlen auch die zugehörigen Parameter (in Klammern) angegeben:
$Dispon_1 = 0$ ME $(Physisch_1)$ - 0 ME $(Sicher_1)$ = 0 ME.
$Dispon_4 = 30$ ME $(Physisch_4)$ - 15 ME $(Sicher_4)$ = 15 ME.

Durch Aufsummierung der Multiplikationen der Direktbedarfskoeffizienten (i.e. die in die Produkte eingehenden Pfeile) mit den dazugehörenden Nettobedarfen ergeben sich die Sekundärbedarfe:
$y_1 = 0$ ME.
$y_4 = 3\ (a_{4,1}) \cdot 80$ ME $(Netto_1) + 2\ (a_{4,2}) \cdot 60$ ME $(Netto_2) = 360$ ME.

Durch Addition des Primär- und Sekundärbedarfes ergeben sich die Bruttobedarfe:

$Brutto_1 = 80$ ME $(d_1) + 0$ ME $(y_1) = 80$ ME.

$Brutto_4 = 0$ ME $(d_4) + 360$ ME $(y_4) = 360$ ME.

Falls der Bruttobedarf abzüglich des disponiblen Bestandes echt positiv ist, so ergibt sich ein echt positiver Nettobedarf, ansonsten ist dieser Null. Es ergeben sich:

$Netto_1 = 80$ ME $(Brutto_1)$ - 0 ME $(Dispon_1) = 80$ ME.

$Netto_4 = 360$ ME $(Brutto_4)$ - 15 ME $(Dispon_4) = 345$ ME.

Für alle Produkte ergibt sich das in der folgenden Tabelle 113 angegebene Ergebnis:

Produkt	1	2	3	4
Primärbedarf	80 ME	60 ME	-	-
Sekundärbedarf	-	-	320 ME	360 ME
Bruttobedarf	80 ME	60 ME	320 ME	360 ME
Physischer Anfangslagerbestand	-	-	-	30 ME
Sicherheitsbestand	-	-	-	15 ME
Disponibler Lagerbestand	-	-	-	15 ME
Nettobedarf	80 ME	60 ME	320 ME	345 ME

Tabelle 113: Bestände und Bedarfe in Mengeneinheiten.

5.2.2 Erweiterung der Nettobedarfsrechnung bei einer zweistufigen Produktion

Ausgangspunkt ist der Gozintograph aus der vorhergehenden Aufgabe 5.2.1, also:

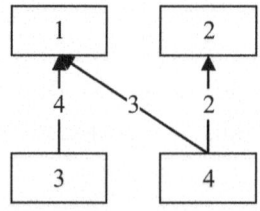

Abbildung 76: Gozintograph.

Aufgabe

Gehen Sie von den folgenden Primärbedarfen in Mengeneinheiten (ME) aus.

Produkt	1	2	3	4
Primärbedarf	80 ME	60 ME	-	-

Tabelle 114: Primärbedarfsmengen für die Produkte 1 - 4.

Bei der Berechnung des Materialbedarfs soll vereinfachend davon ausgegangen werden, dass Mehrverbrauchszuschläge, Einrichtebedarfe usw. nicht anfallen und dass die Losgröße jeweils dem Bedarf in der Periode entspricht. Weiterhin sind folgende Daten gegeben:

Produkte	1	2	3	4
Lageranfangsbestand	100 ME	80 ME	50 ME	30 ME
Sicherheitsbestand	10 ME	20 ME	10 ME	15 ME
Lagerzugang	20 ME	10 ME	20 ME	-
Eintreffende Bestellungen	-	5 ME	10 ME	-

Tabelle 115: Bestände und Bestellungen für die Produkte 1 - 4 in Mengeneinheiten.

Produkt	1	2	3	4
Zusatzbedarf (ZB)	-	-	10 ME	20 ME
Prognostizierter Bedarf (PB)	-	10 ME	-	-
Vormerkungen (Vormerk)	-	10 ME	-	10 ME

Tabelle 116: Bedarf und Vormerkungen für die Produkte 1 - 4 in Mengeneinheiten.

Bestimmen Sie die Nettobedarfe.

Lösung

In diesem Fall werden die Formeln präzise angewandt. Die Formeln erwarten Perioden. Für die Berechnung des Sekundärbedarfs eines Produkts sind die Nettobedarfe seiner eingehenden Komponenten erforderlich. Daher sind die Produkte 1 und 2 als erstes zu betrachten, wobei eine beliebige Reihenfolge möglich ist; Produkt 1 und 2 haben die Dispositionsstufe 0. Anschließend können die Nettobedarfe der Produkte 3 und 4, ebenfalls in einer beliebigen Reihenfolge, berechnet werden; sie haben die Dispositionsstufe 1. Im Folgenden sind neben den Zahlen auch die zugehörigen Parameter angegeben. Die Formeln erwarten Perioden. Die Angaben (in der Aufgabenstellung) implizieren eine Periode, nämlich 1. Die Formeln erwarten zusätzlich die Periode 0. Die Größen für Periode 0 sind Null mit Ausnahme von dem physischen und dem disponiblen Bestand.

Die Durchführung der Berechnung für Produkt 1 ergibt:

$Physisch_{1,0} = LA_1 = 100$ ME.

$Dispon_{1,0} = 100$ ME $(Physisch_{1,0})$.

$y_{1,1} = 0$ ME.

$Brutto_{1,1} = 80$ ME $(d_{1,1})$ + 0 ME $(y_{1,1})$ + 0 ME $(PB_{1,1})$ + 0 ME $(ZB_{1,1})$ = 80 ME.

$Physisch_{1,1} = max\{100$ ME $(Dispon_{1,0})$ - 0 ME $(Brutto_{1,0}); 0\}$ + 0 ME $(Sicher_{1,0})$ + 0 ME $(Vormerk_{1,0})$ = 100 ME.

$Dispon_{1,1} = 100$ ME $(Physisch_{1,1})$ - 10 ME $(Sicher_{1,1})$ - 0 ME $(Vormerk_{1,1})$ + 20 ME $(LZ_{1,1})$ + 0 ME $(Bestell_{1,1})$ = 110 ME.

$Netto_{1,1} = max\{80$ ME $(Brutto_{1,1})$ - 110 ME $(Dispon_{1,1}); 0\}$ = 0 ME.

Die Durchführung der Berechnung für Produkt 2 ergibt:

$Physisch_{2,0} = LA_2 = 80$ ME.

$Dispon_{2,0} = 80$ ME $(Physisch_{2,0})$.

$y_{2,1} = 0$ ME.

$Brutto_{2,1} = 60$ ME $(d_{2,1})$ + 0 ME $(y_{2,1})$ + 10 ME $(PB_{2,1})$ + 0 ME $(ZB_{2,1})$ = 70 ME.

$Physisch_{2,1} = max\{80$ ME $(Dispon_{2,0})$ - 0 ME $(Brutto_{2,0}); 0\}$ + 0 ME $(Sicher_{2,0})$ + 0 ME $(Vormerk_{2,0})$ = 80 ME.

$Dispon_{2,1} = 80$ ME $(Physisch_{2,1})$ - 20 ME $(Sicher_{2,1})$ - 10 ME $(Vormerk_{2,1})$ + 10 ME $(LZ_{2,1})$ + 5 ME $(Bestell_{2,1})$ = 65 ME.

$Netto_{2,1} = max\{70$ ME $(Brutto_{2,1})$ - 65 ME $(Dispon_{2,1}); 0\}$ = 5 ME.

Die Durchführung der Berechnung für Produkt 3 ergibt:

$Physisch_{3,0} = LA_3 = 50$ ME.

$Dispon_{3,0} = 50$ ME $(Physisch_{3,0}) = 50$ ME.

$y_{3,1} = 4$ $(a_{3,1}) \cdot 0$ ME $(Netto_{1,1}) = 0$ ME.

$Brutto_{3,1} = 0$ ME $(d_{3,1}) + 0$ ME $(y_{3,1}) + 0$ ME $(PB_{3,1}) + 10$ ME $(ZB_{3,1}) = 10$ ME.

$Physisch_{3,1} = max\{50$ ME $(Dispon_{3,0})$ - 0 ME $(Brutto_{3,0}); 0\} + 0$ ME $(Sicher_{3,0}) + 0$ ME $(Vormerk_{3,0}) = 50$ ME.

$Dispon_{3,1} = 50$ ME $(Physisch_{3,1})$ - 10 ME $(Sicher_{3,1})$ - 0 ME $(Vormerk_{3,1}) + 20$ ME $(LZ_{3,1}) + 10$ ME $(Bestell_{3,1}) = 70$ ME.

$Netto_{3,1} = max\{10$ ME $(Brutto_{3,1})$ - 70 ME $(Dispon_{3,1}); 0\} = 0$ ME.

Die Durchführung der Berechnung für Produkt 4 ergibt:

$Physisch_{4,0} = LA_4 = 30$ ME.

$Dispon_{4,0} = 30$ ME $(Physisch_{4,0}) = 30$ ME.

$y_{4,1} = 3$ $(a_{4,1}) \cdot 0$ ME $(Netto_{1,1}) + 2$ $(a_{4,2}) \cdot 5$ ME $(Netto_{2,1}) = 10$ ME.

$Brutto_{4,1} = 0$ ME $(d_{4,1}) + 10$ ME $(y_{4,1}) + 0$ ME $(PB_{4,1}) + 20$ ME $(ZB_{4,1}) = 30$ ME.

$Physisch_{4,1} = max\{30$ ME $(Dispon_{4,0})$ - 0 ME $(Brutto_{4,0}); 0\} + 0$ ME $(Sicher_{4,0}) + 0$ ME $(Vormerk_{4,0}) = 30$ ME.

$Dispon_{4,1} = 30$ ME $(Physisch_{4,1})$ - 15 ME $(Sicher_{4,1})$ - 10 ME $(Vormerk_{4,1}) + 0$ ME $(LZ_{4,1}) + 0$ ME $(Bestell_{4,1}) = 5$ ME.

$Netto_{4,1} = max\{30$ ME $(Brutto_{4,1})$ - 5 ME $(Dispon_{4,1}); 0\} = 25$ ME.

Für alle Produkte ergibt sich das in der folgenden Tabelle 117 angegebene Ergebnis:

Produkt	1	2	3	4
Primärbedarf	80 ME	60 ME	-	-
Zusatzbedarf	-	-	10 ME	20 ME
Prognostizierter Bedarf	-	10 ME	-	-
Eintreffende Bestellungen	-	5 ME	10 ME	-
Sekundärbedarf	-	-	-	10 ME
Bruttobedarf	80 ME	70 ME	10 ME	30 ME
Physischer Lagerbestand	100 ME	80 ME	50 ME	30 ME
Lagerzugang	20 ME	10 ME	20 ME	-
Vormerkungen	-	10 ME	-	10 ME
Sicherheitsbestand	10 ME	20 ME	10 ME	15 ME
Disponibler Lagerbestand	110 ME	65 ME	70 ME	5 ME
Nettobedarf	-	5 ME	-	25 ME

Tabelle 117: Bestände und Bedarfe in Mengeneinheiten.

5.2.3 Nettobedarfsrechnung bei einer dreistufigen Produktion

Das Endprodukt 1 setzt sich aus drei Einheiten des Vorproduktes 4 zusammen. Zur Herstellung des Vorproduktes 4 wird eine Einheit des Einzelteils 6 und zwei Einheiten des Einzelteils 7 benötigt. Das Endprodukt 2 hat folgenden Aufbau: Es setzt sich aus fünf Einheiten des Vorproduktes 4 und fünf Einheiten des Vorproduktes 5 zusammen. Das Vorprodukt 5 besteht aus zwei Einheiten des Einzelteils 7 und eine Einheit des Einzelteils 8. Das Endprodukt 3 setzt sich aus drei Einheiten des Vorproduktes 5 zusammen.

Aufgabe

(a) Stellen Sie die gesamte Materialverflechtung durch einen Gozintographen dar.

(b) Gehen Sie von den folgenden Primärbedarfen in Mengeneinheiten (ME) aus.

Produkt	1	2	3	4	5	6	7	8
Primärbedarf	30 ME	60 ME	30 ME	50 ME	50 ME	-	-	-

Tabelle 118: Primärbedarfsmengen für die Produkte 1 - 8.

Ferner hat Produkt 2 einen Anfangslagerbestand von 10 Mengeneinheiten (ME) und sein Sicherheitsbestand beträgt 10 ME, Produkt 3 hat einen Anfangslagerbestand von 15 ME und sein Sicherheitsbestand beträgt 10 ME und schließlich hat Produkt 4 einen Anfangslagerbestand von 10 ME und sein Sicherheitsbestand beträgt 10 ME.

Bestimmen Sie die Nettobedarfe.

Lösung

(a) Der folgende Gozintograph stellt die gesamte Materialverflechtung dar.

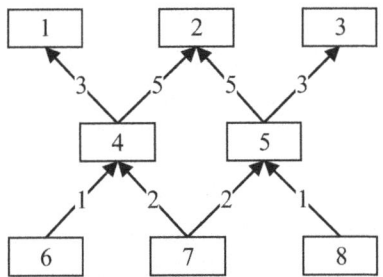

Abbildung 77: Gozintograph.

(b) Diese Berechnungen erfolgen, wie dies nach der Definition der einzelnen Größen zu erwarten ist, ohne die weiter oben angegebenen Formeln präzise anzuwenden (im Kern die Formeln ohne den Parameter t); dies erfolgt in dem Abschnitt 5.2.4. Das Gesamtergebnis ist in Tabelle 119 zusammengefasst.

Die vorgegebenen Anfangslagerbestände und Sicherheitsbestände implizieren $Physisch_2 = 10$ ME, $Physisch_3 = 15$ ME und $Physisch_4 = 10$ ME sowie $Sicher_2 = 10$ ME, $Sicher_3 = 10$ ME und $Sicher_4 = 10$ ME. Für alle anderen Produkte haben diese Parameter den Wert 0.

Durch Aufsummierung der Multiplikationen der Direktbedarfskoeffizienten (i.e. die in die Produkte eingehenden Pfeile) mit den dazugehörenden Nettobedarfen ergeben sich die Sekundärbedarfe – hier und im Folgenden sind neben den Zahlen auch die zugehörigen Parameter angegeben:

$y_1 = 0$ ME.

$y_2 = 0$ ME.

$y_3 = 0$ ME.

$y_4 = 3\ (a_{4,1}) \cdot 30$ ME $(Netto_1) + 5\ (a_{4,2}) \cdot 60$ ME $(Netto_2) = 390$ ME.

$y_5 = 5\ (a_{5,2}) \cdot 60$ ME $(Netto_2) + 3\ (a_{5,3}) \cdot 25$ ME $(Netto_3) = 375$ ME.

$y_6 = 440$ ME $(Netto_4) \cdot 1\ (a_{6,4}) = 440$ ME.

$y_7 = 440$ ME $(Netto_4) \cdot 2\ (a_{7,4}) + 425$ ME $(Netto_5) \cdot 2\ (a_{7,5}) = 1730$ ME.

$y_8 = 425$ ME $(Netto_5) \cdot 1\ (a_{8,5}) = 425$ ME.

Durch Addition des Primär- und Sekundärbedarfes ergeben sich die Bruttobedarfe:

$Brutto_1 = 30$ ME $(d_1) + 0$ ME $(y_1) = 30$ ME.

$Brutto_2 = 60$ ME $(d_2) + 0$ ME $(y_2) = 60$ ME.

$Brutto_3 = 30$ ME $(d_3) + 0$ ME $(y_3) = 30$ ME.

$Brutto_4 = 50$ ME $(d_4) + 390$ ME $(y_4) = 440$ ME.

$Brutto_5 = 50$ ME $(d_5) + 375$ ME $(y_5) = 425$ ME.

$Brutto_6 = 0$ ME $(d_6) + 440$ ME $(y_6) = 440$ ME.

$Brutto_7 = 0$ ME $(d_7) + 1730$ ME $(y_7) = 1730$ ME.

$Brutto_8 = 0$ ME $(d_8) + 425$ ME $(y_8) = 425$ ME.

Der disponible Bestand ergibt sich, indem vom physischen (Anfangs-) Bestand der Sicherheitsbestand subtrahiert wird:

$Dispon_1 = 0$ ME (LA_1) - 0 ME $(Sicher_1) = 0$ ME.

$Dispon_2 = 10$ ME (LA_2) - 10 ME $(Sicher_2) = 0$ ME.

$Dispon_3 = 15$ ME (LA_3) - 10 ME $(Sicher_3) = 5$ ME.

$Dispon_4 = 10$ ME (LA_4) - 10 ME $(Sicher_4) = 0$ ME.

$Dispon_5 = 0$ ME (LA_5) - 0 ME $(Sicher_5) = 0$ ME.

$Dispon_6 = 0$ ME (LA_6) - 0 ME $(Sicher_6) = 0$ ME.

$Dispon_7 = 0$ ME (LA_7) - 0 ME $(Sicher_7) = 0$ ME.

$Dispon_8 = 0$ ME (LA_8) - 0 ME $(Sicher_8) = 0$ ME.

Falls der Bruttobedarf abzüglich des disponiblen Bestandes echt positiv ist, so ergibt sich ein echt positiver Nettobedarf, ansonsten ist dieser Null. Es ergeben sich:

$Netto_1 = 30$ ME $(Brutto_1)$ - 0 ME $(Dispon_1) = 30$ ME.

$Netto_2 = 60$ ME $(Brutto_2)$ - 0 ME $(Dispon_2) = 60$ ME.

$Netto_3 = 30$ ME $(Brutto_3)$ - 5 ME $(Dispon_3) = 25$ ME.

$Netto_4 = 440$ ME ($Brutto_4$) - 0 ME ($Dispon_4$) = 440 ME.

$Netto_5 = 425$ ME ($Brutto_5$) - 0 ME ($Dispon_5$) = 425 ME.

$Netto_6 = 440$ ME ($Brutto_6$) - 0 ME ($Dispon_6$) = 440 ME.

$Netto_7 = 1730$ ME ($Brutto_7$) - 0 ME ($Dispon_7$) = 1730 ME.

$Netto_8 = 425$ ME ($Brutto_8$) - 0 ME ($Dispon_8$) = 425 ME.

Der physische Bestand am Periodenende ergibt sich, indem vom disponiblen Bestand der Bruttobedarf subtrahiert wird (ein negativer Wert wird durch 0 ersetzt) und anschließend der Sicherheitsbestand addiert wird. Wie zu erwarten, ergeben sich die Sicherheitsbestände.

$Physisch_1 = max\{0$ ME ($Dispon_1$) - 30 ME ($Brutto_1$); 0$\} + 0$ ME ($Sicher_2$) = 0 ME.

$Physisch_2 = max\{$ 0 ME ($Dispon_2$) - 60 ME ($Brutto_2$); 0$\} + 10$ ME ($Sicher_2$) = 10 ME.

$Physisch_3 = max\{5$ ME ($Dispon_3$) - 60 ME ($Brutto_3$); 0$\} + 10$ ME ($Sicher_3$) = 10 ME.

$Physisch_4 = max\{0$ ME ($Dispon_4$) - 440 ME ($Brutto_4$); 0$\} + 10$ ME ($Sicher_4$) = 10 ME.

$Physisch_5 = max\{0$ ME ($Dispon_5$) - 425 ME ($Brutto_5$); 0$\} + 0$ ME ($Sicher_5$) = 0 ME.

$Physisch_6 = max\{0$ ME ($Dispon_6$) - 440 ME ($Brutto_6$); 0$\} + 0$ ME ($Sicher_6$) = 0 ME.

$Physisch_7 = max\{0$ME ($Dispon_7$) - 1730 ME ($Brutto_7$); 0$\} + 0$ ME ($Sicher_7$) = 0 ME.

$Physisch_8 = max\{0$ ME ($Dispon_8$) - 425 ME ($Brutto_8$); 0$\} + 0$ ME ($Sicher_8$) = 0 ME.

Es ergeben sich die Sicherheitsbestände, da die Anfangsbestände zu klein sind.

Die folgende Tabelle fasst das Ergebnis zusammen:

Produkt	1	2	3	4	5	6	7	8
Primärbedarf	30	60	30	50	50	-	-	-
Sekundärbedarf	-	-	-	390	375	440	1730	425
Bruttobedarf	30	60	30	440	425	440	1730	425
Physischer Lagerbestand am Periodenende	-	10	10	10	-	-	-	-
Sicherheitsbestand	-	10	10	10	-	-	-	-
Disponibler Lagerbestand	-	-	5	-	-	-	-	-
Nettobedarf	30	60	25	440	425	440	1730	425

Tabelle 119: Bestände und Bedarfe in Mengeneinheiten.

5.2.4 Erweiterung der Nettobedarfsrechnung bei einer dreistufigen Produktion

Ausgangspunkt ist der Gozintograph aus der vorhergehenden Aufgabe 5.2.1, also:

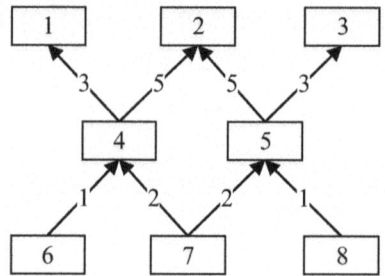

Abbildung 78: Gozintograph.

Aufgabe
Gehen Sie von den folgenden Primärbedarfen in Mengeneinheiten (ME) aus.

Produkt	1	2	3	4	5	6	7	8
Primärbedarf	30 ME	60 ME	30 ME	50 ME	50 ME	-	-	-

Tabelle 120: Primärbedarfsmengen für die Produkte 1 - 8.

Bei der Berechnung des Materialbedarfs soll vereinfachend davon ausgegangen werden, dass Mehrverbrauchszuschläge, Einrichtebedarfe usw. nicht anfallen und dass die Losgröße jeweils dem Bedarf in der Periode entspricht. Weiterhin sind folgende Daten gegeben:

Produkte	1	2	3	4	5	6	7	8
Lageranfangsbestand	20	10	15	10	30	5	20	10
Sicherheitsbestand	-	10	10	10	-	-	20	-
Lagerzugang	15	-	20	20	-	-	20	-
Eintreffende Bestellungen	5	-	30	-	-	-	10	-

Tabelle 121: Bestände und Bestellungen für die Produkte 1 - 8 in Mengeneinheiten.

Produkt	1	2	3	4	5	6	7	8
Zusatzbedarf (ZB)	-	-	-	5	-	5	-	-
Prognostizierter Bedarf (PB)	-	-	10	-	-	-	-	-
Vormerkungen (Vormerk)	-	-	-	-	10	5	10	5

Tabelle 122: Bedarf und Vormerkungen für die Produkte 1 - 8 in Mengeneinheiten.

Bestimmen Sie die Nettobedarfe.

Lösung

In diesem Fall werden die Formeln präzise angewandt. Die Formeln erwarten Perioden.

Da das Endprodukt 1 in kein anderes Produkt (direkt) eingeht, ist seine Dispositionsstufe Null ($u_1 = 0$). Seine Bedarfe und Bestände können berechnet werden und zwar wie folgt.

$Physisch_{1,0} = LA_1 = 20$ ME.

$Dispon_{1,0} = 20$ ME $(Physisch_{1,0}) = 20$ ME.

$y_{1,1} = 0$ ME.

$Brutto_{1,1} = 30$ ME $(d_{1,1}) + 0$ ME $(y_{1,1}) + 0$ ME $(PB_{1,1}) + 0$ ME $(ZB_{1,1}) = 30$ ME.

$Physisch_{1,1} = max\{20 \text{ ME } (Dispon_{1,0}) - 0 \text{ ME } (Brutto_{1,0}); 0\} + 0 \text{ ME } (Sicher_{1,0}) + 0$ ME $(Vormerk_{1,0}) = 20$ ME.

$Dispon_{1,1} = 20 \text{ ME } (Physisch_{1,1}) - 0 \text{ ME } (Sicher_{1,1}) - 0 \text{ ME } (Vormerk_{1,1}) + 15$ ME $(LZ_{1,1}) + 5 \text{ ME } (Bestell_{1,1}) = 40$ ME.

$Netto_{1,1} = max\{30 \text{ ME } (Brutto_{1,1}) - 40 \text{ ME } (Dispon_{1,1}); 0\} = 0$ ME.

Da das Endprodukt 2 in kein anderes Produkt (direkt) eingeht, ist seine Dispositionsstufe Null ($u_2 = 0$). Seine Bedarfe und Bestände können berechnet werden und zwar wie folgt.

$Physisch_{2,0} = LA_2 = 10$ ME.

$Dispon_{2,0} = 10 \text{ ME } (Physisch_{2,0}) = 10$ ME.

$y_{2,1} = 0$ ME.

$Brutto_{2,1} = 60 \text{ ME } (d_{2,1}) + 0 \text{ ME } (y_{2,1}) + 0 \text{ ME } (PB_{2,1}) + 0 \text{ ME } (ZB_{2,1}) = 60$ ME.

$Physisch_{2,1} = max\{10 \text{ ME } (Dispon_{2,0}) - 0 \text{ ME } (Brutto_{2,0}); 0\} + 0 \text{ ME } (Sicher_{2,0}) + 0$ ME $(Vormerk_{2,0}) = 10$ ME.

$Dispon_{2,1} = 10 \text{ ME } (Physisch_{2,1}) - 10 \text{ ME } (Sicher_{2,1}) - 0 \text{ ME } (Vormerk_{2,1}) + 0$ ME $(LZ_{2,1}) + 0 \text{ ME } (Bestell_{2,1}) = 0$ ME.

$Netto_{2,1} = max\{60 \text{ ME } (Brutto_{2,1}) - 0 \text{ ME } (Dispon_{2,1}); 0\} = 60$ ME.

Da das Endprodukt 3 in kein anderes Produkt (direkt) eingeht, ist seine Dispositionsstufe Null ($u_3 = 0$). Seine Bedarfe und Bestände können berechnet werden und zwar wie folgt.

$Physisch_{3,0} = LA_3 = 15$ ME.

$Dispon_{3,0} = 15 \text{ ME } (Physisch_{3,0}) = 15$ ME.

$y_{3,1} = 0$ ME.

$Brutto_{3,1} = 30 \text{ ME } (d_{3,1}) + 0 \text{ ME } (y_{3,1}) + 10 \text{ ME } (PB_{3,1}) + 0 \text{ ME } (ZB_{3,1}) = 40$ ME.

$Physisch_{3,1} = max\{15 \text{ ME } (Dispon_{3,0}) - 0 \text{ ME } (Brutto_{3,0}); 0\} + 0 \text{ ME } (Sicher_{3,0}) + 0$ ME $(Vormerk_{3,0}) = 15$ ME.

$Dispon_{3,1} = 15 \text{ ME } (Physisch_{3,1}) - 10 \text{ ME } (Sicher_{3,1}) - 0 \text{ ME } (Vormerk_{3,1}) + 20$ ME $(LZ_{3,1}) + 30 \text{ ME } (Bestell_{3,1}) = 55$ ME.

$Netto_{3,1} = max\{40 \text{ ME } (Brutto_{3,1}) - 55 \text{ ME } (Dispon_{3,1}); 0\} = 0$ ME.

Da das Produkt 4 in das Produkt 1 und 2 (direkt) eingeht, ist seine Dispositionsstufe

1 ($u_4 = 1$). Weil die Berechnungen für die Produkte auf der Dispositionsstufe 0 abgeschlossen sind, können seine Bedarfe und Bestände berechnet werden und zwar wie folgt.

$Physisch_{4,0} = LA_4 = 10$ ME.

$Dispon_{4,0} = 10$ ME $(Physisch_{4,0}) = 10$ ME.

$y_{4,1} = 3$ $(a_{4,1}) \cdot 0$ ME $(Netto_{1,1}) + 5$ $(a_{4,2}) \cdot 60$ ME $(Netto_{2,1}) = 300$ ME.

$Brutto_{4,1} = 50$ ME $(d_{4,1}) + 300$ ME $(y_{4,1}) + 0$ ME $(PB_{4,1}) + 5$ ME $(ZB_{4,1}) = 355$ ME.

$Physisch_{4,1} = max\{10$ ME $(Dispon_{4,0})$ - 0 ME $(Brutto_{4,0}); 0\} + 0$ ME $(Sicher_{4,0}) + 0$ ME $(Vormerk_{4,0}) = 10$ ME.

$Dispon_{4,1} = 10$ ME $(Physisch_{4,1})$ - 10 ME $(Sicher_{4,1})$ - 0 ME $(Vormerk_{4,1}) + 20$ ME $(LZ_{4,1}) + 0$ ME $(Bestell_{4,1}) = 20$ ME.

$Netto_{4,1} = max\{355$ ME $(Brutto_{4,1})$ - 20 ME $(Dispon_{4,1}); 0\} = 335$ ME.

Da das Produkt 5 in die Produkte 2 und 3 (direkt) eingeht, ist seine Dispositionsstufe 1 ($u_5 = 1$). Weil die Berechnungen für die Produkte auf der Dispositionsstufe 0 abgeschlossen sind, können seine Bedarfe und Bestände berechnet werden und zwar wie folgt.

$Physisch_{5,0} = LA_5 = 30$ ME.

$Dispon_{5,0} = 30$ ME $(Physisch_{5,0}) = 30$ ME.

$y_{5,1} = 5$ $(a_{5,2}) \cdot 60$ ME $(Netto_{2,1}) + 3$ $(a_{5,3}) \cdot 0$ ME $(Netto_{3,1}) = 300$ ME.

$Brutto_{5,1} = 50$ ME $(d_{5,1}) + 300$ ME $(y_{5,1}) + 0$ ME $(PB_{5,1}) + 0$ ME $(ZB_{5,1}) = 350$ ME.

$Physisch_{5,1} = max\{30$ ME $(Dispon_{5,0})$ - 0 ME $(Brutto_{5,0}); 0\} + 0$ ME $(Sicher_{5,0}) + 0$ ME $(Vormerk_{5,0}) = 30$ ME.

$Dispon_{5,1} = 30$ ME $(Physisch_{5,1})$ - 0 ME $(Sicher_{5,1})$ - 10 ME $(Vormerk_{5,1}) + 0$ ME $(LZ_{5,1}) + 0$ ME $(Bestell_{5,1}) = 20$ ME.

$Netto_{5,1} = max\{350$ ME $(Brutto_{5,1})$ - 20 ME $(Dispon_{5,1}); 0\} = 330$ ME.

Da das Produkt 6 in das Produkt 4 (direkt) eingeht und in die Produkte 1 und 2 (indirekt) eingeht, ist seine Dispositionsstufe 2 ($u_6 = 2$). Weil die Berechnungen für die Produkte auf der Dispositionsstufe 1 abgeschlossen sind, können seine Bedarfe und Bestände berechnet werden und zwar wie folgt.

$Physisch_{6,0} = LA_6 = 5$ ME.

$Dispon_{6,0} = 5$ ME $(Physisch_{6,0}) = 5$ ME.

$y_{6,1} = 1$ $(a_{6,4}) \cdot 335$ ME $(Netto_{4,1}) = 335$ ME.

$Brutto_{6,1} = 0$ ME $(d_{6,1}) + 335$ ME $(y_{6,1}) + 0$ ME $(PB_{6,1}) + 5$ ME $(ZB_{6,1}) = 340$ ME.

$Physisch_{6,1} = max\{5$ ME $(Dispon_{6,0})$ - 0 ME $(Brutto_{6,0}); 0\}$ + 0 ME $(Sicher_{6,0})$ + 0 ME $(Vormerk_{6,0})$ = 5 ME.

$Dispon_{6,1} = 5$ ME $(Physisch_{6,1})$ - 0 ME $(Sicher_{6,1})$ - 5 ME $(Vormerk_{6,1})$ + 0 ME $(LZ_{6,1})$ + 0 ME $(Bestell_{6,1})$ = 0 ME.

$Netto_{6,1} = max\{340$ ME $(Brutto_{6,1})$ - 0 ME $(Dispon_{6,1}); 0\}$ = 340 ME.

Da das Produkt 7 in die Produkte 4 und Produkt 5 (direkt) eingeht und in die Produkte 1 bis 3 (indirekt) eingeht, ist seine Dispositionsstufe 2 ($u_7 = 2$). Weil die Berechnungen für die Produkte auf der Dispositionsstufe 1 abgeschlossen sind, können seine Bedarfe und Bestände berechnet werden und zwar wie folgt.

$Physisch_{7,0} = LA_7 = 20$ ME.

$Dispon_{7,0} = 20$ ME $(Physisch_{7,0})$ = 20 ME.

$y_{7,1} = 2\ (a_{7,4}) \cdot 335$ ME $(Netto_{4,1})$ + 2 $(a_{7,5}) \cdot 330$ ME $(Netto_{5,1})$ = 1330 ME.

$Brutto_{7,1} = 0$ ME $(d_{7,1})$ + 1330 ME $(y_{7,1})$ + 0 ME $(PB_{7,1})$ + 0 ME $(ZB_{7,1})$ = 1330 ME.

$Physisch_{7,1} = max\{20$ ME $(Dispon_{7,0})$ - 0 ME $(Brutto_{7,0}); 0\}$ + 0 ME $(Sicher_{7,0})$ + 0 ME $(Vormerk_{7,0})$ = 20 ME.

$Dispon_{7,1} = 20$ ME $(Physisch_{7,1})$ - 20 ME $(Sicher_{7,1})$ - 10 ME $(Vormerk_{7,1})$ + 10 ME $(LZ_{7,1})$ + 10 ME $(Bestell_{7,1})$ = 10 ME.

$Netto_{7,1} = max\{1330$ ME $(Brutto_{7,1})$ - 10 ME $(Dispon_{7,1}); 0\}$ = 1320 ME.

Da das Produkt 8 in das Produkt 5 (direkt) eingeht und in die Produkte 2 und 3 (indirekt) eingeht, ist seine Dispositionsstufe 2 ($u_8 = 2$). Weil die Berechnungen für die Produkte auf der Dispositionsstufe 1 abgeschlossen sind, können seine Bedarfe und Bestände berechnet werden und zwar wie folgt.

$Physisch_{8,0} = LA_8 = 10$ ME.

$Dispon_{8,0} = 10$ ME $(Physisch_{8,0})$ = 10 ME.

$y_{8,1} = 1\ (a_{8,5}) \cdot 330$ ME $(Netto_{5,1})$ = 330 ME.

$Brutto_{8,1} = 0$ ME $(d_{8,1})$ + 330 ME $(y_{8,1})$ + 0 ME $(PB_{8,1})$ + 0 ME $(ZB_{8,1})$ = 330 ME.

$Physisch_{8,1} = max\{10$ ME $(Dispon_{8,0})$ - 0 ME $(Brutto_{8,0}); 0\}$ + 0 ME $(Sicher_{8,0})$ + 0 ME $(Vormerk_{8,0})$ = 10 ME.

$Dispon_{8,1} = 10$ ME $(Physisch_{8,1})$ - 0 ME $(Sicher_{8,1})$ - 5 ME $(Vormerk_{8,1})$ + 10 ME $(LZ_{8,1})$ + 0 ME $(Bestell_{8,1})$ = 15 ME.

$Netto_{8,1} = max\{330$ ME $(Brutto_{8,1})$ - 15 ME $(Dispon_{8,1}); 0\}$ = 315 ME.

Die folgende Tabelle 123 fasst das Ergebnis zusammen:

Produkt	1	2	3	4	5	6	7	8
Primärbedarf	30	60	30	50	50	-	-	-
Prognostizierter Bedarf	-	-	10	-	-	-	-	-
Eintreffende Bestellungen	5	-	30	-	-	-	10	-
Zusatzbedarf	-	-	-	5	-	5	-	-
Sekundärbedarf	-	-	-	300	300	335	1330	330
Bruttobedarf	30	60	40	355	350	340	1330	330
Physischer Lagerbestand	20	10	15	10	30	5	20	10
Lagerzugang	15	-	20	20	-	-	10	10
Vormerkungen	-	-	-	-	10	5	10	5
Sicherheitsbestand	-	10	10	10	-	-	20	-
Disponibler Lagerbestand	40	-	55	20	20	-	10	15
Nettobedarf	-	60	-	335	330	340	1320	315

Tabelle 123: Bestände und Bedarfe in Mengeneinheiten.

5.3 Ermittlung von Planaufträgen

Hierzu wird das Verfahren der programmorientierten Materialbedarfsrechnung, auch kurz als Bedarfsrechnung bezeichnet und häufig durch MRP abgekürzt, verwendet; für Details sei auf [Herr09] verwiesen. Dazu sind die zu Beginn des Abschnitts zur Nettobedarfsrechnung, s. Abschnitt 5.2 angegebenen Parameter und Formeln wie folgt zu ergänzen.

Parameter:
z_k Vorlaufzeit für Produkt k.
$PlAuf_{k,t}$ Planauftrag für Produkt k in Periode t.

Formeln:
Die folgenden Formeln gelten für alle (vorliegenden) k und t.

- Berechnung eines Planauftrages:

$$PlAuf_{k,t-z_k} = Netto_{k,t}.$$

- Erweiterte Bruttobedarfsberechnung:

$$Brutto_{k,t} = d_{k,t} + y_{k,t} + PB_{k,t} + ZB_{k,t} \text{ mit } y_{k,t} = \sum_{j \in \mathcal{N}_k} a_{k,j} \cdot PlAuf_{j,t}.$$

- Berechnung von Dispositionsstufen:

$$u_k = \begin{cases} \max_{j \in \mathcal{N}_k}\{u_j\} + 1, & \mathcal{N}_k \neq \emptyset \quad (untergeordnete Produke) \\ 0, & \mathcal{N}_k = \emptyset \quad (Endprodukte) \end{cases}$$

- Algorithmus

   Durchlaufen von den Dispostionsstufen (u) von 0 bis zur höchsten Dispositionsstufe:

      Für jedes Produkt (k) auf der Dispositionstufe u:

         Durchlaufen von den Perioden (t) von Periode 0 bis zu der Endperiode T:

            Berechnen von $Brutto_{k,t}$, $Dispon_{k,t}$, $Netto_{k,t}$ und $PlAuf_{k,t-z_k}$.

   Ausgabe: Planauftrag ($PlAuf_{k,t}$) für jedes Produkt k in jeder Periode t.

5.3.1 Ermittlung von Planaufträgen bei einer zweistufigen Produktion

Betrachten Sie die in der Fallstudie zur Nettobedarfsrechnung für eine zweistufige Produktion angegebene Materialverflechtung, s. Abschnitt 5.2.1 aus vier Produkten, die in der folgenden Abbildung 79 nochmals dargestellt ist.

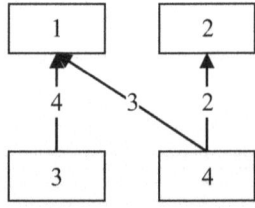

Abbildung 79: Gozintograph.

Für die vier Produkte ist in den nächsten vier Perioden der folgende Primärbedarf zu decken:

Periode	1	2	3	4
Produkt 1	50 ME	60 ME	-	80 ME
Produkt 2	50 ME	40 ME	100 ME	-
Produkt 3	70 ME	-	100 ME	90 ME
Produkt 4	50 ME	90 ME	-	10 ME

Tabelle 124: Primärbedarfsmengen in Mengeneinheiten (ME).

Bei der Berechnung des Materialbedarfs soll vereinfachend davon ausgegangen werden, dass Mehrverbrauchszuschläge, Einrichtebedarfe usw. nicht anfallen und dass die Losgröße jeweils dem Bedarf in der Periode entspricht. Weiterhin sind folgende Daten gegeben:

Produkte	1	2	3	4
Lageranfangsbestand	100 ME	120 ME	80 ME	250 ME
Sicherheitsbestand	40 ME	30 ME	10 ME	60 ME
Vorlaufzeit	1 Periode	1 Periode	2 Perioden	1 Periode

Tabelle 125: Produktdaten für die Produkte 1 - 4.

Periode	1	2	3	4
Produkt 1	-	-	-	10 ME
Produkt 2	-	10 ME	-	-
Produkt 3	-	-	5 ME	-
Produkt 4	-	5 ME	-	10 ME

Tabelle 126: Zusatzbedarf für die Produkte 1 - 4.

Periode	1	2	3	4
Produkt 1	-	-	-	-
Produkt 2	-	10 ME	-	-
Produkt 3	-	-	5 ME	-
Produkt 4		5 ME		

Tabelle 127: Prognostizierter Bedarf für die Produkte 1 - 4.

Periode	1	2	3	4
Produkt 1	-	40 ME	-	-
Produkt 2	-	-	100 ME	-
Produkt 3	-	-	-	-
Produkt 4	-	-	-	-

Tabelle 128: Lagerzugang für die Produkte 1 - 4.

Periode	1	2	3	4
Produkt 1	-	60 ME	-	-
Produkt 2	-	-	50 ME	-
Produkt 3	-	-	-	-
Produkt 4	-	-	-	-

Tabelle 129: Eintreffende Bestellungen für die Produkte 1 - 4.

Periode	1	2	3	4
Produkt 1	-	-	20 ME	-
Produkt 2	-	-	-	20 ME
Produkt 3	-	-	10 ME	-
Produkt 4	-	20 ME	-	30 ME

Tabelle 130: Vormerkungen für die Produkte 1 - 4.

Aufgabe

Welche Produktionsaufträge sind innerhalb der nächsten 4 Perioden freizugeben?

Lösung

Da das Endprodukt 1 in kein anderes Produkt (direkt) eingeht, ist seine Dispositionsstufe Null ($u_1 = 0$). Seine Bedarfe und Bestände sowie Planaufträge können berechnet werden und zwar wie folgt – hier und im Folgenden sind neben den Zahlen auch die zugehörigen Parameter (in Klammern) angegeben.

$y_{1,1} = 0$ ME.

$Brutto_{1,1} = 50$ ME ($d_{1,1}$) + 0 ME ($y_{1,1}$) + 0 ME ($PB_{1,1}$) + 0 ME ($ZB_{1,1}$) = 50 ME.

$Physisch_{1,1} = LA_1 = 100$ ME.

$Dispon_{1,1} = 100$ ME ($Physisch_{1,1}$) - 40 ME ($Sicher_{1,1}$) - 0 ME ($Vormerk_{1,1}$) + 0 ME ($LZ_{1,1}$) + 0 ME ($Bestell_{1,1}$) = 60 ME.

$Netto_{1,1} = max\{50$ ME ($Brutto_{1,1}$) - 60 ME ($Dispon_{1,1}$); 0\} = 0 ME.

$y_{1,2} = 0$ ME.

$Brutto_{1,2} = 60$ ME ($d_{1,2}$) + 0 ME ($y_{1,2}$) + 0 ME ($PB_{1,2}$) + 0 ME ($ZB_{1,2}$) = 60 ME.

$Physisch_{1,2} = max\{60$ ME ($Dispon_{1,1}$) - 50 ME ($Brutto_{1,1}$); 0\} + 40 ME ($Sicher_{1,1}$) + 0 ME ($Vormerk_{1,1}$) = 50 ME.

$Dispon_{1,2} = 50$ ME ($Physisch_{1,2}$) - 40 ME ($Sicher_{1,2}$) - 0 ME ($Vormerk_{1,2}$) + 40 ME ($LZ_{1,2}$) + 60 ME ($Bestell_{1,2}$) = 110 ME.

$Netto_{1,2} = max\{60$ ME ($Brutto_{1,2}$) - 110 ME ($Dispon_{1,2}$); 0\} = 0 ME.

$y_{1,3} = 0$ ME.

$Brutto_{1,3} = 0$ ME ($d_{1,3}$) + 0 ME ($y_{1,3}$) + 0 ME ($PB_{1,3}$) + 0 ME ($ZB_{1,3}$) = 0 ME.

$Physisch_{1,3} = max\{110$ ME ($Dispon_{1,2}$) - 60 ME ($Brutto_{1,2}$); 0\} + 40 ME ($Sicher_{1,2}$) + 0 ME ($Vormerk_{1,2}$) = 90 ME.

$Dispon_{1,3} = 90$ ME ($Physisch_{1,3}$) - 40 ME ($Sicher_{1,3}$) - 20 ME ($Vormerk_{1,3}$) + 0 ME ($LZ_{1,3}$) + 0 ME ($Bestell_{1,3}$) = 30 ME.

$Netto_{1,3} = max\{0$ ME ($Brutto_{1,3}$) - 30 ME ($Dispon_{1,3}$); 0\} = 0 ME.

$y_{1,4} = 0$ ME.

$Brutto_{1,4} = 80$ ME ($d_{1,4}$) + 0 ME ($y_{1,4}$) + 0 ME ($PB_{1,4}$) + 10 ME ($ZB_{1,4}$) = 90 ME.

$Physisch_{1,4} = max\{30$ ME ($Dispon_{1,3}$) - 0 ME ($Brutto_{1,3}$); 0\} + 40 ME ($Sicher_{1,3}$) +

20 ME $(Vormerk_{1,3})$ = 90 ME.

$Dispon_{1,4}$ = 90 ME $(Physisch_{1,4})$ - 40 ME $(Sicher_{1,4})$ - 0 ME $(Vormerk_{1,4})$ + 0 ME $(LZ_{1,4})$ + 0 ME $(Bestell_{1,4})$ = 50 ME.

$Netto_{1,4}$ = $max\{90$ ME $(Brutto_{1,4})$ - 50 ME $(Dispon_{1,4}); 0\}$ = 40 ME.

$PlAuf_{1,3}$ = $Netto_{1,4}$ = 40 ME.

In der folgenden Tabelle ist das Ergebnis zusammengefasst:

Periode	1	2	3	4
Primärbedarf	50 ME	60 ME	-	80 ME
Prognostizierter Bedarf	-	-	-	-
Eintreffende Bestellungen	-	60 ME	-	-
Zusatzbedarf	-	-	-	10 ME
Sekundärbedarf	-	-	-	-
Bruttobedarf	50 ME	60 ME	-	90 ME
Physischer Bestand	100 ME	50 ME	90 ME	90 ME
Lagerzugang	-	40 ME	-	-
Vormerkungen	-	-	20 ME	-
Sicherheitsbestand	40 ME	40 ME	40 ME	40 ME
Disponibler Bestand	60 ME	110 ME	30 ME	50 ME
Nettobedarf	-	-	-	40 ME
Planauftrag	-	-	40 ME	-

Tabelle 131: Bedarfe, Bestände und Planaufträge für Produkt 1.

Da das Endprodukt 2 in kein anderes Produkt (direkt) eingeht, ist seine Dispositions-stufe Null $(u_2 = 0)$. Seine Bedarfe und Bestände sowie Planaufträge können berechnet werden und zwar wie folgt.

$y_{2,1}$ = 0 ME.

$Brutto_{2,1}$ = 50 ME $(d_{2,1})$ + 0 ME $(y_{2,1})$ + 0 ME $(PB_{2,1})$ + 0 ME $(ZB_{2,1})$ = 50 ME.

$Physisch_{2,1}$ = LA_2 = 120 ME.

$Dispon_{2,1}$ = 120 ME $(Physisch_{2,1})$ - 30 ME $(Sicher_{2,1})$ - 0 ME $(Vormerk_{2,1})$ + 0 ME $(LZ_{2,1})$ + 0 ME $(Bestell_{2,1})$ = 90 ME.

$Netto_{2,1} = max\{50 \text{ ME } (Brutto_{2,1})$ - 90 ME $(Dispon_{2,1}); 0\} = 0$ ME.

$y_{2,2} = 0$ ME.

$Brutto_{2,2} = 40 \text{ ME } (d_{2,2}) + 0 \text{ ME } (y_{2,2}) + 10 \text{ ME } (PB_{2,2}) + 10 \text{ ME } (ZB_{2,2}) = 60$ ME.

$Physisch_{2,2} = max\{90 \text{ ME } (Dispon_{2,1})$ - 50 ME $(Brutto_{2,1}); 0\} + 30 \text{ ME } (Sicher_{2,1})$ + 0 ME $(Vormerk_{2,1}) = 70$ ME.

$Dispon_{2,2} = 70 \text{ ME } (Physisch_{2,2})$ - 30 ME $(Sicher_{2,2})$ - 0 ME $(Vormerk_{2,2}) + 0$ ME $(LZ_{2,2}) + 0 \text{ ME } (Bestell_{2,2}) = 40$ ME.

$Netto_{2,2} = max\{60 \text{ ME } (Brutto_{2,2})$ - 40 ME $(Dispon_{2,2}); 0\} = 20$ ME.

$PlAuf_{2,1} = Netto_{2,2} = 20$ ME.

$y_{2,3} = 0$ ME.

$Brutto_{2,3} = 100 \text{ ME } (d_{2,3}) + 0 \text{ ME } (y_{2,3}) + 0 \text{ ME } (PB_{2,3}) + 0 \text{ ME } (ZB_{2,3}) = 100$ ME.

$Physisch_{2,3} = max\{40 \text{ ME } (Dispon_{2,2})$ - 60 ME $(Brutto_{2,2}); 0\} + 30 \text{ ME } (Sicher_{2,2})$ + 0 ME $(Vormerk_{2,2}) = 30$ ME.

$Dispon_{2,3} = 30 \text{ ME } (Physisch_{2,3})$ - 30 ME $(Sicher_{2,3})$ - 0 ME $(Vormerk_{2,3}) + 100$ ME $(LZ_{2,3}) + 50 \text{ ME } (Bestell_{2,3}) = 150$ ME.

$Netto_{2,3} = max\{100 \text{ ME } (Brutto_{2,3})$ - 150 ME $(Dispon_{2,3}); 0\} = 0$ ME.

$y_{2,4} = 0$ ME.

$Brutto_{2,4} = 0 \text{ ME } (d_{2,4}) + 0 \text{ ME } (y_{2,4}) + 0 \text{ ME } (PB_{2,4}) + 0 \text{ ME } (ZB_{2,4}) = 0$ ME.

$Physisch_{2,4} = max\{ 150 \text{ ME } (Dispon_{2,3})$ - 100 ME $(Brutto_{2,3}); 0\} + 30 \text{ ME } (Sicher_{2,3})$ + 0 ME $(Vormerk_{2,3}) = 80$ ME.

$Dispon_{2,4} = 80 \text{ ME } (Physisch_{2,4})$ - 30 ME $(Sicher_{2,4})$ - 20 ME $(Vormerk_{2,4}) + 0$ ME $(LZ_{2,4}) + 0 \text{ ME } (Bestell_{2,4}) = 30$ ME.

$Netto_{2,4} = max\{0 \text{ ME } (Brutto_{2,4})$ - 30 ME $(Dispon_{2,4}); 0\} = 0$ ME.

Periode	1	2	3	4
Primärbedarf	50 ME	40 ME	100 ME	-
Prognostizierter Bedarf	-	10 ME	-	-
Eintreffende Bestellungen	-	-	50 ME	-
Zusatzbedarf	-	10 ME	-	-
Sekundärbedarf	-	-	-	-
Bruttobedarf	50 ME	60 ME	100 ME	-
Physischer Bestand	120 ME	70 ME	30 ME	80 ME
Lagerzugang	-	-	100 ME	-
Vormerkungen	-	-	-	20 ME
Sicherheitsbestand	30 ME	30 ME	30 ME	30 ME
Disponibler Bestand	90 ME	40 ME	150 ME	30 ME
Nettobedarf	-	20 ME	-	-
Planauftrag	20 ME	-	-	-

Tabelle 132: Bedarfe, Bestände und Planaufträge für Produkt 2.

Da das Produkt 3 in das Endprodukt 1 (direkt) eingeht, ist seine Dispositionsstufe 1 ($u_3 = 1$). Da die Berechnungen für die Produkte auf der Dispositionsstufe 0 abgeschlossen sind, können seine Bedarfe und Bestände sowie Planaufträge berechnet werden und zwar wie folgt.

$y_{3,1} = 0$ ME, da $PlAuf_{1,1} = 0$ ist.

$Brutto_{3,1} = 70$ ME $(d_{3,1}) + 0$ ME $(y_{3,1}) + 0$ ME $(PB_{3,1}) + 0$ ME $(ZB_{3,1}) = 70$ ME.

$Physisch_{3,1} = LA_3 = 80$ ME.

$Dispon_{3,1} = 80$ ME $(Physisch_{3,1})$ - 10 ME $(Sicher_{3,1})$ - 0 ME $(Vormerk_{3,1}) + 0$ ME $(LZ_{3,1}) + 0$ ME $(Bestell_{3,1}) = 70$ ME.

$Netto_{3,1} = max\{70$ ME $(Brutto_{3,1})$ - 70 ME $(Dispon_{2,1}); 0\} = 0$ ME.

$y_{3,2} = 0$ ME, da $PlAuf_{1,2} = 0$ ist.

$Brutto_{3,2} = 0$ ME $(d_{3,2}) + 0$ ME $(y_{3,2}) + 0$ ME $(PB_{3,2}) + 0$ ME $(ZB_{3,2}) = 0$ ME.

$Physisch_{3,2} = max\{70$ ME $(Dispon_{3,1})$ - 70 ME $(Brutto_{3,1}); 0\} + 10$ ME $(Sicher_{3,1})$ + 0 ME $(Vormerk_{3,1}) = 10$ ME.

$Dispon_{3,2} = 10$ ME $(Physisch_{3,2})$ - 10 ME $(Sicher_{3,2})$ - 0 ME $(Vormerk_{3,2}) + 0$ ME $(LZ_{3,2}) + 0$ ME $(Bestell_{3,2}) = 0$ ME.

$Netto_{3,2} = max\{0 \text{ ME } (Brutto_{3,2}) - 0 \text{ ME } (Dispon_{2,2}); 0\} = 0 \text{ ME}.$

$y_{3,3} = 4 \ (a_{3,1}) \cdot 40 \text{ ME } (PlAuf_{1,3}) = 160 \text{ ME}.$

$Brutto_{3,3} = 100 \text{ ME } (d_{3,3}) + 160 \text{ ME } (y_{3,3}) + 5 \text{ ME } (PB_{3,3}) + 5 \text{ ME } (ZB_{3,3}) = 270$ ME.

$Physisch_{3,3} = max\{0 \text{ ME } (Dispon_{3,2}) - 0 \text{ ME } (Brutto_{3,2}); 0\} + 10 \text{ ME } (Sicher_{3,2}) +$ $0 \text{ ME } (Vormerk_{3,2}) = 10 \text{ ME}.$

$Dispon_{3,3} = 10 \text{ ME } (Physisch_{3,3}) - 10 \text{ ME } (Sicher_{3,3}) - 10 \text{ ME } (Vormerk_{3,3}) + 0 \text{ ME}$ $(LZ_{3,3}) + 0 \text{ ME } (Bestell_{3,3}) = -10 \text{ ME}.$

$Netto_{3,3} = max\{270 \text{ ME } (Brutto_{3,3}) - (-10) \text{ ME } (Dispon_{2,3}); 0\} = 280 \text{ ME}.$

(Es sei angemerkt: Die Vormerkung ($Vormerk_{3,3}$) erhöht den Nettobedarf um 10 ME.)

$PlAuf_{3,1} = Netto_{3,3} = 280 \text{ ME}.$

$y_{3,4} = 0 \text{ ME}$, da $PlAuf_{1,4} = 0$ ist.

$Brutto_{3,4} = 90 \text{ ME } (d_{3,4}) + 0 \text{ ME } (y_{3,4}) + 0 \text{ ME } (PB_{3,4}) + 0 \text{ ME } (ZB_{3,4}) = 90 \text{ ME}.$

$Physisch_{3,4} = max\{-10 \text{ ME } (Dispon_{3,3}) - 0 \text{ ME } (Brutto_{3,3}); 0\} + 10 \text{ ME } (Sicher_{3,3}) +$ $10 \text{ ME } (Vormerk_{3,3}) = 20 \text{ ME}.$

$Dispon_{3,4} = 20 \text{ ME } (Physisch_{3,4}) - 10 \text{ ME } (Sicher_{3,4}) - 0 \text{ ME } (Vormerk_{3,4}) + 0 \text{ ME}$ $(LZ_{3,4}) + 0 \text{ ME } (Bestell_{3,4}) = 10 \text{ ME}.$

$Netto_{3,4} = max\{90 \text{ ME } (Brutto_{3,4}) - 10 \text{ ME } (Dispon_{2,4}); 0\} = 80 \text{ ME}.$

$PlAuf_{3,2} = Netto_{3,4} = 80 \text{ ME}.$

Periode	1	2	3	4
Primärbedarf	70 ME	-	100 ME	90 ME
Prognostizierter Bedarf	-	-	5 ME	-
Eintreffende Bestellungen	-	-	-	-
Zusatzbedarf	-	-	5 ME	-
Sekundärbedarf	-	-	160 ME	-
Bruttobedarf	70 ME	-	270 ME	90 ME
Physischer Lagerbestand	80 ME	10 ME	10 ME	20 ME
Lagerzugang	-	-	-	-
Vormerkungen	-	-	10 ME	-
Sicherheitsbestand	10 ME	10 ME	10 ME	10 ME
Disponibler Lagerbestand	70 ME	-	-10 ME	10 ME
Nettobedarf	-	-	280 ME	80 ME
Planauftrag	280 ME	80 ME	-	-

Tabelle 133: Bedarfe, Bestände und Planaufträge für Produkt 3.

Da das Produkt 4 in die Endprodukte 1 und 2 (direkt) eingeht, ist seine Dispositionsstufe 1 ($u_4 = 1$). Weil die Berechnungen für die Produkte auf der Dispositionsstufe 0 abgeschlossen sind, können seine Bedarfe und Bestände sowie Planaufträge berechnet werden und zwar wie folgt.

$y_{4,1} = 3$ ($a_{4,1}$) $\cdot$ 0 ME ($PlAuf_{1,1}$) + 2 ($a_{4,2}$) $\cdot$ 20 ME ($PlAuf_{2,1}$) = 40 ME.
$Brutto_{4,1} = 50$ ME ($d_{4,1}$) + 40 ME ($y_{4,1}$) + 0 ME ($PB_{4,1}$) + 0 ME ($ZB_{4,1}$) = 90 ME.
$Physisch_{4,1} = LA_4 = 250$ ME.
$Dispon_{4,1} = 250$ ME ($Physisch_{4,1}$) - 60 ME ($Sicher_{4,1}$) - 0 ME ($Vormerk_{4,1}$) + 0 ME ($LZ_{4,1}$) + 0 ME ($Bestell_{4,1}$) = 190 ME.
$Netto_{4,1} = max\{90$ ME ($Brutto_{4,1}$) - 190 ME ($Dispon_{4,1}$); 0$\}$ = 0 ME.

$y_{4,2} = 0$ ME, da $PlAuf_{1,2} = 0$ und $PlAuf_{2,2} = 0$ sind.
$Brutto_{4,2} = 90$ ME ($d_{4,2}$) + 0 ME ($y_{4,2}$) + 5 ME ($PB_{4,2}$) + 5 ME ($ZB_{4,2}$) = 100 ME.
$Physisch_{4,2} = max\{190$ ME ($Dispon_{4,1}$) - 90 ME ($Brutto_{4,1}$); 0$\}$ + 60 ME ($Sicher_{4,1}$) + 0 ME ($Vormerk_{4,1}$) = 160 ME.
$Dispon_{4,2} = 160$ ME ($Physisch_{4,2}$) - 60 ME ($Sicher_{4,2}$) - 20 ME ($Vormerk_{4,2}$) + 0 ME ($LZ_{4,2}$) + 0 ME ($Bestell_{4,2}$) = 80 ME.

$Netto_{4,2} = max\{100$ ME $(Brutto_{4,2})$ - 80 ME $(Dispon_{4,2}); 0\} = 20$ ME.

$PlAuf_{4,1} = Netto_{4,2} = 20$ ME.

$y_{4,3} = 3$ $(a_{4,1}) \cdot 40$ ME $(PlAuf_{1,3}) + 2$ $(a_{4,2}) \cdot 0$ ME $(PlAuf_{2,3}) = 120$ ME.

$Brutto_{4,3} = 0$ ME $(d_{4,3}) + 120$ ME $(y_{4,3}) + 0$ ME $(PB_{4,3}) + 0$ ME $(ZB_{4,3}) = 120$ ME.

$Physisch_{4,3} = max\{80$ ME $(Dispon_{4,2})$ - 100 ME $(Brutto_{4,2}); 0\} + 60$ ME $(Sicher_{4,2})$ $+ 20$ ME $(Vormerk_{4,2}) = 80$ ME.

$Dispon_{4,3} = 80$ ME $(Physisch_{4,3})$ - 60 ME $(Sicher_{4,3})$ - 0 ME $(Vormerk_{4,3}) + 0$ ME $(LZ_{4,3}) + 0$ ME $(Bestell_{4,3}) = 20$ ME.

$Netto_{4,3} = max\{120$ ME $(Brutto_{4,3})$ - 20 ME $(Dispon_{4,3}); 0\} = 100$ ME.

$PlAuf_{4,2} = Netto_{4,3} = 100$ ME.

$y_{4,4} = 0$ ME, da $PlAuf_{1,4} = 0$ und $PlAuf_{2,4} = 0$ sind.

$Brutto_{4,4} = 10$ ME $(d_{4,4}) + 0$ ME $(y_{4,4}) + 0$ ME $(PB_{4,4}) + 10$ ME $(ZB_{4,4}) = 20$ ME.

$Physisch_{4,4} = max\{20$ ME $(Dispon_{4,3})$ - 120 ME $(Brutto_{4,3}); 0\} + 60$ ME $(Sicher_{4,3})$ $+ 0$ ME $(Vormerk_{4,3}) = 60$ ME.

$Dispon_{4,4} = 60$ ME $(Physisch_{4,4})$ - 60 ME $(Sicher_{4,4})$ - 30 ME $(Vormerk_{4,4}) + 0$ ME $(LZ_{4,4}) + 0$ ME $(Bestell_{4,4}) = -30$ ME.

$Netto_{4,4} = max\{20$ ME $(Brutto_{4,4})$ - (-30) ME $(Dispon_{4,4}); 0\} = 50$ ME.

$PlAuf_{4,3} = Netto_{4,4} = 50$ ME.

Periode	1	2	3	4
Primärbedarf	50 ME	90 ME	-	10 ME
Prognostizierter Bedarf	-	5 ME	-	-
Eintreffende Bestellungen	-	-	-	-
Zusatzbedarf	-	5 ME	-	10 ME
Sekundärbedarf	40 ME	-	120 ME	-
Bruttobedarf	90 ME	100 ME	120 ME	20 ME
Physischer Lagerbestand	250 ME	160 ME	80 ME	60 ME
Lagerzugang	-	-	-	-
Vormerkungen	-	20 ME	-	30 ME
Sicherheitsbestand	60 ME	60 ME	60 ME	60 ME
Disponibler Lagerbestand	190 ME	80 ME	20 ME	-30 ME
Nettobedarf	-	20 ME	100 ME	50 ME
Planauftrag	20 ME	100 ME	50 ME	-

Tabelle 134: Bedarfe, Bestände und Planaufträge für Produkt 4.

Die erzielten Planaufträge sind zu Beginn der jeweiligen Perioden (, in denen sie in den obigen Tabellen angegeben sind,) freizugeben.

5.3.2 Ermittlung von Planaufträgen bei einer dreistufigen Produktion

Betrachten Sie die in der Fallstudie zur Nettobedarfsrechnung für eine dreistufige Produktion angegebene Materialverflechtung, s. Abschnitt 5.2.3 aus acht Produkten, die in der folgenden Abbildung 80 nochmals dargestellt ist.

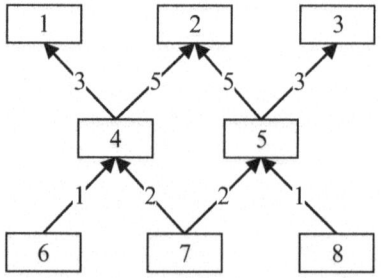

Abbildung 80: Gozintograph.

Gehen Sie von den folgenden Primärbedarfen aus:

Periode	1	2	3	4	5	6
Produkt 1	60 ME	50 ME	-	50 ME	-	50 ME
Produkt 2	60 ME	20 ME	30 ME	-	50 ME	-
Produkt 3	30 ME	20 ME	50 ME	40 ME	-	40 ME
Produkt 4	50 ME	80 ME	40 ME	-	20 ME	70 ME
Produkt 5	50 ME	40 ME	50 ME	20 ME	70 ME	20 ME
Produkt 6	80 ME	10 ME	-	60 ME	40 ME	30 ME
Produkt 7	-	40 ME	20 ME	-	10 ME	50 ME
Produkt 8	30 ME	-	50 ME	20 ME	30 ME	40 ME

Tabelle 135: Primärbedarfsmengen für die Produkte 1 - 8.

Bei der Berechnung des Materialbedarfs soll vereinfachend davon ausgegangen werden, dass Mehrverbrauchszuschläge, Einrichtebedarfe usw. nicht anfallen und dass die Losgröße jeweils dem Bedarf in der Periode entspricht. Weiterhin sind folgende Daten gegeben:

Produkte	1	2	3	4	5	6	7	8
Lageranfangsbestand in Mengeneinheiten	200	150	100	120	150	200	300	150
Sicherheitsbestand in Mengeneinheiten	30	25	50	20	40	30	50	40
Vorlaufzeit in Perioden	1	1	1	1	1	2	2	1

Tabelle 136: Bestände und Vorlaufzeiten für die Produkte 1 - 8.

Periode	1	2	3	4	5	6
Produkt 1	-	-	-	-	-	-
Produkt 2	-	10 ME	-	-	-	-
Produkt 3	-	-	-	-	-	10 ME
Produkt 4	10 ME	-	-	-	10 ME	-
Produkt 5	-	-	-	-	-	-
Produkt 6	-	-	-	-	15 ME	-
Produkt 7	-	-	-	-	20 ME	-
Produkt 8	-	10 ME	20 ME	-	-	-

Tabelle 137: Zusatzbedarf für die Produkte 1 - 8.

Periode	1	2	3	4	5	6
Produkt 1	-	-	-	-	-	-
Produkt 2	-	20 ME	-	-	-	-
Produkt 3	-	-	-	-	-	5 ME
Produkt 4	-	-	-	-	-	-
Produkt 5	-	-	-	10 ME	-	-
Produkt 6	-	-	-	-	-	-
Produkt 7	-	-	-	-	30 ME	-
Produkt 8	-	10 ME	-	-	-	-

Tabelle 138: Prognostizierter Bedarf für die Produkte 1 - 8.

Periode	1	2	3	4	5	6
Produkt 1	-	-	-	50 ME	-	-
Produkt 2	20 ME	-	-	-	-	-
Produkt 3	-	-	50 ME	-	-	-
Produkt 4	20 ME	-	-	-	-	-
Produkt 5	-	-	-	-	80 ME	-
Produkt 6	-	40 ME	-	-	-	-
Produkt 7	-	10 ME	-	-	-	-
Produkt 8	-	-	-	-	-	-

Tabelle 139: Lagerzugang für die Produkte 1 - 8.

Periode	1	2	3	4	5	6
Produkt 1	-	-	-	-	-	-
Produkt 2	30 ME	-	-	-	-	-
Produkt 3	-	-	50 ME	-	-	-
Produkt 4	80 ME	-	-	-	-	-
Produkt 5	-	-	-	-	-	-
Produkt 6	-	60 ME	-	-	-	-
Produkt 7	-	40 ME	-	-	-	-
Produkt 8	-	-	-	-	-	-

Tabelle 140: Eintreffende Bestellungen für die Produkte 1 - 8.

Periode	1	2	3	4	5	6
Produkt 1	-	-	-	-	20 ME	-
Produkt 2	-	-	-	20 ME	-	-
Produkt 3	-	-	20 ME	-	-	-
Produkt 4	-	-	-	10 ME	-	15 ME
Produkt 5	-	30 ME	-	-	-	-
Produkt 6	-	-	-	20 ME	10 ME	-
Produkt 7	20 ME	-	10 ME	-	15 ME	-
Produkt 8	-	20 ME	-	30 ME	-	-

Tabelle 141: Vormerkungen für die Produkte 1 - 8.

Aufgabe

Welche Planaufträge sind innerhalb der nächsten 6 Perioden freizugeben?

Lösung

Nach dem Algorithmus sind zunächst für die Produkte der Dispositionsstufe 0, also die Produkte 1 bis 3 (s. Abbildung 80), dann für die der Dispositionsstufe 1, also die Produkte 4 und 5, sowie für die der Dispositionsstufe 2, also die Produkte 6 bis 8, die Planaufträge zu bestimmen. Innerhalb der Dispositionsstufen ist eine beliebige Reihenfolge möglich, wobei die Produkte nach ihren Nummern sortiert bearbeitet werden. Die Ergebnisse für jedes Produkt sind in einer Tabelle dargestellt.

Periode	1	2	3	4	5	6
Primärbedarf	60 ME	50 ME	-	50 ME	-	50 ME
Prognostizierter Bedarf	-	-	-	-	-	-
Eintreffende Bestellungen	-	-	-	-	-	-
Zusatzbedarf	-	-	-	-	-	-
Sekundärbedarf	-	-	-	-	-	-
Bruttobedarf	60 ME	50 ME	-	50 ME	-	50 ME
Physischer Bestand	200 ME	140 ME	90 ME	90 ME	90 ME	90 ME
Lagerzugang	-	-	-	50 ME	-	-
Vormerkungen	-	-	-	-	20 ME	-
Sicherheitsbestand	30 ME	30 ME	30 ME	30 ME	30 ME	30 ME
Disponibler Bestand	170 ME	110 ME	60 ME	110 ME	40 ME	60 ME
Nettobedarf	-	-	-	-	-	-
Planauftrag	-	-	-	-	-	-

Tabelle 142: Ergebnisse für Produkt 1.

Periode	1	2	3	4	5	6
Primärbedarf	60 ME	20 ME	30 ME	-	50 ME	-
Prognostizierter Bedarf	-	20 ME	-	-	-	-
Eintreffende Bestellungen	30 ME	-	-	-	-	-
Zusatzbedarf	-	10 ME	-	-	-	-
Sekundärbedarf	-	-	-	-	-	-
Bruttobedarf	60 ME	50 ME	30 ME	-	50 ME	-
Physischer Bestand	150 ME	140 ME	90 ME	60 ME	60 ME	25 ME
Lagerzugang	20 ME	-	-	-	-	-
Vormerkungen	-	-	-	20 ME	-	-
Sicherheitsbestand	25 ME	25 ME	25 ME	25 ME	25 ME	25 ME
Disponibler Bestand	175 ME	115 ME	65 ME	15 ME	35 ME	-
Nettobedarf	-	-	-	-	15 ME	-
Planauftrag	-	-	-	15 ME	-	-

Tabelle 143: Ergebnisse für Produkt 2.

Periode	1	2	3	4	5	6
Primärbedarf	30 ME	20 ME	50 ME	40 ME	-	40 ME
Prognostizierter Bedarf	-	-	-	-	-	5 ME
Eintreffende Bestellungen	-	-	50 ME	-	-	-
Zusatzbedarf	-	-	-	-	-	10 ME
Sekundärbedarf	-	-	-	-	-	-
Bruttobedarf	30 ME	20 ME	50 ME	40 ME	-	55 ME
Physischer Bestand	100 ME	70 ME	50 ME	100 ME	60 ME	60 ME
Lagerzugang	-	-	50 ME	-	-	-
Vormerkungen	-	-	20 ME	-	-	-
Sicherheitsbestand	50 ME	50 ME	50 ME	50 ME	50 ME	50 ME
Disponibler Bestand	50 ME	20 ME	80 ME	50 ME	10 ME	10 ME
Nettobedarf	-	-	-	-	-	45 ME
Planauftrag	-	-	-	-	45 ME	-

Tabelle 144: Ergebnisse für Produkt 3.

Periode	1	2	3	4	5	6
Primärbedarf	50 ME	80 ME	40 ME	-	20 ME	70 ME
Prognostizierter Bedarf	-	-	-	-	-	-
Eintreffende Bestellungen	80 ME	-	-	-	-	-
Zusatzbedarf	10 ME	-	-	-	10 ME	-
Sekundärbedarf	-	-	-	75 ME	-	-
Bruttobedarf	60 ME	80 ME	40 ME	75 ME	30 ME	70 ME
Physischer Bestand	120 ME	160 ME	80 ME	40 ME	30 ME	20 ME
Lagerzugang	20 ME	-	-	-	-	-
Vormerkungen	-	-	-	10 ME	-	15 ME
Sicherheitsbestand	20 ME	20 ME	20 ME	20 ME	20 ME	20 ME
Disponibler Bestand	200 ME	140 ME	60 ME	10 ME	10 ME	-15 ME
Nettobedarf	-	-	-	65 ME	20 ME	85 ME
Planauftrag	-	-	65 ME	20 ME	85 ME	-

Tabelle 145: Ergebnisse für Produkt 4.

Periode	1	2	3	4	5	6
Primärbedarf	50 ME	40 ME	50 ME	20 ME	70 ME	20 ME
Prognostizierter Bedarf	-	-	-	10 ME	-	-
Eintreffende Bestellungen	-	-	-	-	-	-
Zusatzbedarf	-	-	-	-	-	-
Sekundärbedarf	-	-	-	75 ME	135 ME	-
Bruttobedarf	50 ME	40 ME	50 ME	105 ME	205 ME	20 ME
Physischer Bestand	150 ME	100 ME	70 ME	40 ME	40 ME	40 ME
Lagerzugang	-	-	-	-	80 ME	-
Vormerkungen	-	30 ME	-	-	-	-
Sicherheitsbestand	40 ME	40 ME	40 ME	40 ME	40 ME	40 ME
Disponibler Bestand	110 ME	30 ME	30 ME	-	80 ME	-
Nettobedarf	-	10 ME	20 ME	105 ME	125 ME	20 ME
Planauftrag	10 ME	20 ME	105 ME	125 ME	20 ME	-

Tabelle 146: Ergebnisse für Produkt 5.

Periode	1	2	3	4	5	6
Primärbedarf	80 ME	10 ME	-	60 ME	40 ME	30 ME
Prognostizierter Bedarf	-	-	-	-	-	-
Eintreffende Bestellungen	-	60 ME	-	-	-	-
Zusatzbedarf	-	-	-	-	15 ME	-
Sekundärbedarf	-	-	65 ME	20 ME	85 ME	-
Bruttobedarf	80 ME	10 ME	65 ME	80 ME	140 ME	30 ME
Physischer Bestand	200 ME	120 ME	210 ME	145 ME	65 ME	40 ME
Lagerzugang	-	40 ME	-	-	-	-
Vormerkungen	-	-	-	20 ME	10 ME	-
Sicherheitsbestand	30 ME	30 ME	30 ME	30 ME	30 ME	30 ME
Disponibler Bestand	170 ME	190 ME	180 ME	95 ME	25 ME	10 ME
Nettobedarf	-	-	-	-	115 ME	20 ME
Planauftrag	-	-	115 ME	20 ME	-	-

Tabelle 147: Ergebnisse für Produkt 6.

Periode	1	2	3	4	5	6
Primärbedarf	-	40 ME	20 ME	-	10 ME	50 ME
Prognostizierter Bedarf	-	-	-	-	30 ME	-
Eintreffende Bestellungen	-	40 ME	-	-	-	-
Zusatzbedarf	-	-	-	-	20 ME	-
Sekundärbedarf	20 ME	40 ME	340 ME	290 ME	210 ME	-
Bruttobedarf	20 ME	80 ME	360 ME	290 ME	270 ME	50 ME
Physischer Bestand	300 ME	280 ME	250 ME	60 ME	50 ME	65 ME
Lagerzugang	-	10 ME	-	-	-	-
Vormerkungen	20 ME	-	10 ME	-	15 ME	-
Sicherheitsbestand	50 ME	50 ME	50 ME	50 ME	50 ME	50 ME
Disponibler Bestand	230 ME	280 ME	190 ME	10 ME	-15 ME	15 ME
Nettobedarf	-	-	170 ME	280 ME	285 ME	35 ME
Planauftrag	170 ME	280 ME	285 ME	35 ME	-	-

Tabelle 148: Ergebnisse für Produkt 7.

Periode	1	2	3	4	5	6
Primärbedarf	30 ME	-	50 ME	20 ME	30 ME	40 ME
Prognostizierter Bedarf	-	10 ME	-	-	-	-
Eintreffende Bestellungen	-	-	-	-	-	-
Zusatzbedarf	-	10 ME	20 ME	-	-	-
Sekundärbedarf	10 ME	20 ME	105 ME	125 ME	20 ME	-
Bruttobedarf	40 ME	40 ME	175 ME	145 ME	50 ME	40 ME
Physischer Bestand	150 ME	110 ME	70 ME	40 ME	70 ME	40 ME
Lagerzugang	-	-	-	-	-	-
Vormerkungen	-	20 ME	-	30 ME	-	-
Sicherheitsbestand	40 ME	40 ME	40 ME	40 ME	40 ME	40 ME
Disponibler Bestand	110 ME	50 ME	30 ME	-30 ME	30 ME	-
Nettobedarf	-	-	145 ME	175 ME	20 ME	40 ME
Planauftrag	-	145 ME	175 ME	20 ME	40 ME	-

Tabelle 149: Ergebnisse für Produkt 8.

5.4 Programmorientierte Materialbedarfsrechnung

Hierzu ist der im Abschnitt zur Ermittlung von Planaufträgen, s. Abschnitt 5.3, angegebene Algorithmus zu erweitern; er wird wie zuvor (programmorientierte Materialbedarfsrechnung) bezeichnet, wobei angegeben wird, mit welchem Verfahren die Losbildung erfolgt. Zur Deutlichkeit wird der vollständige Algorithmus angegeben; für Details sei auf [Herr09] verwiesen:

Algorithmus

Durchlaufen von den Dispostionsstufen (u) von 0 bis zur höchsten Dispositionsstufe:

Für jedes Produkt (k) auf der Dispositionstufe u:

1. Durchlaufen von den Perioden (t) von Periode 0 bis zu der Endperiode T:
   Berechnen $Brutto_{k,t}$, $Dispon_{k,t}$, $Netto_{k,t}$ und $PlAuf_{k,t-z_k}$.
2. Lösen von dem einstufigen Losgrößenproblem aus diesen $PlAuf_{k,t}$; Lose bilden die $PlAuf_{k,t}$.

Ausgabe: Planauftrag ($PlAuf_{k,t}$) für jedes Produkt k in jeder Periode t.

5.4.1 Ermittlung von Losen bei einer zweistufigen Produktion

Betrachten Sie die in der Fallstudie zur Nettobedarfsrechnung für eine zweistufige Produktion angegebene Materialverflechtung, s. Abschnitt 5.2.1 aus vier Produkten, die in der folgenden Abbildung 81 nochmals dargestellt ist.

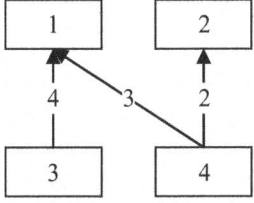

Abbildung 81: Gozintograph.

Gehen Sie von den folgenden Primärbedarfen aus:

200

Periode	1	2	3	4
Produkt 1	50 ME	60 ME	100 ME	80 ME
Produkt 2	50 ME	40 ME	100 ME	100 ME
Produkt 3	-	-	-	-
Produkt 4	-	-	-	-

Tabelle 150: Primärbedarfsmenge für die Produkte 1 - 4; ME für Mengeneinheiten.

Bei der Berechnung des Materialbedarfs soll vereinfachend davon ausgegangen werden, dass Mehrverbrauchszuschläge, Einrichtebedarfe usw. nicht anfallen. Weiterhin sind folgende Daten gegeben:

Produkte	1	2	3	4
Lageranfangsbestand	50 ME	50 ME	-	-
Rüstkostensatz	100 GE	50 GE	750 GE	250 GE
Lagerkostensatz	$1 \frac{GE}{ME \cdot Periode}$	$1 \frac{GE}{ME \cdot Periode}$	$1 \frac{GE}{ME \cdot Periode}$	$1 \frac{GE}{ME \cdot Periode}$
Vorlaufzeit	1 Periode	1 Periode	-	-

Tabelle 151: Produktdaten für die Produkte 1 - 4; GE für Geldeinheiten.

Aufgabe

(a) Berechnen Sie die Lose für die Produkte 1 - 4 mit der programmorientierten Materialbedarfsrechnung und dem Groff-Verfahren für die Losbildung.

(b) Verwenden Sie statt dem Groff-Verfahren für die Lösung der einstufigen Losgrößenprobleme das Verfahren von Wagner-Whitin.

Lösung

(a) Der folgende Gozintograph stellt die gesamte Materialverflechtung einschließlich der Dispositionsstufen dar.

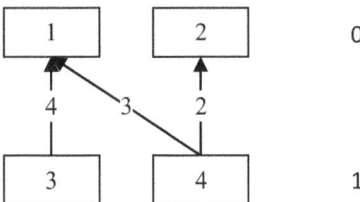

Dispositionsstufe

Abbildung 82: Gozintograph.

Nach dem Algorithmus werden die Produkte nach den Dispositionsstufen und innerhalb einer Dispositionsstufe nach ihren Nummern sortiert bearbeitet; also in der Reihenfolge 1, 2, 3 und 4.

Das Vorgehen zur Ermittlung von Planaufträgen (bzw. terminierten Nettobedarfen) für Produkt 1 ist in der folgenden Tabelle dargestellt. Die Tabelle enthält bereits die Lose, deren Berechnung danach erläutert wird.

Periode	1	2	3	4
Primärbedarf	50 ME	60 ME	100 ME	80 ME
Bruttobedarf	50 ME	60 ME	100 ME	80 ME
Physischer Bestand	50 ME	-	-	-
Disponibler Bestand	50 ME	-	-	-
Nettobedarf	-	60 ME	100 ME	80 ME
Planauftrag (Plauf, terminierter Nettobedarf)	60 ME	100 ME	80 ME	-
Los (Planauftrag)	160 ME	-	80 ME	-

Tabelle 152: Planaufträge und Lose für Produkt 1.

Auf die Planaufträge in den Perioden 1 bis 4 wird das Verfahren von Groff angewendet. Die dazu notwendige Vergleichsgröße $V_{k,t}$ für Produkt 1 ist in jeder Periode t gleich und beträgt:

$$V_{1,t} = 2 \cdot \frac{\text{Rüstkostensatz}}{\text{Lagerkostensatz}} = 2 \cdot \frac{100 \text{ GE}}{1 \dfrac{\text{GE}}{\text{ME} \cdot \text{Periode}}} = 200 \text{ ME}.$$

Nach dem Verfahren von Groff wird die Losreichweite j sukzessiv um Eins erhöht, bis die Vergleichsgröße kleiner als das Kostenkriterium $C_{k,t} = Plauf_{k,t} \cdot j \cdot (j+1)$ ist.

Mit dem Groff-Verfahren ergibt sich folgende Lösung:

k	τ	t	j	$C_{k,t}$ [ME]	$V_{k,t}$ [ME]	Bedarf $d_{k,t}$ in Periode τ produzieren?
1	1	2	1	$100 \cdot 1 \cdot 2 = 200$	200	Ja, da $200 \leq 200$ und $2 < 4$ ist.
1	1	3	2	$80 \cdot 2 \cdot 3 = 480$	200	Nein, da $480 > 200$ ist.
Los q_1= 60 ME + 100 ME = 160 ME mit Rüstkosten von 100 GE und Lagerkosten von $60 \cdot 0 \cdot 1$ GE + $100 \cdot 1 \cdot 1$ GE = 100 GE.						
1	3	4	1	$0 \cdot 1 \cdot 2 = 0$	200	Ja, da $0 \leq 200$ ist. Mit t (=4) = T (=4) terminiert das Verfahren.
Los q_3= 80 ME + 0 ME = 80 ME mit Rüstkosten von 100 GE und Lagerkosten von $80 \cdot 0 \cdot 1$ GE + $0 \cdot 1 \cdot 1$ GE = 0 GE.						

Tabelle 153: Losgrößenberechnung für Produkt 1 nach dem Verfahren von Groff.

Durch die Ermittlung der Losgrößen für das Produkt 1 ändern sich dessen Planauftragsmengen zu 160 ME, 0 ME, 80 ME und 0 ME in den 4 Perioden; s. Tabelle 152.

Genauso wird für Produkt 2 verfahren. Wiederum enthält die folgende Tabelle die Ermittlung von Planaufträgen (bzw. terminierten Nettobedarfen) und zugleich die Lose, deren Berechnung danach erläutert wird.

Periode	1	2	3	4
Primärbedarf	50 ME	40 ME	100 ME	100 ME
Bruttobedarf	50 ME	40 ME	100 ME	100 ME
Physischer Bestand	50 ME	-	-	-
Disponibler Bestand	50 ME	-	-	-
Nettobedarf	-	40 ME	100 ME	100 ME
Planauftrag (Plauf, terminierter Nettobedarf)	40 ME	100 ME	100 ME	-
Los (Planauftrag)	40 ME	100 ME	100 ME	-

Tabelle 154: Planaufträge und Lose für Produkt 2.

Die periodenunabhängige Vergleichsgröße für Produkt 2 ist: $V_2 = 2 \cdot \dfrac{50}{1}$ ME $= 100$ ME.

Damit ergibt sich die folgende Lösung:

k	τ	t	j	$C_{k,t}$ [ME]	$V_{k,t}$ [ME]	Bedarf $d_{k,t}$ in Periode τ produzieren?
2	1	2	1	$100 \cdot 1 \cdot 2 = 200$	100	Nein, da 200 > 100 ist.
Los $q_1 = 40$ ME mit Rüstkosten von 50 GE und Lagerkosten von 40 ME $\cdot$ 0 $\cdot$ 1 GE $= 0$ GE.						
2	2	3	1	$100 \cdot 1 \cdot 2 = 200$	100	Nein, da 200 > 100 ist.
Los $q_2 = 100$ ME mit Rüstkosten von 50 GE und Lagerkosten von 100 $\cdot$ 0 $\cdot$ 1 GE $= 0$ GE.						
2	3	4	1	$0 \cdot 1 \cdot 2 = 0$	100	Ja, da $0 \leq 100$ ist. Mit t (=4) = T (=4) terminiert das Verfahren.
Los $q_3 = 100$ ME + 0 ME $= 100$ ME mit Rüstkosten von 50 GE und Lagerkosten von 100 $\cdot$ 0 $\cdot$ 1 GE + 0 $\cdot$ 1 $\cdot$ 1 GE $= 0$ GE.						

Tabelle 155: Losgrößenberechnung für Produkt 2 nach dem Verfahren von Groff.

Durch die Ermittlung der Losgrößen für das Produkt 2 sind dessen Planauftragsmengen 40 ME, 100 ME, 100 ME und 0 ME in den 4 Perioden; s. Tabelle 154.

Für Produkt 3 sind die Sekundärbedarfsmengen zu bestimmen, und zwar aus den Losen von Produkten 1, und ansonsten wird wie zuvor verfahren. Wiederum enthält die folgende Tabelle die Ermittlung von Planaufträgen (bzw. terminierten Nettobedarfen) und zugleich die Lose, deren Berechnung danach erläutert wird.

Periode	1	2	3	4
Primärbedarf	-	-	-	-
Sekundärbedarf	640 ME	-	320 ME	-
Bruttobedarf	640 ME	-	320 ME	-
Nettobedarf	640 ME	-	320 ME	-
Planauftrag (Plauf, terminierter Nettobedarf)	640 ME	-	320 ME	-
Los (Planauftrag)	640 ME	-	320 ME	-

Tabelle 156: Planaufträge und Lose für Produkt 3.

Nun ist die periodenunabhängige Vergleichsgröße für Produkt 3: $V_3 = 2 \cdot \dfrac{750}{1}$ ME = 1500 ME.

Damit ergibt sich die folgende Lösung:

k	τ	t	j	$C_{k,t}$ [ME]	$V_{k,t}$ [ME]	Bedarf $d_{k,t}$ in Periode τ produzieren?
3	1	2	1	$0 \cdot 1 \cdot 2 = 0$	1500	Ja, da $0 \leq 1500$ und $2 < 4$ ist.
3	1	3	2	$320 \cdot 2 \cdot 3 = 1920$	1500	Nein, da $1920 > 1500$ ist.
Los q_1= 640 ME + 0 ME = 640 ME mit Rüstkosten von 750 GE und Lagerkosten von $640 \cdot 0 \cdot 1$ GE + $0 \cdot 1 \cdot 1$ GE = 0 GE.						
3	3	4	1	$0 \cdot 1 \cdot 2 = 0$	1500	Ja, da $0 \leq 1500$ ist. Mit t (=4) = T (=4) terminiert das Verfahren.
Los q_3= 320 ME + 0 ME = 320 ME mit Rüstkosten von 750 GE und Lagerkosten von $320 \cdot 0 \cdot 1$ GE + $0 \cdot 1 \cdot 1$ GE = 0 GE.						

Tabelle 157: Losgrößenberechnung für Produkt 3 nach dem Verfahren von Groff.

Durch die Ermittlung der Losgrößen für das Produkt 3 sind dessen Planauftragsmengen 640 ME, 0 ME, 320 ME und 0 ME in den 4 Perioden; s. Tabelle 156.

Genauso wird für Produkt 4 verfahren. Wiederum enthält die folgende Tabelle die Ermittlung von Planaufträgen (bzw. terminierten Nettobedarfen) und zugleich die Lose, deren Berechnung danach erläutert wird.

Periode	1	2	3	4
Primärbedarf	-	-	-	-
Sekundärbedarf	560 ME	200 ME	440 ME	-
Bruttobedarf	560 ME	200 ME	440 ME	-
Physischer Lagerbestand	-	-	-	-
Disponibler Lagerbestand	-	-	-	-
Nettobedarf	560 ME	200 ME	440 ME	-
Planauftrag (Plauf, terminierter Nettobedarf)	560 ME	200 ME	440 ME	-
Los (Planauftrag)	760 ME	- ME	440 ME	-

Tabelle 158: Planaufträge und Lose für Produkt 4.

Die periodenunabhängige Vergleichsgröße für Produkt 4 ist: $V_4 = 2 \cdot \dfrac{250}{1}$ ME $= 500$ ME.

Damit ergibt sich die folgende Lösung:

k	τ	t	j	$C_{k,t}$ [ME]	$V_{k,t}$ [ME]	Bedarf $d_{k,t}$ in Periode τ produzieren?
4	1	2	1	$200 \cdot 1 \cdot 2 = 400$	500	Ja, da $400 \leq 500$ und $2 < 4$ ist.
4	1	3	2	$440 \cdot 2 \cdot 3 = 2640$	500	Nein, da $26400 > 500$ ist.
Los q_1= 560 ME + 200 ME= 760 ME mit Rüstkosten von 250 GE und Lagerkosten von $560 \cdot 0 \cdot 1$ GE $+ 200 \cdot 1 \cdot 1$ GE $= 200$ GE.						
4	3	4	1	$0 \cdot 1 \cdot 2 = 0$	500	Ja, da $0 \leq 500$ ist. Mit t (=4) = T (=4) terminiert das Verfahren.
Los q_3= 440 ME + 0 ME = 440 ME mit Rüstkosten von 250 GE und Lagerkosten von $440 \cdot 0 \cdot 1$ GE $+ 0 \cdot 1 \cdot 1$ GE $= 0$ GE.						

Tabelle 159: Losgrößenberechnung für Produkt 4 nach dem Verfahren von Groff.

Durch die Ermittlung der Losgrößen für das Produkt 4 ändern sich dessen Planauftragsmengen zu 760 ME, 0 ME, 440 ME und 0 ME in den 4 Perioden; s. Tabelle 158.

Folgende Tabelle fasst die einzelnen Schritte und die Ergebnisse der programmorientierten Materialbedarfsrechnung mit dem Groff-Verfahren für die Losbildung zusammen.

Zugleich enthält es die durch die Losbildung angefallenen Bestände und ebenfalls die Kosten. Beim gelagerten Bestand in einer Periode t handelt es sich um den Bestand, der in der Periode t (vollständig) gelagert wird und für den folglich Lagerkosten anfallen. (Hinweis: Beachten Sie die Vorlaufzeiten.)

			Perioden	1	2	3	4	
Dispositionsstufe	0	Produkt 1	Bruttobedarf [ME]	50	60	100	80	
			Physischer Bestand [ME]	50	-	-	-	
			Disponibler Bestand [ME]	50	-	-	-	
			Nettobedarf [ME]	-	60	100	80	
			Planauftrag [ME]	60	100	80	-	
			Los	160	-	80	-	
			Gelagerter Bestand [ME]	-	100	-	-	
			Rüst-/Lagerkosten [GE]	100 / -	- / 100	100 / -	- / -	
		Produkt 2	Bruttobedarf [ME]	50	40	100	100	
			Physischer Bestand [ME]	50	-	-	-	
			Disponibler Bestand [ME]	50	-	-	-	
			Nettobedarf [ME]	-	40	100	100	
			Planauftrag [ME]	40	100	100	-	
			Los	40	100	100	-	
			Gelagerter Bestand [ME]			-	-	
			Rüst-/Lagerkosten [GE]	50 / -	50 / -	50 / -	- / -	
	1	Produkt 3	Bruttobedarf [ME]	640	-	320	-	
			Physischer Bestand [ME]	-	-	-	-	
			Disponibler Bestand [ME]	-	-	-	-	
			Nettobedarf [ME]	640	-	320	-	
			Planauftrag [ME]	640	-	320	-	
			Los [ME]	640	-	320	-	
			Gelagerter Bestand [ME]			-	-	
			Rüst-/Lagerkosten [ME]	750 / -	- / -	750 / -	- / -	
		Produkt 4	Bruttobedarf [ME]	560	200	440	-	
			Physischer Bestand [ME]	-	-	-	-	
			Disponibler Bestand [ME]	-	-	-	-	
			Nettobedarf [ME]	560	200	440	-	
			Planauftrag [ME]	560	200	440	-	
			Los [ME]	760	-	440	-	
			Gelagerter Bestand [ME]	200	-	-	-	
			Rüst-/Lagerkosten [GE]	250 / 200	- / -	250 / -	- / -	

Tabelle 160: Gesamtergebnis für Produkt 1 - 4 nach dem Verfahren von Groff.

Die Gesamtkosten betragen, nach Produkten und danach nach Rüst- und Lagerkosten geordnet: (200 GE + 100 GE) + (150 GE + 0 GE) + (1500 GE + 0 GE) + (500 GE + 200 GE) = 2650 GE.

(b) Mit dem Wagner-Whitin-Verfahren ergeben sich folgende Planaufträge (bzw. Lose), Bestände und Kosten, die in Tabellen für die einzelnen Produkte angegeben sind.

Periode	1	2	3	4
Primärbedarf	50 ME	60 ME	100 ME	80 ME
Bruttobedarf	50 ME	60 ME	100 ME	80 ME
Physischer Lagerbestand	50 ME	-	-	-
Disponibler Lagerbestand	50 ME	-	-	-
Nettobedarf	-	60 ME	100 ME	80 ME
Planauftrag (Plauf, terminierter Nettobedarf)	60 ME	100 ME	80 ME	-
Los (Planauftrag)	60 ME	180 ME	-	-
Gelagerter Bestand	-	-	80 ME	-
Rüstkosten	100 GE	100 GE	-	-
Lagerkosten	-	-	80 GE	-

Tabelle 161: Planaufträge, Bedarfe, Bestände und Kosten für Produkt 1.

Periode	1	2	3	4
Primärbedarf	50 ME	40 ME	100 ME	100 ME
Bruttobedarf	50 ME	40 ME	100 ME	100 ME
Physischer Lagerbestand	50 ME	- ME	-	-
Disponibler Lagerbestand	50 ME	-	-	-
Nettobedarf	- ME	40 ME	100 ME	100 ME
Planauftrag (Plauf, terminierter Nettobedarf)	40 ME	100 ME	100 ME	-
Los (Planauftrag)	40 ME	100 ME	100 ME	-
Gelagerter Bestand	-	-	-	-
Rüstkosten	50 GE	50 GE	50 GE	-
Lagerkosten	-	-	-	-

Tabelle 162: Planaufträge, Bedarfe, Bestände und Kosten für Produkt 2.

Periode	1	2	3	4
Primärbedarf	-	-	-	-
Sekundärbedarf	240 ME	720 ME	-	-
Bruttobedarf	240 ME	720 ME	-	-
Physischer Lagerbestand	- ME	- ME	-	-
Disponibler Lagerbestand	- ME	-	-	-
Nettobedarf	240 ME	720 ME	-	-
Planauftrag (Plauf, terminierter Nettobedarf)	240 ME	720 ME	-	-
Los (Planauftrag)	960 ME	-	-	-
Gelagerter Bestand	720 ME	-	-	-
Rüstkosten	750 GE	-	-	-
Lagerkosten	720 GE	-	-	-

Tabelle 163: Planaufträge, Bedarfe, Bestände und Kosten für Produkt 3.

Periode	1	2	3	4
Primärbedarf	-	-	-	-
Sekundärbedarf	260 ME	740 ME	200 ME	-
Bruttobedarf	260 ME	740 ME	200 ME	-
Physischer Lagerbestand	- ME	- ME	-	-
Disponibler Lagerbestand	- ME	-	-	-
Nettobedarf	260 ME	740 ME	200 ME	-
Planauftrag (Plauf, terminierter Nettobedarf)	260 ME	740 ME	200 ME	-
Los (Planauftrag)	260 ME	940 ME	-	-
Gelagerter Bestand	-	200 ME	-	-
Rüstkosten	250 GE	250 GE	-	-
Lagerkosten	-	200 GE	-	-

Tabelle 164: Planaufträge, Bedarfe, Bestände und Kosten für Produkt 4.

Die Gesamtkosten betragen, nach Produkten und danach nach Rüst- und Lagerkosten geordnet: (200 GE + 80 GE) + (150 GE + 0 GE) + (750 GE + 720 GE) + (500 GE + 200 GE) = 2600 GE. Sie sind geringfügig kleiner als bei der Verwendung von dem

Groff-Verfahren für die Losbildung.

5.4.2 Ermittlung von Losen bei einer dreistufigen Produktion

Betrachten Sie die in der Fallstudie zur Nettobedarfsrechnung für eine dreistufige Produktion angegebene Materialverflechtung, s. Abschnitt 5.2.3 aus acht Produkten, die in der folgenden Abbildung 83 nochmals dargestellt ist.

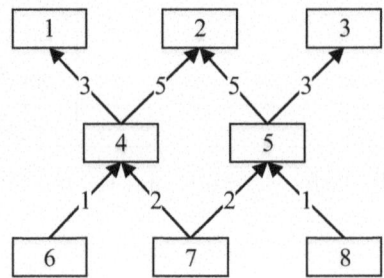

Abbildung 83: Gozintograph.

Gehen Sie von den folgenden Primärbedarfen aus:

Periode	1	2	3	4	5	6
Produkt 1	60 ME	50 ME	90 ME	120 ME	80 ME	115 ME
Produkt 2	60 ME	5 ME	20 ME	20 ME	130 ME	90 ME
Produkt 3	80 ME	30 ME	50 ME	90 ME	140 ME	100 ME
Produkt 4	-	-	-	-	-	-
Produkt 5	-	-	-	-	-	-
Produkt 6	-	-	-	-	-	-
Produkt 7	-	-	-	-	-	-
Produkt 8	-	-	-	-	-	-

Tabelle 165: Primärbedarfsmengen für die Produkte 1 - 8; ME für Mengeneinheiten.

Bei der Berechnung des Materialbedarfs soll vereinfachend davon ausgegangen werden, dass Mehrverbrauchszuschläge, Einrichtebedarfe usw. nicht anfallen. Lageranfangsbestände liegen nicht vor und Vorlaufzeiten treten nicht auf. Weiterhin sind folgende Daten gegeben:

Produkte	1	2	3	4	5	6	7	8
Rüstkostensatz [GE]	1000	1000	1000	500	500	100	100	100
Lagerkostensatz $\left[\frac{GE}{ME \cdot Periode}\right]$	10	10	10	1	1	0.1	0.1	0.1

Tabelle 166: Kostensätze für die Produkte 1 - 8; GE für Geldeinheiten.

Aufgabe

(a) Berechnen Sie die Lose für die Produkte 1 - 8 mit der programmorientierten Materialbedarfsrechnung und dem Groff-Verfahren für die Losbildung.

(b) Verwenden Sie statt dem Groff-Verfahren für die Lösung der einstufigen Losgrößenprobleme das Verfahren von Wagner-Whitin.

Lösung

(a) Wie bei der Fallstudie zur Ermittlung von Planaufträgen für eine dreistufige Produktion, s. Abschnitt 5.3.2, sind zunächst für die Produkte der Dispositionsstufe 0, also die Produkte 1 bis 3 (s. Abbildung 83), dann für die der Dispositionsstufe 1, also die Produkte 4 und 5, sowie für die der Dispositionsstufe 2, also die Produkte 6 bis 8, die Planaufträge zu bestimmen. Innerhalb der Dispositionsstufen ist eine beliebige Reihenfolge möglich, wobei die Produkte nach ihren Nummern sortiert bearbeitet werden. Die Ergebnisse für jedes Produkt sind in einer Tabelle dargestellt.

Periode	1	2	3	4	5	6
Primärbedarf [ME]	60	50	90	120	80	115
Physischer Bestand [ME]	-	-	-	-	-	-
Disponibler Bestand [ME]	-	-	-	-	-	-
(Terminierter) Nettobedarf [ME]	60	50	90	120	80	115
Los (Planauftrag) [ME]	110	0	90	200	0	115
Gelagerter Bestand [ME]	50	0	0	80	0	0
Rüstkosten [GE]	1000	0	1000	1000	0	1000
Lagerkosten [GE]	500	0	0	800	0	0

Tabelle 167: Ergebnisse für Produkt 1.

Periode	1	2	3	4	5	6
Primärbedarf [ME]	60	5	20	20	130	90
Physischer Bestand [ME]	-	-	-	-	-	-
Disponibler Bestand [ME]	-	-	-	-	-	-
(Terminierter) Nettobedarf [ME]	60	5	20	20	130	90
Los (Planauftrag) [ME]	85	0	0	20	220	0
Gelagerter Bestand [ME]	25	20	0	0	90	0
Rüstkosten [GE]	1000	0	0	1000	1000	0
Lagerkosten [GE]	250	200	0	0	900	0

Tabelle 168: Ergebnisse für Produkt 2.

Periode	1	2	3	4	5	6
Primärbedarf [ME]	80	30	50	90	140	100
Physischer Bestand [ME]	-	-	-	-	-	-
Disponibler Bestand [ME]	-	-	-	-	-	-
(Terminierter) Nettobedarf [ME]	80	30	50	90	140	100
Los (Planauftrag) [ME]	110	0	140	0	240	0
Gelagerter Bestand [ME]	30	0	90	0	100	0
Rüstkosten [GE]	1000	0	1000	0	1000	0
Lagerkosten [GE]	300	0	900	0	1000	0

Tabelle 169: Ergebnisse für Produkt 3.

Periode	1	2	3	4	5	6
Sekundärbedarf [ME]	755	0	270	700	1100	345
Physischer Bestand [ME]	-	-	-	-	-	-
Disponibler Bestand [ME]	-	-	-	-	-	-
(Terminierter) Nettobedarf [ME]	755	0	270	700	1100	345
Los (Planauftrag) [ME]	755	0	270	700	1445	0
Gelagerter Bestand [ME]	0	0	0	0	345	0
Rüstkosten [GE]	500	0	500	500	500	0
Lagerkosten [GE]	0	0	0	0	345	0

Tabelle 170: Ergebnisse für Produkt 4.

Periode	1	2	3	4	5	6
Sekundärbedarf [ME]	755	0	420	100	1820	0
Physischer Bestand [ME]	-	-	-	-	-	-
Disponibler Bestand [ME]	-	-	-	-	-	-
(Terminierter) Nettobedarf [ME]	755	0	420	100	1820	0
Los (Planauftrag) [ME]	755	0	520	0	1820	0
Gelagerter Bestand [ME]	0	0	100	0	0	0
Rüstkosten [GE]	500	0	500	0	500	0
Lagerkosten [GE]	0	0	100	0	0	0

Tabelle 171: Ergebnisse für Produkt 5.

Periode	1	2	3	4	5	6
Sekundärbedarf [ME]	755	0	270	700	1445	0
Physischer Bestand [ME]	-	-	-	-	-	-
Disponibler Bestand [ME]	-	-	-	-	-	-
(Terminierter) Nettobedarf [ME]	755	0	270	700	1445	0
Los (Planauftrag) [ME]	1025	0	0	700	1445	0
Gelagerter Bestand [ME]	270	270	0	0	0	0
Rüstkosten [GE]	100	0	0	100	100	0
Lagerkosten [GE]	27	27	0	0	0	0

Tabelle 172: Ergebnisse für Produkt 6.

Periode	1	2	3	4	5	6
Sekundärbedarf [ME]	3020	0	1580	1400	6530	0
Physischer Bestand [ME]	-	-	-	-	-	-
Disponibler Bestand [ME]	-	-	-	-	-	-
(Terminierter) Nettobedarf [ME]	3020	0	1580	1400	6530	0
Los (Planauftrag) [ME]	3020	0	1580	1400	6530	0
Gelagerter Bestand [ME]	0	0	0	0	0	0
Rüstkosten [GE]	100	0	100	100	100	0
Lagerkosten [GE]	0	0	0	0	0	0

Tabelle 173: Ergebnisse für Produkt 7.

Periode	1	2	3	4	5	6
Sekundärbedarf [ME]	755	0	520	0	1820	0
Physischer Bestand [ME]	-	-	-	-	-	-
Disponibler Bestand [ME]	-	-	-	-	-	-
(Terminierter) Nettobedarf [ME]	755	0	520	0	1820	0
Los (Planauftrag) [ME]	755	0	520	0	1820	0
Gelagerter Bestand [ME]	0	0	0	0	0	0
Rüstkosten [GE]	100	0	100	0	100	0
Lagerkosten [GE]	0	0	0	0	0	0

Tabelle 174: Ergebnisse für Produkt 8.

Die Gesamtkosten betragen, nach Produkten und danach nach Rüst- und Lagerkosten geordnet: (4000 GE + 1300 GE) + (3000 GE + 1350 GE) + (3000 GE + 2200 GE) + (2000 GE + 345 GE) + (1500 GE + 100 GE) + (300 GE + 54 GE) + (400 GE + 0 GE) + (300 GE + 0 GE) = 19849 GE.

(b) Mit dem Wagner-Whitin-Verfahren ergeben sich folgende Planaufträge (bzw. Lose), Bestände und Kosten, die in Tabellen für die einzelnen Produkte angegeben sind.

Periode	1	2	3	4	5	6
Primärbedarf [ME]	60	50	90	120	80	115
Physischer Bestand [ME]	-	-	-	-	-	-
Disponibler Bestand [ME]	-	-	-	-	-	-
(Terminierter) Nettobedarf [ME]	60	50	90	120	80	115
Los (Planauftrag) [ME]	110	0	90	200	0	115
Gelagerter Bestand [ME]	50	0	0	80	0	0
Rüstkosten [GE]	1000	0	1000	1000	0	1000
Lagerkosten [GE]	500	0	0	800	0	0

Tabelle 175: Ergebnisse für Produkt 1.

Periode	1	2	3	4	5	6
Primärbedarf [ME]	60	5	20	20	130	90
Physischer Bestand [ME]	-	-	-	-	-	-
Disponibler Bestand [ME]	-	-	-	-	-	-
(Terminierter) Nettobedarf [ME]	60	5	20	20	130	90
Los (Planauftrag) [ME]	105	0	0	0	220	0
Gelagerter Bestand [ME]	45	40	20	0	90	0
Rüstkosten [GE]	1000	0	0	0	1000	0
Lagerkosten [GE]	450	400	200	0	900	0

Tabelle 176: Ergebnisse für Produkt 2.

Periode	1	2	3	4	5	6
Primärbedarf [ME]	80	30	50	90	140	100
Physischer Bestand [ME]	-	-	-	-	-	-
Disponibler Bestand [ME]	-	-	-	-	-	-
(Terminierter) Nettobedarf [ME]	80	30	50	90	140	100
Los (Planauftrag) [ME]	110	0	140	0	240	0
Gelagerter Bestand [ME]	30	0	90	0	100	0
Rüstkosten [GE]	1000	0	1000	0	1000	0
Lagerkosten [GE]	300	0	900	0	1000	0

Tabelle 177: Ergebnisse für Produkt 3.

Periode	1	2	3	4	5	6
Sekundärbedarf [ME]	855	0	270	600	1100	345
Physischer Bestand [ME]	-	-	-	-	-	-
Disponibler Bestand [ME]	-	-	-	-	-	-
(Terminierter) Nettobedarf [ME]	855	0	270	600	1100	345
Los (Planauftrag) [ME]	855	0	270	600	1445	0
Gelagerter Bestand [ME]	0	0	0	0	345	0
Rüstkosten [GE]	500	0	500	500	500	0
Lagerkosten [GE]	0	0	0	0	345	0

Tabelle 178: Ergebnisse für Produkt 4.

Periode	1	2	3	4	5	6
Sekundärbedarf [ME]	855	0	420	0	1820	0
Physischer Bestand [ME]	-	-	-	-	-	-
Disponibler Bestand [ME]	-	-	-	-	-	-
(Terminierter) Nettobedarf [ME]	855	0	420	0	1820	0
Los (Planauftrag) [ME]	855	0	420	0	1820	0
Gelagerter Bestand [ME]	0	0	0	0	0	0
Rüstkosten [GE]	500	0	500	0	500	0
Lagerkosten [GE]	0	0	0	0	0	0

Tabelle 179: Ergebnisse für Produkt 5.

Periode	1	2	3	4	5	6
Sekundärbedarf [ME]	855	0	270	600	1445	0
Physischer Bestand [ME]	-	-	-	-	-	-
Disponibler Bestand [ME]	-	-	-	-	-	-
(Terminierter) Nettobedarf [ME]	855	0	270	600	1445	0
Los (Planauftrag) [ME]	1125	0	0	600	1445	0
Gelagerter Bestand [ME]	270	270	0	0	0	0
Rüstkosten [GE]	100	0	0	100	100	0
Lagerkosten [GE]	27	27	0	0	0	0

Tabelle 180: Ergebnisse für Produkt 6.

Periode	1	2	3	4	5	6
Sekundärbedarf [ME]	3420	0	1380	1200	6530	0
Physischer Bestand [ME]	-	-	-	-	-	-
Disponibler Bestand [ME]	-	-	-	-	-	-
(Terminierter) Nettobedarf [ME]	3420	0	1380	1200	6530	0
Los (Planauftrag) [ME]	3420	0	1380	1200	6530	0
Gelagerter Bestand [ME]	0	0	0	0	0	0
Rüstkosten [GE]	100	0	100	100	100	0
Lagerkosten [GE]	0	0	0	0	0	0

Tabelle 181: Ergebnisse für Produkt 7.

Periode	1	2	3	4	5	6
Sekundärbedarf [ME]	855	0	420	0	1820	0
Physischer Bestand [ME]	-	-	-	-	-	-
Disponibler Bestand [ME]	-	-	-	-	-	-
(Terminierter) Nettobedarf [ME]	855	0	420	0	1820	0
Los (Planauftrag) [ME]	1257	0	0	0	1820	0
Gelagerter Bestand [ME]	420	420	0	0	0	0
Rüstkosten [GE]	100	0	0	0	100	0
Lagerkosten [GE]	42	42	0	0	0	0

Tabelle 182: Ergebnisse für Produkt 8.

Die Gesamtkosten betragen, nach Produkten und danach nach Rüst- und Lagerkosten geordnet: (4000 GE + 1300 GE) + (2000 GE + 1950 GE) + (3000 GE + 2200 GE) + (2000 GE + 345 GE) + (1500 GE + 0 GE) + (300 GE + 54 GE) + (400 GE + 0 GE) + (200 GE + 84 GE) = 19333 GE.

5.5 Simultane Losplanung

Die programmorientierte Materialbedarfsrechnung löst einstufige Losgrößenprobleme – über den Planungshorizont. Diese beeinflussen sich durch die Berechnung des Sekundärbedarfes und die Reihenfolge des Durchlaufs der Produkte (gesteuert durch die Dispositionsstufen). Eine uneingeschränkte gegenseitige Beeinflussung – also eine simultane Losbildung – erfolgt durch das folgende lineare Optimierungsmodell, welches in der Literatur unter der Bezeichnung **Multi-Level Uncapacitated Lot Sizing Problem** (MLULSP) angegeben ist. Kurz wird es im Folgenden komprimiert dargestellt; für Details sei auf [Herr09] verwiesen.

Parameter:

T Länge des Planungszeitraums ($1 \leq t \leq T$).

K Anzahl der Produkte bzw. Arbeitsgänge ($1 \leq k \leq K$)

$d_{k,t}$ Nettobedarfsmenge (Primärbedarf) für Produkt k in Periode t $\forall\ 1 \leq k \leq K$ und $1 \leq t \leq T$.

$a_{k,i}$ Direktbedarfskoeffizient zwischen Produkt k und i $\forall\ 1 \leq i, k \leq K$.

$\mathcal{N}_k$ Indexmenge der Nachfolger des Produkts k $\forall\ 1 \leq k \leq K$.

h_k voller Lagerkostensatz des Produkts k $\forall\ 1 \leq k \leq K$.

LA_k Anfangslagerbestand für Produkt k $\forall\ 1 \leq k \leq K$.

M große Zahl (M muss größer als die maximale mögliche Losgröße sein).

Variablen:

$q_{k,t}$ Losgröße des Produkts k in Periode t $\forall\ 1 \leq k \leq K$ und $1 \leq t \leq T$.

$y_{k,t}$ Lagerbestand für Produkt k am Ende der Periode t $\forall\ 1 \leq k \leq K$ und $0 \leq t \leq T$.

$\gamma_{k,t}$ binäre Rüstvariable für Produkt k in Periode t mit $\gamma_{k,t} = \begin{cases} 1, & \text{falls } q_{k,t} > 0 \\ 0, & \text{falls } q_{k,t} = 0 \end{cases}$

       $\forall\ 1 \leq k \leq K$ und $1 \leq t \leq T$.

Zielfunktion:

$$Z = \sum_{k=1}^{K} \sum_{t=1}^{T} (s_k \cdot \gamma_{k,t} + h_k \cdot y_{k,t}).$$

Restriktionen:

$y_{k,t-1} - d_{k,t} + q_{k,t} - \sum_{i \in \mathcal{N}_k} a_{k,i} \cdot q_{i,t} = y_{k,t}$ Lagerbilanz-

$\forall\ 1 \leq k \leq K$ und $\forall\ 1 \leq t \leq T$ gleichungen.

$q_{k,t} - M \cdot \gamma_{k,t} \leq 0 \ \forall \ 1 \leq k \leq K$ und $\forall \ 1 \leq t \leq T$ Rüstbedingungen.

$y_{k,0} = LA_k$ und $y_{k,T} = 0 \ \forall \ 1 \leq k \leq K$ Lageranfangs- und endbestände.

$q_{k,t}, \ y_{k,t} \ \geq 0 \ \forall \ 1 \leq k \leq K$ und $\forall \ 1 \leq t \leq T$ Nichtnegativität.

$\gamma_{k,t} \in \{0,1\} \ \forall \ 1 \leq k \leq K$ und $\forall \ 1 \leq t \leq T$ binäre Rüstvariable.

Minimierungsproblem:

Minimiere Z.

Die Umsetzung dieses linearen Optimierungsproblems in ILOG lautet – als „mod"-Datei.

```
1   // Parameter, Teil 1:
2   int T = ...;        // Länge des Planungszeitraums
3   int K = ...;        // Anzahl der Produkte bzw. Arbeitsgänge
4   int J = ...;        // Anzahl der Ressourcen
5   int M = ...;        // große Zahl
6
7   // Wertebereiche:
8   range Produkt = 1..K;
9   range Ressource = 1..J;
10  range Planungszeitraum = 1..T;
11  range PlanungszeitraumNull = 0..T;
12
13  // Variablen:
14  dvar int+ q[Produkt][Planungszeitraum];        // Losgrößen.
15  dvar int+ y[Produkt][PlanungszeitraumNull];    // Lagerbestände.
16  dvar boolean r[Produkt][Planungszeitraum];     // Rüstvariablen.
17
18  // Parameter, Teil 2:
19  int a[Produkt][Produkt] = ...;                 // Direktbedarfskoeffizienten
20  float b[Ressource][Planungszeitraum] = ...;    // Kapazitäten.
21  int d[Produkt][Planungszeitraum] = ...;        // Nettobedarfe.
22  float h[Produkt] = ...;                        // Lagerkostensätze.
23  float s[Produkt] = ...;                        // Rüstkostensätze.
24  // Stückbearbeitungszeiten:
25  float tb[Produkt][Ressource] = ...;
26  float tr[Produkt][Ressource] = ...;            // Rüstzeiten.
27  int z[Produkt] = ...;                          // Mindestvorlaufzeiten.
28  int y0[Produkt] = ...;                         // Anfangslagerbestände.
29
30  // Modell:
31  // Gesamtkosten:
```

```
32  minimize
33     sum (k in Produkt, t in Planungszeitraum)
34        (s[k]*r[k][t] + h[k]*y[k][t]);
35
36  constraints {
37     // Lagerbilanzgleichungen:
38     forall(k in Produkt){
39        forall(t in 1..(z[k])){
40           y[k][t-1] - d[k][t] - sum(i in Produkt)(a[k][i]*q[i][t]) == y[k][
              t];
41        }
42        forall(t in (z[k]+1)..T){
43           y[k][t-1] + q[k][t-z[k]] - d[k][t] - sum(i in Produkt)(a[k][i]*q[
              i][t]) == y[k][t];
44        }
45     }
46     // Kapazitätsbedingungen:
47     forall(j in Ressource, t in Planungszeitraum){
48        sum(k in Produkt)(tr[k][j]*r[k][t] + tb[k][j]*q[k][t]) <= b[j][t];
49     }
50     // Rüstbedingungen
51     forall(k in Produkt, t in Planungszeitraum){
52        q[k][t] - M*r[k][t] <= 0;
53     }
54     // Lageranfangs- und Lagerendbestände
55     forall(k in Produkt){
56        y[k][0] == y0[k];
57     }
58  };
```

Listing 7: Implementierung vom Modell MLULSP in ILOG.

5.5.1 Ermittlung von Losen (Planaufträgen) bei einer zweistufigen Produktion

Gehen Sie von der Fallstudie zur Ermittlung von Losen für eine zweistufige Produktion, s. Abschnitt 5.4.2, aus. Die vorliegende Materialverflechtung aus vier Produkten ist in der folgenden Abbildung 84 nochmals dargestellt.

223

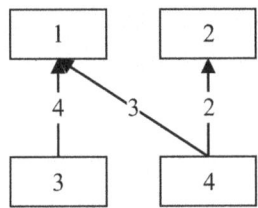

Abbildung 84: Gozintograph.

Wie in der genannten Fallstudie liegen die folgenden Primärbedarfen vor:

Periode	1	2	3	4
Produkt 1	50 ME	60 ME	100 ME	80 ME
Produkt 2	50 ME	40 ME	100 ME	100 ME
Produkt 3	-	-	-	-
Produkt 4	-	-	-	-

Tabelle 182: Primärbedarfsmenge für die Produkte 1 - 4; ME für Mengeneinheiten.

Wie zuvor, soll bei der Berechnung des Materialbedarfs vereinfachend davon ausgegangen werden, dass Mehrverbrauchszuschläge, Einrichtebedarfe usw. nicht anfallen. Weiterhin sind folgende Daten gegeben:

Produkte	1	2	3	4
Lageranfangsbestand	50 ME	50 ME	-	-
Rüstkostensatz	100 GE	50 GE	750 GE	250 GE
Lagerkostensatz	$1 \frac{GE}{ME \cdot Periode}$	$1 \frac{GE}{ME \cdot Periode}$	$1 \frac{GE}{ME \cdot Periode}$	$1 \frac{GE}{ME \cdot Periode}$
Vorlaufzeit	1 Periode	1 Periode	-	-

Tabelle 183: Produktdaten für die Produkte 1 - 4; GE für Geldeinheiten.

Aufgabe

Bestimmen Sie eine Lösung des MLULSP und vergleichen Sie das Ergebnis mit der

Lösung der oben genannten Fallstudie zur Ermittlung von Losen für eine zweistufige Produktion, s. Abschnitt 5.4.1.

Lösung

Eine optimale Lösung von dem MLULSP bewirkt die folgenden Planaufträge (bzw. Lose), Bestände und Kosten, die in Tabellen für die einzelnen Produkte angegeben sind. Zur besseren Nachvollziehbarkeit, welche Bedarfe durch die Lose gedeckt werden, sind zusätzlich der physische Lagerbestand (am Periodenbeginn) und der Nettobedarf sowie der Sekundärbedarf, die wie bei der programmorientierten Materialbedarfsrechnung berechnet werden, angegeben.

Periode	1	2	3	4
Primärbedarf	50 ME	60 ME	100 ME	80 ME
Physischer Lagerbestand	50 ME	-	-	-
Nettobedarf	0 ME	60 ME	100 ME	80 ME
Los	240 ME	-	-	-
Gelagerter Bestand	-	180 ME	80 ME	-
Rüstkosten	100 GE	-	-	-
Lagerkosten	-	180 GE	80 GE	-

Tabelle 184: Los, Rüst- und Lagerkosten für Produkt 1.

Periode	1	2	3	4
Primärbedarf	50 ME	40 ME	100 ME	100 ME
Physischer Lagerbestand	50 ME	-	-	-
Nettobedarf	0 ME	60 ME	100 ME	80 ME
Los	240 ME	-	-	-
Gelagerter Bestand	-	200 ME	100 ME	-
Rüstkosten	50 GE	-	-	-
Lagerkosten	-	200 GE	100 GE	-

Tabelle 185: Los, Rüst- und Lagerkosten für Produkt 2.

Periode	1	2	3	4
Sekundärbedarf	960 ME	-	-	-
Physischer Lagerbestand	-	-	-	-
Nettobedarf	960 ME	-	-	-
Los	960 ME	-	-	-
Gelagerter Bestand	-	-	-	-
Rüstkosten	750 GE	-	-	-
Lagerkosten	-	-	-	-

Tabelle 186: Los, Rüst- und Lagerkosten für Produkt 3.

Periode	1	2	3	4
Sekundärbedarf	1200 ME	-	-	-
Physischer Lagerbestand	-	-	-	-
Nettobedarf	1200 ME	-	-	-
Los	1200 ME	-	-	-
Gelagerter Bestand	-	-	-	-
Rüstkosten	250 GE	-	-	-
Lagerkosten	-	-	-	-

Tabelle 187: Los, Rüst- und Lagerkosten für Produkt 4.

Die Gesamtkosten betragen, nach Produkten und danach nach Rüst- und Lagerkosten geordnet: (100 GE + 260 GE) + (50 GE + 300 GE) + (750 GE) + (250 GE) = 1710 GE.

Gegenüber den beiden Lösungen der Fallstudie zur Ermittlung von Losen für eine zwei-stufige Produktion, s. Abschnitt 5.4.1, liegen deutlich kleinere Gesamtkosten vor (2650 GE bei der Losbildung durch das Groff-Verfahren sowie 2600 GE bei der Losbildung durch das Wagner-Whitin-Verfahren). Ein Vergleich der einzelnen Lose zeigt, dass die Gesamtkosten durch eine zunehmende Vorausproduktion sinken und bei einer maxima-len Vorausproduktion am geringsten sind.

Werden die Rüstkostensätze auf die in der folgenden Tabelle angegebenen Werte geändert, so bewirkt die programmorientierte Materialbedarfsrechnung mit dem Wagner-Whitin-Verfahren für die Losbildung das gleiche Ergebnis wie das MLULSP.

Produkte	1	2	3	4
Rüstkostensatz	200 GE	200 GE	750 GE	1000 GE

Tabelle 188: Rüstkostensätze für die Produkte 1 - 4: Ergbebnis wie beim MLULSP.

5.5.2 Ermittlung von Losen (Planaufträgen) bei einer dreistufigen Produktion

Gehen Sie von der Fallstudie zur Ermittlung von Losen für eine dreistufige Produktion, s. Abschnitt 5.4.2, aus. Die vorliegende Materialverflechtung aus acht Produkten ist in der folgenden Abbildung 85 nochmals dargestellt.

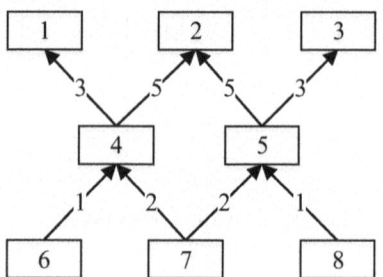

Abbildung 85: Gozintograph.

Wie in der genannten Fallstudie liegen die folgenden Primärbedarfe vor:

Periode	1	2	3	4	5	6
Produkt 1	60 ME	50 ME	90 ME	120 ME	80 ME	115 ME
Produkt 2	60 ME	5 ME	20 ME	20 ME	130 ME	90 ME
Produkt 3	80 ME	30 ME	50 ME	90 ME	140 ME	100 ME
Produkt 4	-	-	-	-	-	-
Produkt 5	-	-	-	-	-	-
Produkt 6	-	-	-	-	-	-
Produkt 7	-	-	-	-	-	-
Produkt 8	-	-	-	-	-	-

Tabelle 189: Primärbedarfsmengen für die Produkte 1 - 8; ME für Mengeneinheiten.

Bei der Berechnung des Materialbedarfs soll vereinfachend davon ausgegangen werden, dass Mehrverbrauchszuschläge, Einrichtebedarfe usw. nicht anfallen. Lageranfangsbestände liegen nicht vor und Vorlaufzeiten treten nicht auf. Weiterhin sind folgende Kostensätze gegeben:

Produkte	1	2	3	4	5	6	7	8
Rüstkostensatz [GE]	1000	1000	1000	500	500	100	100	100
Lagerkostensatz $\left[\frac{GE}{ME \cdot Periode}\right]$	10	10	10	1	1	0.1	0.1	0.1

Tabelle 190: Kostensätze für die Produkte 1 - 8; GE für Geldeinheiten.

Aufgabe

Bestimmen Sie eine Lösung des MLULSP und vergleichen Sie das Ergebnis mit der Lösung der oben genannten Fallstudie zur Ermittlung von Losen für eine dreistufige Produktion, s. Abschnitt 5.4.2.

Lösung

Eine optimale Lösung von dem MLULSP bewirkt die folgenden Planaufträge (bzw. Lose), Bestände und Kosten, die in Tabellen für die einzelnen Produkte angegeben sind. Zur besseren Nachvollziehbarkeit, welche Bedarfe durch die Lose gedeckt werden, sind zusätzlich der physische Lagerbestand (am Periodenbeginn) und der Nettobedarf so-

wie der Sekundärbedarf, die wie bei der programmorientierten Materialbedarfsrechnung
berechnet werden, angegeben.

Periode	1	2	3	4	5	6
Primärbedarf [ME]	60	50	90	120	80	115
Physischer Lagerbestand [ME]	-	-	-	-	-	-
Nettobedarf [ME]	60	50	90	120	80	115
Los [ME]	110	0	210	0	195	0
gelagerter Bestand [ME]	50	0	120	0	115	0
Rüstkosten [GE]	1000	0	1000	0	1000	0
Lagerkosten [GE]	500	0	1200	0	1150	0

Tabelle 191: Los, Rüst- und Lagerkosten für Produkt 1.

Periode	1	2	3	4	5	6
Primärbedarf [ME]	60	5	20	20	130	90
Physischer Lagerbestand [ME]	-	-	-	-	-	-
Nettobedarf [ME]	60	5	20	20	130	90
Los [ME]	105	0	0	0	220	0
gelagerter Bestand [ME]	45	40	20	0	90	0
Rüstkosten [GE]	1000	0	0	0	1000	0
Lagerkosten [GE]	450	400	200	0	900	0

Tabelle 192: Los, Rüst- und Lagerkosten für Produkt 2.

Periode	1	2	3	4	5	6
Primärbedarf [ME]	80	30	50	90	140	100
Physischer Lagerbestand [ME]	-	-	-	-	-	-
Nettobedarf [ME]	80	30	50	90	140	100
Los [ME]	110	0	140	0	240	0
gelagerter Bestand [ME]	30	0	90	0	100	0
Rüstkosten [GE]	1000	0	1000	0	1000	0
Lagerkosten [GE]	300	0	900	0	1000	0

Tabelle 193: Los, Rüst- und Lagerkosten für Produkt 3.

Periode	1	2	3	4	5	6
Sekundärbedarf [ME]	855	0	630	0	1685	0
Physischer Lagerbestand [ME]	-	-	-	-	-	-
Nettobedarf [ME]	855	0	630	0	1685	0
Los [ME]	855	0	630	0	1685	0
gelagerter Bestand [ME]	0	0	0	0	0	0
Rüstkosten [GE]	500	0	500	0	500	0
Lagerkosten [GE]	0	0	0	0	0	0

Tabelle 194: Los, Rüst- und Lagerkosten für Produkt 4.

Periode	1	2	3	4	5	6
Sekundärbedarf [ME]	855	0	420	0	1820	0
Physischer Lagerbestand [ME]	-	-	-	-	-	-
Nettobedarf [ME]	855	0	420	0	1820	0
Los [ME]	855	0	420	0	1820	0
gelagerter Bestand [ME]	0	0	0	0	0	0
Rüstkosten [GE]	500	0	500	0	500	0
Lagerkosten [GE]	0	0	0	0	0	0

Tabelle 195: Los, Rüst- und Lagerkosten für Produkt 5.

Periode	1	2	3	4	5	6
Sekundärbedarf [ME]	855	0	630	0	1685	0
Physischer Lagerbestand [ME]	-	-	-	-	-	-
Nettobedarf [ME]	855	0	630	0	1685	0
Los [ME]	855	0	630	0	1685	0
gelagerter Bestand [ME]	0	0	0	0	0	0
Rüstkosten [GE]	100	0	100	0	100	0
Lagerkosten [GE]	0	0	0	0	0	0

Tabelle 196: Los, Rüst- und Lagerkosten für Produkt 6.

Periode	1	2	3	4	5	6
Sekundärbedarf [ME]	3420	0	2100	0	7010	0
Physischer Lagerbestand [ME]	-	-	-	-	-	-
Nettobedarf [ME]	3420	0	2100	0	7010	0
Los [ME]	3420	0	2100	0	7010	0
gelagerter Bestand [ME]	0	0	0	0	0	0
Rüstkosten [GE]	100	0	100	0	100	0
Lagerkosten [GE]	0	0	0	0	0	0

Tabelle 197: Los, Rüst- und Lagerkosten für Produkt 7.

Periode	1	2	3	4	5	6
Sekundärbedarf [ME]	855	0	420	0	1820	0
Physischer Lagerbestand [ME]	-	-	-	-	-	-
Nettobedarf [ME]	855	0	420	0	1820	0
Los [ME]	1275	0	0	0	1820	0
gelagerter Bestand [ME]	0	0	0	0	0	0
Rüstkosten [GE]	100	0	0	0	100	0
Lagerkosten [GE]	42	42	0	0	0	0

Tabelle 198: Los, Rüst- und Lagerkosten für Produkt 8.

Die Gesamtkosten betragen, nach Produkten und danach nach Rüst- und Lagerkosten geordnet: (3000 GE + 2850 GE) + (2000 GE + 1950 GE) + (3000 GE + 2200 GE) + (1500 GE) + (1500 GE) + (300 GE) + (300 GE) + (200 GE + 84 GE) = 18884 GE.

Gegenüber den beiden Lösungen der Fallstudie zur Ermittlung von Losen für eine dreistufige Produktion, s. Abschnitt 5.4.2 liegen deutlich kleinere Gesamtkosten vor (20769 GE bei der Losbildung durch das Groff-Verfahren sowie 20459 GE bei der Losbildung durch das Wagner-Whitin-Verfahren). Ein Vergleich der einzelnen Lose zeigt, dass die Gesamtkosten durch eine zunehmende Vorausproduktion sinken und bei einer maximalen Vorausproduktion am geringsten sind.

Werden die Rüstkostensätze für Produkt 1 auf 1600 GE und Produkt 3 auf 1050 GE (von jeweils 1000 GE) – während die restlichen nicht verändert werden – so bewirkt die programmorientierte Materialbedarfsrechnung mit dem Wagner-Whitin-Verfahren für die Losbildung das gleiche Ergebnis wie das MLULSP.

5.5.3 Lineare Erweiterung

Zur Demonstration der gegenseitigen Beeinflussung der Produkte für die synchrone Losbildung im MLSULSP wird der folgende Gozintograph erweitert, indem einerseits in Produkt P2 ein weiteres Produkt P3 eingeht, als EP-I-2 bezeichnet, und andererseits Produkt P3 als Nachbar vom Produkt P2 eingefügt wird, als EP-2 bezeichnet. Eine iterative Fortsetzung – bei (n+1) Produkten als EP-I-n bezeichnet – bewirkt einerseits einen linearen Gozintographen und andererseits einen zweistufigen Gozintographen mit einem hohen Verzweigungsgrad – bei (n+1) Produkten als EP-n bezeichnet.

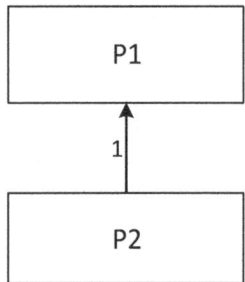

Abbildung 86: Ausgangsgozintograph.

Alle Produkte (die beiden im Ausgangsgozintographen ebenso wie die weiteren in der Fallstudie) haben einen Rüstkostensatz von 100 Geldeinheiten (GE), einen Lagerkostensatz von 10 Geldeinheiten je Mengeneinheit (ME) und Periode und eine Vorlaufzeit von 1 Periode. Nur das Endprodukt P1 hat Bedarfe und zwar die folgenden:

Periode	6	7	8	9	10
Primärbedarf	25 ME	30 ME	20 ME	27 ME	28 ME

Tabelle 199: Primärbedarfe für das Endprodukt P1.

Aufgabe

(a) Bestimmen Sie die Lösung durch die programmorientierte Materialbedarfsrechnung mit optimaler Lösung der einstufigen Losgrößenprobleme und durch die simultane Losbildung. Vergleichen Sie die Ergebnisse.

(b) Betrachten Sie den Gozintographen EP-I-2. Bestimmen Sie die Lösung durch die programmorientierte Materialbedarfsrechnung mit optimaler Lösung der einstufigen Losgrößenprobleme und durch die simultane Losbildung. Vergleichen Sie die Ergebnisse.

(c) Betrachten Sie den Gozintographen EP-2. Bestimmen Sie die Lösung durch die programmorientierte Materialbedarfsrechnung mit optimaler Lösung der einstufigen Losgrößenprobleme und durch die simultane Losbildung. Vergleichen Sie die Ergebnisse.

(d) Führen Sie die letzten beiden Aufgaben für eine weitere Iteration durch.

(e) Ziehen Sie ein Fazit.

Lösung

(a) Die optimale Losbildung – also das Lösen des durch die Primärbedarfe für das Endprodukt P1 bestimmten SLULSP – ist die bedarfssynchrone Losbildung. Dadurch hat das Produkt P2 die gleichen Nettobedarfe, lediglich jeweils eine Periode früher aufgrund der Vorlaufzeit von einer Periode, und folglich die gleichen optimalen Lose. Dadurch liefert die programmorientierte Materialbedarfsrechnung (MRP) mit optimaler Lösung der einstufigen Losgrößenprobleme die folgenden Lose, wobei stets der zu deckende Bedarf

(Primärbedarf bzw. Sekundärbedarf) zusätzlich angegeben ist.

Periode	4	5	6	7	8	9	10
Primärbedarf			25 ME	30 ME	20 ME	27 ME	28 ME
Los		25 ME	30 ME	20 ME	27 ME	28 ME	

Tabelle 200: MRP (Ausgangsproblem): Lose für das Endprodukt P1.

Periode	4	5	6	7	8	9	10
Sekundärbedarf		25 ME	30 ME	20 ME	27 ME	28 ME	
Los	25 ME	30 ME	20 ME	27 ME	28 ME		

Tabelle 201: MRP (Ausgangsproblem): Lose für das Produkt P2.

Die Gesamtkosten ergeben sich durch die perioden- und produktspezifischen Kosten für die beiden Produkte nach der folgenden Tabelle:

Periode	4	5	6	7	8	9	10	$\sum$
Rüstkosten	100	200	200	200	200	100	0	1000
Lagerkosten	0	0	0	0	0	0	0	0
Gesamtkosten	100	200	200	200	200	100	0	1000

Tabelle 202: MRP (Ausgangsproblem): Einzelne Kosten in Geldeinheiten.

Die optimale simultane Losbildung (MLULSP) bewirkt die gleichen Lose und damit die gleichen Kosten. Zur Vollständigkeit sind diese nachfolgend angegeben. Die Tabelle mit den Losen enthält auch den zu deckenden Bedarf, der mit dem Sekundärbedarf nach der programmorientierten Materialbedarfsrechnung übereinstimmt, um die entstehenden Lagerbestände zu verstehen.

Periode

		4	5	6	7	8	9	10
P1	Primärbedarf			25	30	20	27	28
	Los		25	30	20	27	28	
	Physischer Bestand							
P2	zu deckender Bedarf		25	30	20	27	28	
	Los	25	30	20	27	28		
	Physischer Bestand							

Tabelle 203: MLULSP (Ausgangsproblem): Bedarfe, Lose und physische Bestände in Mengeneinheiten.

Periode	4	5	6	7	8	9	10	Σ
Rüstkosten	100	200	200	200	200	100	0	1000
Lagerkosten	0	0	0	0	0	0	0	0
Gesamtkosten	100	200	200	200	200	100	0	1000

Tabelle 204: MLULSP (Ausgangsproblem): Einzelne Kosten in Geldeinheiten.

(b) Der Gozintograph zum Problem EP-I-2 ist in der folgenden Abbildung visualisiert.

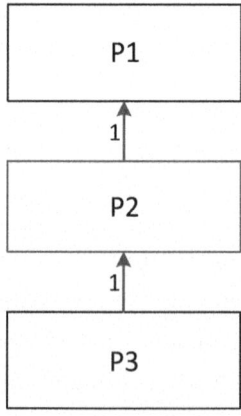

Abbildung 87: Gozintograph zum Problem EP-I-2.

Die obigen Überlegungen zur optimalen Losbildung für die einzelnen Produkte P1 und P2 gelten auch für das Produkt P3. Dadurch liefert die programmorientierte Materialbedarfsrechnung (MRP) mit optimaler Lösung der einstufigen Losgrößenprobleme die folgenden Lose, wobei stets der zu deckende Bedarf (Primärbedarf bzw. Sekundärbedarf) zusätzlich angegeben ist.

Periode	3	4	5	6	7	8	9	10
Primärbedarf				25 ME	30 ME	20 ME	27 ME	28 ME
Los			25 ME	30 ME	20 ME	27 ME	28 ME	

Tabelle 205: MRP (Problem EP-I-2): Lose für das Endprodukt P1.

Periode	3	4	5	6	7	8	9	10
Sekundärbedarf			25 ME	30 ME	20 ME	27 ME	28 ME	
Los		25 ME	30 ME	20 ME	27 ME	28 ME		

Tabelle 206: MRP (Problem EP-I-2): Lose für das Produkt P2.

Periode	3	4	5	6	7	8	9	10
Sekundärbedarf		25 ME	30 ME	20 ME	27 ME	28 ME		
Los	25 ME	30 ME	20 ME	27 ME	28 ME			

Tabelle 207: MRP (Problem EP-I-2): Lose für das Produkt P3.

Die Gesamtkosten ergeben sich durch die perioden- und produktspezifischen Kosten für die beiden Produkte nach der folgenden Tabelle:

Periode	3	4	5	6	7	8	9	10	Σ
Rüstkosten	100	200	300	300	300	200	100	0	1500
Lagerkosten	0	0	0	0	0	0	0	0	0
Gesamtkosten	100	200	300	300	300	200	100	0	1500

Tabelle 208: MRP (Problem EP-I-2: Einzelne Kosten in Geldeinheiten.

Die optimale simultane Losbildung (MLULSP) fasst für das Endprodukt P1 teilweise Bedarfe aus mehreren Perioden zusammen; nämlich in den Perioden 7 und 8 sowie in den Perioden 9 und 10. Für die beiden eingehenden Produkte P2 und P3 erfolgt eine bedarfssynchrone Losbildung. Dies ist in der folgenden Tabelle angegeben, die, wie zuvor, auch den zu deckenden Bedarf, der mit dem Sekundärbedarf nach der programmorientierten Materialbedarfsrechnung übereinstimmt, enthält.

Periode

		3	4	5	6	7	8	9	10
P1	Primärbedarf				25	30	20	27	28
	Los			25	50	0	55		
	Physischer Bestand					20		28	
P2	zu deckender Bedarf			25	50		55		
	Los		25	50		55			
	Physischer Bestand								
P3	zu deckender Bedarf		25	50		55			
	Los	25	50		55				
	Physischer Bestand								

Tabelle 209: MLULSP (EP-I-2): Bedarfe, Lose und physische Bestände in Mengeneinheiten.

Periode	3	4	5	6	7	8	9	10	Σ
Rüstkosten	100	200	200	200	100	100	0	0	900
Lagerkosten	0	0	0	0	200	0	280	0	480
Gesamtkosten	100	200	200	200	300	100	280	0	1380

Tabelle 210: MLULSP (Problem EP-I-2): Einzelne Kosten in Geldeinheiten.

Die Gesamtkosten der Lösung von dem MLULSP ist mit 1380 Geldeinheiten um 8% niedriger als die der programmorientierten Materialbedarfsrechnung mit optimaler Lösung der einstufigen Losgrößenprobleme von 1500 Geldeinheiten.

Durch eine Reduktion des Lagerkostensatzes für das Endprodukt P1 um 7 Geldeinheiten, auf 3 Geldeinheiten (von 10 Geldeinheiten) hat die optimale Lösung des einstufigen Losgrößenproblems für das Endprodukt P1 die gleichen Lose wie das MLULSP. Deswegen bewirkt die programmorientierte Materialbedarfsrechnung mit optimaler Lösung der einstufigen Losgrößenprobleme die gleichen Lose für die drei Produkte P1, P2 und P3 wie die optimale simultane Losbildung.

(c) Der Gozintograph zum Problem EP-2 ist in der folgenden Abbildung visualisiert.

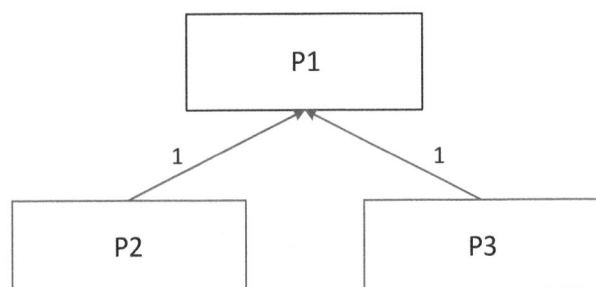

Abbildung 88: Gozintograph zum Problem EP-2.

Das Produkt P3 hat die gleichen Sekundärbedarfe wie das Produkt P2 beim Ausgangsproblem und hat folglich das gleiche einstufige Losgrößenproblem. Dadurch liefert die programmorientierte Materialbedarfsrechnung (MRP) mit optimaler Lösung der einstufigen Losgrößenprobleme die folgenden Lose, wobei stets der zu deckende Bedarf

(Primärbedarf bzw. Sekundärbedarf) zusätzlich angegeben ist.

Periode	4	5	6	7	8	9	10
Primärbedarf			25 ME	30 ME	20 ME	27 ME	28 ME
Los		25 ME	30 ME	20 ME	27 ME	28 ME	

Tabelle 211: MRP (EP-2): Lose für das Endprodukt P1.

Periode	4	5	6	7	8	9	10
Sekundärbedarf		25 ME	30 ME	20 ME	27 ME	28 ME	
Los	25 ME	30 ME	20 ME	27 ME	28 ME		

Tabelle 212: MRP (EP-2): Lose für das Produkt P2.

Periode	4	5	6	7	8	9	10
Sekundärbedarf		25 ME	30 ME	20 ME	27 ME	28 ME	
Los	25 ME	30 ME	20 ME	27 ME	28 ME		

Tabelle 213: MRP (EP-2): Lose für das Produkt P3.

Die Gesamtkosten ergeben sich durch die perioden- und produktspezifischen Kosten für die beiden Produkte nach der folgenden Tabelle:

Periode	4	5	6	7	8	9	10	Σ
Rüstkosten	200	300	300	300	300	100	0	1500
Lagerkosten	0	0	0	0	0	0	0	0
Gesamtkosten	200	300	300	300	300	100	0	1500

Tabelle 214: MRP (EP-2): Einzelne Kosten in Geldeinheiten.

Wie bei Problem EP-I-2 fasst die optimale simultane Losbildung (MLULSP) für das Endprodukt P1 teilweise Bedarfe aus mehreren Perioden zusammen; nämlich in den Perioden 7 und 8 sowie in den Perioden 9 und 10. Für die beiden eingehenden Produkte P2 und P3 erfolgt eine bedarfssynchrone Losbildung. Dies ist in der folgenden Tabelle angegeben, die, wie zuvor, auch den zu deckenden Bedarf, der mit dem Sekundärbedarf nach der programmorientierten Materialbedarfsrechnung übereinstimmt, enthält.

Periode

		4	5	6	7	8	9	10
	Primärbedarf			25	30	20	27	28
P1	Los		25	50	0	55		
	Physischer Bestand				20		28	
	zu deckender Bedarf		25	50		55		
P2	Los	25	50		55			
	Physischer Bestand							
	zu deckender Bedarf		25	50		55		
P3	Los	25	50		55			
	Physischer Bestand							

Tabelle 215: MLULSP (Problem EP-2): Bedarfe, Lose und physische Bestände in Mengeneinheiten.

Periode	4	5	6	7	8	9	10	Σ
Rüstkosten	200	300	100	200	100	0	0	900
Lagerkosten	0	0	0	200	0	280	0	480
Gesamtkosten	200	300	100	400	100	280	0	1380

Tabelle 216: MLULSP (Problem EP-2): Einzelne Kosten in Geldeinheiten.

Die Gesamtkosten der Lösung von dem MLULSP ist mit 1380 Geldeinheiten genauso hoch wie beim Problem EP-I-2, wodurch eine Gesamtkostenreduktion in der gleichen Höhe auftritt (also wiederum um 8%); im Detail treten in den einzelnen Perioden zum

Teil unterschiedliche Kosten auf.

Die gleiche Reduktion des Lagerkostensatzes für das Endprodukt P1 wie beim Problem EP-I-2 (auf 3 Geldeinheiten) bewirkt, dass die programmorientierte Materialbedarfsrechnung mit optimaler Lösung der einstufigen Losgrößenprobleme die gleichen Lose für die drei Produkte P1, P2 und P3 bildet wie die optimale simultane Losbildung.

(c) Das Eingehen eines weiteren Produkts P3 im Problem EP-I-2 ebenso wie im Problem EP-2 führt zu den beiden Gozintographen in den folgenden beiden Abbildungen.

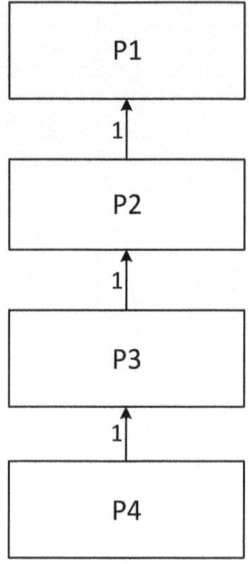

Abbildung 89: Gozintograph zum Problem EP-I-3.

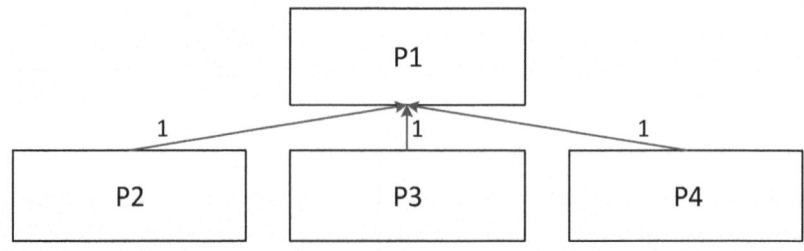

Abbildung 90: Gozintograph zum Problem EP-3.

Für das Problem EP-I-3 gelten die obigen Überlegungen zur optimalen Losbildung für die einzelnen Produkte P1, P2 und P3 auch für das Produkt P4. Dadurch liefert die programmorientierte Materialbedarfsrechnung (MRP) mit optimaler Lösung der einstufigen Losgrößenprobleme die folgenden Lose, wobei stets der zu deckende Bedarf (Primärbedarf bzw. Sekundärbedarf) zusätzlich angegeben ist.

Periode	2	3	4	5	6	7	8	9	10
Primärbedarf					25 ME	30 ME	20 ME	27 ME	28 ME
Los				25 ME	30 ME	20 ME	27 ME	28 ME	

Tabelle 217: MRP (Problem EP-I-3): Lose für das Endprodukt P1.

Periode	2	3	4	5	6	7	8	9	10
Sekundärbedarf				25 ME	30 ME	20 ME	27 ME	28 ME	
Los			25 ME	30 ME	20 ME	27 ME	28 ME		

Tabelle 218: MRP (Problem EP-I-3): Lose für das Produkt P2.

Periode	2	3	4	5	6	7	8	9	10
Sekundärbedarf			25 ME	30 ME	20 ME	27 ME	28 ME		
Los		25 ME	30 ME	20 ME	27 ME	28 ME			

Tabelle 219: MRP (Problem EP-I-3): Lose für das Produkt P3.

Periode	2	3	4	5	6	7	8	9	10
Sekundärbedarf		25 ME	30 ME	20 ME	27 ME	28 ME			
Los	25 ME	30 ME	20 ME	27 ME	28 ME				

Tabelle 220: MRP (Problem EP-I-3): Lose für das Produkt P4.

Die Gesamtkosten ergeben sich durch die perioden- und produktspezifischen Kosten für die beiden Produkte nach der folgenden Tabelle:

Periode	2	3	4	5	6	7	8	9	10	Σ
Rüstkosten	100	200	300	400	400	300	200	100	0	2000
Lagerkosten	0	0	0	0	0	0	0	0	0	0
Gesamtkosten	100	200	300	400	400	300	200	100	0	2000

Tabelle 221: MRP (Problem EP-I-3): Einzelne Kosten in Geldeinheiten.

Die optimale simultane Losbildung (MLULSP) nimmt die gleichen Zusammenfassungen von Bedarfen wie beim Problem EP-I-2 vor. Dies ist in der folgenden Tabelle angegeben, die, wie zuvor, auch den zu deckenden Bedarf, der mit dem Sekundärbedarf nach der programmorientierten Materialbedarfsrechnung übereinstimmt, enthält.

Periode

		2	3	4	5	6	7	8	9	10
	Primärbedarf					25	30	20	27	28
P1	Los				25	50	0	55		
	Physischer Bestand						20		28	
	zu deckender Bedarf				25	50		55		
P2	Los			25	50		55			
	Physischer Bestand									
	zu deckender Bedarf			25	50		55			
P3	Los		25	50		55				
	Physischer Bestand									
	zu deckender Bedarf		25	50		55				
P4	Los	25	50		55					
	Physischer Bestand									

Tabelle 222: MLULSP (Problem EP-I-3): Bedarfe, Lose und physische Bestände in Mengeneinheiten.

Periode	2	3	4	5	6	7	8	9	10	$\sum$
Rüstkosten [GE]	100	200	200	300	200	100	100	0	0	1200
Lagerkosten [GE]	0	0	0	0	0	200	0	280	0	480
Gesamtkosten [GE]	100	200	200	300	200	300	100	280	0	1680

Tabelle 223: MLULSP (Problem EP-I-3): Einzelne Kosten in Geldeinheiten.

Die Gesamtkosten der Lösung von dem MLULSP ist mit 1680 Geldeinheiten um 16% niedriger als die der programmorientierten Materialbedarfsrechnung mit optimaler Lösung der einstufigen Losgrößenprobleme von 2000 Geldeinheiten.

Wiederum durch eine Reduktion des Lagerkostensatzes für das Endprodukt P1 um 7 Geldeinheiten, auf 3 Geldeinheiten (von 10 Geldeinheiten) hat die optimale Lösung des einstufigen Losgrößenproblems für das Endprodukt P1 die gleichen Lose wie das MLUL-SP. Deswegen bewirkt die programmorientierte Materialbedarfsrechnung mit optimaler Lösung der einstufigen Losgrößenprobleme die gleichen Lose für die vier Produkte P1, P2, P3 und P4 wie die optimale simultane Losbildung.

Das Eingehen von weiteren Produkten im Problem, also EP-I-n mit n $\geq$ 4, führt bei der programmorientierten Materialbedarfsrechnung mit optimaler Lösung der einstufigen Losgrößenprobleme weiterhin dazu, dass alle Produkte die gleichen Lose erhalten. Dadurch steigen die Kosten linear weiter an, z.B. beim Problem EP-I-4 auf 2500 GE. Bei der optimalen Lösung durch das MLULSP können weitere Zusammenfassungen auftreten. Ganz konkret werden beim Problem EP-I-4 die beiden Lose über 25 Mengeneinheiten und 50 Mengeneinheiten für Produkt P1, in aufeinanderfolgenden Perioden, zu einem Los über 75 Mengeneinheiten zusammengefasst; durch eine Reduktion des Lagerkostensatzes für das Endprodukt P1 um 7 Geldeinheiten, auf 2 Geldeinheiten (von 10 Geldeinheiten) hat die optimale Lösung des einstufigen Losgrößenproblems für das Endprodukt P1 die gleichen Lose wie das MLULSP. Dadurch liegt eine Reduktion um 20.8% vor. (Beim Problem EP-I-5, werden wieder Lose wie beim Problem EP-I-4 gebildet, wodurch eine Reduktion um $27\frac{1}{3}$% bewirkt wird.)

Ähnliche Wirkungen zeigen sich, wenn weitere Produkte in das Endprodukt eingehen, also EP-n mit n $\geq$ 3. Das Produkt P4 hat die gleichen Sekundärbedarfe wie das Produkt

P3 beim Problem EP-2 bzw. wie das Produkt P2 beim Ausgangsproblem und hat folglich das gleiche einstufige Losgrößenproblem. Dadurch liefert die programmorientierte Materialbedarfsrechnung (MRP) mit optimaler Lösung der einstufigen Losgrößenprobleme die folgenden Lose, wobei stets der zu deckende Bedarf (Primärbedarf bzw. Sekundärbedarf) zusätzlich angegeben ist.

Periode	4	5	6	7	8	9	10
Primärbedarf			25 ME	30 ME	20 ME	27 ME	28 ME
Los		25 ME	30 ME	20 ME	27 ME	28 ME	

Tabelle 224: MRP (Problem EP-3): Lose für das Endprodukt P1.

Periode	4	5	6	7	8	9	10
Sekundärbedarf		25 ME	30 ME	20 ME	27 ME	28 ME	
Los	25 ME	30 ME	20 ME	27 ME	28 ME		

Tabelle 225: MRP (Problem EP-3): Lose für das Produkt P2.

Periode	4	5	6	7	8	9	10
Sekundärbedarf		25 ME	30 ME	20 ME	27 ME	28 ME	
Los	25 ME	30 ME	20 ME	27 ME	28 ME		

Tabelle 226: MRP (Problem EP-3): Lose für das Produkt P3.

Periode	4	5	6	7	8	9	10
Sekundärbedarf		25 ME	30 ME	20 ME	27 ME	28 ME	
Los	25 ME	30 ME	20 ME	27 ME	28 ME		

Tabelle 227: MRP (Problem EP-3): Lose für das Produkt P4.

Die Gesamtkosten ergeben sich durch die perioden- und produktspezifischen Kosten für die beiden Produkte nach der folgenden Tabelle:

Periode	4	5	6	7	8	9	10	Σ
Rüstkosten	300	400	400	400	400	100	0	2000
Lagerkosten	0	0	0	0	0	0	0	0
Gesamtkosten	300	400	400	400	400	100	0	2000

Tabelle 228: MRP (Problem EP-3): Einzelne Kosten in Geldeinheiten.

Genauso wie zuvor fasst die optimale simultane Losbildung für das Endprodukt P1 teilweise Bedarfe aus mehreren Perioden zusammen. Dies ist in der folgenden Tabelle angegeben, die, wie zuvor, auch den zu deckenden Bedarf, der mit dem Sekundärbedarf nach der programmorientierten Materialbedarfsrechnung übereinstimmt, enthält.

		Periode						
		4	5	6	7	8	9	10
P1	Primärbedarf			25	30	20	27	28
	Los		25	50	0	55		
	Physischer Bestand				20		28	
P2	zu deckender Bedarf		25	50		55		
	Los	25	50		55			
	Physischer Bestand							
P3	zu deckender Bedarf		25	50		55		
	Los	25	50		55			
	Physischer Bestand							
P4	zu deckender Bedarf		25	50		55		
	Los	25	50		55			
	Physischer Bestand							

Tabelle 229: MLULSP (Problem EP-3): Bedarfe, Lose und physische Bestände in Mengeneinheiten.

Periode	4	5	6	7	8	9	10	$\sum$
Rüstkosten	300	400	100	300	100	0	0	1200
Lagerkosten	0	0	0	200	0	280	0	480
Gesamtkosten	300	400	100	500	100	280	0	1680

Tabelle 230: MLULSP (Problem EP-3): Kosten in Geldeinheiten.

Die Gesamtkosten der Lösung von dem MLULSP ist mit 1680 Geldeinheiten genauso hoch wie beim Problem EP-I-3, wodurch eine Gesamtkostenreduktion in der gleichen Höhe auftritt (also wiederum um 16%); im Detail treten in den einzelnen Perioden zum Teil unterschiedliche Kosten auf.

Die gleiche Reduktion des Lagerkostensatzes für das Endprodukt P1 wie beim Problem EP-I-2 (auf 3 Geldeinheiten) bewirkt, dass die programmorientierte Materialbedarfs-rechnung mit optimaler Lösung der einstufigen Losgrößenprobleme die gleichen Lose für die vier Produkte P1, P2, P3 und P4 bildet wie die optimale simultane Losbildung.

Eine weitere Komponente, die direkt in das Endprodukt eingeht, hat die gleiche Wirkung wie bei der Problemklasse EP-I-n mit $n \geq 2$ - dies betrifft die Bildung der Lose bei der simultanen optimalen Losbildung ebenso wie die Reduktion der Gesamtkosten (und auch die Reduktion des Lagerkostensatzes für das Endprodukt P1, damit die optimale Lösung des einstufigen Losgrößenproblems für das Endprodukt P1 die gleichen Lose wie das MLULSP bewirkt.).

(e) Die Fallstudien belegen, ebenso wie die in den Abschnitten 5.5.1 und 5.5.2, dass kostenmäßige Interdependenzen zwischen den Losgrößenbestimmungen für die einzel-nen Erzeugnisse auftreten können. Wie die Fallstudien bereits andeuten, konnte mittels empirischer Untersuchungen nachgewiesen werden, dass sich dieser Effekt mit zuneh-mender Tiefe und Breite der Erzeugnisstruktur verstärkt. So wurden Kostenerhöhungen zwischen 2% und 37% publiziert, [Grav81], [BlMi82], [Afen87] und [Hein87].

5.6 Programmorientierte Materialbedarfsrechnung mit präzisierten Terminen

Bisher erfolgte eine periodengenaue Angabe der Termine. Dies kann zu Beginn, am Ende oder innerhalb einer Periode sein. Unklar ist dann der Unterschied zwischen den Vorlaufzeiten von Null und 1. Ist stets der Beginn einer Periode gemeint, so ist der Unterschied klar. Hat beispielsweise ein Planauftrag PA den Beginn der Periode 7 als Endtermin, so bedeutet eine Vorlaufzeit von 1, dass PA den Beginn der Periode 6 als Starttermin und den Beginn der Periode 7 als Endtermin hat. Bei einer Vorlaufzeit von 0 ist der Beginn der Periode 7 sowohl sein Start- als auch sein Endtermin – dies ist nur bei einer unendlichen Produktionsgeschwindigkeit möglich. Bei einer periodengenauen Angabe ist eine Fertigstellung auch am Ende bzw. innerhalb einer Periode möglich, wodurch eine Vorlaufzeit von 0 auch bei einer endlichen Produktionsgeschwindigkeit möglich ist.

5.6.1 Modifikation des Vorgehens

Diese Überlegung lässt sich umsetzen, indem fast alle Parameter einen zusätzlichen oberen Index, nämlich A, erhalten, der bezeichnet, dass der Beginn einer Periode gemeint ist. Für Vormerkungen, die innerhalb einer Periode anfallen und bereits zu Periodenbeginn bekannt sind, die Sicherheitsbestände, die für eine komplette Periode gelten, sowie die Vorlaufzeit ist dies nicht relevant. Insgesamt ergeben sich die folgenden Parameter.

Parameter:

k, t	Perioden.
$a_{i,j}$	Direktbedarfskoeffizient zwischen Produkt i und j.
	(Für die Herstellung von einer Mengeneinheit von Produkt j werden $a_{i,j}$ Mengeneinheiten von Produkt i benötigt.)
$Physisch_{k,t}^A$	Physischer Lagerbestand für Produkt k zu Beginn von Periode t.
$Sicher_{k,t}$	Sicherheitsbestand für Produkt k in Periode t.
$Vormerk_{k,t}$	Vormerkungen bzw. Reservierungen für Produkt k zu Beginn von Periode t.
$Bestell_{k,t}^A$	Kumulierte Menge von den zu Beginn der Periode t für Produkt k eintreffenden Bestellungen.
LA_k	Anfangslagerbestand für Produkt k.
$LZ_{k,t}^A$	Lagerzugang für Produkt k zu Beginn von Periode t.

$Dispon_{k,t}^A$	Disponibler Bestand für Produkt k zu Beginn von Periode t.
$Netto_{k,t}^A$	Nettobedarf für Produkt k zu Beginn von Periode t.
$Brutto_{k,t}^A$	Bruttobedarf für Produkt k zu Beginn von Periode t.
$\mathcal{N}_k$	Indexmenge der Nachfolger des Produkts k.
$y_{k,t}^A$	Sekundärbedarf für Produkt k zu Beginn von Periode t.
$d_{k,t}^A$	Primärbedarf für Produkt k zu Beginn von Periode t.
$PlAuf_{k,t}^A$	Planauftrag für Produkt k zu Beginn von Periode t (als möglicher Starttermin (kurz Starttermin).
z_k	Vorlaufzeit für Produkt k.
$PB_{k,t}^A$	Prognostizierter Bedarf für Produkt k zu Beginn von Periode t.
$ZB_{k,t}^A$	Zusätzlicher Bedarf für Produkt k zu Beginn von Periode t.

Dadurch wurden Parameter durch neue ersetzt. Diese Ersetzung ist auch in den obigen Formeln und in dem Algorithmus zur programmorientierten Materialbedarfsplanung mit Losen durchzuführen. Zur Vereinfachung sind die geänderten Formeln und der geänderte Algorithmus im Folgenden aufgeführt. (Es sei angemerkt, dass die Berechnung der Dispositionsstufen gleich bleibt.)

Formeln:

Die folgenden Formeln gelten für alle (vorliegenden) k und t.

- Berechnung des Bruttobedarfs:

$$Brutto_{k,t}^A = d_{k,t}^A + y_{k,t}^A + PB_{k,t}^A + ZB_{k,t}^A \text{ mit } y_{k,t}^A = \sum_{j \in \mathcal{N}_k} a_{k,j} \cdot PlAuf_{j,t}^A.$$

- Berechnung des disponiblen Bestandes:
  $Dispon_{k,t}^A$

$$= \begin{cases} Physisch_{k,t}^A + LZ_{k,t}^A - Sicher_{k,t} - Vormerk_{k,t} + Bestell_{k,t}^A, & t > 0 \\ Physisch_{k,0}^A, & t = 0. \end{cases}$$

- Berechnung des physischen Bestandes:
  $Physisch_{k,t}^A$

$$= \begin{cases} \max\{Dispon_{k,t-1}^A - Brutto_{k,t-1}^A; 0\} + Sicher_{k,t-1} + Vormerk_{k,t-1}, & t > 0 \\ LA_k, & t = 0. \end{cases}$$

- Berechnung des Nettobedarfes:

$$Netto_{k,t}^A = max\{Brutto_{k,t}^A - Dispon_{k,t}^A; 0\}.$$

- Berechnung eines Planauftrages:

$$PlAuf_{k,t-z_k}^A = Netto_{k,t}^A.$$

Damit unterscheiden sich die Formeln von den früheren nur um den Index bei den genannten Parameter. Dies trifft auch auf den Algorithmus zu:

- Algorithmus
  Durchlaufen von den Dispostionsstufen (u) von 0 bis zur höchsten Dispositionsstufe:
  Für jedes Produkt (k) auf der Dispositionstufe u:
  1. Durchlaufen von den Perioden (t) von Periode 0 bis zu der Endperiode T:
     Berechne $Brutto_{k,t}^A$, $Dispon_{k,t}^A$, $Netto_{k,t}^A$ und $PlAuf_{k,t-z_k}^A$.
  2. Lösen von dem einstufigen Losgrößenproblem aus diesen $PlAuf_{k,t}^A$; die Lose
     bilden die $PlAuf_{k,t}^A$.
  Ausgabe: Planauftrag ($PlAuf_{k,t}^A$) für jedes Produkt k in jeder Periode t.

5.6.2 Stuhlproduktion

Ein Stuhl setzt sich aus einem Sitz, einer Rückenlehne sowie vier Stuhlbeinen zusammen.
Die Erzeugnisstruktur für diese Stühle ist in der folgenden Abbildung 91 angegeben.

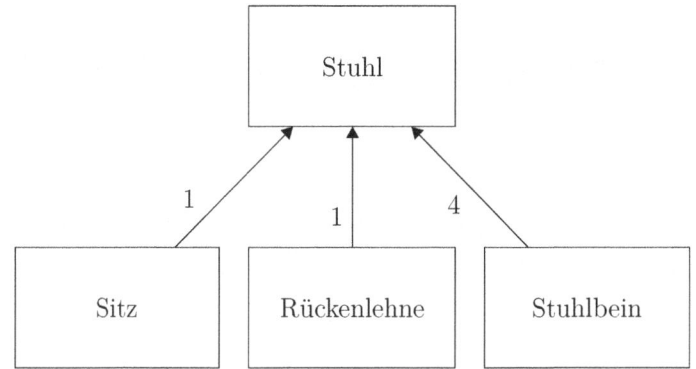

Abbildung 91: Erzeugnisstuktur eines Stuhles.

Der Planungszeitraum umfasst sechs Perioden. Die Primärbedarfe des Endproduktes Stuhl innerhalb des Planungszeitraums ist nachfolgend in Tabelle 231 angegeben. Ein Bedarf ist zu Beginn der jeweiligen Periode zu erfüllen.

Periode

	1	2	3	4	5	6
Stühle			60	50	110	70

Tabelle 231: Primärbedarfe der Stuhlproduktion über vier Perioden in Anzahlen.

Weiterhin treten zur Vereinfachung und zur besseren Verständlichkeit in diesem Fallbeispiel keine Reservierungen, Sicherheitsbestände, und Prognose- oder Zusatzbedarfe auf. Die Produktion der Stühle, Sitze, Rückenlehnen und Stuhlbeine erfordert jeweils eine Periode als Vorlaufzeit.

Die Lagerkosten-, Rüstkostensätze und Vorlaufzeiten der einzelnen Produkte sind in Tabelle 232 zusammengefasst.

		k	$h_k \left[\frac{€}{Stuhl \cdot Periode} \right]$	s_k [€]	z_k [Perioden]
			Lagerkostensatz h_k, Rüstkostensatz s_k und Vorlaufzeit z_k für ein Produkt k		
Produkt	Stuhl	1	3	1000	1
	Sitz	2	2	1150	1
	Rückenlehne	3	3	1400	1
	Stuhlbein	4	1	1050	1

Tabelle 232: Lagerkostensätze, Rüstkostensätze und Vorlaufzeiten für die einzelnen Produkte.

Aufgabe

Bestimmen Sie die Lose nach dem Verfahren der programmorientierten Materialbedarfsplanung mit dem Verfahren von Groff für die Losbildung und geben die Termine zu Beginn der jeweiligen Perioden an. Ferner berechnen Sie die durch dieses Planungsergebnis verursachten Gesamtkosten.

Lösung

Die Dispositionsstufen sind in der Abbildung zur Erzeugnisstruktur eines Stuhls in Abbildung 92 angegeben.

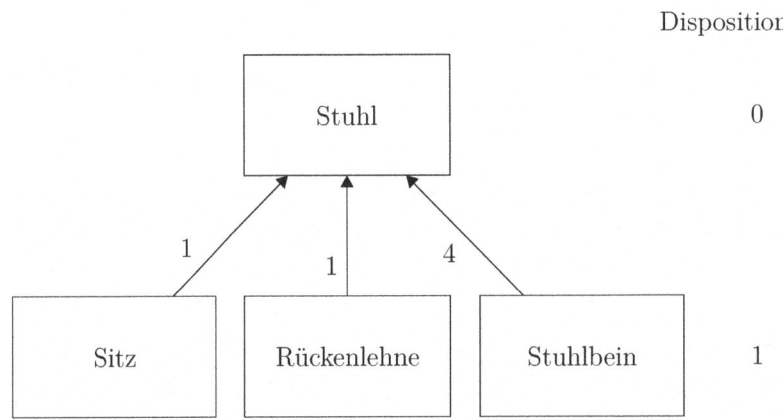

Abbildung 92: Erzeugnisstuktur eines Stuhles mit Dispositionsstufen.

Die Durchführung der programmorientierten Materialbedarfsplanung mit präzisierten Terminen bewirkt für den Stuhl, also das Endprodukt, die folgenden Bedarfe und Bestände sowie Planaufträge ohne Losbildung (s. Tabelle 233), wobei der obere Index „oL" bei den Planaufträgen angibt, dass noch keine Losbildung erfolgte.

Periode

		1	2	3	4	5	6
	Bruttobedarf^A			60	50	110	70
	Physischer Bestand^A						
Stühle	Disponibler Bestand^A						
	Nettobedarf^A			60	50	110	70
	Planauftrag^{A,oL}		60	50	110	70	

Tabelle 233: Bruttobedarfe, physische Bestände, disponible Bestände, Nettobedarfe sowie Planaufträge (ohne Losbildung) mit Terminen jeweils zu Periodenanfang in Anzahlen.

Der Starttermin des Planauftrages zu 60 Stühlen ist zu Beginn von Periode 2, und der Endtermin ist zu Beginn von Periode 3. Der Planauftrag zu 50 Stühlen hat seinen Starttermin zu Beginn der dritten Periode und seinen Endtermin zu Beginn der vierten. Der Starttermin des Planauftrages zu 110 Stühlen ist zu Beginn von Periode 4 und der Endtermin zu Beginn von Periode 5. Zu Beginn von Periode 5 liegt zugleich der Starttermin des Planauftrages zu 70 Stühlen und der Endtermin dieses Planauftrages zu Beginn von Periode 6.

Für die Losbildung wird das Verfahren von Groff auf die Planaufträge zu dem Stuhl in den Perioden 1 bis 6 angewandt. Dabei wird die gleiche Darstellung wie im Abschnitt 5.4 angewandt; k = 1 steht für Stuhl. Die folgende Tabelle 234 enthält das Ergebnis.

k	τ	t	j	$C_{k,t}$ [Stühle]	$V_{k,t}$ [Stühle]	Bedarf $d_{k,t}$ in Periode τ produzieren?
1	2	3	1	$50 \cdot 1 \cdot 2 = 100$	$666\frac{2}{3}$	Ja, da $100 \leq 666\frac{2}{3}$ ist.
1	2	4	2	$110 \cdot 2 \cdot 3 = 660$	$666\frac{2}{3}$	Ja, da $660 \leq 666\frac{2}{3}$ ist.
1	2	5	3	$70 \cdot 3 \cdot 4 = 840$	$666\frac{2}{3}$	Nein, da $840 > 666\frac{2}{3}$ ist.
Los $q_2 = 60$ Stühle $+ 50$ Stühle $+ 110$ Stühle $= 220$ Stühle mit Rüstkosten von 1000 € und Lagerkosten von $(60 \cdot 0 \cdot 3 \,€) + (50 \cdot 1 \cdot 3 \,€) + (110 \cdot 2 \cdot 3 \,€) = 810 \,€$.						
1	5	6	1	$0 \cdot 1 \cdot 2 = 0$	$666\frac{2}{3}$	Ja, da $0 \leq 666\frac{2}{3}$ ist. Mit t = 6 = T terminiert das Verfahren.
Los $q_5 = 70$ Stühle $+ 0$ Stühle $= 70$ Stühle mit Rüstkosten von 1000 € und Lagerkosten von $(70 \cdot 0 \cdot 3 \,€) + (0 \cdot 1 \cdot 3 \,€) = 0 \,€$.						

Tabelle 234: Losgrößenberechnung für Stühle nach dem Verfahren von Groff.

Die Durchführung der programmorientierten Materialbedarfsplanung für Stühle ist nun abgeschlossen. Alle relevanten Größen sind in Tabelle 235 zusammengefasst dargestellt; dabei weist der Index „L" darauf hin, dass es sich um Lose handelt. Lose bzw. die eigentlichen Produktionsaufträge (für die Produktion) mit einer Reichweite größer als eine Periode führen zu Beständen. Im Folgenden wird davon ausgegangen, dass, nachdem ein Produktionsauftrag vollständig abgearbeitet worden ist, alle durch ihn produzierten Produkte zum Ende der aktuellen Periode t eingelagert werden und zu Beginn der nächsten Periode, eben $t + 1$, für die Produktion eines übergeordneten Produktes wieder zur Verfügung stehen. Deswegen zählt ab dieser Periode $t + 1$ der Bestand für die Lagerkosten, sofern er am Ende dieser Periode, eben $t + 1$, noch im Lager liegt. Diese Vorgehensweise ergibt sich dadurch, dass in der Regel diese produzierten Produkte durch einen oder mehrere Transportaufträge aus der Produktion in ein Lager transportiert werden, welches von der eigentlichen Produktion getrennt ist. Der physische Bestand am Periodenende berechnet sich durch den Lagerbestand am Ende der Vorperiode plus den Lagerzugängen in der Periode in Form von Lagerzugängen zu Periodenbeginn und zu Beginn der Periode fertiggestellten Losen (, die aufgrund der Vorlaufzeit (in der Regel) vorher ihren Starttermin haben) minus dem Bruttobedarf zu Periodenbeginn, also:

$$\text{Physisch}_{k,t}^{E} = \begin{cases} \text{Physisch}_{k,t-1}^{E} + \text{LZ}_{k,t}^{A} + \text{PlAuf}_{k,t-z_k}^{A} - \text{Brutto}_{k,t}^{A}, 0\}, & t > 0 \\ LA_k, & t = 0. \end{cases}$$

Durch den Lageranfangsbestand – zu Beginn eines Planungsintervalls – wird der physische Bestand am Periodenende initialisiert. (Es sei angemerkt, dass aufgrund der Arbeitsweise der programmorientierten Materialbedarfsplanung (und auch dem Modell MLULSP) stets höchstens ein Planauftrag je Periode t und Produkt k – also $PlAuf^{A}_{k,t-z_k}$ – auftritt

Damit lautet das Planungsergebnis für Stühle insgesamt:

		Periode					
		1	2	3	4	5	6
	Bruttobedarf^A			60	50	110	70
	Physischer Bestand^A						
	Disponibler Bestand^A						
Stühle	Nettobedarf^A			60	50	110	70
	Planauftrag^{A,oL}		60	50	110	70	
	Planauftrag^{A,L}		220			70	
	Physischer Bestand^E			160	110		

Tabelle 235: Bruttobedarfe, physische Bestände, disponible Bestände, Nettobedarfe, Planaufträge ohne und mit Losbildung nach dem Verfahren von Groff, deren Termine jeweils am Beginn einer Periode liegen, sowie physische Bestände mit Terminen am Ende einer Periode in Anzahlen.

Der Starttermin des Planauftrages zu 220 Stühlen ist zu Beginn der zweiten Periode, und der Endtermin ist zu Beginn der dritten Periode. Von dem Lagerzugang werden (quasi) unmittelbar 60 Stühle zur Deckung des Bruttobedarfs verbraucht und die restlichen (160 Stühle) werden in der Periode 3 gelagert. Zu Beginn der fünften Periode liegt der Starttermin des Planauftrages zu 70 Stühlen und der Endtermin zu Beginn von Periode 6. Wie man sieht, wird in Periode 2 aufgrund des Verhältnisses niedriger Lagerkosten zu hohen Rüstkosten die Bedarfsmengen der Periode 3 und 4 mitproduziert.

Die programmorientierte Materialbedarfsplanung leitet nun die Sekundärbedarfsmengen der Produkte der nächst höheren Dispositionsstufe aus den gebildeten Planaufträgen (Lose) für Stühle ab. Für Sitze und Rückenlehnen lauten diese 0 Stück zu Beginn von

Periode 1, 220 Stück zu Beginn von Periode 2, 0 Stück zu Beginn von Periode 3, 0 Stück zu Beginn von Periode 4, 70 Stück zu Beginn von Periode 5 und 0 Stück zu Beginn von Periode 6. Der Direktbedarfskoeffizient zwischen Stühlen und Stuhlbeinen beträgt 4. Deshalb ergeben sich für Stuhlbeine Sekundärbedarfe in Höhe von 0 Stuhlbeinen zu Beginn von Periode 1, 880 Stuhlbeinen zu Beginn von Periode 2, 0 Stuhlbeinen zu Beginn von Periode 3, 0 Stuhlbeinen zu Beginn von Periode 4, 280 Stuhlbeinen zu Beginn von Periode 5 und 0 Stuhlbeinen zu Beginn von Periode 6. Da für die in das Endprodukt eingehenden Produkte keine Primär-, Prognose- oder Zusatzbedarfe vorkommen, handelt es sich bei den Sekundärbedarfen um Bruttobedarfe. Alle Ergebnisse sind in Tabelle 236 aufgeführt.

Disposi-tionsstufe	Produkt		Periode					
			1	2	3	4	5	6
0	Stuhl	Bruttobedarf^A			60	50	110	70
		Physischer Bestand^A						
		Disponibler Bestand^A						
		Nettobedarf^A			60	50	110	70
		Planauftrag^{A,oL}		60	50	110	70	
		Planauftrag^{A,L}		220			70	
		Physischer Bestand^E			160	110		
1	Sitz	Bruttobedarf^A		220			70	
	Rückenlehne	Bruttobedarf^A		220			70	
	Stuhlbein	Bruttobedarf^A		880			280	

Tabelle 236: Abgeleitete Sekundärbedarfe für die Stuhlproduktion: Bruttobedarfe für Sitze, Rückenlehnen und Stuhlbeine, deren Termine jeweils am Beginn einer Periode liegen, in Stück.

Die folgenden drei Tabellen geben die Berechnung der Lose für Sitze, Rückenlehnen und Stuhlbeine nach dem Verfahren von Groff an. Die Berechnungen beziehen sich auf die Planaufträge ohne Losbildung zu diesen Produkten, die in Tabelle 240 angegeben sind.

k	τ	t	j	$C_{k,t}$ [Sitze]	$V_{k,t}$ [Sitze]	Bedarf $d_{k,t}$ in Periode τ produzieren?
2	1	2	1	$0 \cdot 1 \cdot 2 = 0$	1150	Ja, da $0 \leq 1150$ ist.
2	1	3	2	$0 \cdot 2 \cdot 3 = 0$	1150	Ja, da $0 \leq 1150$ ist.
2	1	4	3	$70 \cdot 3 \cdot 4 = 840$	1150	Ja, da $840 \leq 1150$ ist.
2	1	5	4	$0 \cdot 4 \cdot 5 = 0$	1150	Ja, da $0 \leq 1150$ ist.
2	1	6	5	$0 \cdot 5 \cdot 6 = 0$	1150	Ja, da $0 \leq 1150$ ist. Mit t = 6 = T terminiert das Verfahren.

Los $q_1 = 220$ Sitze $+ 0$ Sitze $+ 0$ Sitze $+ 70$ Sitze $+ 0$ Sitze $+ 0$ Sitze $= 290$ Sitze mit Rüstkosten von 1150 € und Lagerkosten von $(220 \cdot 0 \cdot 2$ €$) + (0 \cdot 1 \cdot 2$ €$) + (0 \cdot 2 \cdot 2$ €$) + (70 \cdot 3 \cdot 2$ €$) + (0 \cdot 4 \cdot 2$ €$) + (0 \cdot 5 \cdot 2$ €$) = 420$ €

Tabelle 237: Losgrößenberechnung für Sitze nach dem Verfahren von Groff.

k	τ	t	j	$C_{k,t}$[Rl]	$V_{k,t}$ [Rl]	Bedarf $d_{k,t}$ in Periode τ produzieren?
3	1	2	1	$0 \cdot 1 \cdot 2 = 0$	$933\frac{1}{3}$	Ja, da $0 \leq 933\frac{1}{3}$ ist.
3	1	3	2	$0 \cdot 2 \cdot 3 = 0$	$933\frac{1}{3}$	Ja, da $0 \leq 933\frac{1}{3}$ ist.
3	1	4	3	$70 \cdot 3 \cdot 4 = 840$	$933\frac{1}{3}$	Ja, da $840 \leq 933\frac{1}{3}$ ist.
3	1	5	4	$0 \cdot 4 \cdot 5 = 0$	$933\frac{1}{3}$	Ja, da $0 \leq 933\frac{1}{3}$ ist.
3	1	6	5	$0 \cdot 5 \cdot 6 = 0$	$933\frac{1}{3}$	Ja, da $0 \leq 933\frac{1}{3}$ ist. Mit t = 6 = T terminiert das Verfahren.

Los $q_1 = 220$ Rl $+ 0$ Rl $+ 0$ Rl $+ 70$ Rl $+ 0$ Rl $+ 0$ Rl $= 290$ Rl mit Rüstkosten von 1400 € und Lagerkosten von $(220 \cdot 0 \cdot 3$ €$) + (0 \cdot 1 \cdot 3$ €$) + (0 \cdot 2 \cdot 3$ €$) + (70 \cdot 3 \cdot 3$ €$) + (0 \cdot 4 \cdot 3$ €$) + (0 \cdot 5 \cdot 3$ €$) = 630$ €

Tabelle 238: Losgrößenberechnung für Rückenlehnen (Rl) nach dem Verfahren von Groff.

k	τ	t	j	$C_{k,t}$ [Sb]	$V_{k,t}$ [Sb]	Bedarf $d_{k,t}$ in Periode τ produzieren?
4	1	2	1	$0 \cdot 1 \cdot 2 = 0$	2100	Ja, da $0 \leq 2100$ ist.
4	1	3	2	$0 \cdot 2 \cdot 3 = 0$	2100	Ja, da $0 \leq 2100$ ist.
4	1	4	3	$280 \cdot 3 \cdot 4 = 3360$	2100	Nein, da $3360 > 2100$ ist.
Los $q_1 = 880$ Sb $+ 0$ Sb $+ 0$ Sb $= 880$ Sb mit Rüstkosten von 1050 € und Lager-kosten von $(880 \cdot 0 \cdot 1$ €$) + (0 \cdot 1 \cdot 1$ €$) + (0 \cdot 2 \cdot 1$ €$) = 0$ €					
4	4	5	1	$0 \cdot 1 \cdot 2 = 0$	2100	Ja, da $0 \leq 2100$ ist.
4	4	6	2	$0 \cdot 2 \cdot 3 = 0$	2100	Ja, da $0 \leq 2100$ ist. Mit t $= 6 =$ T terminiert das Verfahren.
Los $q_4 = 280$ Sb $+ 0$ Sb $+ 0$ Sb $= 280$ Sb mit Rüstkosten von 1050 € und Lager-kosten von $(280 \cdot 0 \cdot 1$ €$) + (0 \cdot 1 \cdot 1$ €$) + (0 \cdot 2 \cdot 1$ €$) = 0$€					

Tabelle 239: Losgrößenberechnung für Stuhlbeine (Sb) nach dem Verfahren von Groff.

Die folgende Tabelle 240 stellt die gerade durchgeführte programmorientierte Materialbedarfsplanung mit dem Verfahren von Groff für die Losbildung zusammenfassend dar.

Dispositionsstufe	Produkt		Periode 1	2	3	4	5	6
0	Stuhl	Bruttobedarf^A			60	50	110	70
		Physischer Bestand^A						
		Disponibler Bestand^A						
		Nettobedarf^A			60	50	110	70
		Planauftrag^{A,oL}		60	50	110	70	
		Planauftrag^{A,L}		220			70	
		Physischer Bestand^E			160	110		
1	Sitz	Bruttobedarf^A		220			70	
		Physischer Bestand^A						
		Disponibler Bestand^A						
		Nettobedarf^A		220			70	
		Planauftrag^{A,oL}	220			70		
		Planauftrag^{A,L}	290					
		Physischer Bestand^E		70	70	70		
	Rückenlehne	Bruttobedarf^A		220			70	
		Physischer Bestand^A						
		Disponibler Bestand^A						
		Nettobedarf^A		220			70	
		Planauftrag^{A,oL}	220			70		
		Planauftrag^{A,L}	290					
		Physischer Bestand^E		70	70	70		
	Stuhlbein	Bruttobedarf^A		880			280	
		Physischer Bestand^A						
		Disponibler Bestand^A						
		Nettobedarf^A		880			280	
		Planauftrag^{A,oL}	880			280		
		Planauftrag^{A,L}	880			280		
		Physischer Bestand^E						

Tabelle 240: Bruttobedarfe, physische Bestände, disponible Bestände, Nettobedarfe, Planaufträge ohne und mit Losbildung nach dem Verfahren von Groff, deren Termine jeweils am Beginn einer Periode liegen, sowie physische Bestände mit Terminen am Ende einer Periode zu allen Komponenten eines Stuhles in Anzahlen.

Die Starttermine der Planaufträge zu 220 Stühlen, 290 Rückenlehnen, 290 Sitzen und 880 Stuhlbeinen sind jeweils zu Beginn der Periode 1 und ihre Endtermine jeweils zu Beginn von Periode 2. Der Planauftrag zu 220 Stühlen hat den Beginn der zweiten Periode als Starttermin und den Beginn der Periode 3 als Endtermin. Der Starttermin des Planauftrages zu 280 Stuhlbeinen ist zu Beginn der Periode 4 und sein Endtermin ist zu Beginn der fünften Periode. Der Planauftrag zu 70 Stühlen hat den Beginn der fünften Periode als Starttermin und den Beginn der Periode 6 als Endtermin.

Die gegenüber den Lagerkosten verhältnismäßig hohen Rüstkosten haben dazu geführt, dass die Bedarfsmengen der Rückenlehnen und Sitze bereits in der ersten Periode produziert werden. Außerdem ist es auf das Verhältnis von Rüst- zu Lagerkosten zurückzuführen, dass zwei Produktionsaufträge für Stuhlbeine und Stühle gebildet werden. Deshalb findet für Stuhlbeine keine Lagerung statt, da ihre Produktionsmengen bereits am Anfang der jeweils nächsten Periode in das Endprodukt eingehen.

Um die durch dieses Planungsergebnis verursachten Gesamtkosten zu ermitteln, sind die perioden- und produktspezifischen Lager- und Rüstkosten zu berechnen. Die dazu notwendigen physischen Bestände (Periodenende) wurden bereits berechnet, s. Tabelle 240, und führen, durch Multiplikation mit dem jeweiligen Lagerkostensatz der einzelnen Produkte, s. Tabelle 232, zu den in der folgenden Tabelle 241 angegebenen periodenspezifischen Kosten.

	Produkt	\multicolumn{6}{c}{Periode}

	Produkt	1	2	3	4	5	6
	Stuhl			480 €	330 €		
Lagerkosten	Sitz		140 €	140 €	140 €		
	Rückenlehne		210 €	210 €	210 €		
	Stuhlbein						

Tabelle 241: Lagerkosten der Stuhlproduktion im Rahmen des Dispositionsstufenverfahren mit Losen.

Für jeden Produktionsauftrag ist das Produktionssystem zu rüsten. Dies ist in Tabelle 242 angegeben, wobei 1 für rüsten und 0 für nicht rüsten steht.

Periode

	Produkt	1	2	3	4	5	6
	Stuhl	0	1	0	0	1	0
Rüstvorgang	Sitz	1	0	0	0	0	0
	Rückenlehne	1	0	0	0	0	0
	Stuhlbein	1	0	0	1	0	0

Tabelle 242: Rüstvorgänge für die Stuhlproduktion in den Perioden.

Rüstkosten ergeben sich durch Multiplikation mit dem jeweiligen Rüstkostensatz. Werden dazu die Lagerkosten addiert, so ergeben sich die in Tabelle 243 angegebenen Gesamtkosten für jedes Produkt in den einzelnen Perioden.

Periode

	Produkt	1	2	3	4	5	6
	Stuhl		1000 €	480 €	330 €	1000 €	
Gesamtkosten	Sitz	1150 €	140 €	140 €	140 €		
	Rückenlehne	1400 €	210 €	210 €	210 €		
	Stuhlbein	1050 €			1050 €		

Tabelle 243: Periodengenaue Gesamtkosten der Stuhlproduktion im Rahmen des Dispositionsstufenverfahren mit Losen.

Durch Aufsummierung aller Kosten ergeben sich die Gesamtkosten von (1000 €+480 €+ 330 € + 1000 €) + (1150 € + 140 € + 140 € + 140 €) + (1400 € + 210 € + 210 € + 210 €) + (1050 € + 1050 €) = 8510 €.

5.7 Auftreten von Kapazitäten

Die Produktion aufgrund der Losplanung wird nun analysiert. Dazu gehen Sie von der Stuhlproduktion aus, die im s. Abschnitt 5.6.2 beschrieben ist. Alle Komponenten eines Stuhles werden von einem Lieferanten bezogen. Diese sind jeweils noch zu lasieren, wozu sie eine Lasur-Station durchlaufen. Auch das Endprodukt ist zu lasieren. In jeder Periode beträgt die Kapazität der Lasur-Station 8 Stunden (h). Die Stückbearbeitungszeiten auf der Lasur-Station betragen für einen Stuhl 75 Sekunden (s), für einen Sitz 90 s, für eine Rückenlehne 150 s und für ein Stuhlbein 20 s. Rüstzeiten fallen nicht an.

Aufgabe

(a) Gehen Sie von dem Ergebnis der programmorientierten Materialbedarfsrechnung mit präzisierten Terminen und optimaler Lösung der einstufigen Losgrößenprobleme aus, die im Abschnitt 5.6.2 im Detail beschrieben ist. Simulieren Sie die Bearbeitung der Planaufträge, also Produktionsaufträge, auf der Lasur-Station, so dass die Bedarfe möglichst termingerecht erfüllt werden können.

(b) Nehmen Sie gegenüber dem Vorgehen unter (a) eine Beschleunigung dadurch vor, dass hergestellte Produkte vor ihrer Weiterverwendung in einem übergeordneten Produkt nicht eingelagert werden müssen, sondern unmittelbar verwendet werden.

(c) Geben Sie die Lösung zum MLULSP für die Stuhproduktion an. Simulieren Sie die Bearbeitung der Planaufträge wie in den beiden vorhergehenden Teilaufgaben.

(d) Lösen das Problem optimal.

Lösung

(a) Die Planaufträge aufgrund der programmorientierten Materialbedarfsrechnung mit präzisierten Terminen ist in der folgenden Tabelle 244 angegeben. Jedes Produkt hat eine Vorlaufzeit von einer Periode. Damit fällt der Kapazitätsbedarf für jeden Planauftrag in der Periode an, zu dessen Beginn er starten darf. Die Tabelle 244 enthält auch den kumulierten periodenspezifischen Kapazitätsbedarf für die Lasur-Station. In Periode 1 ist der Kapazitätsbedarf um $16\frac{2}{9}$ Stunden höher als das Angebot von 8 Stunden.

| | | Periode | | | | | |
Produkt		1	2	3	4	5	6
Stuhl	Planauftrag^{A,L}		220			70	
Sitz	Planauftrag^{A,L}	290					
Rückenlehne	Planauftrag^{A,L}	290					
Stuhlbein	Planauftrag^{A,L}	880			280		
Kapazitätsbedarf [h]		$24\frac{2}{9}$	$4\frac{7}{12}$		$1\frac{5}{9}$	$1\frac{11}{24}$	

Tabelle 244: Planaufträge in Stück und kumulierter periodenspezifischer Kapazitätsbedarf für die Stuhlproduktion.

Die Planaufträge sind als Produktionsaufräge auf der Lasur-Station zu bearbeiten. Damit mit der Lasur der Stühle so schnell wie möglich begonnen werden kann, werden zunächst die Produktionsaufträge über 290 Rückenlehnen, über 290 Sitze und über 880 Stuhlbeine bearbeitet. Bei jeder Reihenfolge dieser Produktionsaufträge dauert dies 24 h 13 Minuten (min) und 20 s. Da jede produzierte Einheit vor ihrer Verwendung in einem Produktionsauftrag über Stühle erst eingelagert werden muss, kann mit dem Produktionsauftrag über 220 Stühle erst zu Beginn der fünften Periode begonnen werden. Eine Realisierung ist in der folgenden Abbildung 93 in Form eines Gantt-Diagramms angegeben und wird nun im Anschluss im Detail erläutert:

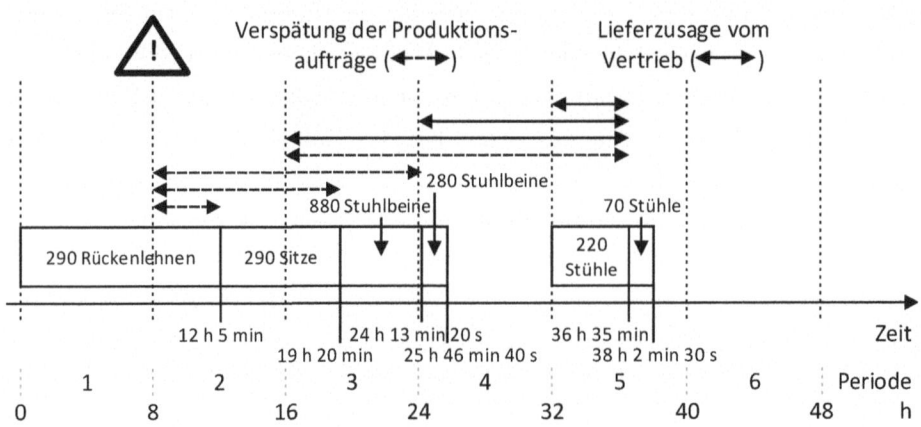

Abbildung 93: Gantt-Diagramm zur Durchführung der geplanten Planaufträge.

In der ersten Periode reicht die Kapazität der Lasur-Station nicht einmal zur Produktion der geplanten Menge an Rückenlehnen. Am Ende von Periode 1 wird erkannt, dass nur 192 von den geplanten 290 Rückenlehnen produziert wurden und mit der geplanten Produktion an Sitzen und Stuhlbeinen erst gar nicht begonnen werden konnte. Die Produktion der Sitze beginnt 12 h und 5 min nach Produktionsbeginn, also erst in Periode 2. In der dritten Periode, zum Zeitpunkt 19 h 20 min, folgt die Produktion über 880 Stuhlbeine und wird etwas nach dem Beginn der vierten Periode, zum Zeitpunkt 24 h 13 min 20 s, abgeschlossen. Erst jetzt kann mit der Produktion des für Periode 2 vorgesehenen Produktionsauftrags über 220 Stühle begonnen werden. Die in einer Periode t hergestellten Produkte müssen zum Ende dieser Periode t eingelagert werden. Zu Beginn der nächsten Periode, also t+1, dürfen diese zur Produktion eines übergeordneten Produkts verwendet werden. Daher sind die Stuhlbeine zum Ende der Periode 4 einzulagern. Zu Beginn der Periode 5 kann folglich (frühestens) mit der Produktion der 220 Stühle begonnen werden. Dies erfolgt zum Zeitpunkt 32 h und gegen Mitte dieser Periode, zum Zeitpunkt 36 h 35 min, ist der entsprechende Produktionsauftrag fertiggestellt. Die Produktion über 280 Stuhlbeine darf nach der Planung in Periode 4 begonnen werden. Dies kann erfolgen, da dadurch die Produktion der 220 Stühle nicht verzögert wird. Tatsächlich ist dieser Produktionsauftrag über 280 Stuhlbeine nach 25 h 46 min 40 s beendet. Dadurch kann der Produktionsauftrag über 70 Stühle wie geplant in Periode 5 beendet werden, er endet zum Zeitpunkt 38 h 2 min 30 s.

Da die Bedarfe für die Stühle zu Periodenbeginn (= Ende der Vorperiode) zu decken sind, hat der erste Primärbedarf (zu Beginn der Periode 3) eine Verspätung von 2 Perioden 4 h und 35 min, der zweite Primärbedarf (zu Beginn der Periode 4) eine Verspätung von 1 Periode 4 h und 35 min und der dritte Primärbedarf (zu Beginn der Periode 5) eine Verspätung von 4 h und 35 min. Lediglich der vierte Primärbedarf (zu Beginn der Periode 6) kann termingerecht erfüllt werden. Durch diese Verspätungen beträgt die Fehlmenge an Stühlen zu Beginn der dritten Periode 60 Stühle, zu Beginn der vierten Periode beträgt die Fehlmenge 110 Stühle und zu Beginn der fünften Periode beträgt die Fehlmenge 220 Stühle. Nur durch einen Sicherheitsbestand für das Endprodukt können die zugesagten Auslieferungen in Periode 3, 4 und 5 eingehalten werden.

Die Durchlaufzeiten als Differenz zwischen möglichem Startzeitpunkt und tatsächlichem Endzeitpunkt haben sich gegenüber der geschätzten Vorlaufzeit von 1 erhöht, zum Teil deutlich. So beträgt diese für den Produktionsauftrag über 220 Stühle 28 h 35 min statt 8 h. Die Gesamtdurchlaufzeit (einschließlich der Produktion aller Vorprodukte) beträgt 36 h 35 min statt 16 h. Diese Erhöhungen bewirken höhere physische Lagerbestände für

Komponenten eines Stuhls und keine physischen Lagerbestände für Stühle. Diese sind in der folgenden Tabelle 245 aufgeführt.

Periode

	Produkt	1	2	3	4	5	6
	Stuhl						
Physischer	Sitz				290		
Bestand^E	Rückenlehne			290	290		
	Stuhlbein						

Tabelle 245: Physische Bestände (Periodenende) aufgrund der Durchführung der geplanten Planaufträge in Stück.

Für die Abarbeitung der Produktionsaufträge ist zu rüsten. Dies ist in der folgenden Tabelle 246 dargestellt, wobei wieder 1 für rüsten und 0 für nicht rüsten steht. Da nach der Produktion über 880 Stuhlbeine unmittelbar mit der Produktion über 280 Stuhlbeine begonnen wird, kann unter Umständen der Rüststatus der Lasur-Station genutzt werden. Da es sich aber um einen eigenen Produktionsauftrag handelt, wird, um einen Unterschied zur Bildung eines Loses über 1160 Stuhlbeine zu haben, darauf verzichtet. Die Anwendung dieser Vorgehensweise führt dazu, dass in der fünften Periode zweimal (für die Produktion von Stühlen) gerüstet wird. Damit wird insgesamt genauso häufig gerüstet wie zuvor.

Periode

	Produkt	1	2	3	4	5	6
	Stuhl	0	0	0	0	1 + 1	0
	Sitz	0	1	0	0	0	0
Rüstvorgang	Rückenlehne	1	0	0	0	0	0
	Stuhlbein	0	0	1	1	0	0

Tabelle 246: Rüstvorgänge aufgrund der Durchführung der geplanten Planaufträge.

Für jede Periode entstehen Gesamtkosten, indem der physische Bestand eines Produkts am Ende dieser Periode mit seinen Lagerkostensatz multipliziert wird und darauf die Kosten eines etwaigen Rüstvorgangs für den Beginn der Produktion eines Produkts (in der Regel eines anderen Produkts als für die Lagerkosten) addiert wird. Damit ergeben sich die in der folgenden Tabelle 247 angegebenen periodengenauen Gesamtkosten.

<table>
<tr><td></td><td></td><td colspan="6" align="center">Periode</td></tr>
<tr><td></td><td>Produkt</td><td>1</td><td>2</td><td>3</td><td>4</td><td>5</td><td>6</td></tr>
<tr><td rowspan="4">Gesamtkosten</td><td>Stuhl</td><td></td><td></td><td></td><td></td><td>2000</td><td></td></tr>
<tr><td>Sitz</td><td></td><td>1150</td><td></td><td>580</td><td></td><td></td></tr>
<tr><td>Rückenlehne</td><td>1400</td><td></td><td>870</td><td>870</td><td></td><td></td></tr>
<tr><td>Stuhlbein</td><td></td><td></td><td>1050</td><td>1050</td><td></td><td></td></tr>
</table>

Tabelle 247: Periodengenaue Gesamtkosten aufgrund der Durchführung der geplanten Planaufträge in €.

Durch Aufsummierung aller Kosten ergeben sich die Gesamtkosten von (2000 €) + (1150 € + 580 €) + (1400 € + 870 € + 870 €) + (1050 € + 1050 €) = 8970 €. Der Unterschied von 460 € gegenüber den Kosten aufgrund der programmorientierten Materialbedarfsrechnung ergibt sich durch zusätzliche physische Lagerbestände aufgrund der Durchführung der geplanten Planaufträge. Könnte der Rüststatus bei aufeinanderfolgenden Produktionsaufträgen zu einem Produkt genutzt werden, wie oben angesprochen, so würden sich die Rüstkosten um 2050 € auf 6920 € reduzieren.

(b) Die Beschleunigung, indem hergestellte Produkte vor ihrer Weiterverwendung in einem übergeordneten Produkt nicht eingelagert werden müssen, sondern unmittelbar verwendet dürfen, bewirkt, dass unmittelbar nach der Fertigstellung der 880 Stuhlbeine mit der Produktion von 220 Stühlen begonnen wird. Dies ist zum Zeitpunkt 28 h 48 min 20 s beendet; Abbildung 94 enthält das Gantt-Diagramm zu diesem Ablauf. Zu diesem Zeitpunkt beginnt der Produktionsauftrag über 280 Stuhlbeine, welcher zum Zeitpunkt 30 h 21 min 40 s beendet ist. Der letzte Produktionsauftrag über 70 Stühle ist aufgrund der programmorientierten Materialbedarfsrechnung erst zu Beginn der fünften Periode startbereit. Bei einem frühestmöglichen Beginn endet er zum Zeitpunkt 33 h 27 min 30 s.

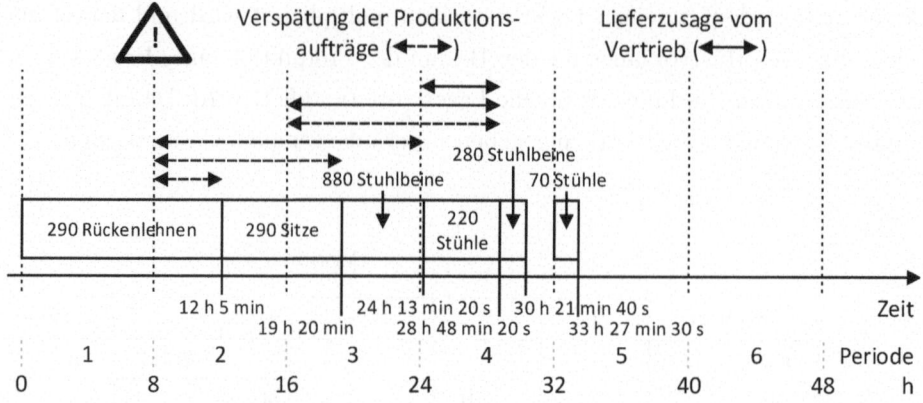

Abbildung 94: Gantt-Diagramm zur Durchführung der geplanten Planaufträge.

Da die Bedarfe für die Stühle zu Periodenbeginn (= Ende der Vorperiode) zu decken sind, hat der erste Primärbedarf (zu Beginn der Periode 3) eine Verspätung von 1 Periode 4 h 48 min und 20 s sowie der zweite Primärbedarf (zu Beginn der Periode 4) eine Verspätung von 4 h 48 min und 20 s. Der dritte Primärbedarf (zu Beginn der Periode 5) und der vierte Primärbedarf (zu Beginn der Periode 6) können termingerecht erfüllt werden. Durch diese Verspätungen betragen die Fehlmengen an Stühlen zu Beginn der dritten Periode 60 Stühle und zu Beginn der vierten Periode 110 Stühle.

Auch hier werden die Veränderungen gegenüber der programmorientierten Materialbedarfsrechnung analysiert. Wiederum sind die Durchlaufzeiten zum Teil deutlich höher als die geschätzte Vorlaufzeit von einer Periode. So beträgt diese für den Produktionsauftrag über 220 Stühle 20 h 48 min 20 s statt 8 h. Die Gesamtdurchlaufzeit (einschließlich der Produktion aller Vorprodukte) beträgt 28 h 48 min 20 s statt 16 h. Diese Erhöhungen bewirken höhere physische Lagerbestände für Komponenten eines Stuhls und keine physischen Lagerbestände für Stühle. Im Einzelnen treten folgende physische Lagerbestände auf: 70 Sitze am Ende von Periode 4, 290 Rücklehnen am Ende von Periode 3 und 70 Rücklehnen am Ende von Periode 4. Da 6 Produktionsaufträge zu bearbeiten sind, ist sechsmal zu rüsten – und zwar in den Perioden, in denen ein Produktionsauftrag nach Abbildung 94 beginnt.

Für jede Periode entstehen Gesamtkosten, indem der physische Bestand eines Produkts in dieser Periode mit seinen Lagerkostensatz multipliziert wird und darauf die Kosten eines etwaigen Rüstvorgangs für den Beginn der Produktion eines Produkts (in der Regel eines anderen Produkts als für die Lagerkosten) addiert wird. Nach Stuhl, Sitz, Rückenlehne und Stuhlbein sowie Periode geordnet ergibt sich die folgende Summe: $(0 \text{ €} + 0 \text{ €} + 0 \text{ €} + 1000 \text{ €} + 1000 \text{ €} + 0 \text{ €}) + (0 \text{ €} + 1150 \text{ €} + 0 \text{ €} + 140 \text{ €} + 0 \text{ €} + 0 \text{ €}) + (1400 \text{ €} + 0 \text{ €} + 870 \text{ €} + 210 \text{ €} + 0 \text{ €} + 0 \text{ €}) + (0 \text{ €} + 0 \text{ €} + 1050 \text{ €} + 1050 \text{ €} + 0 \text{ €} + 0 \text{ €})$. Die Gesamtkosten lauten: 7870 €. Damit sind die tatsächlichen Kosten sogar geringer als die, die durch die programmorientierte Materialbedarfsrechnung ermittelt wurden, nämlich von 8510 €, und zwar aufgrund insgesamt geringeren physischen Lagerbeständen bei der Durchführung der geplanten Planaufträge; es sei betont, dass diese Lagerbestandsreduktion nur durch Fehlmengen für Stühle realisiert wird, die nicht monetär bewertet wurde. Diese Beschleunigung reduziert diese Kosten um 12.3 Prozent.

(c) Die Lösung des zugehörigen MLULSP ist in Tabelle 289 angegeben; zur Vollständigkeit sei darauf hingewiesen, dass der in dieser Fallstudie betrachtete Bezugspunkt für Bedarfe usw. auch beim MLCLSP unterstellt wird - welche Parameter im Detail geändert werden ist im Teil (d) angegeben. Zur Orientierung sind auch die jeweiligen Sekundärbedarfe angegeben. Zugleich enthält die Tabelle die physischen Bestände am Periodenende sowie die kumulierten periodenspezifischen Kapazitätsbedarfe.

Produkt		1	2	3	4	5	6
Stuhl	Primärbedarf^A			60	50	110	70
	Planauftrag^{A,L}		290				
	Physischer Bestand^E			230	180	70	
Sitz	Sekundärbedarf^A		290				
	Planauftrag^{A,L}	290					
	Physischer Bestand^E						
Rückenlehne	Sekundärbedarf^A		290				
	Planauftrag^{A,L}	290					
	Physischer Bestand^E						
Stuhlbein	Sekundärbedarf^A		1160				
	Planauftrag^{A,L}	1160					
	Physischer Bestand^E						
	Kapazitätsbedarf [h]	$25\frac{7}{9}$	$6\frac{1}{24}$				

Tabelle 248: Optimale Lösung von dem MLULSP: Bedarfe, Planaufträge (Lose) und physische Bestände (am Periodenende) in Stück, sowie kumulierte periodenspezifische Kapazitätsbedarfe.

Die Starttermine der Planaufträge (Lose) zu 290 Sitzen, 290 Rückenlehnen und 1160 Stuhlbeinen sind jeweils zu Beginn der ersten Periode und die Endtermine jeweils zu Beginn der Periode 2. Der Planauftrag (Los) zu 290 Stühlen hat den Beginn der zweiten Periode als Starttermin und den Beginn der dritten Periode als Endtermin.

Aufgrund des Verhältnisses des Rüstkostensatzes zum Lagerkostensatz für das Endprodukt „Stuhl" wird in Periode 2 der Bedarf für den gesamten Planungszeitraums produziert. Deshalb findet auch keine Lagerung für die in einen Stuhl eingehenden Komponenten statt – ihre Produktionsmengen gehen bereits in Periode 2 in das Endprodukt ein.

Nach der oben beschriebenen Vorgehensweise ergeben sich die Gesamtkosten von – nach Stuhl, Sitz, Rückenlehne und Stuhlbein (sowie Periode) geordnet – (1000 € + 690 € + 540 € + 210 €) + (1150 €) + (1400 €) + (1500 €) = 6490 €. Sie sind um 29 Prozent geringer als die Gesamtkosten aufgrund der programmorientierten Materialbedarfsrechnung.

Bevor mit der Produktion der Stühle in einem Los begonnen werden kann, sind die drei Produktionsaufträge für die drei Komponenten in einer beliebigen Reihenfolge zu fertigen, wozu 25 h 46 min und 40 s benötigt werden. Aus Vergleichbarkeitsgründen werden diese in der gleichen Reihenfolge wie bei der Umsetzung des Ergebnisses der programmorientierten Materialbedarfsrechnung bearbeitet. Da alle hergestellten Produkte eingelagert werden müssen, bevor sie in einer Produktion von Stühlen verwendet werden dürfen, beginnt die Produktion von allen Stühlen zu Beginn der fünften Periode und ist zum Zeitpunkt 38 h 2 min und 30 s beendet. Dieser Ablauf ist in dem Gantt-Diagramm in Abbildung 95 angegeben.

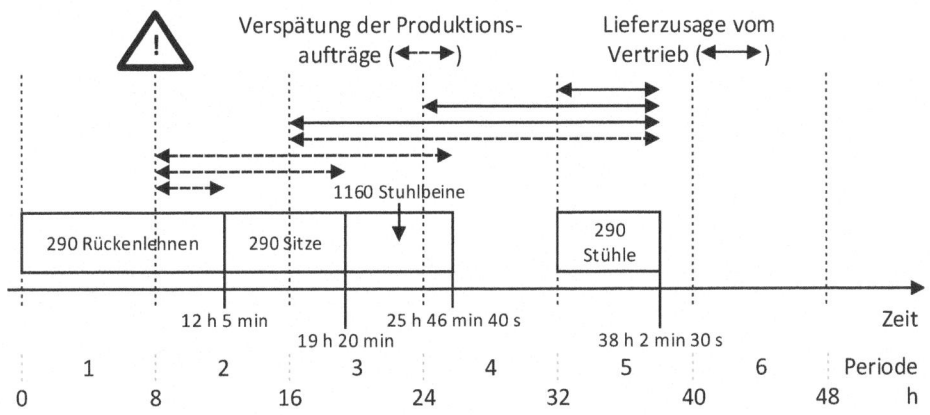

Abbildung 95: Gantt-Diagramm zur Durchführung der geplanten Planaufträge mit Einlagerung von Produkten.

Da die Bedarfe für die Stühle zu Periodenbeginn (= Ende der Vorperiode) zu decken sind, hat der erste Primärbedarf (zu Beginn der Periode 3) eine Verspätung von 2 Perioden 6 h 2 min und 30 s, der zweite Primärbedarf (zu Beginn der Periode 4) eine Verspätung von 1 Periode 6 h 2 min und 30 s und der dritte Primärbedarf (zu Beginn der Periode 5) eine Verspätung von 6 h 2 min und 30 s. Lediglich der vierte Primärbedarf (zu Beginn der Periode 6) kann termingerecht erfüllt werden. Durch diese Verspätungen beträgt die Fehlmenge an Stühlen zu Beginn der dritten Periode 60 Stühle, zu Beginn der vierten Periode beträgt die Fehlmenge 110 Stühle und zu Beginn der fünften Periode beträgt die Fehlmenge 220 Stühle.

Die Durchlaufzeiten haben sich gegenüber der vorgegebenen, geschätzten, Vorlaufzeit

270

von einer Periode erhöht, zum Teil deutlich. So beträgt diese für den Produktionsauftrag über alle Stühle 30 h 2 min und 30 s statt 8 h. Die Gesamtdurchlaufzeit (einschließlich der Produktion aller Vorprodukte) beträgt 38 h 2 min und 30 s statt 16 h; es liegt also eine Zunahme gegenüber der Situation bei der programmorientierten Materialbedarfsrechnung vor. Diese Erhöhungen bewirken höhere physische Lagerbestände für Komponenten eines Stuhls und keine physischen Lagerbestände für Stühle. Im Einzelnen treten folgende physische Lagerbestände auf: 290 Sitze am Ende von Periode 4, 290 Rücklehnen am Ende von Periode 3 und 290 Rücklehnen am Ende von Periode 4. Da 4 Produktionsaufträge zu bearbeiten sind, ist viermal zu rüsten.

Nach der oben beschriebenen Vorgehensweise ergeben sich die Gesamtkosten von – nach Stuhl, Sitz, Rückenlehne und Stuhlbein (sowie Periode) geordnet – $(1000\ €) + (1150\ € + 580\ €) + (1400\ € + 870\ € + 870\ €) + (1050\ €) = 6920\ €$. Die Erhöhung um 880 € gegenüber den Kosten der Lösung vom MLULSP ergibt sich durch zusätzliche physische Lagerbestände aufgrund der Durchführung der geplanten Planaufträge.

Ohne Einlagerung von Produkten kann mit dem Produktionsauftrag für Stühle bereits in der Periode 4 begonnen werden, also ab dem Zeitpunkt 25 h 46 min und 40 s. Nur dadurch, dass dieser vor Ende der vierten Periode, nämlich zum Zeitpunkt 31 h 49 min und 10 s beendet ist, führt dies auch zu einer Verbesserung der Einhaltung von Bedarfsterminen. Dieser Ablauf ist in dem Gantt-Diagramm in Abbildung 96 angegeben.

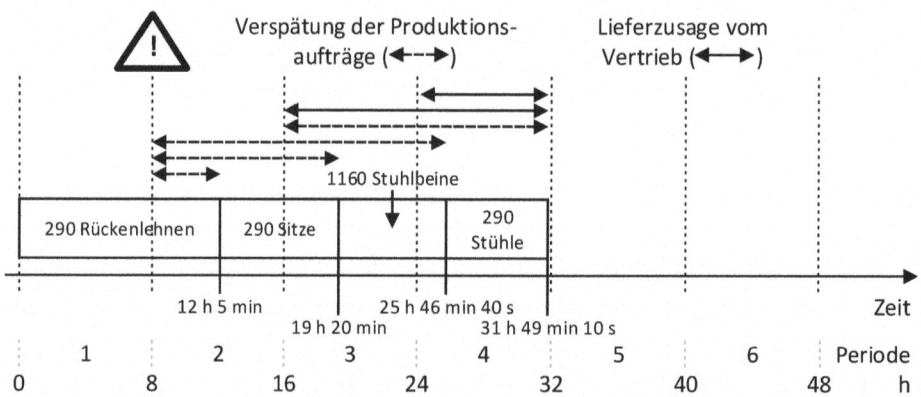

Abbildung 96: Gantt-Diagramm zur Durchführung der geplanten Planaufträge ohne Einlagerung von Produkten.

Da die Bedarfe für die Stühle zu Periodenbeginn (= Ende der Vorperiode) zu decken sind, hat der erste Primärbedarf (zu Beginn der Periode 3) eine Verspätung von 1 Periode 7 h 49 min und 10 s und der zweite Primärbedarf (zu Beginn der Periode 4) eine Verspätung von 7 h 49 min und 10 s. Der dritte Primärbedarf (zu Beginn der Periode 5) und der vierte Primärbedarf (zu Beginn der Periode 6) können termingerecht erfüllt werden. Durch diese Verspätungen betragen die Fehlmengen an Stühlen zu Beginn der dritten Periode 60 Stühle und zu Beginn der vierten Periode 110 Stühle.

Die Durchlaufzeiten haben sich gegenüber der vorgegebenen, geschätzten, Vorlaufzeit von einer Periode erhöht, zum Teil deutlich. So beträgt diese für den Produktionsauftrag über alle Stühle 23 h 49 min und 10 s statt 8 h. Die Gesamtdurchlaufzeit (einschließlich der Produktion aller Vorprodukte) beträgt 31 h 49 min und 10 s statt 16 h; es liegt also eine Zunahme gegenüber der Situation bei der programmorientierten Materialbedarfsrechnung vor. Diese Erhöhungen bewirken höhere physische Lagerbestände für Komponenten eines Stuhls und keine physischen Lagerbestände für Stühle. Im Einzelnen treten folgende physische Lagerbestände auf: 70 Stühle am Ende von Periode 5 und 290 Rücklehnen am Ende von Periode 3. Da 4 Produktionsaufträge zu bearbeiten sind, ist wieder viermal zu rüsten.

Nach der oben beschriebenen Vorgehensweise ergeben sich die Gesamtkosten von – nach Stuhl, Sitz, Rückenlehne und Stuhlbein (sowie Periode) geordnet – $(1000 \,€ + 210 \,€) + (1150 \,€) + (1400 \,€ + 870 \,€) + (1050 \,€) = 5680 \,€$. Die Reduktion um $360 \,€$ gegenüber den Kosten der Lösung vom MLULSP ergibt sich durch insgesamt geringere physische Lagerbestände aufgrund der Durchführung der geplanten Planaufträge; es sei betont, dass diese Lagerbestandsreduktion nur durch Fehlmengen für Stühle realisiert wird, die nicht monetär bewertet wurde. Diese Beschleunigung reduziert diese Kosten um 17.9 Prozent.

(d) Zur Berücksichtigung von beschränkten Kapazitäten wird das MLULSP um geeignete Kapazitätsrestriktionen erweitert. Dies führt zu folgendem **Multi-Level Capacitated Lot Sizing Problem (MLCLSP)** – für Details sei auf [Herr09] verwiesen:

Parameter:

T Länge des Planungszeitraums ($1 \le t \le T$).

K Anzahl der Produkte bzw. Arbeitsgänge ($1 \le k \le K$)

$d_{k,t}$ Primärbedarf für Produkt k in Periode t $\forall\ 1 \leq k \leq K$ und $1 \leq t \leq T$.

$a_{k,i}$ Direktbedarfskoeffizient zwischen Produkt k und $i\ \forall\ 1 \leq i, k \leq K$.

J Anzahl an Ressourcen $(1 \leq j \leq J)$.

$\mathcal{K}_j$ Indexmenge der Arbeitsgänge, die durch die Ressource j vollzogen werden,
$\forall\ 1 \leq j \leq J$.

$\mathcal{N}_k$ Indexmenge der Nachfolger des Produkts $k\ \forall\ 1 \leq k \leq K$.

h_k Voller Lagerkostensatz des Produkts $k\ \forall\ 1 \leq k \leq K$.

s_k Rüstkostensatz des Produkts $k\ \forall\ 1 \leq k \leq K$.

tb_k Stückbearbeitungszeit für Arbeitsgang $k\ \forall\ 1 \leq k \leq K$.

tr_k Rüstzeit für Arbeitsgang $k\ \forall\ 1 \leq k \leq K$.

z_k Mindestvorlaufzeit eines Auftrags für Arbeitsgang (bzw. Produkt) k
$\forall\ 1 \leq k \leq K$.

LA_k Anfangslagerbestand für Produkt k $\forall\ 1 \leq k \leq K$.

M Große Zahl (M muss größer als die maximale mögliche Losgröße sein).

Variablen:

$q_{k,t}$ Losgröße des Produkts k in Periode t $\forall\ 1 \leq k \leq K$ und $1 \leq t \leq T$.

$y_{k,t}$ Lagerbestand für Produkt k am Ende der Periode t $\forall\ 1 \leq k \leq K$ und $0 \leq t \leq T$.

$\gamma_{k,t}$ binäre Rüstvariable für Produkt k in Periode t mit $\gamma_{k,t} = \begin{cases} 1 & \text{falls } q_{k,t} > 0 \\ 0 & \text{falls } q_{k,t} = 0 \end{cases}$

$\forall\ 1 \leq k \leq K$ und $1 \leq t \leq T$.

Zielfunktion:

$$Z = \sum_{k=1}^{K} \sum_{t=1}^{T} (s_k \cdot \gamma_{k,t} + h_k \cdot y_{k,t}).$$

Restriktionen:

$y_{k,t-1} - d_{k,t} + q_{k,t-z_k} - \sum_{i \in \mathcal{N}_k} a_{k,i} \cdot q_{i,t} = y_{k,t}\ \forall\ 1 \leq k \leq K$ und $\forall\ 1 \leq t \leq T$ Lager-

bilanzgleichungen.

$\sum_{k \in \mathcal{K}_j} (tb_k \cdot q_{k,t} + tr_k \cdot \gamma_{k,t}) \leq b_{j,t}\ \forall\ 1 \leq j \leq J$ und $\forall\ 1 \leq t \leq T$ Kapazitätsbedingungen.

$q_{k,t} - M \cdot \gamma_{k,t} \leq 0\ \forall\ 1 \leq k \leq K$ und $\forall\ 1 \leq t \leq T$ Rüstbedingungen.

$y_{k,0} = LA_k,\ y_{k,T} = 0 \ \forall\ 1 \leq k \leq K$ Lageranfangs- und endbestände.

$q_{k,t}$ und $y_{k,t} \geq 0 \ \forall\ 1 \leq k \leq K$ und $\forall\ 1 \leq t \leq T$ Nichtnegativität.

$\gamma_{k,t} \in \{0,1\} \ \forall\ 1 \leq k \leq K$ und $\forall\ 1 \leq t \leq T$ binäre Rüstvariable.

Minimierungsproblem:

Minimiere Z.

Die Umsetzung dieses linearen Optimierungsproblems in ILOG ist im folgenden Listing angegeben und zwar als „mod"-Datei. Innerhalb der Vorlaufzeit kann kein Los aufgesetzt werden, da dann vor dem Planungsintervall produziert werden würde. Dazu existiert die Fallunterscheidung bei den Lagerbilanzgleichungen.

```
1   // Parameter, Teil 1:
2   int T = ...;            // Länge des Planungszeitraums.
3   int K = ...;            // Anzahl der Produkte bzw. Arbeitsgänge.
4   int J = ...;            // Anzahl der Ressourcen.
5   int M = ...;            // Große Zahl.
6
7   // Wertebereiche:
8   range Produkt = 1..K;
9   range Ressource = 1..J;
10  range Planungszeitraum = 1..T;
11  range PlanungszeitraumNull = 0..T;
12
13  // Variablen:
14  dvar int+ q[Produkt][Planungszeitraum];        // Losgrößen.
15  dvar int+ y[Produkt][PlanungszeitraumNull];    // Lagerbestände.
16  dvar boolean r[Produkt][Planungszeitraum];     // Rüstvariablen.
17
18  // Parameter, Teil 2:
19  int a[Produkt][Produkt] = ...;                 // Direktbedarfskoeffizienten
                 .
20  float b[Ressource][Planungszeitraum] = ...;    // Kapazitäten.
21  int d[Produkt][Planungszeitraum] = ...;        // Nettobedarfe.
22  float h[Produkt] = ...;                         // Lagerkostensätze.
23  float s[Produkt] = ...;                         // Rüstkostensätze.
24  // Stückbearbeitungszeiten:
25  float tb[Produkt][Ressource] = ...;
26  float tr[Produkt][Ressource] = ...;            // Rüstzeiten.
27  int z[Produkt] = ...;                           // Mindestvorlaufzeiten.
28  int y0[Produkt] = ...;                          // Anfangslagerbestände.
29
30  // Modell:
```

```
31  // Gesamtkosten:
32  minimize
33    sum (k in Produkt, t in Planungszeitraum)
34    (s[k]*r[k][t] + h[k]*y[k][t]);
35
36  constraints {
37    // Lagerbilanzgleichungen:
38    forall(k in Produkt){
39      forall(t in 1..(z[k])){
40        y[k][t-1] - d[k][t] - sum(i in Produkt)(a[k][i]*q[i][t]) == y[k][
           t];
41      }
42      forall(t in (z[k]+1)..T){
43        y[k][t-1] + q[k][t-z[k]] - d[k][t] - sum(i in Produkt)(a[k][i]*q[
           i][t]) == y[k][t];
44      }
45    }
46    // Kapazitätsbedingungen:
47    forall(j in Ressource, t in Planungszeitraum){
48      sum(k in Produkt)(tr[k][j]*r[k][t] + tb[k][j]*q[k][t]) <= b[j][t];
49    }
50    // Rüstbedingungen
51    forall(k in Produkt, t in Planungszeitraum){
52      q[k][t] - M*r[k][t] <= 0;
53    }
54    // Lageranfangs- und Lagerendbestände
55    forall(k in Produkt){
56      y[k][0] == y0[k];
57    }
58  };
```

Listing 8: Implementierung vom Modell MLCLSP in ILOG.

Da in dieser Fallstudie die Termine stets zu Beginn oder zum Ende einer Periode anfallen, sind folgende Präzisierungen vorzunehmen:

Bei den **Parametern:**

$d_{k,t}^A$ Primärbedarf für Produkt k zu Beginn von Periode t $\forall$ $1 \leq k \leq K$ und $1 \leq t \leq T$.

Bei den **Variablen:**

$q_{k,t}^A$ Losgröße für Produkt k zu Beginn von Periode t (als möglicher Starttermin, kurz Starttermin) $\forall\ 1 \leq k \leq K$ und $1 \leq t \leq T$; der Endtermin ist stets zu Beginn von Periode t+1.

Bei den **Restriktionen:**

Die Restriktionen ändern sich lediglich dadurch, dass $d_{k,t}$ durch $d_{k,t}^A$ und $q_{k,t}$ durch $q_{k,t}^A$ ersetzt wird. Für das ILOG-Modell ist der eine Name genauso gut wie der andere, so dass keine Veränderung vorgenommen wird.

Es sei betont, dass durch diese Präzisierung das Konzept des „big bucket"-Modells erhalten bleibt, da durch die Lösung von dem MLCLSP keine Reihenfolge der Abarbeitung von Losen (implizit oder explizit) festgelegt wird; dazu s. auch den Abschnitt 7.1.

Die Parameter für das konkrete Zahlenbeispiel lauten – als „dat"-Datei:

```
 1  T = 6;        // Anzahl an Perioden.
 2  K = 4;        // Anzahl an Produkten.
 3  J = 1;        // Anzahl an Ressourcen.
 4  M = 100000;   // Größer als das größte Los
 5  // Direktbedarfskoeffizienten
 6  a = #[
 7    1: [0 0 0 0]  // Stuhl
 8    2: [1 0 0 0]  // Sitz
 9    3: [1 0 0 0]  // Rückenlehne
10    4: [4 0 0 0]  // Stuhlbein
11  ]#;
12  // Kapazitäten:
13  b = [[28800, 28800, 28800, 28800, 28800, 28800]];
14  // Lagerkostensätze:
15  h = [3,2,3,1];
16  // Rüstkostensätze:
17  s = [1000,1150,1400,1050];
18  // Nettobedarfe:
19  d = [[ 0,  0,  60,  50,  110,  70],
20       [ 0,  0,  0,  0,  0,  0],
```

```
21    [ 0, 0, 0, 0, 0, 0],
22    [ 0, 0, 0, 0, 0, 0]]];
23  // Stückbearbeitungszeiten.
24  tb = [[75], [90], [150], [20]];
25  // Rüstzeiten.
26  tr = [[0], [0], [0], [0]];
27  // Mindestvorlaufzeiten:
28  z = [1, 1, 1, 1];
29  // Anfangslagerbestände:
30  y0 = [0, 0, 0, 0];
```

Listing 9: Implementierung ILOG Parameter für die Stuhlproduktion.

Die Lösung des zugehörigen MLCLSP ist in Tabelle 248 angegeben. Zur Orientierung sind auch die jeweiligen Sekundärbedarfe angegeben. Zugleich enthält die Tabelle die physischen Bestände am Periodenende sowie die kumulierten periodenspezifischen Kapazitätsbedarfe.

Periode

		1	2	3	4	5	6
Stuhl	Primärbedarf^A			60	50	110	70
	Planauftrag^{A,L}		67 (d)	43 (f)	110 (i)	70 (l)	
	Physischer Bestand^E			7			
Sitz	Sekundärbedarf^A		67	43	110	70	
	Planauftrag^{A,L}	110 (a)		180 (g)			
	Physischer Bestand^E		43		70		
Rückenle.	Sekundärbedarf^A		67	43	110	70	
	Planauftrag^{A,L}	67 (b)	153 (e)		70 (j)		
	Physischer Bestand^E			110			
Stuhlbein	Sekundärbedarf^A		268	172	440	280	
	Planauftrag^{A,L}	440 (c)		440 (h)	280 (k)		
	Physischer Bestand^E		172				
	Kapazitätsbedarf [h]	$7\frac{71}{72}$	$7\frac{37}{48}$	$7\frac{121}{144}$	$6\frac{55}{72}$	$1\frac{11}{24}$	

Tabelle 248: Optimale Lösung von dem MLCLSP: Bedarfe, Planaufträge (Lose) und physische Bestände (am Periodenende) in Stück, sowie kumulierte periodenspezifische Kapazitätsbedarfe; Rückenle. kürzt Rückenlehne ab.

Die Starttermine der Planaufträge (Lose) zu 110 Sitzen, 67 Rückenlehnen und 440 Stuhlbeinen sind zu Beginn der ersten Periode und die Endtermine zu Beginn der zweiten Periode. Die Planaufträge (Lose) zu 67 Stühlen und 153 Rückenlehnen haben ihren Starttermin zu Beginn der zweiten Periode und einen Endtermin zu Beginn der dritten Periode. Die Starttermine der Planaufträge (Lose) zu 43 Stühlen, 180 Sitzen und 440 Stuhlbeinen liegen zu Beginn der Periode 3 und die Endtermine zu Beginn von Periode 4. Zu Beginn der Periode 4 liegen die Starttermine der Planaufträge (Lose) zu 110 Stühlen, 70 Rückenlehnen und 280 Stuhlbeinen. Ihre Endtermine sind zu Beginn der fünften Periode. Der letzte Planauftrag (Los) zu 70 Stühlen hat seinen Starttermin zu Beginn der fünften Periode und seinen Endtermin zu Beginn der letzten Periode innerhalb des Planungszeitraums.

Da stets der kumulierte Kapazitätsbedarf einer Periode kleiner als die verfügbaren Kapazität in dieser Periode ist und jeder mögliche Produktionsablauf genau den im MLCLSP verwendeten Kapazitätsbedarf hat, können die einzelnen Planaufträge einer Periode in einer beliebigen Reihenfolge bearbeitet werden, ohne dass eine Verspätung auftritt. Eine Möglichkeit zeigt Abbildung 97; dabei stellen die Beschriftungen der einzelnen Produktionsaufträge die alphabetischen Indizies hinter den jeweiligen Planauftragsmengen aus Tabelle 248 dar.

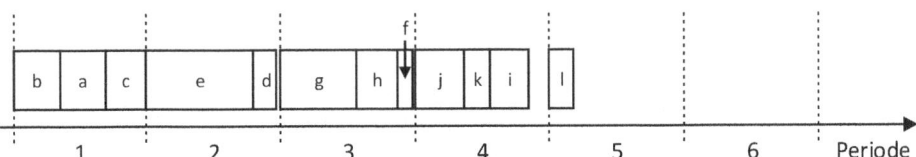

Abbildung 97: Gantt-Diagramm zur Durchführung der geplanten Planaufträge.

Die vorgegebene Vorlaufzeit ist eine Mindestvorlaufzeit bzw. Mindestdurchlaufzeit, die in diesem Fall eingehalten werden kann. Ist das Optimierungsproblem nur lösbar, wenn der Planungszeitraum verlängert wird, so erhöht die Lösung von dem MLCLSP diese Mindestdurchlaufzeit so wenig wie möglich.

Nach der oben beschriebenen Vorgehensweise ergeben sich die Gesamtkosten von – nach Stuhl, Sitz, Rückenlehne und Stuhlbein (sowie Periode) geordnet – (0 € + 1000 € + 1000 € + 21 € + 1000 € + 1000 €) + (1150 € + 86 € + 1150 € + 140 €) + (1400 € + 1400 € + 330 € + 1400 €) + (1050 € + 172 € + 1050 € + 1050 €) = 14399 €.

278

Abschließend werden die einzelnen Lösungen zusammenfassend verglichen, indem periodenspezifisch die Verspätungen, Fehlmengen und Kosten – ohne die Kosten für die Fehlmengen bzw. Verspätungen – in den folgenden Tabellen angegeben werden. Die Unterschiede ergeben sich primär aus den Kapazitätsbedarfen in den einzelnen Perioden, die vorab in der Abbildung 98 angegeben ist. Nur die Simultanplanung unter Berücksichtigung von beschränkten Kapazitäten benötigt weniger als die verfügbaren 8 Stunden je Periode. Die Fallstudie demonstriert somit die strukturelle Schwäche der in der industriellen Praxis üblichen programmorientierten Materialbedarfsrechnung.

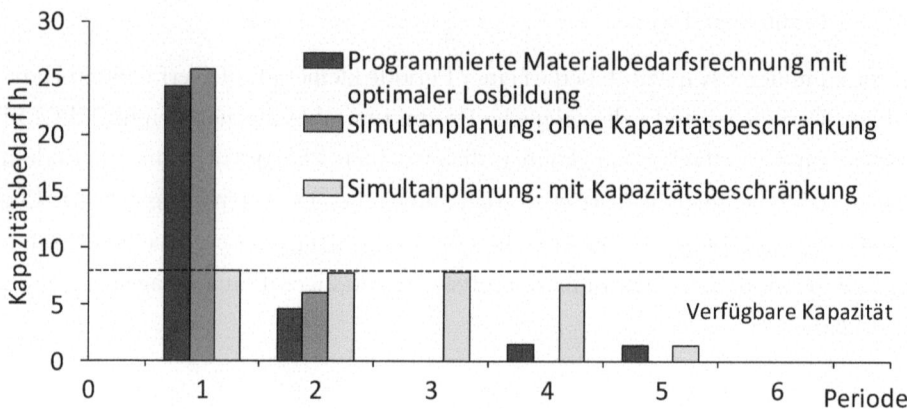

Abbildung 98: Kapazitätsbedarfe der Stuhlproduktion im Rahmen der programmorientierten Materialbedarfsrechnung mit optimaler Lösung der einstufigen Losgrößenprobleme, Simultanplanung ohne Kapazitätsbeschränkung, i.e. Modell MLULSP, und Simultanplanung mit Kapazitätsbeschränkung, i.e. Modell MLCLSP.

Verfahren	Produktions-durchführung	Verspätung des Primärbedarfs [h]					
		Periode					
		1	2	3	4	5	6
programmorientier-te Materialbedarfs-rechnung mit Losen	keine						
	mit Einlagerung			$20\frac{7}{12}$	$12\frac{7}{12}$	$4\frac{7}{12}$	
	ohne Einlagerung			$12\frac{29}{36}$	$4\frac{29}{36}$		
Modell MLULSP	mit Einlagerung			$22\frac{1}{24}$	$14\frac{1}{24}$	$6\frac{1}{24}$	
	ohne Einlagerung			$15\frac{59}{72}$	$7\frac{59}{72}$		
Modell MLCLSP	mit (Einlagerung)						

Tabelle 249: Verspätung von Primärbedarfen aufgrund der programmorientierten Materialbedarfsrechnung mit optimaler Lösung der einstufigen Losgrößenprobleme, dem Modell MLULSP (mit und ohne Einlagerung von Produkten nach Fertigstellung) und dem Modell MLCLSP (auch mit Einlagerung).

Verfahren	Produktionsdurchführung	Fehlmenge
programmorientier-te Materialbedarfs-rechnung mit Losen	keine	-
	mit Einlagerung	220 Stühle
	ohne Einlagerung	110 Stühle
Modell MLULSP	keine	-
	mit Einlagerung	220 Stühle
	ohne Einlagerung	110 Stühle
Modell MLCLSP	mit (auch mit Einlagerung)	0

Tabelle 250: Kumulierte Fehlmengen aufgrund der einzelnen Verfahren.

Verfahren	Produktionsdurchführung	Kosten
programmorientier-	keine	8510 €
te Materialbedarfs-	mit Einlagerung	8970 €
rechnung mit Losen	ohne Einlagerung	7870 €
	keine	6490 €
Modell MLULSP	mit Einlagerung	6920 €
	ohne Einlagerung	5680 €
Modell MLCLSP	mit (auch mit Einlagerung)	14399 €

Tabelle 251: Kumulierte Gesamtkosten aufgrund der einzelnen Verfahren.

Die optimale Lösung unter Berücksichtigung beschränkter Kapazität, also die Lösung des dazugehörenden MLCLSP, verursacht deutlich höhere Gesamtkosten. Sie ist vorteilhaft, wenn die Verspätungen (bzw. Fehlmengen) teuer genug sind. Es ist zu erwarten, dass solche Verspätungen in einer rollenden Planung, die in der industriellen Praxis zwangsläufig vorliegt, noch zunehmen. Daher ist ein solches Vorgehen anzustreben. Die aktuellen Forschungsarbeiten einerseits und die weiter zunehmende Verfügbarkeit von leistungsfähigen Rechnern andererseits lassen vermuten, dass dieses Vorgehen in der industriellen Praxis Eingang finden wird.

6 Schwankende Durchlaufzeiten

In der industriellen Praxis werden zum Teil sehr lange Durchlaufzeiten, vor allem relativ zu den Nettobearbeitungszeiten ihrer Produkte, beobachtet, die oftmals sehr stark schwanken. Die folgenden Fallstudien belegen einen nicht linearen Einfluss durch die Ressourcenbelegungsplanung und Losbildung.

6.1 Einfluss durch Losbildung (ein Produkt und eine Station)

Ein signifikanter Einfluss zeigt sich bereits beim einfachsten möglichen Fall, bei dem ein Produktionssystem aus einer Station für die Bearbeitung eines Produkts besteht; i.e. einer Einproduktproduktion auf einer Station. Zufällig treffen Bedarfe (Einzelbedarfe und zwar jeweils eine (Mengen-) Einheit) zu diesem Produkt ein. Die mittlere Ankunftsrate von Bedarfen beträgt 3 Bedarfe pro Stunde (also kommt ein Bedarf im Mittel alle 20 Minuten an) und die mittlere Produktionsrate lautet 5 Bedarfe pro Stunde (also beträgt die Bearbeitungszeit im Mittel 12 Minuten).

Aufgabe

(a) Modellieren Sie dieses Problem als ein M/M/1-Warteschlangenmodell und berechnen Sie die Auslastung des Systems, die Durchlaufzeit durch das System sowie die Anzahl an Bedarfen im System.

(b) Unterstellen Sie eine Bündelung von Bedarfen zu einem Los mit konstanter Größe (in Mengeneinheit). Ferner tritt für jedes solche Los eine Rüstzeit von 1 Stunde auf. Wenden Sie das M/M/1-Warteschlangenmodell auf diese Lose an; d.h. unterstellen Sie eine entsprechende Ankunft im Sinne des M/M/1-Warteschlangenmodells. Bestimmen Sie eine Untergrenze für die Losgröße. Stellen Sie die mittlere Durchlaufzeit als Funktion der Losgröße dar.

(c) Entwickeln Sie ein Simulationsmodell in der Simulationssoftware Plant Simulation für das M/M/1-Warteschlangenmodell zum Betreiben der Station. Realisieren Sie nun eine Bündelung von den Bedarfen zu einem Los und geben dieses danach zur Bearbeitung frei. Welche Abweichung zu Ihrer Lösung unter Teil (b) liegt bei einer Losgröße von 20 vor? Geben Sie eine analytische Begründung für diese Abweichung an.

© Springer Fachmedien Wiesbaden GmbH, ein Teil von Springer Nature 2018
F. Herrmann, *Übungsbuch Losbildung und Fertigungssteuerung*,
https://doi.org/10.1007/978-3-658-21567-5_6

Lösung

(a) Ein M/M/1-Warteschlangenmodell besteht aus einem zufälligen Ankunftsprozess, einer zufälligen Bearbeitung an einer Station mit einer „First Come, First Served"-Bedienung und einem Warteraum vor der Station, das sich schematisch durch Abbildung 99 darstellen lässt. Nach der Kendall-Notation, s. z.B. [Hübn03], steht der erste Buchstabe für die Verteilung der Zwischenankunftszeiten (den Ankunftsprozess bzw. die Ankünfte λ) und der zweite für die Verteilung der Bearbeitungszeiten (μ), wobei M für exponential steht, sowie „1" für eine Bedienstation.

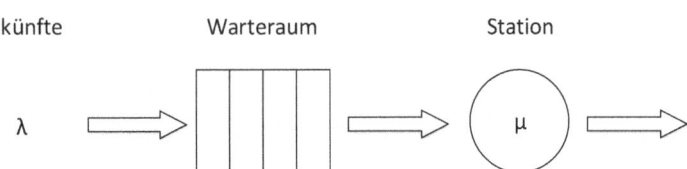

Abbildung 99: Schema eines M/M/1-Warteschlangenmodells.

In diesem Fall ist $\lambda = 3$ Bedarfe pro Stunde und $\mu = 5$ Bedarfe pro Stunde.

Für das ganze System aus Warteraum und Station ist, s. beispielsweise [Hübn03]:

- die (Kapazitäts-) Auslastung $\rho = \dfrac{\lambda}{\mu} = \dfrac{3}{5}$,

- der Erwartungswert der Durchlaufzeit
$$EW_s = \frac{1}{\mu - \lambda} = \frac{1}{5 - 3}\frac{\text{Stunde}}{\text{Bedarf}} = \frac{1\,\text{Stunde}}{2\,\text{Bedarf}},$$

- die Standardabweichung der Durchlaufzeit $\sigma W_s \approx \dfrac{1}{\mu - \lambda} = \dfrac{1\,\text{Stunde}}{2\,\text{Bedarf}}$,

- die mittlere Anzahl an Bedarfen $EL_s = \dfrac{\rho}{1 - \rho} = \dfrac{\frac{3}{5}}{1 - \frac{3}{5}} = \dfrac{3}{2}$.

- die Standardabweichung der Anzahl an Bedarfen
$$\sigma L_s = \frac{\sqrt{\rho}}{1 - \rho} = \frac{\sqrt{\frac{3}{5}}}{1 - \frac{3}{5}} = \sqrt{\frac{15}{4}} = 1.94.$$

Für das Weitere sind diese Kennzahlen wesentlich. Weitere, z.B. für den Warteraum, können der Literatur, s. z.B. [DoSc05], entnommen werden.

(b) Die Bedarfe werden zu einem Los gebündelt. Um das M/M/1-Warteschlangenmodell anwenden zu können, wird angenommen, dass die Zwischenankunftszeiten und die Bearbeitungszeiten der Lose exponentialverteilt sind; schematisch ist das Vorgehen in Abbildung 100 angegeben; dieses Vorgehen wurde von Karmarkar [Karm87] publiziert.

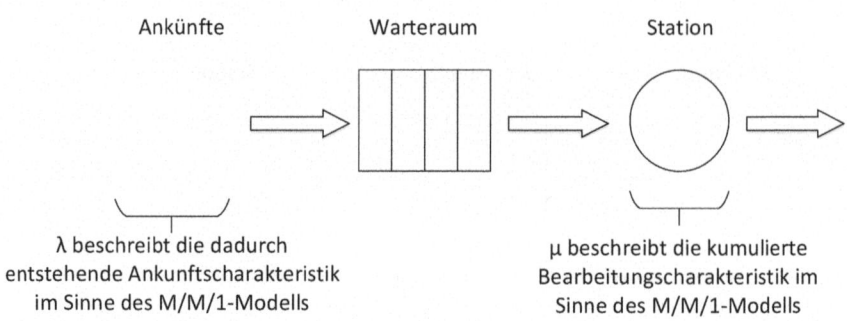

Abbildung 100: Erweiterung des M/M/1-Modells.

Zum Anwenden des M/M/1-Warteschlangenmodells werden folgende Parameter benötigt: Mittlere Ankunftsrate (d) von Bedarfen (Einzelbedarfe und zwar jeweils eine (Mengen-) Einheit), hier 3 Bedarfe pro Stunde, die mittlere Produktionsrate (p), hier 5 Bedarfe pro Stunde, die anfallende Rüstzeit (τ), hier 1 Stunde, und die Losgröße (q), hier 20 Bedarfe. Das jeweils aus einzelnen Bedarfen (Einzelbedarfen) gebildete Los hat Mengeneinheit (ME) als Einheit; die Zeiteinheit ist weiterhin eine Stunde (h). Aufgrund des Loses von q = 20 ME beträgt

- die mittlere Los-Ankunftsrate $\lambda = \dfrac{d}{q} = \dfrac{3}{20} \dfrac{\mathrm{ME}}{\mathrm{h}}$,

- der produktive Anteil $u = \dfrac{d}{p} = \dfrac{3}{5} = 0.6$,

- die mittlere Bearbeitungszeit eines Loses $\bar{x} = \tau + \dfrac{q}{p} = 1\,\mathrm{h} + \dfrac{20}{5}\,\mathrm{h} = 5\,\mathrm{h}$,

- die mittlere Los-Produktionsrate $\mu = \dfrac{1}{\bar{x}} = \dfrac{1}{5} \dfrac{\mathrm{ME}}{\mathrm{h}}$ und

- die mittlere (Kapazitäts-)Auslastung

$$\rho = \frac{\lambda}{\mu} = \frac{d}{p} + \frac{d \cdot \tau}{q} = \frac{3}{5} + \frac{3 \cdot 1}{20} = \frac{3}{4}.$$

Um eine Überlastung der Station zu vermeiden, muss $\rho < 1$ gelten, was hier zutrifft. Dadurch ergibt sich für die Losgröße eine untere Schranke:

$$\rho < 1 \Leftrightarrow \frac{d}{p} + \tau \cdot \frac{d}{q} < 1 \Leftrightarrow q > \frac{d \cdot \tau}{1 - \frac{d}{p}}.$$

Eingesetzt lautet die untere Grenze für ein Los:

$$q > \frac{3 \cdot 1}{1 - \frac{3}{5}} \text{ ME} = \frac{15}{2} \text{ ME}.$$

Nach den obigen Kennzahlen zu einem M/M/1-Warteschlangenmodell beträgt der Erwartungswert der Durchlaufzeit

$$EW_s = \frac{1}{\mu - \lambda} = \frac{1}{(\frac{1}{5} - \frac{3}{20})} \text{ h} = 20 \text{ h}.$$

Durch Einsetzen ergibt sich die folgende Formel für den Erwartungswert der Durchlaufzeit in Abhängigkeit von den vorgegebenen Parametern:

$$EW_s = \frac{1}{\mu - \lambda} = \frac{1}{\frac{1}{\tau + \frac{q}{p}} - \frac{d}{q}} = \frac{\tau + \frac{q}{p}}{1 - \frac{d}{p} - \frac{d \cdot \tau}{q}}.$$

Da die Funktion differenzierbar ist, wird diese zur Bestimmung des Minimums nach q abgeleitet. Dies ergibt:

$$\frac{d}{dq} \left[\frac{\tau + \frac{q}{p}}{1 - \frac{d}{p} - \frac{d \cdot \tau}{q}} \right] = \frac{1}{p \left(1 - \frac{d}{p} - \frac{d\tau}{q} \right)} - \frac{\left(\tau + \frac{q}{p} \right) d\tau}{\left(1 - \frac{d}{p} - \frac{d \cdot \tau}{q} \right)^2 q^2}.$$

Nullsetzen und umformen nach q ergibt:

$$\frac{1}{p\left(1-\dfrac{d}{p}-\dfrac{d\cdot\tau}{q}\right)}-\frac{\left(\tau+\dfrac{q}{p}\right)d\cdot\tau}{\left(1-\dfrac{d}{p}-\dfrac{d\tau}{q}\right)^2 q^2}=0$$

$\Leftrightarrow q=-\dfrac{\left(d+\sqrt{d\cdot p}\right)\cdot p\cdot\tau}{d-p}$ bzw. $=\dfrac{u+\sqrt{u}}{u\cdot(1-u)}\cdot d\cdot\tau$ (ausgedrückt durch den produktiven Anteil u).

Konvergiert die gewählte Losgröße (q) gegen ihre minimale Losgröße, so konvergiert der Nenner von der erwarteten Durchlaufzeit (i.e. EW_s) gegen Null und damit die erwartete Durchlaufzeit EW_s gegen unendlich. Mit zunehmenden q nähert sich die erwartete Durchlaufzeit EW_s einer Geraden mit der Steigung $\dfrac{p}{p-d}$ an (der Zähler ist nahezu $\dfrac{q}{p}$ und der Nenner ist nahezu $1-\dfrac{d}{p}$). Damit ist der obige Term das globale Minimum q_{opt}. Zur Illustration ist der funktionale Zusammenhang zwischen der Losgröße und dem Erwartungswert der Durchlaufzeit für dieses Zahlenbeispiel in der folgenden Abbildung 101 dargestellt – es enthält die minimale Losgröße und die im Folgenden berechnete optimale Losgröße.

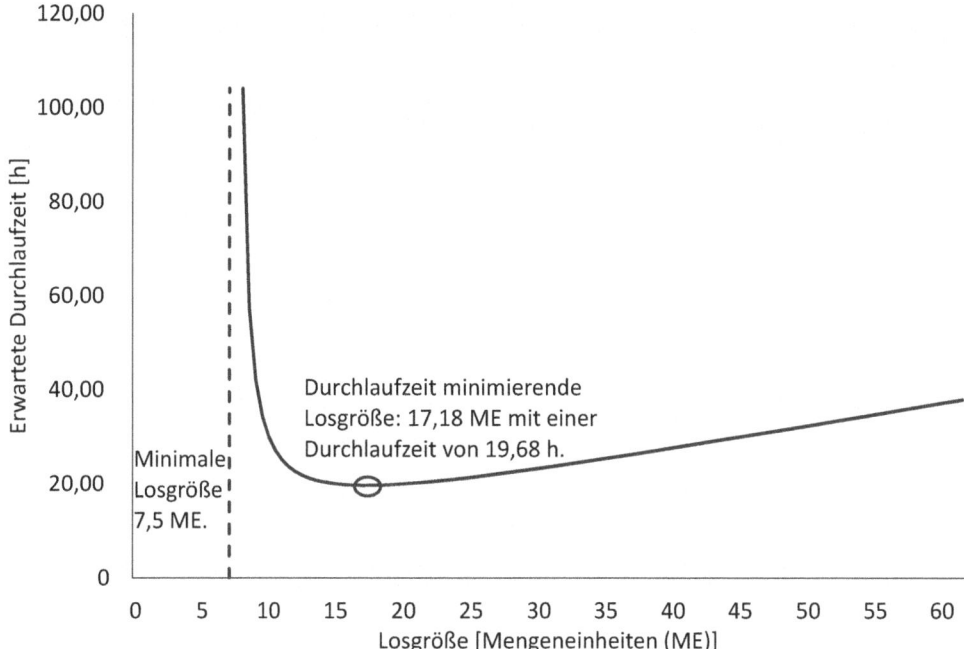

Abbildung 101: Erwartungswert der Durchlaufzeit in Abhängigkeit von der Losgröße für dieses Zahlenbeispiel.

Durch Einsetzen ergibt sich der Erwartungswert der Durchlaufzeit zu der optimalen Losgröße von

$$EW_s(q_{opt}) = \frac{\left(1 + \sqrt{u}\right)^2}{(1 - u)} \cdot \tau.$$

Mit dem produktiven Anteil von 0.6 ergibt sich das optimale Los von

$$q_{opt} = \frac{0.6 + \sqrt{0.6}}{0.6 \cdot (1 - 0.6)} \cdot 3 \cdot 1 \text{ ME} = 17.18 \text{ ME}$$

und der Erwartungswert der Durchlaufzeit zu der optimalen Losgröße von

$$EW_s(17.18 \text{ ME}) = \frac{\left(1 + \sqrt{0.6}\right)^2}{(1 - 0.6)} \cdot 1 \text{ h} = 19.68 \text{ h}.$$

(c) Die Erstellung des Simulationsmodells in Plant Simulation verwendet Grundelemente von Plant Simulation, die in [Bang08] im Detail beschrieben sind; die folgen-

288

de Darstellung dürfte unabhängig von der Softwareversion sein. Mit dem Element Quelle in Plant Simulation werden Lose mit exponentialverteilten Ankunftszeiten erzeugt. Ein Los wird durch eine bewegliche Einheit (BE) in Plant Simulation realisiert. Ein konkretes BE, ab jetzt (auch) als Los bezeichnet, wird an einer Einzelstation bearbeitet und über eine Senke aus dem System entfernt. Der Warteraum wird durch ein Pufferelement in Plant Simulation umgesetzt. Die Erweiterung des M/M/1-Modells nach Abbildung 100 in Plant Simulation ist in Abbildung 102 dargestellt.

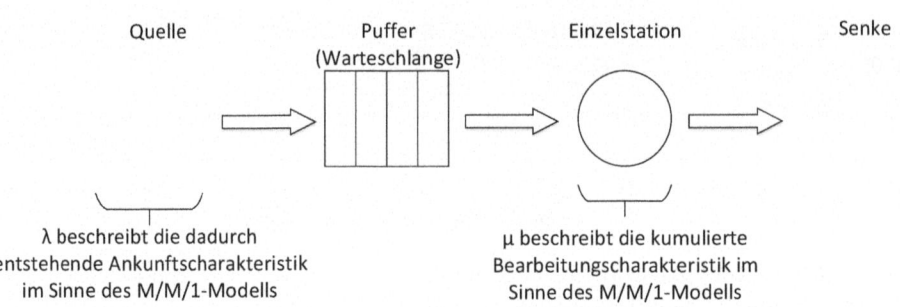

Abbildung 102: Erweiterung des M/M/1-Modells mit Objektnamen in Plant Simulation.

Im Einzelnen wird in Plant Simulation zunächst ein neues Modell angelegt (über den Reiter Datei - Neu; es werden die Objekte in die Klassenbibliothek geladen). In der Klassenbibliothek wird unter Modelle ein neuer Unterordner „Klassen" angelegt. In Klassen wird ein Duplikat von dem Objekt „Fördergut" gelegt und in Los umbenannt. Entsprechend der Abbildung 102 werden die Objekte Quelle, Puffer, umbenannt zu Warteschlange, Einzelstation und Senke aus dem Ordner Materialfluss in den Bereich des Netzwerks (per Drag and Drop) gezogen und entsprechend Abbildung 102 angeordnet. Mit dem Objekt Kante (aus dem Ordner Materialfluss) wird eine Verbindung der Objekte in folgender Reihenfolge vorgenommen: Quelle - Puffer - Einzelstation - Senke. Diese Objekte werden wie folgt konfiguriert; ein Teil der Parameter wird durch Methoden gesetzt, die später erläutert werden.

- Damit die Quelle Lose erzeugt, ist in seinem Reiter Attribute unter Textfeld zu BE: *.Modelle.Klassen.Los einzutragen.

- Das Attribut Kapazität im Puffer wird auf einen sehr hohen Wert gesetzt, z.B. 1000, wodurch eine unbegrenzte Kapazität vorliegen dürfte.

- Zur Steuerung der Simulationsergebnisse zur Durchlaufzeit wird die Methode *mSenke* dienen, die weiter unten angegeben ist. Dazu wird im Reiter Steuerungen in Senke in das Textfeld Eingang: *mSenke* eingetragen.

Zur Steuerung im Netzwerk und des Informationsflusses im Netzwerk werden Variablen, Tabellen und Methoden verwendet.

- Variablen

  Folgende sechs Variablen werden angelegt: Ankunftsrate mit dem Datentyp real, Produktionsrate mit dem Datentyp real, Rüstzeit mit dem Datentyp real, Losgröße mit dem Datentyp integer, Lauf mit dem Datentyp integer und Laufzeit mit dem Datentyp integer. (Das Objekt Variable ist in der Klassenbibliothek im Ordner *Informationsfluss* zu finden und wird per Drag and Drop in dem Netzwerk erzeugt. Über den Einstellungsdialog (Doppelklick auf die angelegte Variable) werden die Einstellungen der jeweiligen Variablen vorgenommen.)

- Folgende drei Tabellen werden angelegt: ReportSim, ReportL und ReportA. (Das Objekt Tabelle befindet sich in der Klassenbibliothek im Ordner *Informationsfluss* und wird per Drag and Drop in das Netzwerk erzeugt. Bei allen drei Tabellen ist darauf zu achten, dass die Funktion Format erben deaktiviert ist.)

  - Tabelle ReportSim hat die folgende Spaltenindizes und Datentypen in der angegebenen Reihenfolge: Ankunftsrate mit dem Datentyp real, Produktionsrate mit dem Datentyp real, Rüstzeit mit dem Datentyp real, Losgröße mit dem Datentyp integer, Maximale Schlangenlänge mit dem Datentyp integer, Mittlere Schlangenlänge mit dem Datentyp real und Mittlere DLZ Lose mit dem Datentyp real. (Eigene Indizes können erstellt werden, nämlich über die Auswahl: Menü - Format - Spaltenindex - Aktiv.)

  - An der Tabelle ReportL ist lediglich die Einstellung des Datentyps der Spalte 1 und 2 auf real vorzunehmen.

  - Die Tabelle ReportA erhält folgende Spaltenindizes und Datentypen in der angegebenen Reihenfolge: BE-ID mit dem Datentyp integer, Erzeugt mit dem Datentyp time, Versenkt mit dem Datentyp time, Durchlaufzeit mit dem Datentyp time, Wartezeit mit dem Datentyp time, Arbeitszeit mit dem Datentyp time und Rüstzeit mit dem Datentyp time.

  - Folgende vier Methoden werden verwendet, die im Folgenden noch genauer erläutert werden: Init, Reset, EndSim und mSenke. (Methoden Objekte befinden sich in der Klassenbibliothek - Informationsfluss und werden per Drag and Drop in das Netzwerk erzeugt. Mit dem Objekt Methode werden Steuerungen erstellt, die von Objekten über die Namen der Steuerung aufgerufen und gestartet werden. Methoden können das Verhalten der Objekte im Netzwerk verändern und erweitern. Sie werden mit der Programmiersprache SimTalk geschrieben und können Schlüsselwörter, Zuweisungen und Kontrollstrukturen enthalten.)

Methode Init

In der Methode Init (siehe Listing 10) wird dabei der initiale Verlauf des Simulationsmodells gesteuert. Es werden den Variablen Ankunftsrate, Produktionsrate, Rüstzeit und Losgröße, die Werte aus der Tabelle ReportSim zugewiesen. Für die Quelle muss nun der Ankunftsabstand der BEs errechnet werden. Dabei wird ein exponential verteilter Abstand angegeben und zwar über die Exponentialverteilung $Exp(\lambda)$ mit dem positiven reellen Parameter $\lambda \in \mathbb{R}^+$, wobei λ gleich der mittleren Ankunftsrate, deren Berechnung oben erläutert wurde, ist. Dazu wird die Umrechnung in Zwischenankunftszeiten benötigt, also der Abstand zweier unmittelbar aufeinander eintreffender BEs. Da die Zeitberechnung in Plant Simulation Sekunden erfordert, muss die Zwischenankunftszeit mit 60 multipliziert werden. Die Ankünfte sollen gleich als Lose geschehen, somit wird die Losgröße multipliziert. Die Bearbeitungszeit der BEs erfolgt nach selbigem Schema anhand der Produktionsrate (für λ in der Exponentialverteilung). Es wird jedoch die Rüstzeit zur Bearbeitungszeit addiert, wobei die variable Rüstzeit angegeben in Stunden, ebenfalls noch in Sekunden umgerechnet werden muss.

```
1  is
2  do
3     if ReportSim.YDim > 0 then
4        Ereignisverwalter.Start;
5     end;
6
7     if Lauf > 0 then
8        if ReportSim[1,Lauf] > 0 then
9           Ankunftsrate := ReportSim[1,Lauf];
10       end;
11       if ReportSim[2,Lauf] > 0 then
12          Produktionsrate := ReportSim[2,Lauf];
13       end;
14       if ReportSim[3,Lauf] > 0 then
```

```
15        Rüstzeit := ReportSim[3,Lauf];
16    end;
17    if ReportSim[4,Lauf] > 0 then
18        Losgröße := ReportSim[4,Lauf];
19    end;
20  end;
21
22  Quelle.Abstand.setzeParam("Negexp", 1, ((60 / Ankunftsrate) * 60)
        * Losgröße);
23  Einzelstation.Bearbeitungszeit.setzeParam("Negexp", 1, ((60 /
        Produktionsrate) * 60) * Losgröße + Rüstzeit * 60 * 60);
24  Einzelstation.Rüstzeit := 0;
25 end;
```

Listing 10: Methode Init.

Methode Reset

Die Methode Reset dient der Steuerung von dem Zurücksetzen nach oder während eines Simulationslaufs. Es werden dabei die Lose aus der Produktionsstätte entfernt und die während des Simulationslaufs hinzugefügten Tabelleneinträge gelöscht (siehe Listing 11).

```
1 is
2 do
3    root.vernichteBEs;
4    ReportA.löschen;
5    ReportA[4,1] := 0;
6    ReportL.löschen;
7 end;
```

Listing 11: Methode Reset.

Methode EndSim

In der Methode EndSim wird das Verhalten bei Simulationsende beschrieben. Der Tabelle ReportSim werden die Einträge der errechneten Kennzahlen zur maximalen Schlangenlänge, mittleren Schlangenlänge und mittleren Durchlaufzeit der Lose hinzugefügt. Die Simulation endet, sobald alle Kennzahlen der gefüllten Zeilen in der Tabelle ReportSim bestimmt wurden. Die Anzahl der durchlaufenen Simulationsläufe wird durch die Variable Lauf repräsentiert und bezieht sich auf die Anzahl der Zeileneinträge der Tabelle ReportSim. Zuletzt kann, falls gewünscht, mit einer

Pfadangabe des Rechners eine Ausgabe der Tabelle ReportSim in eine Excel Datei geschrieben werden (siehe Listing 12).

```
1  is
2  do
3    if Lauf > 0 then
4      ReportSim[5,Lauf] := Warteschlange.statMaxAnzahlBes;
5      ReportSim[6,Lauf] := Round(Warteschlange.statRelativeBelegung *
            Warteschlange.Kapazität, 2);
6      ReportSim[7,Lauf] := Senke.statMittDurchlaufzeit / 3600;
7
8      Lauf := Lauf + 1;
9      if Lauf <= ReportSim.YDim then
10       Ereignisverwalter.Reset;
11       Ereignisverwalter.Start;
12     else
13       Lauf := 1;
14       ReportSim.schreibeExcelDatei("D:\Simulation\
            Simulationsergebnisse.xls");
15     end;
16   end;
17 end;
```

Listing 12: Methode EndSim.

Methode mSenke

Die Methode mSenke überprüft ob die konfigurierte Laufzeit bereits erreicht ist. Sobald dies der Fall ist, wird die Methode EndSim aufgerufen. Der anonyme Bezeichner „?" bezeichnet hierbei das Materialflussobjekt, welche die aktuelle Methode aufgerufen hat, also das Objekt Senke. Dadurch ermöglicht das Fragezeichen eine Methode zu verwenden, so dass keine Änderungen von mehreren eingebauten Objekten nötig sind. Es folgt das Befüllen der Zeilen von Tabelle ReportA mit den gelieferten Statistiken aus der Senke. Der anonyme Bezeichner @ bezieht sich hierbei auf die BE, welche die Methode aufgerufen hat. Somit kann durch den Bezeichner @ auf das aktuelle und austrittsbereite Losobjekt der Senke zugegriffen werden, da für die Senke als Steuerung mSenke erstellt wurde. In Tabelle *ReportL* wird in die Zeilen der Spalte 1 die aktuelle Durchlaufzeit des Loses eingetragen. Dabei ist die Umrechnung in Stunden notwendig, weil Plant Simulation bei dem Datentyp time mit Sekunden rechnet. Die Zeilen der Spalte 2 bekommen die aktuell errechnete mittlere Durchlaufzeit zugewiesen (siehe Listing 13).

```
1   is
2   do
3     if Senke.statAnzahlAus >= Laufzeit then
4       Ereignisverwalter.Stop;
5       EndSim;
6     end;
7
8     if ReportA[4,1] = 0 then
9       ReportA[1,ReportA.YDim] := @.ID;
10    else
11      ReportA[1,ReportA.YDim + 1] := @.ID;
12    end;
13
14    ReportA[2,ReportA.YDim] := @.Erzeugt;
15    ReportA[3,ReportA.YDim] := Ereignisverwalter.Zeit;
16
17    // Kennzahlen:
18    ReportA[4,ReportA.YDim] := @.statMittDurchlaufzeit;
19    ReportA[5,ReportA.YDim] := @.statMittDurchlaufzeit
20      * @.statLagerzeitAnteil;
21    ReportA[6,ReportA.YDim] := @.statMittDurchlaufzeit
22      * (@.statProduktionszeitAnteil - @.statRüstzeitAnteil);
23    ReportA[7,ReportA.YDim] := @.statMittDurchlaufzeit
24      * @.statRüstzeitAnteil;
25    ReportL[1,ReportL.YDim + 1] := (ReportA[3,ReportA.YDim]
26      - ReportA[2,ReportA.YDim]) / 3600;
27    ReportL[2,ReportL.YDim]
28      := ReportL.Mittelwert({1,1}..{1,*});
29
30  end;
```

Listing 13: Methode mSenke.

Starten einer Simulation

Um nun das erstellte Simulationsmodell zu starten, ist es notwendig, die Tabelle *ReportSim* im Netzwerk zu öffnen. In die Tabelle können die gewünschten Parameter zur Ankunftsrate, Produktionsrate, Rüstzeit und Losgröße zeilenweise eingetragen werden. Dabei entspricht jede Zeile einem eigenen Durchlauf.

Über den Ereignisverwalter wird die Simulation gestartet (über Start/Stopp); eben mit den Werten der Tabelle *ReportSim*. Nachdem die Simulation durchlaufen ist, können die Ergebnisse nun in der Exceldatei mit dem Pfad aus der Methode Endsim abgerufen werden. Die Ergebnisse der Simulation können ebenso in der Tabelle *ReportSim* eingesehen werden.

Um das Modell für einen neuen Simulationslauf vorzubereiten, ist es notwendig die *Reset*-Schaltfläche zu betätigen und die Werte in der Tabelle *ReportSim* manuell zu aktualisieren. Sollte die Simulation vor Beendigung aller Läufe zurückgesetzt werden, muss zusätzlich die Variable Lauf den Wert 1 erhalten.

Die Simulation des hier betrachteten Produktionssystems ist in Abbildung 103 dargestellt. Die Ergebnisse stimmen mit denen der analytischen Lösung überein; die geringen Abweichungen sind auf stochastische Einflüsse zurückzuführen.

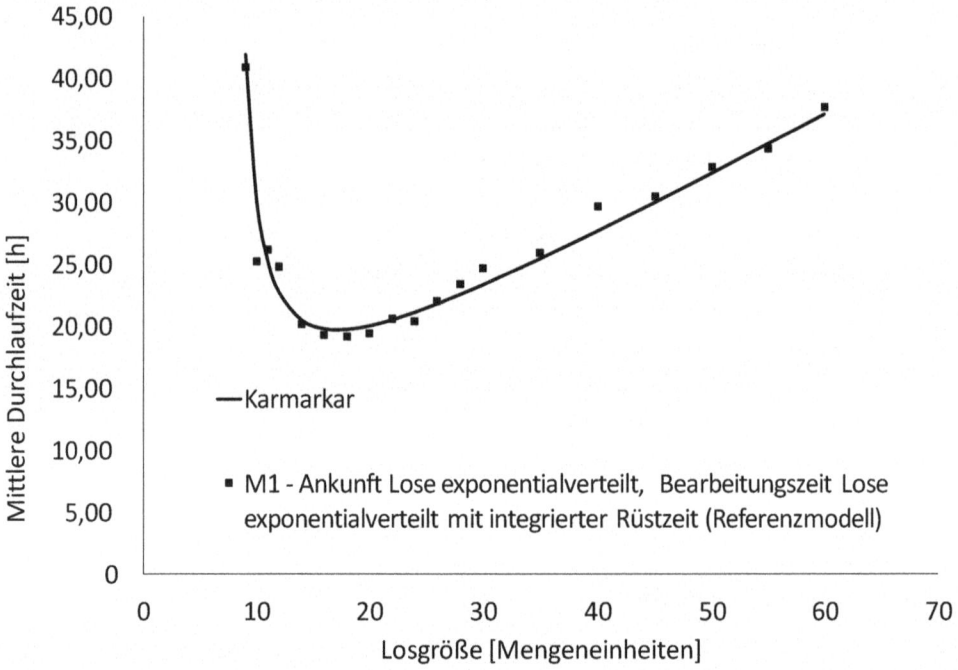

Abbildung 103: Analytische Lösung versus Simulation über 30000 Lose.

Für die Bündelung von Bedarfen zu einem Los wird das Plant Simulationsmodell um einen Puffer, zu Auftragspuffer umbenannt, erweitert, wie dies in Abbildung 104 dargestellt ist; eine Kante zur Warteschlange ist nicht notwendig, da der Materialfluss an dieser Stelle durch eine Methode kontrolliert wird; s. Abbildung 105. Um an der Quelle Auftrag BEs zu erhalten, muss ein weiteres BE als Fördergut angelegt werden, welches zu Auftrag umbenannt wird.

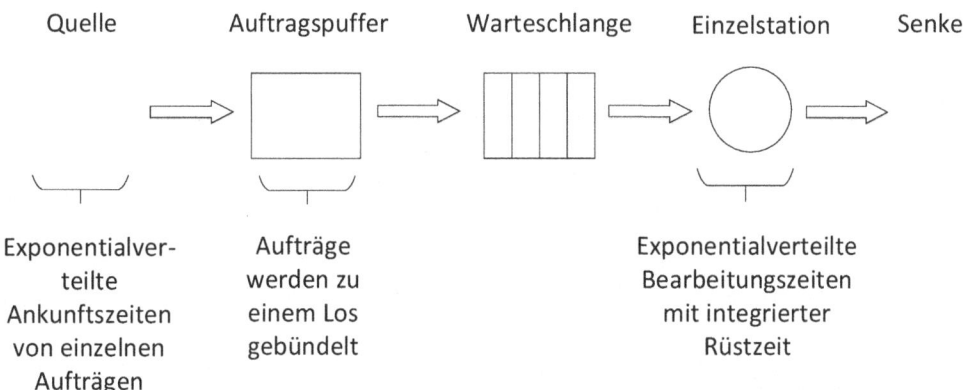

Abbildung 104: Modellbeschreibung Auftragsankünfte exponentialverteilt - Losbündelung.

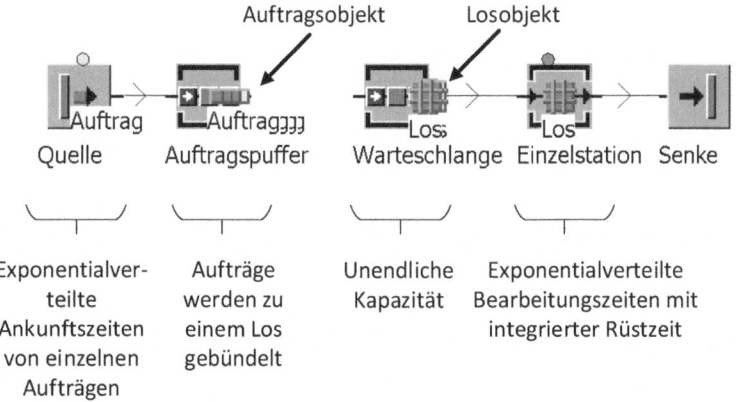

Abbildung 105: Modell Auftragsankünfte exponentialverteilt - Losbündelung in Plant Simulation.

Die „Init"-Methode dieses Modells erhält gegenüber der des Referenzmodells eine Abänderung bezüglich der Auftragsankunft, welche nun nicht mehr mit der Losgröße multipliziert wird und eine Ergänzung der Auftragspufferkapazität (s. Listing 14).

```
1  Quelle.Abstand.setzeParam("Negexp", 1, (60 / Ankunftsrate) * 60)
2  Auftragspuffer.Kapazität := Losgröße;
```

Listing 14: Methode Init - Modell 2 Aufträge.

Für die Losbündelung der einzelnen Aufträge wird eine weitere Methode „mUmschichten" erstellt (s. Listing 15). Sobald der Auftragspuffer die Anzahl an Aufträgen zur Losgröße erreicht hat, wird ein neues Losobjekt in der Warteschlange erzeugt.

```
1   is
2   do
3      if Auftragspuffer.AnzahlBEs >= Losgröße   then
4         Auftragspuffer.EingangGesperrt:=false;
5         Auftragspuffer.Ausanggesperrt:=true;
6         Auftragspuffer.VernichteBEs;
7         .Modelle.Klassen.Los.erzeugen(Warteschlange);
8         Auftragspuffer.Ausanggesperrt:=false;
9         Auftragspuffer.Einganggesperrt:=false;
10        end;
11  end;
```

Listing 15: Methode mUmschichten - Modell 2 Aufträge.

In der Konfiguration des Auftragspuffers wird als Eingangssteuerung die Methode „mUmschichten" ausgewählt.

Die Simulation des hier betrachteten Produktionssystems zeigt strukturell die gleiche Kurve, aber mit deutlich geringeren Werten; s. Abbildung 106. Verantwortlich dafür ist, dass durch die Bündelung der Aufträge eine Summe exponential-verteilter Zufallsvariablen gebildet wird, die erlang-verteilt ist – und nicht exponential-verteilt wie Karmarkar unterstellt. Wird im Simulationssystem für die Lose statt einem exponential-verteilten Abstand ein erlang-verteilter verwendet, so werden die gleichen Ergebnisse erzielt, s. Abbildung 106; mathematisch ist dies von Kistner in [Kist99] im Detail begründet worden – die dort behandelten Untersuchungen sind im Prinzip im Folgenden enthalten, außer bei der Rüstzeit, für die Kistner nach der Trennung von Bearbeitungs- und Rüstzeit eine Exponentialverteilung unterstellt, während hier mit einer konstanten Rüstzeit gearbeitet wird. Operationell ist $Erl(\lambda, q)$ die Erlangverteilung mit den Parametern $\lambda \in \mathbb{R}^+$ und $q \in \mathbb{N}$, wobei wieder λ gleich der mittleren Ankunftsrate gesetzt wird und q die Losgröße ist. Die erforderliche Änderung der „Init"-Methode ist im Listing 16 angegeben. Plant Simulation fordert als weiteren Parameter noch die Standardabweichung. Durch die im Listing angegebenen Parameter wird erreicht, dass die Erlangverteilung die gewünschten Parameter hat (s. die Hilfe zu Plant Simulation).

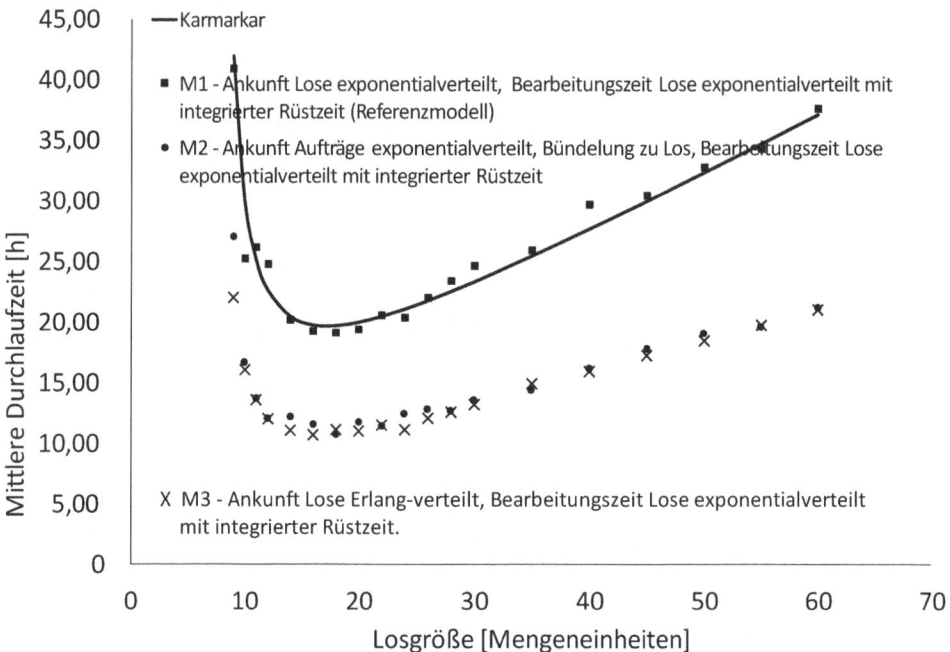

Abbildung 106: Simulation der Losbildung über 30.000 Lose.

```
1  Quelle.Abstand.setzeParam("Erlang", 1, ((60 / Ankunftsrate) * 60) *
      Losgröße, sqrt(Losgröße * Pow(((60 / Ankunftsrate) * 60),2)));
```

Listing 16: Methode Init - Modell 3 erlang-verteilt.

Wird darüber hinaus auch die Bearbeitungszeit der Lose aus den Bearbeitungszeiten der einzelnen Aufträge berechnet, so liegt, wie bei der Bündelung der Aufträge, eine erlang-verteilte Zufallsvariable vor. Ihre Berücksichtigung bewirkt eine Kurve mit der gleichen Struktur, aber noch deutlich geringeren Werten, die auch deutlich weniger stark mit zunehmender Losgröße ansteigen. Zugleich bietet es sich an, die Rüstzeit von der Bearbeitungszeit der Lose zu trennen. Dazu hat jedes Los eine konstante Rüstzeit (vor seiner Bearbeitung). Dies ist in Abbildung 107 dargestellt.

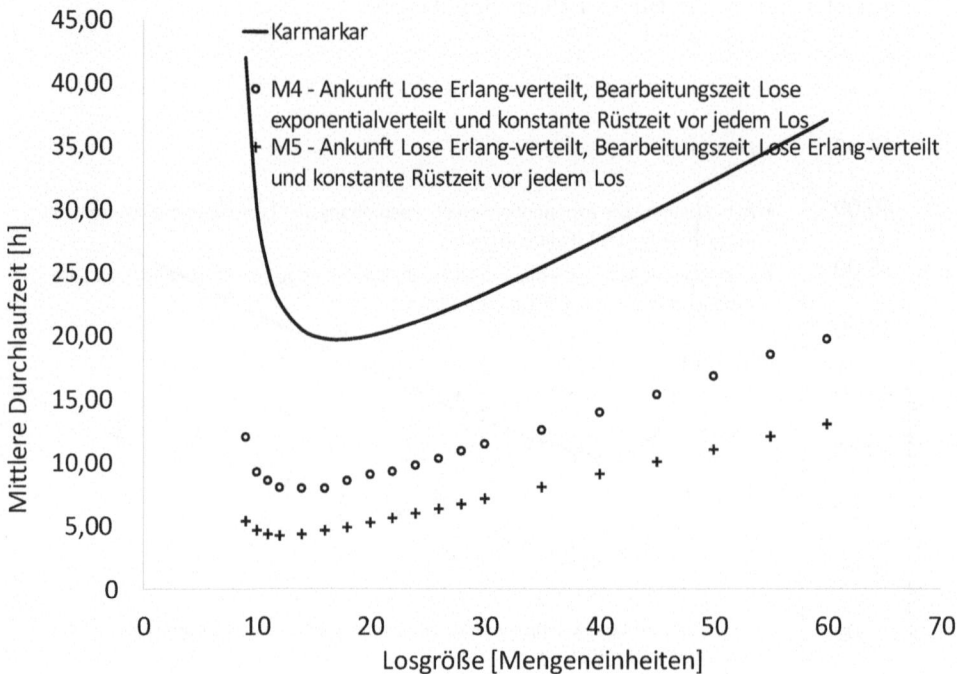

Abbildung 107: Simulation der Losbildung über 30.000 Lose mit erlang-verteilten Be-arbeitungszeiten.

6.2 Einfluss durch Ressourcenbelegungsplanung

6.2.1 Einstationenproblem

Das Ressourcenbelegungsplanungsproblem besteht aus fünf Tischarten, die auf Station M1 nach den in Tabelle 252 angegebenen Bearbeitungszeiten $(t_i, 1 \leq i \leq 5)$ in Zeiteinheiten (ZE) produziert werden. Als Planungszeitpunkt wird Null verwendet, ab dem Station M1 uneingeschränkt zur Verfügung steht. Produziert werden sollen neun Aufträge mit den in Tabelle 253 angegebenen Freigabeterminen $(a_i, 1 \leq i \leq 9)$ und Sollendterminen $(f_i, 1 \leq i \leq 9)$ in Zeiteinheiten (ZE).

Nr.	Tischart	t_i
1	Esszimmertisch	75 ZE
2	Konferenztisch	55 ZE
3	Küchentisch	65 ZE
4	Schreibtisch	85 ZE
5	Wohnzimmertisch	60 ZE

Tabelle 252: Bearbeitungszeiten.

Nr.	Tischart	a_i	f_i
1	Wohnzimmertisch	0 ZE	200 ZE
2	Küchentisch	0 ZE	200 ZE
3	Esszimmertisch	0 ZE	100 ZE
4	Wohnzimmertisch	100 ZE	300 ZE
5	Schreibtisch	200 ZE	400 ZE
6	Konferenztisch	100 ZE	300 ZE
7	Schreibtisch	300 ZE	500 ZE
8	Wohnzimmertisch	400 ZE	600 ZE
9	Esszimmertisch	300 ZE	500 ZE

Tabelle 253: Arbeitsvorrat.

Aufgabe

(a) Lösen Sie das Einstationenproblem mit den Prioritätsregeln KOZ, EDD und KPZ.

(b) Stellen Sie alle Lösungen jeweils als Gantt-Diagramm dar und zeichnen Sie die Durchlaufzeiten zum Wohnzimmertisch ein. Analysieren Sie die Durchlaufzeiten.

Lösung

(a) Die Belegung durch die KOZ-, die EDD-, die KPZ-Regel ist in den nachfolgenden Tabellen angegeben, die jeweils zu einem Auftrag, bestimmt durch seine Nummer, seinen frühestmöglichen Starttermin, der hier identisch mit seinem Freigabetermin ist, seinen tatsächlichen Starttermin, seinen tatsächlichen Endtermin sowie seine Nettobearbeitungszeit (seines Produkts) enthält. Eine weitere Tabelle (mit dieser Struktur) enthält eine optimale Lösung mit der Minimierung der mittleren Verspätung als Zielkriterium (durch das in Abschnitt 1.2.1 angegebene Vorgehen – zu beachten: es ist keine rollende Planung vorzunehmen).

Auftrag	Startbereit	Start	Ende	BZ
1	0 ZE	0 ZE	60 ZE	60 ZE
2	0 ZE	60 ZE	125 ZE	65 ZE
6	100 ZE	125 ZE	180 ZE	55 ZE
4	100 ZE	180 ZE	240 ZE	60 ZE
3	0 ZE	240 ZE	315 ZE	75 ZE
9	300 ZE	315 ZE	390 ZE	75 ZE
5	200 ZE	390 ZE	475 ZE	85 ZE
8	400 ZE	475 ZE	535 ZE	60 ZE
7	300 ZE	535 ZE	620 ZE	85 ZE

Tabelle 254: KOZ-Regel.

Auftrag	Startbereit	Start	Ende	BZ
3	0 ZE	0 ZE	75 ZE	75 ZE
1	0 ZE	75 ZE	135 ZE	60 ZE
2	0 ZE	135 ZE	200 ZE	65 ZE
4	100 ZE	200 ZE	260 ZE	60 ZE
6	100 ZE	260 ZE	315 ZE	55 ZE
5	200 ZE	315 ZE	400 ZE	85 ZE
7	300 ZE	400 ZE	485 ZE	85 ZE
9	300 ZE	485 ZE	560 ZE	75 ZE
8	400 ZE	560 ZE	620 ZE	60 ZE

Tabelle 255: EDD-Regel.

Auftrag	Startbereit	Start	Ende	BZ
3	0 ZE	0 ZE	75 ZE	75 ZE
2	0 ZE	75 ZE	140 ZE	65 ZE
1	0 ZE	140 ZE	200 ZE	60 ZE
4	100 ZE	200 ZE	260 ZE	60 ZE
6	100 ZE	260 ZE	315 ZE	55 ZE
5	200 ZE	315 ZE	400 ZE	85 ZE
7	300 ZE	400 ZE	485 ZE	85 ZE
9	300 ZE	485 ZE	560 ZE	75 ZE
8	400 ZE	560 ZE	620 ZE	60 ZE

Tabelle 256: KPZ-Regel.

Auftrag	Startbereit	Start	Ende	BZ
3	0 ZE	0 ZE	75 ZE	75 ZE
2	0 ZE	75 ZE	140 ZE	65 ZE
1	0 ZE	140 ZE	200 ZE	60 ZE
4	100 ZE	200 ZE	260 ZE	60 ZE
6	100 ZE	260 ZE	315 ZE	55 ZE
5	200 ZE	315 ZE	400 ZE	85 ZE
9	300 ZE	400 ZE	475 ZE	75 ZE
7	300 ZE	475 ZE	560 ZE	85 ZE
8	400 ZE	560 ZE	620 ZE	60 ZE

Tabelle 257: Optimale Lösung zur mittleren Verspätung.

(b) Die nachfolgenden Abbildungen enthalten die Gantt-Diagramme. Sie enthalten die Durchlaufzeiten von Wohnzimmertischen, die durch die Aufträge 1, 4 und 8 produziert werden. Eine Durchlaufzeit geht vom möglichen Starttermin bis zum tatsächlichen Endtermin.

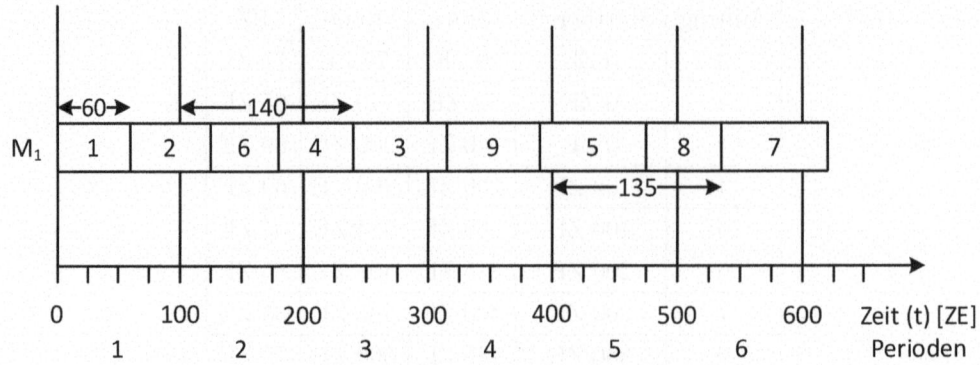

Abbildung 108: Gantt-Diagramm zur KOZ-Regel – mit mittlerer Durchlaufzeit von 112 ZE und maximaler Erhöhung gegenüber der Nettobearbeitungszeit von 75 ZE.

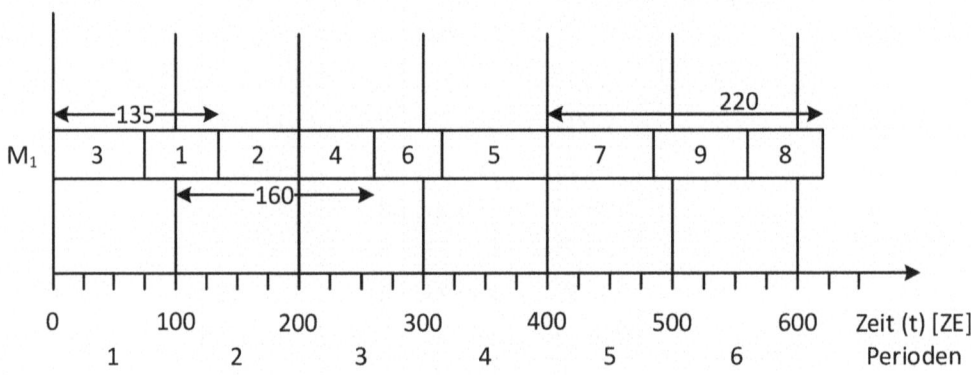

Abbildung 109: Gantt-Diagramm zur EDD-Regel – mit mittlerer Durchlaufzeit von 172 ZE und maximaler Erhöhung gegenüber der Nettobearbeitungszeit von 85 ZE.

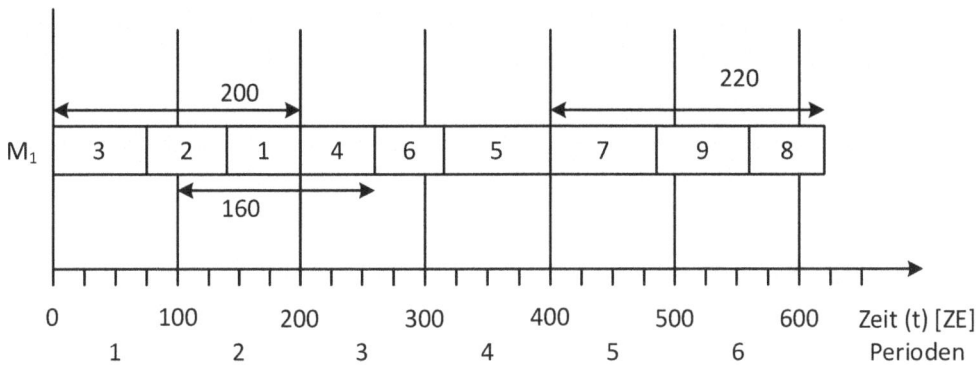

Abbildung 110: Gantt-Diagramm zur KPZ-Regel – mit mittlerer Durchlaufzeit von 193 ZE und maximaler Erhöhung gegenüber der Nettobearbeitungszeit von 60 ZE.

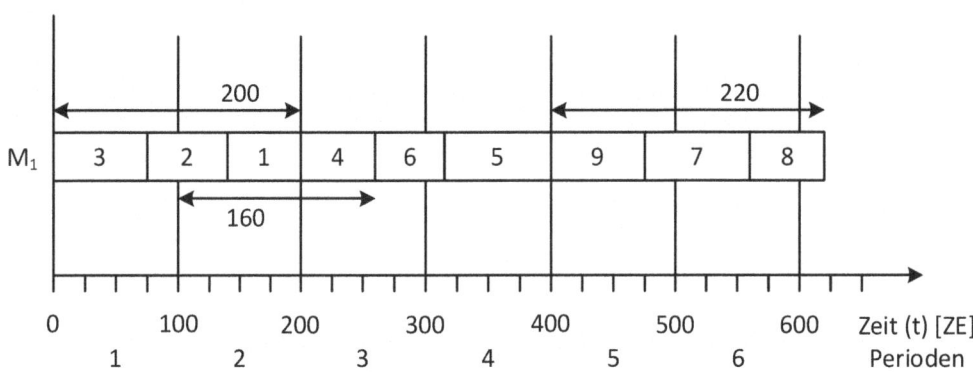

Abbildung 111: Gantt-Diagramm zur optimalen Lösung zur mittleren Verspätung – mit mittlerer Durchlaufzeit von 193 ZE und maximaler Erhöhung gegenüber der Nettobearbeitungszeit von 60 ZE.

Alle drei Prioritätsregeln bewirken hohe Durchlaufzeiten, die zwischen dem ein- bis fast vierfachen der Nettobearbeitungszeit schwanken, und unterschiedliche Mittelwerte; das charakteristische Verhalten von Prioritätsregeln ist auch in dieser Fallstudie erkennbar. Verantwortlich für diese Effekte bei allen Prioritätsregeln sind Verdrängungen eines Auftrags zu Wohnzimmertischen mal durch Aufträge mit einer kleineren und mal durch Aufträge mit einer längeren Bearbeitungszeit. Einschränkend sei angemerkt, dass bei der EDD-Regel mehrere Entscheidungssituationen existieren, in denen mehrere Aufträge die höchste Priorität besitzen, so dass das Ergebnis (der EDD-Regel) davon abhängt, wie dann (in solchen Entscheidungssituationen) entschieden wird; bei anderen Regeln kann dies auch häufig auftreten, aber in dieser Fallstudie tritt dies kaum auf. Die Durchlaufzeiten bei der optimalen Lösung weisen das gleiche Verhalten auf. Diese sehr einfache Fallstudie belegt bereits das Auftreten von hohen und stark schwankenden Wartezeiten und damit die Schwierigkeit der Abschätzung von Durchlaufzeiten.

6.2.2 Werkstattfertigung

Das Ressourcenbelegungsplanungsproblem besteht aus fünf Tischarten, die teilweise auf mehr als einer Station produziert werden. Verfügbar sind drei Stationen (M1, M2 und M3) und die Bearbeitungszeiten $(t_{i,j})$ je Auftrag $(1 \leq i \leq 5)$ und je Arbeitsgang bzw. Operation in Zeiteinheiten (ZE) sind in den jeweiligen Arbeitsplänen in Tabelle 258 angegeben. Produziert werden sollen neun Aufträge mit den in Tabelle 253 angegebenen Freigabeterminen $(a_i, 1 \leq i \leq 9)$ und Sollendterminen $(f_i, 1 \leq i \leq 9)$ jeweils in Zeiteinheiten (ZE).

Nr.	Tischart	1. Arbeitsgang		2. Arbeitsgang		3. Arbeitsgang	
		Station	$t_{i,1}$	Station	$t_{i,2}$	Station	$t_{i,3}$
1	Esszimmertisch	M1	70 ZE	M3	5 ZE		
2	Konferenztisch	M2	55 ZE				
3	Küchentisch	M2	20 ZE	M3	15 ZE	M1	30 ZE
4	Schreibtisch	M1	15 ZE	M3	30 ZE	M2	40 ZE
5	Wohnzimmertisch	M3	10 ZE	M1	40 ZE	M2	10 ZE

Tabelle 258: Arbeitspläne.

Nr.	Tischart	a_i	f_i	Netto- (Gesamt-) bearbeitungszeit
1	Wohnzimmertisch	0 ZE	200 ZE	60 ZE
2	Küchentisch	0 ZE	200 ZE	65 ZE
3	Esszimmertisch	0 ZE	200 ZE	75 ZE
4	Wohnzimmertisch	200 ZE	400 ZE	60 ZE
5	Schreibtisch	200 ZE	400 ZE	85 ZE
6	Konferenztisch	200 ZE	400 ZE	55 ZE
7	Schreibtisch	400 ZE	600 ZE	85 ZE
8	Wohnzimmertisch	400 ZE	600 ZE	60 ZE
9	Esszimmertisch	400 ZE	600 ZE	75 ZE

Tabelle 259: Arbeitsvorrat.

Aufgabe

(a) Lösen Sie das Werkstattfertigungsproblem mit den Prioritätsregeln KOZ, EDD und KPZ.

(b) Stellen Sie alle Lösungen jeweils als Gantt-Diagramm dar und zeichnen Sie die Durchlaufzeiten zum Wohnzimmertisch ein. Analysieren Sie die Durchlaufzeiten.

(c) Erstellen Sie ein Problem der programmorientierten Materialbedarfsplanung (MRP), so dass die Anwendung des MRP dieses Ressourcenbelegungsplanungsproblem als Ergebnis liefert.

Lösung

(a) Die Belegung durch die KOZ-, die EDD-, die KPZ-Regel ist in den nachfolgenden Tabellen angegeben, die jeweils die Belegung der Operationen für jede der drei Stationen (M1, M2 und M3) durch einem Arbeitsgang (bzw. Operation) in der Reihenfolge der Belegung angibt. Für jede Belegung (zu der jeweiligen Operation) ist sein frühestmöglicher Starttermin (unter startbereit), sein tatsächlicher Starttermin, sein tatsächlicher Endtermin sowie seine Bearbeitungszeit angegeben.

Station	Auftrag (i)	Operation (j)	Startbereit	Start	Ende	$t_{i,j}$
M1	3	1	0 ZE	0 ZE	70 ZE	70 ZE
	2	3	35 ZE	70 ZE	100 ZE	30 ZE
	1	2	10 ZE	100 ZE	140 ZE	40 ZE
	5	1	200 ZE	200 ZE	215 ZE	15 ZE
	4	2	210 ZE	215 ZE	255 ZE	40 ZE
	7	1	400 ZE	400 ZE	415 ZE	15 ZE
	8	2	410 ZE	415 ZE	455 ZE	40 ZE
	9	1	400 ZE	455 ZE	525 ZE	70 ZE
M2	2	1	0 ZE	0 ZE	20 ZE	20 ZE
	1	3	140 ZE	140 ZE	150 ZE	10 ZE
	6	1	200 ZE	200 ZE	255 ZE	55 ZE
	4	3	255 ZE	255 ZE	265 ZE	10 ZE
	5	3	245 ZE	265 ZE	305 ZE	40 ZE
	7	3	445 ZE	445 ZE	485 ZE	40 ZE
	8	3	455 ZE	485 ZE	495 ZE	10 ZE
M3	1	1	0 ZE	0 ZE	10 ZE	10 ZE
	2	2	20 ZE	20 ZE	35 ZE	15 ZE
	3	2	70 ZE	70 ZE	75 ZE	5 ZE
	4	1	200 ZE	200 ZE	210 ZE	10 ZE
	5	2	215 ZE	215 ZE	245 ZE	30 ZE
	8	1	400 ZE	400 ZE	410 ZE	10 ZE
	7	2	415 ZE	415 ZE	445 ZE	30 ZE
	9	2	525 ZE	525 ZE	530 ZE	5 ZE

Tabelle 260: Belegungsplan durch die KOZ-Regel.

Station	Auftrag (i)	Operation (j)	Startbereit	Start	Ende	$t_{i,j}$
M1	3	1	0 ZE	0 ZE	70 ZE	70 ZE
	1	2	10 ZE	70 ZE	110 ZE	40 ZE
	2	3	35 ZE	110 ZE	140 ZE	30 ZE
	5	1	200 ZE	200 ZE	215 ZE	15 ZE
	4	2	210 ZE	215 ZE	255 ZE	40 ZE
	7	1	400 ZE	400 ZE	415 ZE	15 ZE
	8	2	410 ZE	415 ZE	455 ZE	40 ZE
	9	1	400 ZE	455 ZE	525 ZE	70 ZE
M2	2	1	0 ZE	0 ZE	20 ZE	20 ZE
	1	3	110 ZE	110 ZE	120 ZE	10 ZE
	6	1	200 ZE	200 ZE	255 ZE	55 ZE
	4	3	255 ZE	255 ZE	265 ZE	10 ZE
	5	3	245 ZE	265 ZE	305 ZE	40 ZE
	7	3	445 ZE	445 ZE	485 ZE	40 ZE
	8	3	455 ZE	485 ZE	495 ZE	10 ZE
M3	1	1	0 ZE	0 ZE	10 ZE	10 ZE
	2	2	20 ZE	20 ZE	35 ZE	15 ZE
	3	2	70 ZE	70 ZE	75 ZE	5 ZE
	4	1	200 ZE	200 ZE	210 ZE	10 ZE
	5	2	215 ZE	215 ZE	245 ZE	30 ZE
	8	1	400 ZE	400 ZE	410 ZE	10 ZE
	7	2	415 ZE	415 ZE	445 ZE	30 ZE
	9	2	525 ZE	525 ZE	530 ZE	5 ZE

Tabelle 261: Belegungsplan durch die EDD-Regel.

Station	Auftrag (i)	Operation (j)	Startbereit	Start	Ende	$t_{i,j}$
M1	3	1	0 ZE	0 ZE	70 ZE	70 ZE
	1	2	10 ZE	70 ZE	110 ZE	40 ZE
	2	3	35 ZE	110 ZE	140 ZE	30 ZE
	5	1	200 ZE	200 ZE	215 ZE	15 ZE
	4	2	210 ZE	215 ZE	255 ZE	40 ZE
	7	1	400 ZE	400 ZE	415 ZE	15 ZE
	9	1	400 ZE	415 ZE	485 ZE	70 ZE
	8	2	410 ZE	485 ZE	525 ZE	40 ZE
M2	2	1	0 ZE	0 ZE	20 ZE	20 ZE
	1	3	110 ZE	110 ZE	120 ZE	10 ZE
	6	1	200 ZE	200 ZE	255 ZE	55 ZE
	5	3	245 ZE	255 ZE	295 ZE	40 ZE
	4	3	255 ZE	295 ZE	305 ZE	10 ZE
	7	3	445 ZE	445 ZE	485 ZE	40 ZE
	8	3	525 ZE	525 ZE	535 ZE	10 ZE
M3	1	1	0 ZE	0 ZE	10 ZE	10 ZE
	2	2	20 ZE	20 ZE	35 ZE	15 ZE
	3	2	70 ZE	70 ZE	75 ZE	5 ZE
	4	1	200 ZE	200 ZE	210 ZE	10 ZE
	5	2	215 ZE	215 ZE	245 ZE	30 ZE
	8	1	400 ZE	400 ZE	410 ZE	10 ZE
	7	2	415 ZE	415 ZE	445 ZE	30 ZE
	9	2	485 ZE	485 ZE	490 ZE	5 ZE

Tabelle 262: Belegungsplan durch die KPZ-Regel.

(b) Die nachfolgenden Abbildungen enthalten die Gantt-Diagramme. Sie enthalten die Durchlaufzeit von Wohnzimmertischen, die durch die Aufträge 1, 4 und 8 produziert werden. Eine Durchlaufzeit geht vom möglichen Starttermin bis zum tatsächlichen Endtermin.

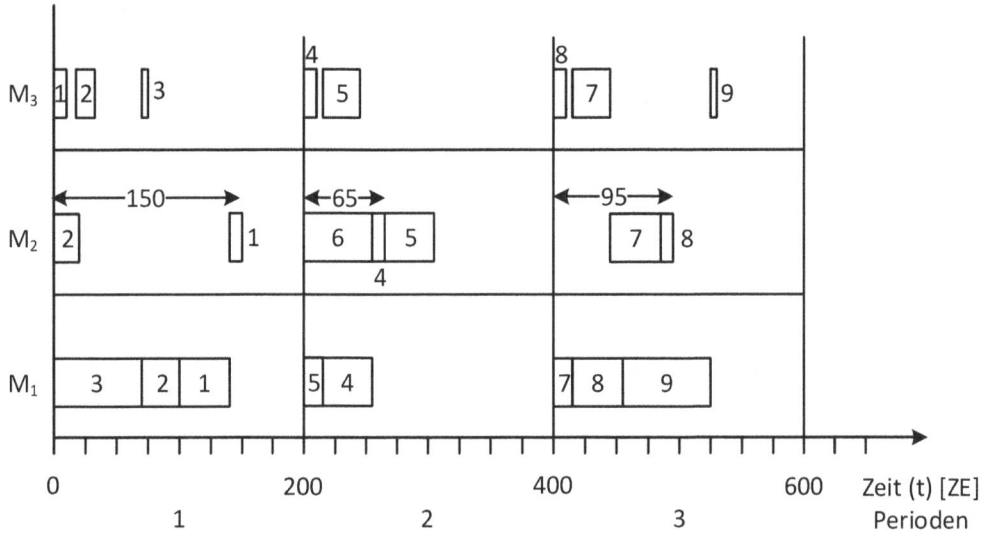

Abbildung 112: Gantt-Diagramm zur KOZ-Regel – mit mittlerer Durchlaufzeit von 103 ZE und maximaler Durchlaufzeitdifferenz von 85 ZE.

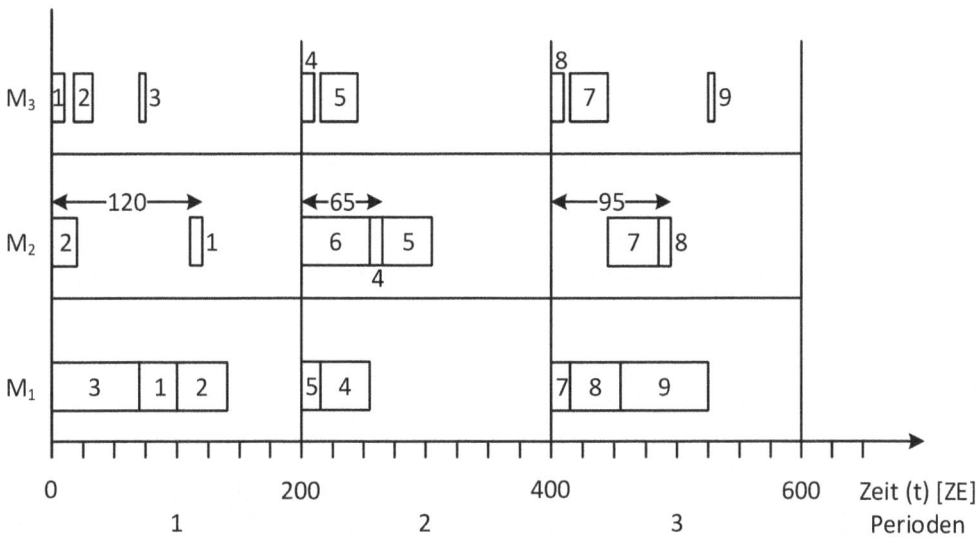

Abbildung 113: Gantt-Diagramm zur EDD-Regel – mit mittlerer Durchlaufzeit von 93 ZE und maximaler Durchlaufzeitdifferenz von 55 ZE.

310

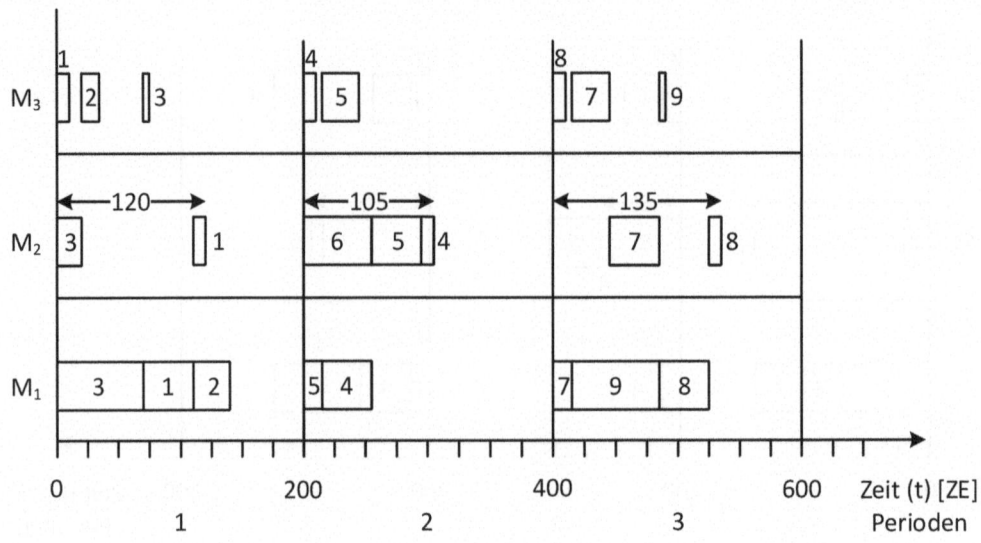

Abbildung 114: Gantt-Diagramm zur KPZ-Regel – mit mittlerer Durchlaufzeit von 120 ZE und maximaler Durchlaufzeitdifferenz von 20 ZE.

Alle Verfahren bewirken Durchlaufzeiten mit (fast immer) deutlichen Schwankungen. Diese sind signifikant höher als die jeweiligen Nettobearbeitungszeiten. Diese sehr einfache Fallstudie belegt bereits das Auftreten von hohen und stark schwankenden Wartezeiten und damit die Schwierigkeit der Abschätzung von Durchlaufzeiten.

(c) Es ist eine programmorientierte Materialbedarfsplanung mit präzisierten Terminen (MRP) zu verwenden, damit ein Zeitpunkt – und nicht eine Periode – als Start- und Endtermine der Planaufträge bestimmt werden; s. Abschnitt 5.6. Alle 5 Tischarten bilden einen Gozintographen – jede Tischart bildet einen Knoten und es existieren keine Kanten. Es wird eine Periodenlänge von 200 Zeiteinheiten (ZE) unterstellt und insgesamt gibt es 4 Perioden. Die erste Periode beginnt mit 0 ZE und geht bis 199 ZE einschließlich (199 ZE – 0 ZE + 1 ZE = 200 ZE), endet also mit dem Zeitpunkt 200. Zur Vereinfachung wird diese Periode als nullte Periode bezeichnet. Entsprechend geht die (nun) erste Periode von 200 ZE bis 399 ZE und endet also mit dem Zeitpunkt 400. Der erste Auftrag hat einen Freigabetermin zum Zeitpunkt 0 und einen Sollendtermin zum Zeitpunkt 200. Da im MRP, s. Abschnitt 5.6, der Bedarf zu Beginn einer Periode zu erfüllen ist, berechnet der MRP ohne Losbildung zu einem Bedarf von einem Wohnzimmertisch zu Beginn der ersten Periode und einer Vorlaufzeit von 1 Periode für einen Wohnzimmertisch einen Planauftrag mit einem Starttermin zu Beginn von Periode 0; nach der Arbeitsweise von dem MRP, s. Abschnitt 5.6, handelt es sich dabei um seinen Freigabetermin. Folglich liefert der MRP den gewünschten ersten Auftrag. Um dies für die anderen Aufträge auch zu erreichen, beträgt die Vorlaufzeit für jedes Produkt einheitlich 1 Periode. Der Sollendtermin (Zeitpunkt) der einzelnen Aufträge ist zugleich der Termin für die entsprechenden Bedarfe, in dem Sinne, dass der Bedarf zu Beginn derjenigen Periode zu erfüllen ist, die mit diesem Zeitpunkt beginnt. Für die neun Aufträge ist dies in Tabelle 263 angegeben, in der auch der zu erreichende Arbeitsvorrat, s. die Tabelle 259, und die Vorlaufzeit wiederholt sind. Da keine Losbildung erfolgen soll, wird die bedarfssynchrone Losbildung eingestellt. Keine weiteren Parameter sind einzustellen.

Nr.	Tischart	Bedarf	Vorlaufzeit	a_i	f_i
1	Wohnzimmertisch	2. Periode	1 Periode	0 ZE	200 ZE
2	Küchentisch	2. Periode	1 Periode	0 ZE	200 ZE
3	Esszimmertisch	2. Periode	1 Periode	0 ZE	200 ZE
4	Wohnzimmertisch	4. Periode	1 Periode	200 ZE	400 ZE
5	Schreibtisch	4. Periode	1 Periode	200 ZE	400 ZE
6	Konferenztisch	4. Periode	1 Periode	200 ZE	400 ZE
7	Schreibtisch	6. Periode	1 Periode	400 ZE	600 ZE
8	Wohnzimmertisch	6. Periode	1 Periode	400 ZE	600 ZE
9	Esszimmertisch	6. Periode	1 Periode	400 ZE	600 ZE

Tabelle 263: Bedarfe für ein MRP-Problem zur Erreichung des Arbeitsvorrats.

7 Simultane Planung

7.1 CLSP und Reihenfolgeplanung

Ein Schuhproduzent produziert zwei Arten von Schuhen unter der internen Bezeichnung Produkte P1 und P2, wofür 2 Stationen mit jeweils einer Kapazität von 100 Zeiteinheiten (ZE) je Periode zur Verfügung stehen. Jedes Produkt muss zuerst Station S1 und anschließend Station S2 durchlaufen. Die Bearbeitungszeiten für eine Mengeneinheit (typischerweise ein Vielfaches von Schuhpaaren) der Produkte sind gleich und betragen 1 ZE je Station. Die Linie aus den beiden Stationen bildet ein Produktionssystem PS mit einer Kapazität von 100 ZE je Periode. Für jedes der beiden Produkte und jede Mengeneinheit hat das Produktionssystem eine Bearbeitungszeit von 1 ZE. Das Produktionssystem ist für beide Produkte zu rüsten und die Rüstkosten betragen jeweils 1 Geldeinheit (GE). Es fallen Lagerkosten von 100 GE je Mengeneinheit und Periode für beide Produkte an. Die Mindestvorlaufzeit beträgt 1 Periode. Der Planungszeitraum umfasst 5 Perioden über jeweils 100 ZE und geht von Periode 10 bis Periode 14. (Welche Zeiteinheiten die einzelnen Perioden enthalten, ergibt sich aus Folgendem: die erste Periode beginnt mit 0 ZE und geht bis zur 99 ZE einschließlich, endet also mit dem Zeitpunkt 100.) Es sind folgende Bedarfe jeweils zu Beginn einer Periode zu decken:

k\t	13	14
P1	60 ME	40 ME
P2	40 ME	60 ME

Tabelle 264: Bedarfe des Schuhproduzenten in Mengeneinheiten (ME).

Aufgabe

Lösen Sie das Losgrößenproblem optimal. Anschließend werden diese terminierten Lose für die Bearbeitung auf der Linie – aus den beiden Stationen – freigegeben. Lösen Sie das entstandene Ressourcenbelegungsplanungsproblem für die Minimierung der Verspätung optimal.

© Springer Fachmedien Wiesbaden GmbH, ein Teil von Springer Nature 2018
F. Herrmann, *Übungsbuch Losbildung und Fertigungssteuerung*,
https://doi.org/10.1007/978-3-658-21567-5_7

Lösung

Für das Losgrößenproblem mit Kapazitäten ist in der Literatur ein Optimierungsmodell unter der Bezeichnung **C**apacitated **L**otsizing **P**roblem (CLSP) angegeben. Es wird im Folgenden komprimiert dargestellt; für Details sei auf [Herr09] verwiesen.

Parameter:

T   Länge des Planungszeitraums ($1 \leq t \leq T$).

K   Anzahl der Produkte ($1 \leq k \leq K$).

J   Anzahl der Ressourcen ($1 \leq j \leq J$).

M   Große Zahl (mindestens so groß wie größtmögliche Lösgröße).

$b_{j,t}$ Verfügbare Kapazität der Ressource j in Periode t $\forall\, 1 \leq j \leq J$ und $1 \leq t \leq T$.

$d_{k,t}$ Nettobedarfsmenge des Produkts k in Periode t $\forall\, 1 \leq k \leq K$ und $1 \leq t \leq T$.

h_k Lagerkostensatz für Produkt k $\forall\, 1 \leq k \leq K$.

s_k Rüstkostensatz für Produkt k $\forall\, 1 \leq k \leq K$.

$tb_{k,j}$ Bearbeitungszeit für eine Mengeneinheit von Produkt k durch Ressource j $\forall\, 1 \leq k \leq K$ und $1 \leq j \leq J$.

$tr_{k,j}$ Rüstzeit für Produkt k für Ressource j $\forall\, 1 \leq k \leq K$ und $1 \leq j \leq J$.

z_k Mindestvorlaufzeit eines Auftrags für Produkt k $\forall\, 1 \leq k \leq K$.

LA_k Anfangslagerbestand für Produkt k $\forall\, 1 \leq k \leq K$.

Variablen:

$q_{k,t}$ Lösgröße des Produkts k in Periode t $\forall\, 1 \leq k \leq K$ und $1 \leq t \leq T$.

$y_{k,t}$ Lagerbestand für Produkt k am Ende von Periode t $\forall\, 1 \leq k \leq K$ und $0 \leq t \leq T$.

$\gamma_{k,t}$ binäre Rüstvariable für Produkt k in Periode t mit $\gamma_{k,t} = \begin{cases} 1, & \text{falls } q_{k,t} > 0 \\ 0, & \text{falls } q_{k,t} = 0 \end{cases}$

    $\forall\, 1 \leq k \leq K$ und $1 \leq t \leq T$.

Zielfunktion:

$$Z = \sum_{k=1}^{K} \sum_{t=1}^{T} (s_k \cdot \gamma_{k,t} + h_k \cdot y_{k,t}).$$

Restriktionen:

$y_{k,t-1} + q_{k,t-z_k} - d_{k,t} = y_{k,t} \ \forall \ 1 \le k \le K$ und $1 \le t \le T$ Lagerbilanzgleichungen.

$q_{k,t} - M \cdot \gamma_{k,t} \le 0 \ \forall \ 1 \le k \le K$ und $1 \le t \le T$ Rüstbedingungen.

$\sum_{k=1}^{K} (tb_{k,j} \cdot q_{k,t} + tr_{k,j} \cdot \gamma_{k,t}) \le b_{j,t} \ \forall \ 1 \le j \le J$ und $1 \le t \le T$ Kapazitätsrestriktionen.

$y_{k,0} = LA_k, \ y_{k,T} = 0 \ \forall \ 1 \le k \le K$ Lageranfangs- und endbestand.

$q_{k,t}, \ y_{k,t} \ \ge \ 0 \ \forall \ 1 \le k \le K$ und $1 \le t \le T$ Nichtnegativität.

$\gamma_{k,t} \in \{0,1\} \ \forall \ 1 \le k \le K$ und $1 \le t \le T$

Minimierungsproblem:

Minimiere Z.

Die Umsetzung dieses linearen Optimierungsproblems in ILOG ist im folgenden Listing angegeben und zwar als „mod"-Datei. Innerhalb der Vorlaufzeit kann kein Los aufgesetzt werden, da dann vor dem Planungsintervall produziert werden würde. Dazu existiert die Fallunterscheidung bei den Lagerbilanzgleichungen.

```
1  // Parameter, Teil 1:
2  int T = ...;          // Planungszeitraum.
3  int K = ...;          // Produkte.
4  int J = ...;          // Ressourcen.
5  int M = ...;          // Große Zahl.
6
7  // Wertebereiche:
8  range Produkt = 1..K;
9  range Ressource = 1..J;
10 range Planungszeitraum = 1..T;
11 range PlanungszeitraumNull = 0..T;
12
13 // Variablen:
14 dvar int+ q[Produkt][Planungszeitraum];        // Losgrössen.
15 dvar int+ y[Produkt][PlanungszeitraumNull];    // Lagerbestände.
16 dvar boolean gamma[Produkt][Planungszeitraum]; // Rüstvariablen.
17
18 // Parameter, Teil 2:
19 int b[Ressource][Planungszeitraum] = ...;      // Kapazitäten.
20 int d[Produkt][Planungszeitraum] = ...;        // Nettobedarfe.
21 float h[Produkt] = ...;                         // Lagerkostensätze.
22 float s[Produkt] = ...;                         // Rüstkostensätze.
23 // Stückbearbeitungszeiten:
```

```
24  int  tb[Produkt][Ressource]  =  ...;
25  int  tr[Produkt][Ressource]  =  ...;          // Rüstzeiten.
26  int  z[Produkt]  =  ...;                       // Mindestvorlaufzeiten.
27  int  y0[Produkt]  =  ...;                      // Anfangslagerbestände.
28
29  // Minimierung  der  Gesamtkosten
30  minimize
31    sum  (k  in  Produkt,  t  in  Planungszeitraum)
32    (s[k]  *  gamma[k][t]  +  h[k]  *  y[k][t]);
33
34  constraints  {
35    // Lagerbilanzgleichungen:
36    forall(k  in  Produkt){
37      forall(t  in  1..(z[k])){
38        y[k][t-1]  -  d[k][t]  ==  y[k][t];
39      }
40      forall(t  in  (z[k]+1)..T){
41        y[k][t-1]  +  q[k][t-z[k]]  -  d[k][t]  ==  y[k][t];
42      }
43    }
44    // Kapazitätsbedingungen:
45    forall(j  in  Ressource,  t  in  Planungszeitraum){
46      sum(k  in  Produkt)(tb[k][j]  *  q[k][t]  +  tr[k][j]  *  gamma[k][t])
47                     <=  b[j][t];
48    }
49    // Rüstbedingungen:
50    forall(k  in  Produkt,  t  in  Planungszeitraum){
51      q[k][t]  -  M  *  gamma[k][t]  <=  0;
52    }
53    // Lageranfangsbestände:
54    forall(k  in  Produkt){
55      y[k][0]  ==  y0[k];
56    }
57  };
```

Listing 17: Implementierung vom Modell CLSP in ILOG.

Die Parameter für das konkrete Zahlenbeispiel lauten – als „dat"-Datei (zur Vereinfachung sind nicht alle 12 Perioden vor dem Planungsintervall angegeben, sondern nur einige, um eine Vorproduktion zu erlauben):

```
1  T = 5;  // Anzahl an Perioden.
2  K = 2;  // Anzahl an Produkten.
```

```
3  J = 1;   // Anzahl an Ressourcen.
4  // M muss wenigstens so groß wie die Summe an Bedarfen sein.
5  M = 200;
6  // Nettobedarfe:
7  d = [[0 , 0, 0, 60, 40]
8      [0, 0, 0, 40, 60]];
9  // Kapazitäten:
10 b = [[100 ,100 ,100 ,100 ,100]];
11 h = [100, 100];        // Lagerkostensätze.
12 s = [1 , 1];           // Rüstkostensätze.
13 tb = [[1] , [1]];      // Stückbearbeitungszeiten.
14 tr = [[0] , [0]];      // Rüstzeiten.
15 z = [1 , 1];           // Mindestvorlaufzeiten.
16 y0 = [0 , 0];          // Anfangslagerbestände.
```

Listing 18: Implementierung ILOG Parameter beim Schuhproduzenten.

Die optimale Lösung sind die in der folgenden Tabelle 264 angegebenen terminierten Produktionsaufträge.

Produktionsauftrag	Starttermin (Auftragsfreigabe)	Soll-Endtermin
P1(60)	1100 Zeiteinheiten	1200 Zeiteinheiten
P2(40)	1100 Zeiteinheiten	1200 Zeiteinheiten
P1(40)	1200 Zeiteinheiten	1300 Zeiteinheiten
P2(60)	1200 Zeiteinheiten	1300 Zeiteinheiten

Tabelle 264: Terminierte Produktionsaufträge beim Schuhproduzenten.

Als „big bucket"-Modell liefert die Lösung des CLSP keine Aussage darüber, in welcher Reihenfolge die Produkte bearbeitet werden sollen. Da die verfügbare Kapazität nicht überschritten wird, können die durch die Lose gebildeten Produktionsaufträge stets in einer beliebigen Reihenfolge termingerecht erfüllt werden. In diesem Fall ist die Summe aus der Produktionsmenge der beiden Produkte jeweils multipliziert mit deren Bearbeitungszeit (also: $60 \cdot 1$ ZE $+ 40 \cdot 1$ ZE $= 100$ ZE) gerade genau der Kapazität des Produktionssegments. In Abbildung 115 ist eine mögliche Abarbeitung angegeben.

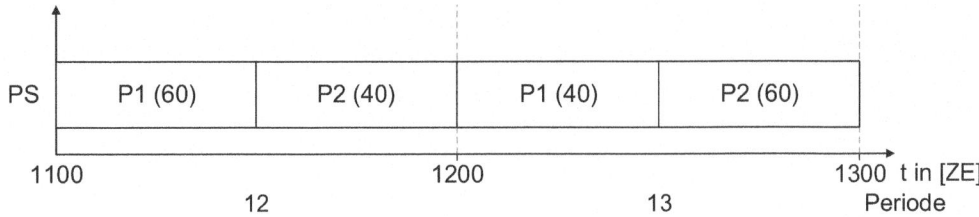

Abbildung 115: Mögliche Abarbeitung der Lösung vom CLSP zum Schuhproduzenten.

Die terminierten Produktionsaufträge, s. Tabelle 264, bestimmen für die Minimierung der mittleren Verspätung (Gesamtverspätung) ein Ressourcenbelegungsplanungsproblem. Eine optimale Lösung ist in der folgenden Abbildung 116 dargestellt; diese lässt sich durch das Optimierungsmodell aus Abschnitt 1.2.2 ermitteln, da eine optimale Lösung eine Permutation sein muss (eine unterschiedliche Reihenfolge auf Station 2 im Vergleich zu der auf Station 1 bewirkt eine zusätzliche Leerzeit).

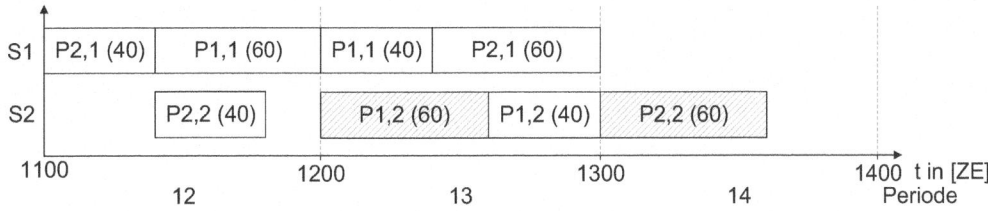

Abbildung 116: Belegung mit minimaler mittlerer Verspätung beim Schuhproduzenten.

Wie in Abbildung 116 zu sehen ist, kann zwar die Produktion auf Station S1 wie geplant erfolgen und es kommt bei dieser Ressource zu keinen Verspätungen. Da auf Station S2 erst zu dem Zeitpunkt produziert werden kann, an dem die Produktion dieses Auftrags auf Station S1 abgeschlossen ist, treten auf Station S2 Verspätungen auf; dies ist durch die Schraffur ausgedrückt. Dadurch sind die beiden Produktionsaufträge P1(60) und P2(60) um jeweils 60 Zeiteinheiten verspätet. Durch die Abarbeitungsreihenfolge wurde somit die tatsächlich nutzbare Kapazität reduziert. Damit hat das Losgrößenproblem die benötigte Kapazität unterschätzt. Dass dies nicht immer so ist, belegt der Fall, bei dem die beiden Produkte die beiden Stationen in einer unterschiedlichen Reihenfolge durchlaufen. Dann reduziert sich die Verspätung auf 40 ZE (dürfen alle Operationen zu Beginn der Periode 12 beginnen, so wird eine Verspätung sogar vermieden). Keine Verspätung tritt bei diesen Arbeitsplänen auf, sofern die Bedarfe über 60 ME auf 50 ME reduziert werden (, auch dann, wenn alle Bedarfe 50 ME betragen).

Diesem Problem kann durch die Verwendung eines gemeinsamen Produktionszyklus, s. Abschnitt 7.2, durch eine Reduktion der verfügbaren Kapazität, s. Abschnitt 7.3 oder durch eine simultane Losbildung und Ressourcenbelegungsplanung, s. Abschnitt 7.4 begegnet werden.

7.2 Mehrproduktlosgrößenbildung

Auf einer Maschine werden vier Arten von Komponenten eines Sportgerätes bearbeitet, welche in bestimmten Tagesmengen in Mengeneinheiten (ME) durch einen nachfolgenden Montageprozess abgerufen werden. Bevor mit der Produktion einer Produktart begonnen werden kann, ist ein Rüstvorgang notwendig, der mehrere Stunden in Anspruch nimmt. Neben dem Rüstzeitverlust verursacht der Rüstvorgang Materialkosten in Geldeinheiten (GE). Die einzelnen Produktarten werden mit unterschiedlichen Geschwindigkeiten produziert. Es liegt eine offene Produktion vor. Alle produktbezogenen Angaben sind in der folgenden Tabelle zusammengestellt:

Produkt-(art-)nummer	Bedarfsmenge pro Tag (d_i)	Produktionsmenge pro Tag (p_i)	Rüstkosten pro Rüstvorgang (K_i)	Rüstzeit (τ_i)	Lagerkosten pro Stück und Tag (h_i)
1	14 ME	85 ME	1 GE	0.2 Tage	0.009 GE
2	10 ME	50 ME	1 GE	0.2 Tage	0.012 GE
3	24 ME	75 ME	1 GE	0.3 Tage	0.004 GE
4	5 ME	40 ME	1 GE	0.2 Tage	0.015 GE

Tabelle 265: Sämtliche produktbezogenen Angaben.

Aufgabe

(a) Bestimmen Sie die optimalen Losgrößen der Produkte unter Vernachlässigung der Rüstzeiten.

(b) Da immer nur eine Produktart auf der Maschine bearbeitet werden kann, nehmen Sie an, dass die Produkte in der Reihenfolge 1-2-3-4 mit den unter (a) errechneten optimalen Losgrößen produziert werden. Für welche Produkte kommt es zu Fehlmengen?

(c) Nehmen Sie nun an, dass weiterhin für alle Produkte ein gemeinsamer Produktionszyklus gelten soll, dass nun aber die Losgrößen der Produkte so festgelegt werden, dass sie genau den Bedarf innerhalb des Produktionszyklus decken. Wie lange muss dieser Produktionszyklus mindestens andauern, damit Fehlmengen oder Überproduktion vermieden werden?

(d) Bestimmen Sie die kostenminimalen zulässigen Losgrößen unter der Annahme, dass für alle Produkte derselbe Produktionszyklus verwendet wird.

(e) Berechnen Sie den Kostenveränderungsgrad für die optimalen und die kostenminimal zulässigen Losgrößen und geben Sie die relative und absolute Abweichung an.

Lösung

Das Vorgehen orientiert sich an dem in [Temp10] beschriebenen.

(a) Die optimale Losgröße für eine offene Produktion für Produkt i lautet:

$$q_i^{opt} = \sqrt{\frac{2 \cdot d_i \cdot K_i}{h_i}} \cdot \sqrt{\frac{p_i}{(p_i - d_i)}}.$$

Damit ergeben sich:

Die optimale Losgröße für Produkt Nr. 1 beträgt:

$$q_1^{opt} = \sqrt{\frac{2 \cdot d_1 \cdot K_1}{h_1}} \cdot \sqrt{\frac{p_1}{(p_1 - d_1)}} = \sqrt{\frac{2 \cdot 14 \cdot 1}{0.009}} \cdot \sqrt{\frac{85}{(85 - 14)}} \text{ ME} = 61.03 \text{ ME}.$$

Die optimale Losgröße für Produkt Nr. 2 beträgt:

$$q_2^{opt} = \sqrt{\frac{2 \cdot d_2 \cdot K_2}{h_2}} \cdot \sqrt{\frac{p_2}{(p_2 - d_2)}} = \sqrt{\frac{2 \cdot 10 \cdot 1}{0.012}} \cdot \sqrt{\frac{50}{(50 - 10)}} \text{ ME} = 45.64 \text{ ME}.$$

Die optimale Losgröße für Produkt Nr. 3 beträgt:

$$q_3^{opt} = \sqrt{\frac{2 \cdot d_3 \cdot K_3}{h_3}} \cdot \sqrt{\frac{p_3}{(p_3 - d_3)}} = \sqrt{\frac{2 \cdot 24 \cdot 1}{0.004}} \cdot \sqrt{\frac{75}{(75 - 24)}} \text{ ME} = 132.84 \text{ ME}.$$

Die optimale Losgröße für Produkt Nr. 4 beträgt:

$$q_4^{opt} = \sqrt{\frac{2 \cdot d_4 \cdot K_4}{h_4}} \cdot \sqrt{\frac{p_4}{(p_4 - d_4)}} = \sqrt{\frac{2 \cdot 5 \cdot 1}{0.015}} \cdot \sqrt{\frac{40}{(40 - 5)}} \text{ ME} = 27.60 \text{ ME}.$$

(b) Fehlmengen entstehen, wenn die Produktionsmenge eines Produkts nicht ausreicht, um den gesamten Bedarf zwischen zwei Losauflagen des Produkts zu decken.

Die Produktionsdauern einschließlich der Rüstzeiten betragen:

$$D_1 = \frac{q_1^{opt}}{p_1} + \tau_1 = \frac{61.03}{85} \text{ Tage} + 0.2 \text{ Tage} = 0.92 \text{ Tage}.$$

$$D_2 = \frac{q_2^{opt}}{p_2} + \tau_2 = \frac{45.64}{50} \text{ Tage} + 0.2 \text{ Tage} = 1.11 \text{ Tage}.$$

$$D_3 = \frac{q_3^{opt}}{p_3} + \tau_3 = \frac{132.84}{75} \text{ Tage} + 0.3 \text{ Tage} = 2.07 \text{ Tage}.$$

$$D_4 = \frac{q_4^{opt}}{p_4} + \tau_4 = \frac{27.60}{40} \text{ Tage} + 0.2 \text{ Tage} = 0.89 \text{ Tage}.$$

Damit kann nach einem Produktionszyklus von

$$\sum_{i=1}^{n} D_i = 0.92 \text{ Tage} + 1.11 \text{ Tage} + 2.07 \text{ Tage} + 0.89 \text{ Tage} = 4.99 \text{ Tagen}.$$

mit der Produktion eines Produkts wieder begonnen werden.

Die Lose haben eine Reichweite von:

$$r_1 = \frac{q_1^{opt}}{d_1} = \frac{61.03}{14} \text{ Tage} = 4.36 \text{ Tage}.$$

$$r_2 = \frac{q_2^{opt}}{d_2} = \frac{45.64}{10} \text{ Tage} = 4.56 \text{ Tage}.$$

$$r_3 = \frac{q_3^{opt}}{d_3} = \frac{132.84}{24} \text{ Tage} = 5.54 \text{ Tage}.$$

$$r_4 = \frac{q_4^{opt}}{d_4} = \frac{27.60}{5} \text{ Tage} = 5.52 \text{ Tage}.$$

Die Ergebnisse sind in der folgenden Tabelle zusammengefasst:

Produktnummer	Losgröße	Dauer (einschl. Rüsten)	Reichweite
1	61.03 ME	0.92 Tage	4.36 Tage
2	45.64 ME	1.11 Tage	4.56 Tage
3	132.84 ME	2.07 Tage	5.54 Tage
4	27.60 ME	0.89 Tage	5.52 Tage
Produktionszyklus:		4.99 Tage	

Tabelle 266: Produktionsdauern und Reichweiten der Produkte.

Durch das Gantt-Chart in Abbildung 117 werden die Rüst- und Bearbeitungsvorgänge für die einzelnen Produkte angegeben. Die Produkte werden zunächst nacheinander mit ihren isoliert berechneten optimalen Losgrößen produziert. Die Rechtecke markieren die zeitliche Belegung der Anlage, wobei zunächst gerüstet und dann produziert wird.

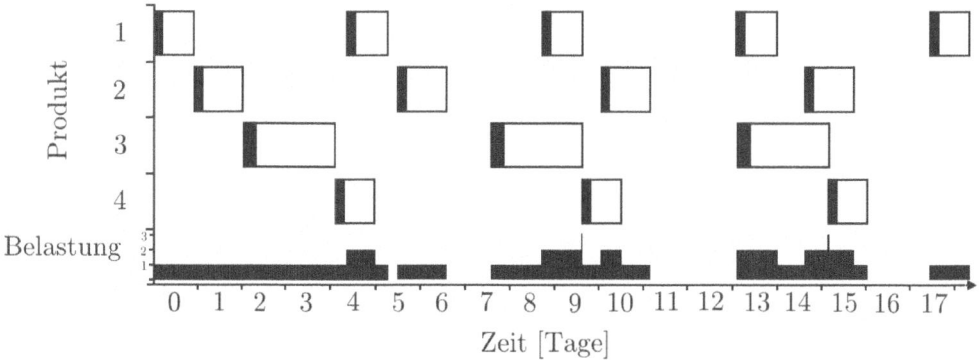

Abbildung 117: Umsetzung der berechneten Produktionsdauern und Reichweiten.

Die Reichweite der Lose zu den beiden Produktarten 1 und 2 ist geringer als die Länge des Produktionszyklus (4.99 Tage). Dadurch wird für diese Produkte der Lagerbestand vor dem Beginn der nächsten Produktion des Loses verbraucht sein und es kommt zu Fehlmengen. Für die Produkte 3 und 4 dagegen ist der Lagerbestand am Ende des Produktionszyklus noch positiv, so dass es zu einer Überproduktion kommt. Eine Festlegung der Produktionsreihenfolge ohne Abstimmung der Losgrößen bewirkt somit eine nicht-zulässige Lösung.

(c) Der gemeinsame Produktionszyklus T muss für jedes Produkt i mindestens so lang wie die Summe aus seiner produktbezogenen Rüstzeit τ_i und seiner Produktionszeit $\left(\frac{q_i}{p_i}\right)$ sein, d.h.

$$T \geq \sum_{i=1}^{n} \left[\tau_i + \frac{q_i}{p_i}\right].$$

Da die Losgröße gleich der gesamten Bedarfsmenge innerhalb der Zeitspanne T entspricht, d.h. $q_i = T \cdot D_i$, gilt folgende Bedingung:

$$\frac{\sum\limits_{i=1}^{n} \tau_i}{1 - \sum\limits_{i=1}^{n} \rho_i} \leq T, \ mit \ \rho_i = \frac{d_i}{p_i}.$$

Für die Produktarten 1, 2, 3 und 4 ergibt sich daher ein gemeinsamer minimaler Produktionszyklus von:

$$T_{min} = \frac{\sum\limits_{i=1}^{4} \tau_i}{1 - \sum\limits_{i=1}^{4} \rho_i} = \frac{0.2 + 0.2 + 0.3 + 0.2}{1 - \left(\frac{14}{85} + \frac{10}{50} + \frac{24}{75} + \frac{5}{40}\right)} \ \text{Tage} = 4.73 \ \text{Tage}.$$

Es ergeben sich die minimal zulässigen Losgrößen für die Produktarten:

Die minimal zulässige Losgröße für Produktart 1 beträgt:

$$q_1^{min} = T_{min} \cdot d_1 = 4.73 \cdot 14 \ \text{ME} = 66.22 \ \text{ME}.$$

Die minimal zulässige Losgröße für Produktart 2 beträgt:

$$q_2^{min} = T_{min} \cdot d_2 = 4.73 \cdot 10 \ \text{ME} = 47.30 \ \text{ME}.$$

Die minimal zulässige Losgröße für Produktart 3 beträgt:

$$q_3^{min} = T_{min} \cdot d_3 = 4.73 \cdot 24 \text{ ME} = 113.52 \text{ ME}.$$

Die minimal zulässige Losgröße für Produktart 4 beträgt:

$$q_4^{min} = T_{min} \cdot d_4 = 4.73 \cdot 5 \text{ ME} = 23.65 \text{ ME}.$$

(d) Der optimale gemeinsame Produktionszyklus beträgt:

$$T_{opt} = \sqrt{\frac{2 \cdot \sum\limits_{i=1}^{n} K_i}{\sum\limits_{i=1}^{n} h_i \cdot d_i \cdot (1 - \rho_i)}}, \; es \; gilt : \; \rho_i = \frac{d_i}{p_i} = \sqrt{\frac{2 \cdot 4}{0.332}} \text{ Tage} = 4.91 \text{ Tage}.$$

Dieser optimale Produktionszyklus von 4.91 Tagen ist zulässig, da er länger ist als der minimale Produktionszyklus (4.73 Tage). Es ergeben sich die kostenminimal zulässigen Losgrößen für die Produktarten:

Die kostenminimal zulässige Losgröße für Produktart 1 beträgt:

$$q_1^{opt} = T_{opt} \cdot d_1 = 4.91 \cdot 14 \text{ ME} = 68.74 \text{ ME}.$$

Die kostenminimal zulässige Losgröße für Produktart 2 beträgt:

$$q_2^{opt} = T_{opt} \cdot d_2 = 4.91 \cdot 10 \text{ ME} = 49.10 \text{ ME}.$$

Die kostenminimal zulässige Losgröße für Produktart 3 beträgt:

$$q_3^{opt} = T_{opt} \cdot d_3 = 4.91 \cdot 24 \text{ ME} = 117.84 \text{ ME}.$$

Die kostenminimal zulässige Losgröße für Produktart 4 beträgt:

$$q_3^{opt} = T_{opt} \cdot d_3 = 4.91 \cdot 5 \text{ ME} = 24.55 \text{ ME}.$$

Die Produktionsdauern einschließlich der Rüstzeiten betragen:

$$D_1 = \frac{q_1^{opt}}{p_1} + \tau_1 = \frac{68.74}{85} \text{ Tage} + 0.2 \text{ Tage} = 1.00 \text{ Tage.}$$

$$D_2 = \frac{q_2^{opt}}{p_2} + \tau_2 = \frac{49.10}{50} \text{ Tage} + 0.2 \text{ Tage} = 1.18 \text{ Tage.}$$

$$D_3 = \frac{q_3^{opt}}{p_3} + \tau_3 = \frac{117.84}{75} \text{ Tage} + 0.3 \text{ Tage} = 1.87 \text{ Tage.}$$

$$D_4 = \frac{q_4^{opt}}{p_4} + \tau_4 = \frac{24.55}{40} \text{ Tage} + 0.2 \text{ Tage} = 0.81 \text{ Tage.}$$

Daraus ergibt sich eine Zykluslänge von:

$$\sum_{i=1}^{n} D_i = 1.00 \text{ Tage} + 1.18 \text{ Tage} + 1.87 \text{ Tage} + 0.81 \text{ Tage} = 4.86 \text{ Tage.}$$

Die folgende Tabelle zeigt die kostenminimalen zulässigen Losgrößen, unter der Annahme, dass für alle Produkte derselbe Produktionszyklus verwendet wird:

Produktnummer	Losgröße	Dauer (einschl. Rüsten)	Reichweite
1	68.74 ME	1.00 Tage	4.91 Tage
2	49.10 ME	1.18 Tage	4.91 Tage
3	117.84 ME	1.87 Tage	4.91 Tage
4	24.55 ME	0.81 Tage	4.91 Tage
Produktionszyklus:		4.86 Tage	

Tabelle 267: Losgrößen, Dauern und Reichweiten.

Abbildung 118 veranschaulicht die Entwicklung der Lagerbestände der Produkte im Zeitablauf.

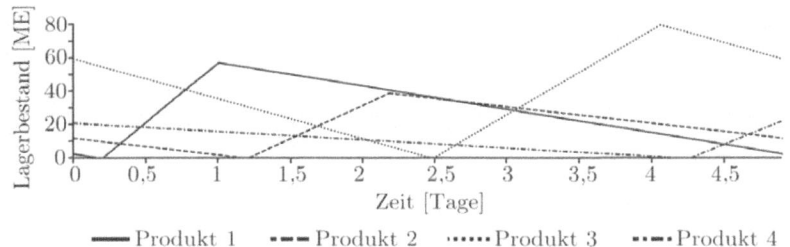

Abbildung 118: Lagerbestandsentwicklung bei optimalem gemeinsamen Produktionszyklus.

(e) Der Kostenveränderungsgrad bei einer Abweichung der optimalen Losgrößen gegenüber der kostenminimal zulässigen Losgrößen bei einem gemeinsamen minima-
len Produktionszyklus ist $\kappa = \dfrac{C(q)}{C(q_{opt})}$ und kann durch $2 \cdot \kappa = \dfrac{q_{opt}}{q} + \dfrac{q}{q_{opt}}$ berechnet
werden.

Für die folgenden Berechnungen sind in der folgenden Tabelle die optimalen und die
kostenminimal zulässigen Losgrößen, die zuvor berechnet wurden, zusammengefasst.

Produktnummer	Optimale Losgröße	Losgröße (bei gemeinsamen T_{min})	Losgröße (bei gemeinsamen T_{opt})
1	61.03 ME	66.22 ME	68.74 ME
2	45.64 ME	47.30 ME	49.10 ME
3	132.84 ME	113.52 ME	117.84 ME
4	27.60 ME	23.65 ME	24.55 ME

Tabelle 268: Losgrößen.

Der Kostenveränderungsgrad für Produkt 1 beträgt:

$$\kappa_1 = \frac{1}{2} \cdot \left[\frac{q_{opt}}{q} + \frac{q}{q_{opt}} \right] = \frac{1}{2} \cdot \left[\frac{61.03}{68.74} + \frac{68.74}{61.03} \right] = 1.007.$$

Nach der Definition des Kostenveränderungsgrads weichen damit die tatsächlichen
von den minimalen Kosten um 0.7% ab.

Der Kostenveränderungsgrad für Produkt 2 beträgt:

$$\kappa_2 = \frac{1}{2} \cdot \left[\frac{q_{opt}}{q} + \frac{q}{q_{opt}}\right] = \frac{1}{2} \cdot \left[\frac{45.64}{49.10} + \frac{49.10}{45.64}\right] = 1.003.$$

Nach der Definition des Kostenveränderungsgrads weichen damit die tatsächlichen von den minimalen Kosten um 0.3% ab.

Der Kostenveränderungsgrad für Produkt 3 beträgt:

$$\kappa_3 = \frac{1}{2} \cdot \left[\frac{q_{opt}}{q} + \frac{q}{q_{opt}}\right] = \frac{1}{2} \cdot \left[\frac{132.84}{117.84} + \frac{117.84}{132.84}\right] = 1.007.$$

Nach der Definition des Kostenveränderungsgrads weichen damit die tatsächlichen von den minimalen Kosten um 0.7% ab.

Der Kostenveränderungsgrad für Produkt 4 beträgt:

$$\kappa_4 = \frac{1}{2} \cdot \left[\frac{q_{opt}}{q} + \frac{q}{q_{opt}}\right] = \frac{1}{2} \cdot \left[\frac{27.60}{24.55} + \frac{24.55}{27.60}\right] = 1.007.$$

Nach der Definition des Kostenveränderungsgrads weichen damit die tatsächlichen von den minimalen Kosten um 0.7% ab.

Der Kostenveränderungsgrad bei einer Abweichung der optimalen Losgrößen gegenüber der kostenminimal zulässigen Losgrößen bei einem gemeinsamen optimalen Produktionszyklus beträgt:

Der Kostenveränderungsgrad für Produkt 1 beträgt:

$$\kappa_1 = \frac{1}{2} \cdot \left[\frac{q_{opt}}{q} + \frac{q}{q_{opt}}\right] = \frac{1}{2} \cdot \left[\frac{61.03}{66.22} + \frac{66.22}{61.03}\right] = 1.003.$$

Nach der Definition des Kostenveränderungsgrads weichen damit die tatsächlichen von den minimalen Kosten um 0.3% ab.

Der Kostenveränderungsgrad für Produkt 2 beträgt:

$$\kappa_2 = \frac{1}{2} \cdot \left[\frac{q_{opt}}{q} + \frac{q}{q_{opt}}\right] = \frac{1}{2} \cdot \left[\frac{45.64}{47.30} + \frac{47.30}{45.64}\right] = 1.000.$$

Nach der Definition des Kostenveränderungsgrads weichen damit die tatsächlichen von den minimalen Kosten um 0% ab.

Der Kostenveränderungsgrad für Produkt 3 beträgt:

$$\kappa_3 = \frac{1}{2} \cdot \left[\frac{q_{opt}}{q} + \frac{q}{q_{opt}} \right] = \frac{1}{2} \cdot \left[\frac{132.84}{113.52} + \frac{113.52}{132.84} \right] = 1.012.$$

Nach der Definition des Kostenveränderungsgrads weichen damit die tatsächlichen von den minimalen Kosten um 1.2% ab.

Der Kostenveränderungsgrad für Produkt 4 beträgt:

$$\kappa_4 = \frac{1}{2} \cdot \left[\frac{q_{opt}}{q} + \frac{q}{q_{opt}} \right] = \frac{1}{2} \cdot \left[\frac{27.60}{23.65} + \frac{23.65}{27.60} \right] = 1.012.$$

Nach der Definition des Kostenveränderungsgrads weichen damit die tatsächlichen von den minimalen Kosten um 1.2% ab.

7.3 CLSP und Reihenfolgeplanung bei günstiger Kapazitätsreduktion

Es wird von dem Schuhproduzenten ausgegangen, s. Abschnitt 7.1, dessen Daten nun wiederholt werden. Er produziert zwei Arten von Schuhen unter der internen Bezeichnung Produkte P1 und P2 auf einem Produktionssegment PS. Das Produktionssystem hat eine Kapazität von 100 Zeiteinheiten (ZE) je Periode und für jedes der beiden Produkte und jede Mengeneinheit (ME) eine Bearbeitungszeit von 1 ZE. Für beide Produkte betragen die Rüstkosten jeweils 1 Geldeinheit (GE) und die Lagerkosten sind 100 GE je ME und Periode. Die Mindestvorlaufzeit beträgt 1 Periode. Der Planungszeitraum umfasst 5 Perioden über jeweils 100 ZE und geht von Periode 10 bis Periode 14. (Welche Zeiteinheiten die einzelnen Perioden enthalten, ergibt sich aus Folgendem: Die erste Periode beginnt mit 0 ZE und geht bis zur 99 ZE einschließlich, endet also mit dem Zeitpunkt 100.) Es sind folgende Bedarfe jeweils zu Beginn einer Periode zu decken:

k\t	13	14
P1	60 ME	40 ME
P2	40 ME	60 ME

Tabelle 269: Bedarfe des Schuhproduzenten in Mengeneinheiten (ME).

Dieses Losgrößenproblem mit Kapazitäten wird durch die in der folgenden Tabelle 270 angegebenen terminierten Produktionsaufträge optimal gelöst.

Produktionsauftrag	Starttermin (Auftragsfreigabe)	Soll-Endtermin
P1(60)	1100 Zeiteinheiten	1200 Zeiteinheiten
P2(40)	1100 Zeiteinheiten	1200 Zeiteinheiten
P1(40)	1200 Zeiteinheiten	1300 Zeiteinheiten
P2(60)	1200 Zeiteinheiten	1300 Zeiteinheiten

Tabelle 270: Terminierte Produktionsaufträge beim Schuhproduzenten.

Die Arbeitspläne der beiden Produkte sind gleich. Sie werden auf einer Linie aus den beiden Stationen S1 und S2 produziert. Die Produktion von 1 ME auf einer Station dauert 1 ZE. Damit bestimmen die terminierten Produktionsaufträge aus Tabelle 270 ein Ressourcenbelegungsplanungsproblem. Seine optimale Lösung für die Minimierung der mittleren Verspätung führt dazu, dass die beiden Produktionsaufträge P1(60) und P2(60) um jeweils 60 Zeiteinheiten verspätet sind; s. Abbildung 119.

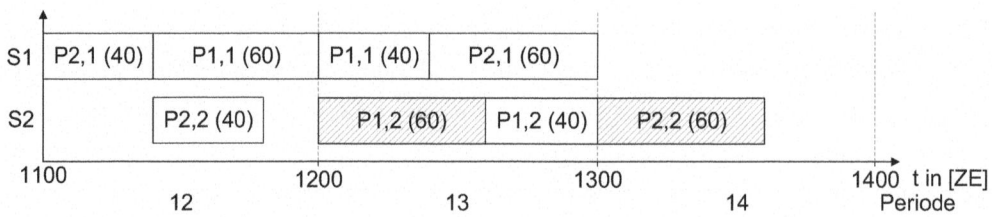

Abbildung 119: Belegung mit minimaler mittlerer Verspätung beim Schuhproduzenten.

Aufgabe

Reduzieren Sie die Periodenkapazität des Produktionssegments PS so lange, bis bei der optimalen Lösung des CLSP und anschließender optimaler Ressourcenbelegungsplanung für die Minimierung der mittleren Verspätung alle Bedarfe, s. Tabelle 269, termingerecht ausgeliefert werden können.

Lösung

Eine Verringerung der Gesamtkapazität im CLSP erfolgt durch folgende Erweiterung der Kapazitätsbedingung, bei der ein Reduktionsfaktor f eingeführt wird:

$$\sum_{k=1}^{K} (tb_{k,j} \cdot q_{k,t} + tr_{k,j} \cdot \gamma_{k,t}) \leq b_{j,t} \cdot f \ \forall \ 1 \leq j \leq J \text{ und } 1 \leq t \leq T \text{ und } 0 < f < 1.$$

Die Umsetzung in ILOG lautet – als „mod"-Datei:

```
1   // In Parameter, Teil 1:
2      float f = ...;
3   // In Modell unter constraints:
4   // erweiterte Kapazitätsrestriktion
5      forall(t in Planungszeitraum, j in Ressource){
6         //Kapazitätsrestriktion
7         sum(k in Produkt)
8            (tb[k,j] * q[k,t] + tr[k,j] * gamma[k,t]) <= b[j,t] * f;
9      }
10  }
```

Listing 19: Implementierung der Erweiterung der Kapazitätsbedingung in ILOG.

Der ideale Faktor wurde durch sequenzielles Verringern der Kapazität im CLSP und anschließender optimaler Lösung des resultierenden Ressourcenbelegungsplanungsproblems für die Minimierung der Verspätung mit Überprüfung der Verspätung ermittelt. Er lautet $f = 0.5$.

Die Parameter für das konkrete Zahlenbeispiel lauten nun insgesamt – als „dat"-Datei:

```
1   T = 5;   // Anzahl an Perioden.
2   K = 2;   // Anzahl an Produkten.
3   J = 1;   // Anzahl an Ressourcen.
4   // M muss wenigstens so groß wie die Summe an Bedarfen sein.
5   M = 200;
6   // Nettobedarfe:
7   d = [[0, 0, 0, 60, 40]
8        [0, 0, 0, 40, 60]];
9   // Kapazitäten:
10  b = [[100,100,100,100,100]];
11  h = [100, 100];      // Lagerkostensätze.
12  s = [1, 1];          // Rüstkostensätze.
13  tb = [[1], [1]];     // Stückbearbeitungszeiten.
```

```
14  tr = [[0] , [0]];        // Rüstzeiten .
15  z = [1 , 1];             // Mindestvorlaufzeiten .
16  y0 = [0 , 0];            // Anfangslagerbestände .
17  f = 0.5;                 // Reduktionsfaktor
```

Listing 20: Implementierung ILOG Parameter beim Schuhproduzenten mit
reduzierter Kapazität.

Die ermittelte optimale Lösung bewirkt die in der folgenden Tabelle 271 angegebenen terminierten Produktionsaufträge und in Abbildung 120 ist die Abarbeitung visualisiert.

Produktionsauftrag	Starttermin (Auftragsfreigabe)	Soll-Endtermin
P1(50)	900 Zeiteinheiten	1000 Zeiteinheiten
P2(50)	1000 Zeiteinheiten	1100 Zeiteinheiten
P1(50)	1100 Zeiteinheiten	1200 Zeiteinheiten
P2(50)	1200 Zeiteinheiten	1300 Zeiteinheiten

Tabelle 271: Terminierte Produktionsaufträge beim Schuhproduzenten mit reduzierter
Kapazität.

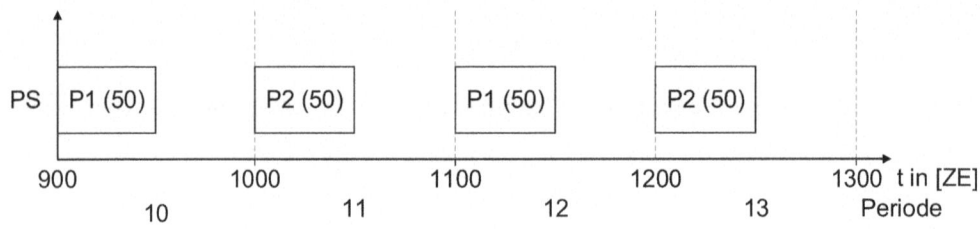

Abbildung 120: Lösung des CLSP beim Schuhproduzenten mit auf die Hälfte reduzierte Kapazität.

Durch die Verringerung der Kapazität um die Hälfte rechnet das CLSP in jeder Periode nur noch mit einer Kapazität von 50 ZE und da die Bearbeitungszeit für jedes Produkt 1 ZE für 1 ME beträgt, kann in einer Periode nur ein maximales Los von 50 ME gebildet werden. Dies führt dazu, dass nun insgesamt 4 Perioden benötigt werden, um die gesamte benötigte Menge produzieren zu können – anstatt 2 Perioden bei voller

Kapazitätsauslastung; vgl. die Abbildung 115 in Abschnitt 7.1 mit der Abbildung 120.

Da, wegen der verringerten Kapazität, die Lösung von dem CLSP in jede Periode genau ein Los (für ein Produkt) legt, ist in diesem Beispiel keine (weitere) Ressourcenbelegungsplanung durchzuführen. Das resultierende Gantt-Diagramm ist in Abbildung 121 dargestellt. Da kein Produktionsauftrag verspätet ist, werden die in Tabelle 269 genannten Bedarfe termingerecht erfüllt.

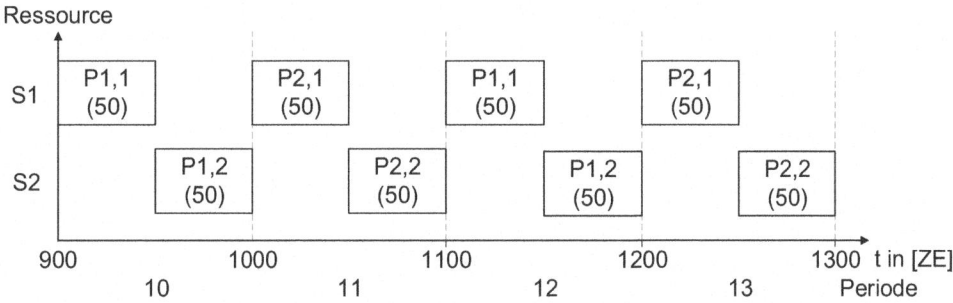

Abbildung 121: Ressourcenbelegung zur Lösung vom CLSP beim Schuhproduzenten bei auf die Hälfte reduzierte Kapazität.

7.4 Simultane Losgrößen- und Ressourcenbelegungsplanung

Ein Zulieferer für die Pharmaindustrie hat ein Lieferabkommen über 6 Produkte. Für die Produktion steht eine Anlage mit einer Kapazität von ($b =$) 140 Zeiteinheiten (ZE) je Periode zur Verfügung. Die Bedarfe in Mengeneinheiten (ME) für (die nächsten) 10 Perioden sind in der folgenden Tabelle angegeben.

k\t	1	2	3	4	5	6	7	8	9	10
1	-	-	-	-	-	20 ME	-	-	5 ME	10 ME
2	-	10 ME	-	-	-	-	40 ME	-	-	-
3	-	-	-	-	30 ME	-	-	50 ME	-	10 ME
4	20 ME	-	5 ME	-	-	70 ME	-	-	10 ME	-
5	-	-	30 ME	-	-	-	-	40 ME	-	-
6	-	-	-	-	-	-	20 ME	-	50 ME	-

Tabelle 272: Bedarfe des Zulieferers für die Pharmaindustrie in Mengeneinheiten.

Es fallen keine Rüstkosten an, da diese über Rüstzeiten berücksichtigt werden. Die produktspezifischen Lagerkostensätze (in Geldeinheiten (GE) je ME und Periode), die Bearbeitungszeiten je ME (in ZE) und die Rüstzeiten (in ZE) befinden sich in der folgenden Tabelle 273.

Produkt k	1	2	3	4	5	6
Lagerkostensatz h $\left[\frac{GE}{ME \cdot Periode}\right]$	2	3	4	1	4	6
Bearbeitungszeit tb je ME [ZE]	2	1	3	1	4	3
Rüstzeit tr [ZE]	2	5	3	1	6	10

Tabelle 273: Parameter des Zulieferers für die Pharmaindustrie.

Aufgabe

Fassen Sie das Problem als ein **P**roportional **L**otsizing and **S**cheduling **P**roblem (PLSP) auf und bestimmen Sie eine optimale Lösung.

Lösung

Das lineare Optimierungsmodell PLSP, s. [Temp12], liefert nicht nur eine Lösung für ein deterministisch-dynamisches Losgrößenproblem, sondern definiert darüber hinaus auch einen vollständigen Ablaufplan, aus welchem die genauen Start- und Endtermine der Produktion abgeleitet werden können. Dies erfolgt durch Mikroperioden, die nur höchstens einen Produktwechsel erlauben; weswegen es in der Literatur als „small-bucket"-Modell bezeichnet wird.

Gegenüber dem CLSP, s. Abschnitt 7.1 und [Herr09], sind Rüstvorgänge geeignet zu modellieren. Überflüssige Rüstvorgänge werden im PLSP-Modell durch die binäre Variable $\omega_{k,t}$ vermieden. Diese beschreibt den Rüstzustand einer Ressource für ein Produkt k am Ende einer Periode t. Bei $\omega_{k,t} = 1$ kann das Produkt k sowohl am Ende der Periode t als auch zu Beginn der Periode t + 1 produziert werden. Der eigentliche Rüstvorgang wird durch die Variable $\gamma_{k,t}$ abgebildet. Eine Mikroperiode ist mindestens so lang wie ein Rüstvorgang. Das PLSP nach [Temp15] hat folgende Gestalt:

Parameter:

T   Länge des Planungszeitraums $(1 \leq t \leq T)$.

K   Anzahl der Produkte $(1 \leq k \leq K)$.

M   Große Zahl (mindestens so groß wie größtmögliche Lösgröße).

b_t Verfügbare Kapazität der Ressource in Periode t $\forall \, 1 \leq t \leq T$.

$d_{k,t}$ Nettobedarfsmenge des Produkts k in Periode t $\forall \, 1 \leq k \leq K$ und $1 \leq t \leq T$.

h_k Lagerkostensatz für Produkt k $\forall \, 1 \leq k \leq K$.

s_k Rüstkostensatz für Produkt k $\forall \, 1 \leq k \leq K$.

tb_k Bearbeitungszeit für eine Einheit von Produkt k $\forall \, 1 \leq k \leq K$.

tr_k Rüstzeit für Produkt k $\forall \, 1 \leq k \leq K$.

LA_k Anfangslagerbestand für Produkt k $\forall \, 1 \leq k \leq K$.

Variablen:

$q_{k,t}$ Losgröße des Produkts k in Periode t $\forall \, 1 \leq k \leq K$ und $1 \leq t \leq T$.

$y_{k,t}$ Lagerbestand für Produkt k am Ende der Periode t $\forall \, 1 \leq k \leq K$ und $0 \leq t \leq T$.

$\gamma_{k,t} = \begin{cases} 1, & \text{wenn die Anlage in Periode t für Produkt k gerüstet wird} \\ 0, & \text{sonst} \end{cases}$

$\forall \, 1 \leq k \leq K$ und $1 \leq t \leq T$.

$\omega_{k,t} = \begin{cases} 1, & \text{wenn die Anlage am Ende der Periode t für Produkt k gerüstet ist} \\ 0, & \text{sonst} \end{cases}$

$\forall \, 1 \leq k \leq K$ und $0 \leq t \leq T$.

Zielfunktion:

$$Z = \sum_{k=1}^{K} \sum_{t=1}^{T} (s_k \cdot \gamma_{k,t} + h_k \cdot y_{k,t}).$$

Restriktionen:

$y_{k,t-1} + q_{k,t} - y_{k,t} = d_{k,t} \, \forall \, 1 \leq k \leq K$ und $1 \leq t \leq T$ Lagerbilanzgleichungen.

$\sum_{k=1}^{K} (tb_k \cdot q_{k,t} + tr_k \cdot \gamma_{k,t}) \leq b_t \, \forall \, 1 \leq t \leq T$ Kapazitätsrestriktionen.

$\sum_{k=1}^{K} \omega_{k,t} = 1 \, \forall \, 1 \leq t \leq T$ Rüstrestriktionen.

$\gamma_{k,t} \geq \omega_{k,t} - \omega_{k,t-1} \, \forall \, 1 \leq k \leq K$ und $1 \leq t \leq T$

$q_{k,t} \leq M \cdot (\omega_{k,t-1} + \omega_{k,t}) \; \forall \, 1 \leq k \leq K \text{ und } 1 \leq t \leq T$

$\omega_{k,0} = 0 \; \forall \, 1 \leq k \leq K$ Anfangsrüstzustände.

$y_{k,0} = LA_k \; \forall \, 1 \leq k \leq K$ Lageranfangsbestand.

$q_{k,t}, y_{k,t} \geq 0 \; \forall \, 1 \leq k \leq K \text{ und } 1 \leq t \leq T$ Nichtnegativität.

$\gamma_{k,t}, \omega_{k,t} \in \{0,1\} \; \forall \, 1 \leq k \leq K \text{ und } 1 \leq t \leq T$

Minimierungsproblem:

Minimiere Z.

Es sei angemerkt, dass die Zahl M je Produkt und Periode berechnet werden kann, durch: $M_{k,t} = min \left\{ \frac{b_t}{tb_k}, \sum_{i=t}^{T} d_{k,i} \right\} \; \forall \, 1 \leq k \leq K \text{ und } 1 \leq t \leq T$.

Die Umsetzung dieses linearen Optimierungsproblems in ILOG lautet – als „mod"-Datei:

```
 1   // Parameter, Teil 1:
 2   int T = ...;          // Planungszeitraum.
 3   int K = ...;          // Produkte.
 4
 5   // Wertebereiche:
 6   range Produkt = 1..K;
 7   range Planungszeitraum = 1..T;
 8   range PlanungszeitraumNull = 0..T;
 9
10   //Variablen:
11   dvar int+ q[Produkt, Planungszeitraum];          // Losgrößen.
12   dvar int+ y[Produkt, PlanungszeitraumNull];      // Lagerbestände.
13   dvar boolean gamma[Produkt, Planungszeitraum];   // Rüstvariablen.
14   dvar boolean omega[Produkt, PlanungszeitraumNull]; // Rüstzustände.
15
16   // Parameter, Teil 2:
17   int b[Planungszeitraum]=...;              // Kapazitäten.
18   int d[Produkt, Planungszeitraum] = ...;   // Nettobedarfe.
19   int h[Produkt] = ...;                     // Lagerkostensätze.
20   int s[Produkt] = ...;                     // Rüstkostensätze.
21   // Stückbearbeitungszeiten:
22   int tb[Produkt] = ...;
23   int tr[Produkt] = ...;                    // Rüstzeiten.
24   int y0[Produkt] = ...;                    // Anfangslagerbestände.
25   // große Zahl M:
```

```
26  float M[Produkt,Planungszeitraum] =
27  [ k : [ t : (minl(b[t]/tb[k],(sum(i in t..T) d[k,i])))] | k in 1..K, t
      in 1..T];

28

29  // Minimierung der Gesamtkosten:
30  minimize sum(k in Produkt, t in Planungszeitraum)
31                (s[k] * gamma[k,t] + h[k] * y[k,t]);

32

33  subject to{
34    forall(k in Produkt, t in Planungszeitraum){
35      // Lagerbilanzgleichungen:
36      y[k,t-1] + q[k,t] - y[k,t] == d[k,t];
37      // Notwendigkeit der Rüstung:
38        q[k,t] <= M[k,t] * (omega[k,t-1] + omega[k,t]);
39      // Setzen der Rüstvariablen:
40      gamma[k,t] >= omega[k,t] - omega[k,t-1];
41    }
42    forall(k in Produkt){
43      // Rüstzustandsinitialisierung:
44        omega[k,0] == 0;
45      // Anfangslagerbestand:
46        y[k,0] == y0[k];
47    }
48    forall(t in Planungszeitraum){
49      // Kapazitätsrestriktionen:
50        sum(k in Produkt) (tb[k] * q[k,t] + tr[k] * gamma[k,t]) <= b[t];
51      // Rüstrestriktionen:
52        sum(k in Produkt) omega[k,t] == 1;
53    }
54  }
```

Listing 21: Implementierung vom Modell PLSP in ILOG.

Die Parameter für das konkrete Zahlenbeispiel lauten – als „dat"-Datei:

```
1  T = 10;   // Anzahl an Perioden.
2  K = 6;    // Anzahl an Produkten.
3  // Nettobedarfe:
4  d = [[ 0, 0, 0, 0, 0,20, 0, 0, 5,10],
5     [ 0,10, 0, 0, 0, 0,40, 0, 0, 0],
6     [ 0, 0, 0, 0,30, 0, 0,50, 0,10],
7     [20, 0, 5, 0, 0,70, 0, 0,10, 0],
8     [ 0, 0,30, 0, 0, 0, 0,40, 0, 0],
9     [ 0, 0, 0, 0, 0, 0,20, 0,50, 0]];
```

```
10  // Kapazitäten:
11  b = [140,140,140,140,140,140,140,140,140,140];
12  h = [2,3,4,1,4,6];        // Lagerkostensätze.
13  s = [0,0,0,0,0,0];        // Rüstkostensätze.
14  tb = [2,1,3,1,4,3];       // Stückbearbeitungszeiten.
15  tr = [2,5,3,1,6,10];      // Rüstzeiten.
16  y0 = [0,0,0,0,0,0];       // Anfangslagerbestände.
```

Listing 22: Implementierung ILOG Parameter beim Zulieferer für
Pharmaindustrie.

Die Lösung wurde in Abbildung 122 graphisch aufbereitet. Bei einer Summe ist der
erste Summand die Rüstzeit und der zweite die Bearbeitungszeit; bei einem Summanden
wird ausschließlich eine Bearbeitung durchgeführt. Die optimalen Kosten betragen 1189
GE und die Gesamtbearbeitungszeit 1293 ZE. Zu erkennen ist, dass in jeder Periode
höchstens 1 Rüstvorgang stattgefunden hat und in Periode 6 die verbleibende Kapazität
dazu genutzt wurde für Produkt 2 zu rüsten, damit in der nächsten Periode für Produkt
6 gerüstet werden kann.

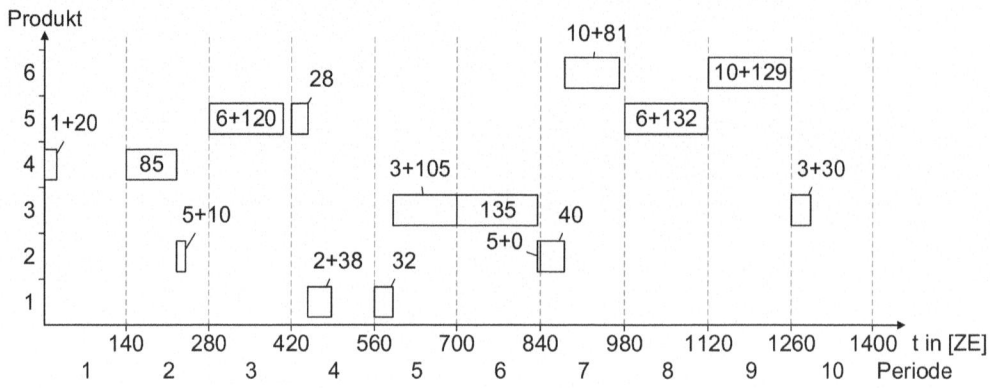

Abbildung 122: Optimale Lösung des Zulieferer für die Pharmaindustrie.

Für weiterführende Informationen zum linearen Optimierungsmodell PLSP sei auf die
Arbeiten [DrHa95], [Haas94] sowie [Suer06] verwiesen.

337

Literaturverzeichnis

[Afen87]   P. Afentakis. „A parallel heuristic algorithm for lot-sizing in multistage production systems". In: *IIE Transactions* 19 (1987), S. 34–42.

[Bake89]   Kenneth R. Baker. „Lot-sizing procedures and a standard data set - a reconciliation of the literature". In: *Journal of Manufacturing and Operations Management* 2 (1989).

[Bang08]   Steffen Bangsow. *Fertigungssimulationen mit Plant Simulation und SimTalk*. München: Carl Hanser Verlag, 2008.

[BlMi82]   J. Blackburn und R. Millen. „Improved heuristics for multi-stage requirements planning systems". In: *Management Science* 28 (1982), S. 44–56.

[CMM67]   R. W. Conway, W. L. Maxwell und L. W. Miller. *Theory of scheduling.* Addison-Wesley, 1967.

[DoSc05]   Wolfgang Domschke und Armin Scholl. *Grundlagen der Betriebswirtschaftslehre: Eine Einführung aus entscheidungsorientierter Sicht.* 3., verb. Aufl. Springer-Lehrbuch. Berlin, Heidelberg und New York: Springer, 2005.

[DrHa95]   Andreas Drexl und Knut Haase. „Proportional lotsizing and scheduling". In: *International Journal of Production Economics* 40.1 (1995), S. 73–87.

[EHM94]   Sebastian Engell, Frank Herrmann und Manfred Moser. „Priority rules and predictive control algorithms for on-line scheduling of FMS". In: *Computer Control of Flexible Manufacturing Systems.* Hrsg. von Sanjay B. Joshi und Smith, Jeffre, S. London: Chapman & Hall, 1994, S. 75–107.

[FFS09]   Günter Fandel, Allegra Fistek und Sebastian Stütz. *Produktionsmanagement.* Springer-Lehrbuch. Berlin und Heidelberg: Springer, 2009.

[Grav81]   S. Graves. „Multi-stage lot-sizing: An iterative procedure". In: *Multilevel Production/Inventory Control Systems: Theory and Practice.* Hrsg. von Leroy B. Schwartz. Elsevier Science Ltd, 1981.

[Haas94]   Knut Haase. *Lotsizing and scheduling for production planning.* Bd. 408. Lecture notes in economics and mathematical systems. Berlin u.a: Springer, 1994.

© Springer Fachmedien Wiesbaden GmbH, ein Teil von Springer Nature 2018
F. Herrmann, *Übungsbuch Losbildung und Fertigungssteuerung*,
https://doi.org/10.1007/978-3-658-21567-5

[Hein87]   Heinrich, Claus, E. *Mehrstufige Losgrößenplanung in hierarchisch struktu-rierten Produktionsplanungssystemen.* Berlin: Springer Verlag, 1987.

[Herr09]   F. Herrmann. *Logik der Produktionslogistik.* Oldenbourg, 2009.

[Herr11]   Frank Herrmann. *Operative Planung in IT-Systemen für die Produktions-planung und -Steuerung: Wirkung, Auswahl und Einstellhinweise von Ver-fahren und Parametern.* Vieweg+Teubner Verlag, 2011.

[Hübn03]   Gerhard Hübner. *Stochastik.* Hamburg: Vieweg-Verlag, 2003.

[Jack56]   J. R. Jackson. „An extension of Johnson's results on job lot scheduling". In: *Naval Research Logistics Quarterly* 3 (1956), S. 201–203.

[John54]   S. M. Johnson. „Optimal two- and three-stage production schedules with setup times included". In: *Naval Research Logistics Quarterly* 1.1 (1954), S. 61–68.

[Karm87]   Uday S. Karmarkar. „Lot sizes, lead times and in-process inventories". In: *Management Science* 33.3 (1987), S. 409–418.

[Kist99]   Klaus-Peter Kistner. „Lot Sizing and Queueing Models Some Remarks on Karmarkar's Model". In: *Modelling and Decisions in Economics.* Hrsg. von Ulrike Leopold-Wildburger, Gustav Feichtinger und Klaus-Peter Kistner. Heidelberg: Physica-Verlag, 1999, S. 173–188.

[Knol85]   G. Knolmayer. „Zur Bedeutung des Kostenausgleichsprinzips für die Be-darfsplanung in PPS-Systemen". In: *Zeitschrift für betriebswirtschaftliche Forschung* 37 (1985), S. 411–427.

[Leis90]   R. Leisten. „Flowshop sequencing problems with limited buffer storage". In: *International Journal of Production Research* 28.11 (1990), S. 2085–2100.

[MoEn92]   M. Moser und S. Engell. „Comprehensive Evaluation of Priority Rules for On-line Scheduling: the Single Machine Case". In: *Proceedings Renssela-er's 3rd International Conference on Computer Integrated Manufacturing, IEEE Computer Society Press* (1992).

[MoRi83]   C. L. Monma und A.H.G. Rinnooy Kan. „A concise survey of efficiently solvable special cases of the permutation flow-shop problem". In: *Recherche opeartionelle* (1983), S. 105–119.

[NEH83]   Muhammad Nawaz, E. Emory Enscore und Inyong Ham. „A heuristic algorithm for the m-machine, n-job flow-shop sequencing problem". In: *Omega* 11.1 (1983), S. 91–95.

[Neum90]   Klaus Neumann. „Stochastic project networks". In: *Lecture Notes in Economics and Mathematical Systems 344*. Hrsg. von M. Beckmann und W. Krelle. Bd. 344. Berlin: Springer, 1990.

[PSW91]   C. N. Potts, D. B. Shmoys und D. P. Williamson. „Permutation versus Non-Permutation Flow-Shop Schedules". In: *Operations Research Letters* Vol. 10 (1991), S. 281–284.

[Smit56]   W. E. Smith. „Various optimizers for single-stage production". In: *Naval Research Logistics Quarterly* 3 (1956), S. 59–66.

[Stad00]   Hartmut Stadtler. „Improved rolling schedules for the dynamic single-level lot-sizing problem". In: *Management Science* 46 (2000), S. 318–326.

[Suer06]   Christopher Suerie. „Modeling of period overlapping setup times". In: *European Journal of Operational Research* 174.2 (2006), S. 874–886.

[Temp03]   Horst Tempelmeier. *Material-Logistik: Modelle und Algorithmen für die Produktionsplanung und -steuerung und das Supply Chain Management.* 5., neubearb. Aufl. Berlin [u.a.]: Springer, 2003.

[Temp10]   Horst Tempelmeier. *Supply Chain Management und Produktion: Übungen und Mini-Fallstudien.* 3., überarb. und erw. Aufl. Norderstedt: Books on Demand, 2010.

[Temp12]   Horst Tempelmeier. *Dynamische Losgrößenplanung in Supply Chains.* 2012.

[Temp15]   Horst Tempelmeier. *Produktionsplanung in Supply Chains.* Nordersteadt: Books on Demand, 2015.

[Wemm81]   U. Wemmerlöv. „The ubiquitous EOQ - its relation to discrete lot sizing heuristics". In: *Journal of Operations & Production Management* 1 (1981), S. 161–179.

[Wemm82]   U. Wemmerlöv. „A comparison of discrete single stage lot-sizing heuristics with special emphasis on rules based on the marginal cost principle". In: *Engineering Costs and Production Economics* 7 (1982), S. 45–53.

The manufacturer's authorised representative in the EU is Springer
Nature Customer Service Centre GmbH, Europaplatz 3, 69115 Heidelberg,
Germany. If you have any concerns regarding our products, please
contact ProductSafety@springernature.com

Printed and bound by CPI Group (UK) Ltd, Croydon, CR0 4YY

27/04/2026

02097616-0010